Diogenes Taschenbuch 22516

Über Montaigne

Herausgegeben von Daniel Keel

Diogenes

Mitarbeit von
Christine Stemmermann
Copyright-Nachweise am Ende des Bandes.
Die englischen Zeugnisse wurden,
soweit nicht anders vermerkt, von Irene Holicki,
die französischen von Linde Birk übersetzt.
Umschlagillustration: Michel de Montaigne
nach einer Radierung von Theodor de Leu
Foto: Bildarchiv
Preußischer Kulturbesitz,
Berlin

40/92/24/1
ISBN 3 257 22516 4

Inhalt

Aufsätze

Zeugnisse

Aufsätze

»Ich liebe das Leben und
nutze es so, wie es Gott gefallen hat,
es uns zu geben.«

»Aufrichtig zu sein ist der Beginn
einer großen Tugend.«

Michel de Montaigne

Stefan Zweig

Mein Beruf, meine Kunst ist zu leben

I

Es gibt einige wenige Schriftsteller, die jedem aufgetan sind in jedem Alter und in jeder Epoche des Lebens – Homer, Shakespeare, Goethe, Balzac, Tolstoi – und dann wieder andere, die sich erst zu bestimmter Stunde in ihrer ganzen Bedeutung erschließen. Zu ihnen gehört Montaigne. Man darf nicht allzu jung, nicht ohne Erfahrungen und Enttäuschungen sein, um ihn richtig würdigen zu können, und am hilfreichsten wird sein freies und unbeirrbares Denken einer Generation, die, wie etwa die unsere, vom Schicksal in einen kataraktischen Aufruhr der Welt geworfen wurde. Nur wer in der eigenen, erschütterten Seele eine Zeit durchleben muß, die mit Krieg, Gewalt und tyrannischen Ideologien dem Einzelnen das Leben und innerhalb seines Lebens wieder die kostbarste Substanz, die individuelle Freiheit, bedroht, nur der weiß, wieviel Mut, wieviel Ehrlichkeit und Entschlossenheit vonnöten sind, in solchen Zeiten der Herdentollheit seinem innersten Ich treu zu bleiben. Nur er weiß, daß keine Sache auf Erden schwerer und problematischer wird als innerhalb einer Massenkatastrophe sich seine geistige und moralische Unabhängigkeit unbefleckt zu bewahren. Erst wenn man selbst an der Vernunft, an der Würde der Menschheit gezweifelt und verzweifelt hat, vermag man es als Tat zu rühmen, wenn ein Einzelner inmitten eines Weltchaos sich vorbildlich aufrecht erhält.

Daß man Montaignes Weisheit und Größe erst als Erfahrener, als Geprüfter zu würdigen vermag, habe ich an mir selber erfahren. Als ich das erste Mal mit zwanzig Jahren seine »Essais«, dies einzige Buch, in dem er sich uns hinterlassen hat, zur Hand nahm, wußte ich – ehrlich gesagt – nicht viel damit anzufangen. Ich besaß zwar genug literarischen Kunstverstand, um respektvoll zu erkennen, daß sich hier eine interessante Persönlichkeit kundtat, ein besonders hellsichtiger und weitsichtiger, ein liebenswerter Mensch und überdies noch ein Künstler, der jedem Satz und jedem Diktum individuelle Prägung zu geben wußte. Aber meine Freude blieb eine literarische, eine antiquarische Freude; es fehlte die innere Zündung der leidenschaftlichen Begeisterung, das elektrische Überspringen von Seele zu Seele. Schon die Thematik der »Essais« schien mir ziemlich abwegig und zum größten Teil ohne Überschaltungsmöglichkeit in meine eigene Seele. Was gingen mich jungen Menschen des zwanzigsten Jahrhunderts die weiträumigen Exkurse des Sieur de Montaigne über die »Cérémonie de l'entrevue des rois« oder seine »Considérations sur Cicero« an? Wie schulmäßig und unzeitgemäß dünkte mich das schon stark von der Zeit angebräunte Französisch, das obendrein mit lateinischen Zitaten gespickt war. Und selbst zu seiner milden, temperierten Weisheit fand ich keine Beziehung. Sie kam zu früh. Denn was sollte das kluge Abmahnen Montaignes, man solle sich nicht ehrgeizig mühen, sich nicht allzu leidenschaftlich in die äußere Welt verstricken? Was konnte sein beschwichtigendes Drängen zu Temperiertheit und Toleranz einem ungestümen Alter bedeuten, das nicht desillusioniert werden will und nicht beruhigt, sondern unbewußt nur verstärkt sein mochte in seinem vitalen Auftrieb? Es liegt im Wesen der Jugend, daß sie nicht zu Milde, zur Skepsis beraten zu sein wünscht. Jeder Zweifel wird ihr zur Hemmung, weil sie Gläubigkeit und Ideale braucht zur Auslösung ihrer inneren Stoßkraft. Und selbst der radikalste, der absurdeste Wahn wird ihr, sofern er sie nur befeuert, wichtiger sein als die erhabenste Weisheit, die ihre Willenskraft schwächt.

Und dann – jene individuelle Freiheit, deren entschlossenster Herold für alle Zeiten Montaigne geworden ist, schien sie uns wirklich um 1900 noch derart hartnäckiger Verteidigung zu bedürfen? War das alles denn nicht schon längst Selbstverständlichkeit geworden, durch Gesetz und Sitte garantierter Besitz einer längst von Diktatur und Knechtschaft emanzipierten Menschheit? Selbstverständlich uns gehörig, wie der Atem unseres Mundes, der Pulsschlag unseres Herzens, schien uns das Recht auf das eigene Leben, die eigenen Gedanken und ihre ungehemmte Aussage in Wort und Schrift. Offen lag uns die Welt, Land um Land, wir waren nicht Gefangene des Staates, nicht geknechtet in Kriegsdienst, nicht untertan der Willkür tyrannischer Ideologien. Niemand war in Gefahr, geächtet, verbannt, eingekerkert und vertrieben zu werden. So schien Montaigne unserer Generation sinnlos an Ketten zu rütteln, die wir längst zerbrochen meinten, ahnungslos, daß sie vom Schicksal uns schon neu geschmiedet wurden, härter und grausamer als je. So ehrten und respektierten wir seinen Kampf um die Freiheit der Seele als einen historischen, der für uns längst überflüssig und ohne Belang war. Denn es gehört zu den geheimnisvollen Gesetzen des Lebens, daß wir seiner wahren und wesentlichen Werte immer erst zu spät gewahr werden: der Jugend, wenn sie entschwindet, der Gesundheit, sobald sie uns verläßt, und der Freiheit, dieser kostbarsten Essenz unserer Seele, erst im Augenblick, da sie uns genommen werden soll oder schon genommen worden ist.

Es mußte also, um Montaignes Lebenskunst und Lebensweisheit zu verstehen, um die Notwendigkeit seines Kampfes um das »soi-même« als die notwendigste Auseinandersetzung unserer geistigen Welt zu begreifen, eine Situation kommen, die der seines eigenen Lebens ähnlich war. Auch wir mußten, wie er, erst einen jener entsetzlichen Rückfälle der Welt aus einem der herrlichsten Aufstiege erleben. Auch wir mußten aus unseren Hoffnungen, Erfahrungen, Erwartungen und Begeisterungen mit der Peitsche zurückgejagt werden bis auf jenen Punkt, wo man schließlich nurmehr sein nacktes Ich, seine einmalige und unwiederbringliche Existenz verteidigt. Erst in dieser Bruderschaft des Schicksals ist mir Montaigne der unentbehrliche Helfer, Tröster und Freund geworden, denn wie verzweifelt ähnlich ist sein Schicksal dem unseren! Als Michel de Montaigne ins Leben tritt, beginnt eine große Hoffnung zu erlöschen, eine gleiche Hoffnung, wie wir sie selbst zu Anfang unseres Jahrhunderts erlebt haben: die Hoffnung auf eine Humanisierung der Welt. Im Verlauf eines einzigen Lebensalters hatte die Renaissance der beglückten Menschheit mit ihren Künstlern, ihren Malern, ihren Dichtern, ihren Gelehrten eine neue, in gleicher Vollkommenheit nie erhoffte Schönheit geschenkt. Ein Jahrhundert – nein, Jahrhunderte schienen anzubrechen, wo die schöpferische Kraft das dunkle und chaotische Dasein Stufe um Stufe, Welle um Welle dem Göttlichen entgegentrug. Mit einem Male war die Welt weit, voll und reich geworden. Aus dem Altertum brachten die Gelehrten mit der lateinischen, der griechischen Sprache die Weisheit Platos und Aristoteles' wieder den Menschen zurück. Der Humanismus unter Erasmus' Führung versprach eine einheitliche, eine kosmopolitische Kultur; die Reformation schien eine neue Freiheit des Glaubens neben der neuen Weite des Wissens zu begründen. Der Raum und die Grenzen zwischen den Völkern zerbrachen, denn die eben entdeckte Druckerpresse gab jedem Wort, jeder Meinung die Möglichkeiten beschwingter Verbreitung; was dem Volke geschenkt war, schien allen gehörig, man glaubte, daß durch den Geist eine Einheit geschaffen sei über dem blutigen Zwist der Könige, der Fürsten und der Waffen. Und abermaliges Wunder: zugleich mit der geistigen weitete sich die irdische Welt ins Ungeahnte. Aus dem bisher weglosen Ozean tauchten neue Küsten, neue Länder auf, ein riesiger Kontinent verbürgte eine Heimstatt für Generationen und Generationen. Rascher pulsierte der Blutkreislauf des Handels, Reichtum durchströmte die alte europäische Erde und schuf Luxus, und der Luxus wiederum Bauten, Bilder und Statuen – eine verschönte, eine vergeistigte Welt. Immer aber, wenn der Raum sich erweitert, spannt sich die Seele. Wie in unserer eigenen Jahrhundertwende, da abermals der Raum sich großartig dehnte, dank der Eroberung des Äthers durch das Flugzeug und das unsichtbar die Länder überschwebende Wort, da Physik und Chemie, Technik und Wissenschaft Geheimnis auf Geheimnis der Natur entrangen und ihre Kräfte den Menschen dienstbar machten, beseelte unsagbare Hoffnung die schon so oft enttäuschte Menschheit, und aus tausend Seelen klang Antwort dem Jubelruf Ulrich von Huttens zurück: »Es ist eine Lust zu leben.«

Aber immer, wenn die Welle zu steil und zu rasch ansteigt, fällt sie um so kataraktischer zurück. Und so wie in unserer Zeit gerade die neuen Errungenschaften, die Wunder der Technik sich in die fürchterlichsten Faktoren der Zerstörung verwandeln, so verwandeln sich die Elemente der Renaissance und des Humanismus, die heilsam erschienen, in mörderisches Gift. Die Reformation, die Europa einen neuen Geist der Christlichkeit zu geben träumte, zeitigt die beispiellose Barbarei der Religionskriege, die Druckerpresse verbreitet statt Bildung den Furor Theologicus, statt des Humanismus triumphiert die Intoleranz. In ganz Europa zerfleischt sich jedes Land in mörderischem Bürgerkrieg, indes in der Neuen Welt sich die Bestialität der Konquistadoren mit einer unüberbietbaren Grausamkeit austobt. Das Zeitalter eines Raffael und Michelangelo, eines Leonardo da Vinci, Dürer und Erasmus fällt zurück in die Untaten eines Attila, eines Dschingiskhan, eines Tamerlan.

Diesen grauenhaften Rückfall aus dem Humanismus in die Bestialität, einer dieser sporadischen Wahnsinnsausbrüche der Menschheit, wie wir ihn heute abermals erleben, völlig ohnmächtig mitansehen zu müssen, trotz unbeirrbarer geistiger Wachheit und mitfühlendster seelischer Erschütterung: das bedeutet die eigentliche Tragödie im Leben Montaignes. Er hat den Frieden, die Vernunft, die Konzilianz, alle diese hohen geistigen Kräfte, denen seine Seele verschworen war, nicht einen Augenblick seines Lebens in seinem Land, in seiner Welt wirksam gesehen. Beim ersten Blick in die Zeit, wie beim Abschiednehmen, wendet er sich – wie wir – voll Grauen ab von dem

Pandämonium der Wut und des Hasses, das sein Vaterland, das die Menschheit schändet und verstört. Er ist ein halber Knabe, nicht älter als fünfzehn Jahre, als vor seinen Augen in Bordeaux der Volksaufstand gegen die »gabelle«, die Salzsteuer, mit einer Unmenschlichkeit niedergeschlagen wird, die ihn selbst zeitlebens zum rasenden Feind aller Grausamkeit macht. Der Knabe sieht, wie Menschen zu Hunderten vom Leben zu Tode gequält werden, gehängt, gepfählt, gevierteilt, enthauptet, verbrannt, er sieht die Raben noch tagelang um die Richtstatt flattern, um sich vom verbrannten und halb verfaulten Fleisch der Opfer zu nähren. Er hört die Schreie der Gepeinigten und muß den Geruch des verbrannten Fleisches riechen, der durch die Gassen schwelt. Und kaum da der Knabe erwachsen ist, beginnt der Bürgerkrieg, der mit seinen fanatischen Gegensätzen der Ideologien Frankreich so völlig verwüstet, wie heute die sozialen und nationalen Fanatismen die Welt von einem bis zum anderen Ende zerstören. Die »Chambre Ardente« läßt die Protestanten verbrennen, die Bartholomäusnacht rottet achttausend Menschen an einem Tage aus. Die Hugenotten wieder vergelten Verbrechen mit Verbrechen: sie stürmen die Kirchen, sie zerschmettern die Statuen, selbst den Toten läßt die Besessenheit keinen Frieden und die Gräber Richard Löwenherz' und Wilhelms des Eroberers werden aufgerissen und geplündert. Von Dorf zu Dorf, von Stadt zu Stadt ziehen die Truppen, bald die katholischen, bald die hugenottischen, aber immer Franzosen gegen Franzosen, Bürger gegen Bürger, und keine Partei der anderen nachgebend in ihrer überreizten Bestialität. Ganze gefangene Garnisonen werden niedergemacht vom ersten bis zum letzten Mann, die Flüsse verpestet durch die niederschwemmenden Leichen;

auf 120000 sind die Dörfer geschätzt, die vernichtet und geplündert werden, und bald löst das Morden sich los von seinem ideellen Vorwand. Bewaffnete Banden überfallen die Schlösser und die Reisenden, gleichgültig, ob Protestanten oder Katholiken. Ein Ritt durch einen nachbarlichen Wald vor dem Hause ist nicht weniger gefährlich als eine Fahrt ins neue Indien oder zu den Kannibalen. Niemand weiß mehr, ob sein Haus ihm gehört und seine Habe, ob er morgen noch leben wird oder tot sein, gefangen oder frei, und als alter Mann, am Ende des Lebens, 1588, schreibt Montaigne: »In dieser Verwirrung, in der wir uns seit dreißig Jahren befinden, sieht sich jeder Franzose stündlich einer Lage gegenüber, die eine völlige Umkehrung seines Schicksals bedeuten kann.« Es gibt keine Sicherheit mehr auf Erden: dieses Grundgefühl wird sich in Montaignes geistiger Anschauung notwendigerweise widerspiegeln. Man muß daher suchen, solche Sicherheit außerhalb dieser Welt zu finden, abseits seines Vaterlandes; man muß sich weigern, mitzutoben im Chor der Besessenen, und jenseits der Zeit sein eigenes Vaterland, seine eigene Welt sich schaffen.

Wie die humanen Menschen in jener Zeit gefühlt – grauenhaft ähnlich unserem eigenen Empfinden –, bezeugt das Gedicht, das La Boétie 1560 an Montaigne, seinen siebenundzwanzigjährigen Freund, richtet und in dem er ihn anruft: »Was für ein Schicksal hat uns gerade in diesen Zeiten geboren sein lassen. Der Untergang meines Landes liegt vor meinen Augen, und ich sehe keinen anderen Weg als auszuwandern, mein Haus zu verlassen und zu gehen wohin immer mich das Schicksal trägt. Lange schon hat der Zorn der Götter mich gemahnt zu fliehen, indem er mir die weiten und offenen Länder jenseits des Ozeans wies. Wenn an der Schwelle unseres Jahrhunderts eine neue Welt aus den Wogen erstand, so war es, weil die Götter sie bestimmten als ein Refugium, wo die Menschen frei unter einem besseren Himmel ihr Feld bestellen sollten, indes das grausame Schwert und eine schmachvolle Plage Europa zum Untergang verdammt.«

In solchen Epochen, da die Edelwerte des Lebens, da unser Friede, unsere Selbständigkeit, unser eingeborenes Recht, alles, was unser Dasein reiner, schöner, berechtigter macht, aufgeopfert werden der Besessenheit eines Dutzends von Fanatikern und Ideologen, münden alle Probleme für den Menschen, der seine Menschlichkeit nicht an die Zeit verlieren will, in ein einziges: wie bleibe ich frei? Wie bewahre ich mir trotz aller Drohungen und Gefahren inmitten der Tollwut der Parteien die unbestechliche Klarheit des Geistes, wie die Humanität des Herzens unverstört inmitten der Bestialität? Wie entziehe ich mich den tyrannischen Forderungen, die Staat und Kirche oder Politik mir wider meinen Willen aufzwingen wollen? Wie wehre ich mich dagegen, nicht weiter zu gehen in meinen Mitteilungen oder Handlungen, als mein innerstes Ich innerlich will? Wie schütze ich diese einzige, einmalige Parzelle meines Ichs gegen die Einstellung auf das Reglementierte und das von außen dekretierte Maß? Wie bewahre ich meine ureigenste Seele und ihre nur mir gehörige Materie, meinen Körper, meine Gesundheit, meine Gedanken, meine Gefühle vor der Gefahr, fremdem Wahn und fremden Interessen aufgeopfert zu werden?

An diese Frage, und an sie allein, hat Montaigne sein Leben und seine Kraft gewandt. Um dieser Freiheit willen hat er sich beobachtet, überwacht, geprüft und getadelt in jeder Bewegung und in jedem Gefühl. Und dies Suchen um die seelische Rettung, um die Rettung der Freiheit in einer Zeit der allgemeinen Servilität vor Ideologien und Parteien bringt ihn uns heute brüderlich nahe wie keinen anderen Künstler. Wenn wir ihn vor allen ehren und lieben, so geschieht es darum, weil er wie kein anderer sich der höchsten Kunst des Lebens hingegeben hat: »rester soi-même«.

Andere, ruhigere Zeiten haben die literarische, die moralische, die psychologische Nachlassenschaft Montaignes aus einem anderen Gesichtswinkel betrachtet; sie haben gelehrt darüber gestritten, ob er Skeptiker gewesen oder Christ, Epikuräer oder Stoiker, Philosoph oder Amüseur, Schriftsteller oder bloß genialer Dilettant. In Doktor-Dissertationen und Abhandlungen sind seine Anschauungen über Erziehung und Religion auf das sorglichste seziert worden. Mich aber berührt und beschäftigt an Montaigne heute nur dies: wie er in einer Zeit ähnlich der unsrigen sich innerlich freigemacht hat und wie wir, indem wir ihn lesen, uns an seinem Beispiel bestärken können. Ich sehe ihn als den Erzvater, Schutzpatron und Freund jedes »homme libre« auf Erden, als den besten Lehrer dieser neuen und doch ewigen Wissenschaft, sich selbst zu bewahren, gegen alle und alles. Wenige Menschen auf Erden haben ehrlicher und erbitterter darum gerungen, ihr innerstes Ich, ihre »essence« unvermischbar und unbeeinflußbar vom trüben und giftigen Schaum der Zeiterregung zu halten, und wenigen ist es gelungen, dieses innerste Ich vor ihrer Zeit zu retten für alle Zeiten.

Dieser Kampf Montaignes um die Wahrung der inneren Freiheit, der vielleicht bewußteste und zäheste, den je ein geistiger Mensch geführt, hat äußerlich nicht das geringste Pathetische oder Heroische an sich. Nur gezwungen könnte man Montaigne in die Reihe der Dichter und Denker einreihen, die mit ihrem Wort für die »Freiheit der Menschheit« gekämpft haben. Er hat nichts von den rollenden Triaden und dem schönen Schwung eines Schiller oder Lord Byron, nichts von der Aggressivität eines Voltaire. Er hätte gelächelt über den Gedanken, etwas so Persönliches wie innere Freiheit auf andere Menschen und gar auf Massen übertragen zu wollen, und die professionellen Weltverbesserer, die Theoretiker und Überzeugungsverschleißer hat er aus dem innersten Grunde seiner Seele gehaßt. Er wußte zu gut, eine wie ungeheure Aufgabe schon dies allein bedeutet: in sich selbst innere Selbständigkeit zu bewahren. So beschränkt sich sein Kampf ausschließlich auf die Defensive, auf die Verteidigung jener innersten Schanze, die Goethe die »Zitadelle« nennt und zu der kein Mensch einem anderen Zutritt verstattet. Seine Taktik war, im Äußeren möglichst unauffällig und unscheinbar zu bleiben, mit einer Art Tarnkappe durch die Welt zu gehen, um den Weg zu sich selbst zu finden.

So hat Montaigne eigentlich nicht das, was man eine Biographie nennt. Er hat nie Anstoß erregt, weil er sich im Leben nicht vordrängte und für seine Gedanken nicht um Zuhörer und Jasager warb. Nach außen schien er ein Bürger, ein Beamter, ein Ehemann, ein Katholik, ein Mann, der unscheinbar das äußerlich Verlangte seiner Pflichten erfüllte. Er nahm für die Umwelt die Schutzfarbe der Unauffälligkeit an, um nach innen das Farbenspiel seiner Seele in allen Nuancen entfalten und betrachten zu können. Sich herzuleihen war er jederzeit bereit – sich herzugeben niemals. Immer behielt er in jeder Form seines Lebens das Beste, das Eigentliche seines Wesens zurück. Er ließ die andern reden und sich zu Rotten scharen, eifern, predigen und paradieren; er ließ die Welt ihre wirren und törichten Wege gehen und kümmerte sich nur um eines: vernünftig zu sein für sich selbst, menschlich in einer Zeit der Unmenschlichkeit, frei innerhalb des Massenwahns. Er ließ jeden spotten, der ihn gleichgültig nannte, unentschieden und feige; er ließ die andern sich wundern, daß er sich nicht vordrängelte zu Ämtern und Würden. Selbst die Nächsten, die ihn kannten, ahnten nicht, mit welcher Ausdauer, Klugheit und Geschmeidigkeit er im Schatten der Öffentlichkeit an der einen Aufgabe arbeitete, die er sich gestellt hatte: statt eines bloßen Lebens sein eignes Leben zu leben.

Damit hat der scheinbar Tatenlose eine unvergleichliche Tat getan. Indem er sich selbst erhielt und beschrieb, hat er den Menschen in nuce in sich erhalten, den nackten und überzeitlichen Menschen. Und während alles andere, die theologischen Traktate und die philosophischen Exkurse seines Jahrhunderts uns fremd und verjährt anmuten, ist er unser Zeitgenosse, der Mann von heute und immer, ist sein Kampf der aktuellste auf Erden geblieben. Hundertmal, von Blatt zu Blatt, wenn man Montaigne aufschlägt, hat man das Gefühl: nostra res agitur, das Gefühl, hier ist es besser, als ich selbst es sagen könnte, gedacht, was die innerste Sorge meiner Seele in dieser Zeit ist. Hier ist ein Du, in dem mein Ich sich spiegelt, hier ist die Distanz aufgehoben, die Zeit von Zeiten trennt. Nicht ein Buch ist mit mir, nicht Literatur, nicht Philosophie, sondern ein Mensch, dem ich Bruder bin, ein Mensch, der mich berät, der mich tröstet, ein Mensch, den ich verstehe und der mich versteht. Nehme ich die »Essais« zur Hand, so verschwindet im halbdunklen Raum das bedruckte Papier. Jemand atmet, jemand lebt mit mir, ein Fremder ist zu mir getreten und ist kein Fremder mehr, sondern jemand, den ich mir nahe fühle wie einen Freund. Vierhundert Jahre sind verweht wie Rauch: es ist nicht der Seigneur de Montaigne, der gentilhomme de la chambre eines verschollenen Königs von Frankreich, nicht der Schloßherr aus Périgord, der zu mir spricht; er hat die weiße gefältete Schaube abgelegt, den Spitzhut, den Degen, er hat die stolze Kette mit dem Orden des St. Michel vom Halse genommen. Es ist nicht der Bürgermeister von Bordeaux, der bei mir zu Besuch ist, und nicht der Schriftsteller. Ein Freund ist gekommen, mich zu beraten und von sich zu erzählen. Manchmal ist in seiner Stimme eine leise Trauer über die Gebrechlichkeit unseres menschlichen Wesens, die Unzulänglichkeit unseres Verstandes, die Engstirnigkeit unserer Führer, den Widersinn und die Grausamkeit unserer Zeit, jene edle Trauer, die sein Schüler Shakespeare gerade den liebsten seiner Gestalten, einem Hamlet, Brutus oder Prospero so unvergeßlich mitgegeben hat. Aber dann spüre ich wieder sein Lächeln: warum nimmst du dies alles so schwer? Warum läßt du dich anfechten und niederbeugen von dem Unsinn und der Bestialität deiner Zeit? All das rührt doch nur an deine Haut, nicht an dein inneres Ich. Das Außen kann dir nichts nehmen und kann dich nicht verstören, solange du dich nicht selber verstören läßt. »L'homme d'entendement n'a rien à perdre.« Die zeitlichen Geschehnisse sind machtlos über dich, sofern du dich weigerst, an ihnen teilzunehmen, der Wahnsinn der Zeit ist keine wirkliche Not, solange du selbst deine Klarheit behältst. Und selbst die schlimmsten deiner Erlebnisse, die scheinbaren Erniedrigungen, die Schläge des Schicksals –, du fühlst sie nur, solange du schwach vor ihnen wirst, denn wer ist es als du selbst, der ihnen Wert und Schwere, der ihnen Lust und Schmerz zuteilt? Nichts kann dein Ich erheben und erniedrigen als du selbst – selbst der schwerste Druck von außen hebt sich dem leicht auf, der innerlich fest und frei bleibt. Immer und insbesondere, wenn das einzelne Individuum in seinem seelischen Frieden und seiner Freiheit bedrängt ist, bedeutet das Wort und der weise Zuspruch Montaignes eine Wohltat, denn nichts schützt uns mehr in Zeiten der Verwirrung und Parteiung als Aufrichtigkeit und Menschlichkeit. Immer und jedesmal ist, was er vor Jahrhunderten sagte, noch gültig und wahr für jeden, der sich um seine eigene Selbständigkeit bemüht. Niemand aber haben wir dankbarer zu sein als jenen, die in einer unmenschlichen Zeit wie der unseren das Menschliche in uns bestärken, die uns mahnen, das Einzige und Unverlierbare, das wir besitzen, unser innerstes Ich, nicht preiszugeben. Denn nur jener, der selbst frei bleibt gegen alles und alle, mehrt und erhält die Freiheit auf Erden.

2

Daß der Verfasser der »Essais« sein Buch mit dem stolzen Autorennamen Michel Sieur de Montaigne zeichnen kann und ein adliges Wappen führen, hat ursprünglich die bescheidene Summe von neunhundert Franken gekostet. Denn ehe sein Urgroßvater am 10. Oktober 1477 von den Erzbischöfen von Bordeaux das Schloß Montaigne um diese Summe kauft und ehe dann dessen Enkel, Montaignes Vater, dazu die Erlaubnis erwirkt, den Namen dieses Landsitzes seinem eigenen Namen als Adelstitel beizufügen, hießen Michaels Ahnen höchst simpel und bürgerlich

Eyquem. Erst Michael Montaigne, der dank seiner klugen und skeptischen Weltkenntnis weiß, wie vorteilhaft es ist, in dieser Welt einen wohlklingenden Namen zu führen, »einen schönen Namen zu haben, der sich bequem aussprechen und behalten läßt«, radiert nach dem Tode seines Vaters aus allen Pergamenten und Urkunden den früheren Familiennamen aus. Nur diesem Umstand ist es zuzuschreiben, daß wir in der Geschichte der Weltliteratur den Verfasser der »Essais« im Alphabet nicht unter dem Buchstaben »E« als Michael Eyquem aufzublättern haben, sondern unter »M« als Michel de Montaigne.

Der Name der Familie Eyquem hat in Bordeaux seit Jahrhunderten einen guten Klang nach Silber und Gold, freilich nebenbei auch einen leichten Geruch von geräucherten Fischen. Woher diese Eyquems ursprünglich nach Bordeaux gekommen sind, ob aus England, wo Montaigne – in Sachen seiner Ahnenschaft immer wenig zuverlässig – behauptet, »alte vetterliche Beziehungen zu einem bekannten großen Hause« entdeckt zu haben, oder bloß aus der Umgebung der Stadt, das hat die gelehrte Ahnenforschung bisher noch nicht ergründet. Nachweisbar ist nur, daß die Eyquems jahrzehntelang im Hafenviertel de la Rousselle ihre Kontore gehabt haben, von denen sie geräucherte Fische, Wein und andere Artikel höchst kleinbürgerlich als Makler verfrachteten. Der erste Aufstieg aus Fischhandel und Krämerei beginnt mit Ramon Eyquem, Montaignes Urgroßvater, der, 1402 zu Blanquefort in Médoc geboren, sich schon als Reeder betätigt und durch seine vorsichtige Klugheit sowie durch die Heirat mit der reichsten Erbin von Bordeaux den Grundstock zu dem Familienvermögen legt. In seinem fünfundsiebzigsten Jahre macht dieser Ramon Eyquem seine klügste Akquisition, indem er die »maison noble«, das Schloß Montaigne, von dem Lehnsherrn, dem Erzbischof von Bordeaux, erwirbt. Diese Übernahme des Adelsschlosses durch einen simplen Bürger wird der Sitte der Zeit gemäß zu einem feierlichen Akt. Allein schreitet der greise Kaufmann in das verlassene Schloß, durch das große Tor, das hinter ihm mit Riegeln verschlossen wird, bis der Diener, die Pächter, die Farmleute und Siedler dem neuen Herrn Eid und Huldigung dargebracht haben. Sein Sohn Grimon Eyquem, bescheidener gesinnt, ruht bloß auf dem väterlichen Erbe aus. Er vergrößert das Vermögen, läßt aber das alte Schloß in halbverfallenem Zustande, ohne sich weiter darum zu bekümmern. Erst der Enkel Ramon Eyquems, der Vater Montaignes, Pierre Eyquem, vollzieht den entscheidenden Übertritt der Familie aus der bürgerlichen in die adlige Welt. Er sagt der Schiffsmaklerei und dem Fischhandel Valet, um den mehr ritterlichen Beruf des Soldaten zu wählen. Er begleitet als junger Mensch König Franz I. in den italienischen Krieg, aus dem er ein – leider uns nicht erhaltenes – Tagebuch und als ersehnteste Belohnung seiner treuen Dienste den Titel Sieur de Montaigne zurückbringt. Bewußt erfüllt der neue Edelmann, was sein Großvater vorsorglich vorausgeträumt, indem er das alte und halbverfallene Schloß zum imposanten Herrensitz umbaut. Inmitten weiten Landes, das der tüchtige und energische Mann in unzähligen Prozessen und einzelnen Käufen erwirbt, erhebt sich mit dicken Mauern und Türmen die stattliche Burg. Es ist eine Festung, von außen gesehen, und zugleich eine Stätte humanistischer Bildung und generöser Gastlichkeit. Nicht ohne innere Belehrung und den Willen zu weiterer Bildung hat der junge Soldat das Italien der Renaissance in seiner schönsten Kunstblüte gesehen.

Die bloße Geldgier und Gewinnfreude seiner Ahnen verwandelt sich bei ihm in höheren Ehrgeiz. Er legt den Grund zu einer stattlichen Bibliothek, er zieht gelehrte Männer, Humanisten und Professoren in sein Haus, und ohne die Verwaltung des großen Vermögens und seines ausgedehnten Grundbesitzes zu vernachlässigen, erachtet er es als seine Adelspflicht, wie einst im Kriege dem König nun im Frieden seiner Heimat zu dienen. Zuerst nur »Prevost« und »Jurat«, also bloßer Beisitzer der Stadtgemeinde, wird er schließlich zum Vizebürgermeister und dann zum Bürgermeister von Bordeaux gewählt, wo seine hingebungsvolle Tätigkeit ihm ein ehrenvolles Andenken schafft. Rührend schildert Montaigne die Hingabe des schon kranken und ermüdeten Mannes: »Ich erinnere mich, daß er mir schon in meiner Kindheit alt erschien. Seine Seele war grausam getroffen worden durch die öffentlichen Streitigkeiten. Er hatte die sanfte Atmosphäre seines Hauses hinter sich lassen müssen. Vielleicht hatte auch die Schwäche des Alters ihn schon lange vor der Zeit erfaßt. Sowohl in seiner häuslichen Umgebung wie in seiner Gesundheit schien er dadurch beeinträchtigt, und sicherlich verachtete er das Leben, das er schon entgleiten fühlte. Und doch begab er sich im Interesse der Stadt auf lange und mühsame Reisen. So war sein Charakter. Und doch ertrug er all diese Zustände mit natürlicher großer Güte. Es gab keinen wohltätigeren und beliebteren Menschen als ihn.«

Mit Montaignes Vater ist der zweite und der vorletzte Schritt im Aufstieg der Familie getan. Aus den kleinen Händlern, die nur sich und ihre Familie bereichern, sind die Eyquems die Ersten der Stadt geworden, und aus den Eyquems die Sieurs de Montaigne. Mit Ehrfurcht wird der

Name im ganzen Périgord und Guyenne genannt. Aber erst der Sohn wird den Aufstieg vollenden, er wird der Lehrer Shakespeares sein, der Berater von Königen, der Ruhm seiner Sprache und der Schutzpatron allen freien Denkens auf Erden.

Während so innerhalb von drei Generationen von Ramon über Grimon zu Pierre Eyquem die väterliche Familie aufsteigt, vollendet im gleichen Rhythmus, mit gleicher Zähigkeit und Weitsicht die mütterliche Familie Michel de Montaignes ihren Weg nach oben. Als in seinem dreiunddreißigsten Jahre der Sieur Pierre de Montaigne, Michels Vater, eine Demoiselle Antoinette de Louppes de Villeneuve zur Gattin wählt, scheint sich für den ersten flüchtigen Blick alter Adel mit altem Adel zu verbinden. Blättert man aber von diesem schön klingenden Ehekontrakt auf die älteren Pergamente und archivalischen Vermerke zurück, so entdeckt man, daß der Adel der Louppes de Villeneuve ebenso kurzen Atem hat wie jener der Montaigne und, um Casanovas Wort zu gebrauchen, genau so selbstherrlich aus dem Alphabet geholt ist wie jener der Eyquems. Fast zur gleichen Zeit, da der Fischhändler Ramon Eyquem rund hundert Jahre vor Montaignes Geburt die erste Stufe aus der sozial mißachteten bürgerlichen Welt in die ritterliche erklimmt, macht ein reicher spanischer Jude, Mosche Paçagon in Saragossa, den gleichen Schritt, um sich aus einer verfemten Gilde abzulösen, indem er sich taufen läßt. Ebenso wie die Eyquems bemüht, bei seinen Kindern und Nachbarn die eigentliche Herkunft zu verschatten, legt er sich statt seines jüdischen einen spanischen und ritterlich klingenden Namen zu. Er nennt sich nach der Taufe Garcia Lopez de Villanuova.

Seine weitverzweigte Familie durchlebt dann die üblichen Schicksale der spanischen Inquisitionsjahre. Einigen dieser neuen Christen gelingt die Umschaltung. Sie werden Berater und Bankiers bei Hofe; andere weniger geschickte oder weniger vom Glück begünstigte werden als Maranen verbrannt. Die Vorsichtigen unter ihnen aber wandern rechtzeitig aus Spanien aus, ehe die Inquisition ihr adliges Christentum zu scharf unter die Lupe nimmt. Ein Teil der Familie Lopez de Villanuova übersiedelt nach Antwerpen und wird protestantisch. Eine andere, katholische Linie verlegt ihre Geschäfte nach Bordeaux und Toulouse, wo sich die Familie französisiert und zur weiteren Verschleierung ihrer Herkunft Louppes de Villeneuve nennt. Zwischen den Villeneuves und den Montaignes, oder vielmehr zwischen den Eyquems und den Paçagons gehen allerhand Geschäfte hin und her. Das letzte und für die Welt erfolgreichste wird am 15. Januar 1528 abgeschlossen durch die Heirat Pierre Eyquems mit Antoinette de Louppes, die eine Mitgift von tausend Gold-Écus in die Ehe bringt. Und man kann ungefähr ermessen, wie reich die Eyquems damals schon gewesen sein müssen, wenn Michel de Montaigne späterhin diese Mitgift als eine verhältnismäßig geringe bezeichnet.

Diese Mutter jüdischen Blutes, mit der Montaigne über ein halbes Jahrhundert im gleichen Hause lebt und die ihren berühmten Sohn sogar noch überlebt, erwähnt Montaigne in seinen Werken und Schriften mit keinem einzigen Wort. Man weiß nicht mehr von ihr, als daß sie bis zum Tode ihres Mannes, dem sie fünf Kinder geschenkt hat, das adlige Haus mit der der Familie doppelt eigenen »Prudhommie« verwaltet, so daß sie in ihrem Testament stolz niederschreiben kann: »Es ist bekannt, daß ich während eines Zeitraumes von vierzig Jahren im Haus der de Montaigne an der Seite meines Gatten gearbeitet habe, so daß durch meine Bemühungen, meine Sorge und Führung des Haushaltes besagtes Haus in seinem Werte gesteigert, verbessert und vermehrt worden ist.« Mehr ist von ihr nicht bekannt geworden, und man hat dieses Nichterwähnen der Mutter im ganzen Werk Montaignes oft dahin ausgelegt, daß er seine jüdische Herkunft habe verschleiern oder verdecken wollen. Montaigne war bei all seiner Klugheit einer unseligen Adelseitelkeit verfallen; sein Testament verlangt zum Beispiel, daß er in der »Grabstätte seiner Ahnen« beigesetzt werden solle, während in Wirklichkeit nur sein Vater in Montaigne begraben war. Aber ebensowenig wie seine Mutter hat Montaigne – außer in einer einzigen Widmung – seine Frau oder seine Tochter jemals in seinen Schriften erwähnt. Sein Weltbild war aus der Antike geformt, wo die Frau im geistigen Bereich nicht in Betracht kam. Und so wissen wir weder von besonderer Neigung noch besonderer Abneigung des Eyquem-Enkels zur Enkelin des Mosche Paçagon. Es sind zwei Auftriebe, jeder stark und gesund, die sich in Montaigne, dem Spitzenpunkt dieser Pyramide des Aufstiegs, gleichzeitig vollenden und erschöpfen. In ihm löst sich alles, was zwischen den gascognischen Fischersleuten und jüdischen Maklern gegensätzlich war, in eine neue, einheitliche und schöpferische Form. Was er der einen Linie verdankt, was der anderen, das wird sich aus einer so vollkommenen Bindung ohne Künstlichkeit kaum lösen lassen. Man wird nur sagen können, daß er durch diese Gemischtheit prädestiniert war, ein Mensch der Mitte und ein Mensch der Bindung zu werden, unbefangen nach allen Seiten blikkend, ohne Borniertheit in jedem Sinne, ein »libre penseur« und »citoyen du monde«, freigeistig und tolerant, Sohn und Bürger nicht einer Rasse und eines Vaterlandes, sondern Weltbürger jenseits von Ländern und Zeiten.

3

In einem adligen Namen ist unbewußt der Wille enthalten, sich zu bewahren und zu übertragen von Geschlecht zu Geschlecht. So ist es für den ersten, der den Titel eines Seigneur de Montaigne trägt, für Pierre Eyquem de Montaigne, eine stolze Verkündigung, Ahnherr zu werden eines in Zukunft berühmten Geschlechtes, als ihm am letzten Tage des Februar 1533, nachdem er zuvor zwei Töchter bald nach ihrer Geburt verloren hat, der ersehnte erste Sohn, unser Michel de Montaigne, geboren wird. Von der Stunde seiner Geburt an weiht der Vater den Sohn einer hohen Bestimmung. Wie er selbst seinen eigenen Vater an Bildung, Kultur und gesellschaftlicher Stellung überholt hat, so soll dieser Sohn nun ihn wiederum übertreffen. Zweihundertfünfzig Jahre vor Jean Jacques Rousseau, drei Jahrhunderte vor Pestalozzi gestaltet mitten im 16. Jahrhundert in einem abgelegenen Schlosse der Gascogne sich ein Fischhändlerenkel und ehemaliger Soldat die Erziehung seines Sohnes als wohldurchdachtes Problem. Er läßt seine gelehrten humanistischen Freunde kommen und berät mit ihnen über die beste Methode, seinen Sohn von Anfang an im menschlichen und gesellschaftlichen Sinne zu etwas Außerordentlichem zu erziehen, und in manchen Punkten zeigt diese für jene Zeit wahrhaft verblüffende Fürsorge Übereinstimmung mit den modernsten Auffassungen. Schon der erste Beginn ist erstaunlich. Gleich aus der Wiege und von der Mutterbrust hinweg wird der Säugling, statt daß man wie sonst in aristokratischen Häusern eine Amme nimmt, aus dem Schlosse Montaigne entfernt und zu Leuten aus dem untersten Stande gegeben, zu armen Holzfällern in einem winzigen Weiler, der zur Seigneurie der Montaignes gehört. Der Vater will damit das Kind nicht nur zur »Einfachheit und Anspruchslosigkeit« erziehen und hofft es körperlich abzuhärten, er will es, in einer damals fast unverständlichen demokratischen Anwandlung, von Anfang an »dem Volke nahebringen und den Lebensbedingungen der Menschen, die unserer Hilfe bedürfen«. Vielleicht hat Pierre Eyquem in seiner bürgerlichen Zeit, ehe er noch den Adelstitel trug, den Hochmut der Privilegierten mit Erbitterung an sich erfahren. So will er, daß sein Sohn sich von Anfang an nicht als einer der »Oberen«, als Mitglied einer privilegierten Klasse empfinde, sondern frühzeitig lerne, »sich den Menschen zuzuwenden, die uns ihren Arm leihen, und nicht so sehr denen, die uns ihren Rücken weisen«. Körperlich scheint Montaigne die frugale und spartanische Zeit in der armseligen Köhlerhütte gut angeschlagen zu haben, und er berichtet, daß er als Kind sich dermaßen an die einfache Kost gewöhnt habe, daß er statt der Zuckerwaren, Konfitüren und Plätzchen immer nur die gewöhnliche Nahrung der Bauern bevorzugte: »Schwarzbrot, Speck und Milch.« Zeitlebens ist Montaigne seinem Vater dafür dankbar gewesen, daß er ihn gleichsam mit der Muttermilch vorurteilsfrei gemacht hat, und während Balzac es bis zu seinem Tode seiner Mutter vorwirft, daß sie ihn bis zu seinem vierten Jahre in das Haus eines Gendarmen gegeben, statt ihn bei sich zu behalten, billigt Montaigne das wohlgemeinte Experiment mit dem Versprechen: »Wenn ich Jungen haben sollte, dann wünschte ich ihnen aus freien Stücken das gleiche Schicksal, das ich hatte.«

Um so krasser ist dann der Umschwung, sobald der Vater das Kind nach drei Jahren wieder in das Schloß Montaigne nimmt. Nach dem Rat der gelehrten Freunde soll die Seele geschmeidig gemacht werden, nachdem der Körper gefestigt ist. Wie vom Heißen ins Kalte wird der junge Michel vom Proletarischen ins Humanistische hinübergestellt. Von Anfang an ist Pierre Eyquem in seinem Ehrgeiz entschlossen, aus seinem Sohn nicht einen müßigen Edelmann zu machen, der seine Zeit bei Würfeln, Wein und Jagd zwecklos vergeudet, oder einen bloßen Kaufmann und Geldraffer. Er soll aufsteigen in die höchsten Kreise derjenigen, die durch geistige Überlegenheit, durch Bildung und Kultur die Schicksale der Zeit im Rate der Könige lenken und mit ihrem Wort die Ereignisse beeinflussen, die statt in der Enge der Provinz in den weiteren Kreisen der Welt ihre Heimat haben. Der Schlüssel aber zu diesem geistigen Reich ist im Jahrhundert des Humanismus das Latein, und so beschließt Vater Montaigne, seinem Sohn dieses magische Instrument möglichst frühzeitig in die Hand zu geben. Auf dem abgelegenen Schloß in Périgord wird ein Experiment kuriosester Art in Szene gesetzt, das eines gewissen komödienhaften Zuges nicht entbehrt. Der Vater läßt mit großen Kosten einen deutschen Gelehrten kommen, und zwar bewußt einen, der kein einziges Wort französisch versteht, und noch zwei nicht minder gelehrte Gehilfen werden ihm beigestellt, die unter strengstem Verbot mit dem Kind nicht anders als in lateinischer Sprache sprechen dürfen. Die ersten und einzigen Vokabeln und Sätze, die das vierjährige Kind lernt, sind lateinische, und um zu verhüten, daß der Knabe sich gleichzeitig die französische Muttersprache aneignen könne und daß damit die Reinheit und Vollkommenheit seiner lateinischen Diktion gestört werde, wird um den kleinen Michel ein unsichtbarer Ring gezogen. Wenn der Vater, die Mutter oder die Diener dem Kinde etwas mitteilen wollen, müssen sie sich selbst zuvor die lateinischen Brocken von den Lehrern eintrichtern lassen. Und so entsteht im Schlosse Montaigne die wahrhaft lustspielhafte Situation, daß um eines pädagogischen Experimentes willen ein ganzes Haus mit Eltern und Gesinde um eines Vierjährigen willen Latein lernen muß. Das hat dann die amüsante Folge, daß einzelne Worte und lateinische Vornamen bis weit hinein in die Nachbardörfer in Umlauf kommen.

Immerhin wird dadurch mit Leichtigkeit das gewünschte Resultat erzielt; der zukünftige große französische Prosaist weiß zwar mit sechs Jahren noch nicht einen einzigen Satz in seiner Muttersprache zu sagen, aber er hat ohne Buch, Grammatik und irgendwelchen Zwang, ohne Rute und ohne Tränen Latein in der reinsten und vollkommensten Form sprechen gelernt. Die antike Weltsprache ist so sehr Ursprache und Muttersprache für ihn, daß er zeitlebens Bücher in ihr beinahe lieber liest als in der eigenen. Und im Augenblick des Schreckens oder plötzlicher Aufschreie kommt ihm unwillkürlich das lateinische Wort statt des französischen in den Mund. Wäre Montaigne nicht in seinen Mannesjahren schon in den Niedergang des Humanismus geraten, so wären seine Werke wahrscheinlich wie die des Erasmus ausschließlich in dieser erneuerten Kunstsprache geschrieben worden, und Frankreich hätte einen seiner meisterlichsten Schriftsteller verloren.

Diese Methode, seinen Sohn Latein ohne Anstrengung, ohne Bücher und gleichsam nur im Spiel erlernen zu lassen, ist aber nur eine Auswirkung der allgemeinen, wohlüberlegten Tendenz des Vaters, das Kind heranzubilden, ohne ihm die mindeste Mühe zu machen. Im Gegensatz zur harten Erziehung der Zeit, die mit dem Stock starre Vorschriften einhämmerte, soll es sich seinen eigenen inneren Neigungen gemäß entwickeln und gestalten. Ausdrücklich haben die humanistischen Berater den fürsorglichen Vater angewiesen, »er sollte mir Geschmack am Wissen und an meinen Pflichten dadurch beibringen, daß mein freier Wille und mein eigener Wunsch danach geweckt wurde, ohne Zwang. Meine Seele sollte ganz sanft und in aller Freiheit erhoben werden, ohne Härte und unnatürlichen Druck.«

Bis zu welchem Grade diese bewußte Kultivierung des individuellen Willens auf dem sonderbaren Schlosse in Périgord geübt wurde, bezeugt ein amüsantes Detail. Offenbar hat einer der Präzeptoren geäußert, es sei schädlich für das »zarte Gehirn des Kindes«, wenn man es morgens »mit einem Schlage gewaltsam« aus dem Schlaf wecke. So wird ein besonderes System ersonnen, den Nerven des Knaben selbst diese geringfügigste Erschütterung zu ersparen: Michel de Montaigne wird in seinem kleinen Kinderbett täglich durch Musik erweckt. Flötenspieler oder Geigenkünstler umstehen wartend das Lager, bis ihnen das Zeichen gegeben wird, den schlafenden Michel durch eine Melodie sanft aus seinen Träumen ins Wachen zu führen, und dieser zärtliche Brauch wird mit strengster Sorgfalt eingehalten. »Zu keinem Zeitpunkt«, berichtet Montaigne, »war ich ohne Bedienung.« Kein bourbonischer Königssohn, kein habsburgischer Kaiserspröß ist je mit solcher Rücksicht aufgezogen worden wie dieser Enkel gascognischer Fischhändler und jüdischer Geldmakler.

Eine solche superindividualistische Erziehung, die einem Kinde nichts verbietet und jeder seiner Neigungen freie Bahn läßt, stellt ein Experiment dar, und sogar ein nicht ungefährliches. Denn derart verwöhnt zu sein, niemals einen Widerstand zu finden und keiner Zucht sich fügen zu müssen, läßt einem Kinde die Möglichkeit, jede Laune wie jedes eingeborene Laster zu entwickeln. Und Montaigne gibt später selbst zu, daß er es nur einem Glücksfalle zu danken habe, wenn diese laxe und schonungsvolle Erziehung bei ihm gut angeschlagen habe.

»Wenn aus mir etwas Rechtes geworden ist, so möchte ich sagen, daß ich gewissermaßen unschuldig dazu gekommen bin, durch Zufall und wie von selbst. Wenn ich mit einer zuchtloseren Anlage geboren worden wäre, dann fürchte ich, wäre es recht kläglich mit mir ausgegangen.«

Gewisse Spuren dieser Erziehung, im Guten und im Schlimmen, sind freilich bei ihm sein Leben lang fühlbar geblieben, vor allem der hartnäckige Widerstand, sich irgendeiner Autorität zu fügen, einer Disziplin sich unterzuordnen, und auch eine gewisse Atrophie des Willens geht darauf zurück. Diese Kindheit hat Montaigne für alle kommenden Jahre verwöhnt, jeder starken und gewaltsamen Anspannung, allem Schwierigen, Regelmäßigen, Pflichthaften möglichst auszuweichen und immer nur dem eigenen Willen, der eigenen Laune nachzugeben. Jene »Weichheit« und »Sorglosigkeit«, die er oft bei sich beklagt, mag ihren innersten Kern in diesen Jahren haben, aber zugleich auch sein unbändiger Wille, frei zu bleiben und sich niemals einer fremden Meinung sklavisch unterzuordnen. Der gütigen Fürsorge seines Vaters hat er es zu danken, wenn er später stolz sagen darf:

»Ich besitze eine freie Seele, die völlig in sich ruht und gewöhnt ist, sich selbst zu lenken, wie es ihr gefällt.« Wer einmal selbst als Unmündiger mit noch unbewußten Sinnen die Wollust und Wohltat der Freiheit erkannt hat, wird sie nie mehr vergessen und verlieren.

Diese nachsichtig verwöhnende Erziehungsform bedeutet einen entscheidenden Glücksfall für Montaignes besondere Seelenentfaltung. Aber es ist auch ein Glück für ihn, daß sie rechtzeitig ein Ende nimmt. Um Freiheit zu würdigen, muß man Zwang kennengelernt haben, und diese Erziehung wird Montaigne reichlich gegeben, sobald er mit sechs Jahren ins Kollegium von Bordeaux geschickt wird, wo er bis zum dreizehnten Jahre verbleibt. Nicht daß dort der Sohn des reichsten Mannes und Bürgermeisters der Stadt sehr hart und energisch angefaßt worden wäre; das einzige Mal, da er die Rute bekommt, geschieht es »recht sänftlich«. Aber es ist immerhin eine strenge Disziplin, der er dort begegnet, eine Disziplin, die selbstherrlich ihre Anschauungen dem Schüler aufnötigt, ohne ihn nach den seinen zu fragen. Zum ersten Male muß er regelmäßig lernen, und unbewußt wehrt sich der Instinkt des Kindes, das nur gewohnt war, seinem eigenen Willen zu folgen, gegen ein Wissen, das starr formuliert und präpariert ihm aufgezwungen wird. »Die Lehrer donnern immer in unsere Ohren«, klagt er, »als ob sie es in eine Röhre gössen, und unser Geschäft ist nur, zu wiederholen, was sie uns sagen.« Statt in den Schülern eigne Meinungen sich fruchtbar entwickeln zu lassen, füllen sie ihnen das

Gedächtnis mit totem Stoff an, – »unser Verständnis und Bewußtsein bleibt dabei leer«, so klagt er. Und dann fragt er erbittert: »Was nützt es uns, daß wir uns den Bauch mit Fleisch füllen, wenn wir es nicht verdauen können, wenn es sich nicht in uns umbildet, uns stärkt und kräftigt?« Es erbittert ihn, daß die Scholasten des Kollegiums ihn Fakten und Zahlen und Gesetze und Systeme lernen lassen – nicht umsonst hat man die Rektoren jener Schule damals Pedanten genannt – und daß sie ihm ein Buchwissen, einen »reinen Bücherdünkel« aufzwingen wollen. Er empört sich darüber, daß sie den für den besten Schüler erklären, der am willigsten sich das merkt, was sie ihm vorsagen. Gerade das Zuviel an übernommenem Wissen ertötet die Fähigkeit, sich selbständig ein persönliches Weltbild aufzubauen:

»So wie die Pflanzen unter zuviel Feuchtigkeit eingehen oder die Lampen unter zuviel Öl erlöschen, so wird auch unsere geistige Tätigkeit durch ein Übermaß an Studien und Stoff beeinflußt.«

Ein solches Wissen ist nur eine Belastung des Gedächtnisses, nicht eine Funktion der Seele:

»Etwas auswendig wissen bedeutet nicht, daß man etwas weiß, sondern lediglich, daß man etwas im Gedächtnis behalten hat.«

Nicht das Datum der Schlacht von Cannae zu wissen ist wichtig bei der Lektüre des Livius und Plutarch, sondern die Charaktere Scipios und Hannibals zu kennen; nicht das kalte historische Faktum bedeutet ihm etwas, sondern sein menschlicher, sein seelischer Gehalt. So wird der reife Mann später seinen Schullehrern, die ihm selbst nichts als Regeln eindrillen wollten, eine schlechte Note und gleichzeitig eine gute Lektion erteilen. »Unsere Lehrer«, so sagt er in seinen späteren Jahren, »sollten nur das beurteilen, was ein Schüler durch das Zeugnis seines Lebens, nicht durch sein bloßes Gedächtnis gewonnen hat. Laßt den jungen Menschen alles, was er liest, prüfen und sieben und ihn nichts bloß auf Treu und Glauben oder Autorität hinnehmen. Gerade die verschiedensten Meinungen sollten ihm vorgelegt werden. Ist er fähig, so wird er seine Wahl treffen, wenn nicht, im Zweifel bleiben. Wer aber nur anderen folgt, der folgt keiner Sache, findet keine Sache, und sucht sogar keine Sache.«

Eine solche freigeistige Erziehung vermochten die guten Lehrer, obwohl sich unter ihnen ausgezeichnete und sogar berühmte Humanisten befanden, dem eigenwilligen Knaben nicht zu geben. Und so wird er ohne Dank von seiner Schule Abschied nehmen. Er verläßt sie »ohne ein Ergebnis, das ich noch jetzt in Rechnung stellen könnte«, wie er dann später sagt.

Wie Montaigne mit seinen Lehrern, so dürften auch diese mit ihrem Schüler nicht sonderlich zufrieden gewesen sein. Denn abgesehen von jenem inneren Widerstand gegen jedes Buchwissen, Schulwissen, Kopfwissen, gegen jede Disziplin und Ordnung, fehlte Montaigne – wie so vielen anderen hervorragenden Naturen, in denen die geistige Intensität in voller Kraft erst nach der Pubertät erwacht – eine rasche und geschmeidige Auffassungsgabe. Dieser später so wache, bewegliche und neugierige Geist ist in jenen Entwicklungsjahren in einer merkwürdigen Dumpfheit befangen. Es ist eine gewisse Trägheit, die auf ihm lastet:

»Ich war zwar von guter Gesundheit, und meiner Natur nach immer sanft und umgänglich, aber ich war damals so schwerfällig, schlaff und schläfrig, daß man mich aus meinem Müßiggang nicht herausreißen konnte, nicht einmal wenn man mich zum Spielen bringen wollte.«

Seine Fähigkeit des scharfen Beobachtens ist zwar schon vorhanden, aber gleichsam nur in potentiellem Zustand und in seltenen Augenblicken:

»Was ich sah, das beobachtete ich gut, und unter der Decke jenes schwerfälligen Naturells wuchsen in mir schon kühne Gedanken und Ansichten, die weit über mein Alter hinausgingen.«

Aber diese glücklichen Augenblicke wirken nur nach innen. Sie machten sich den Lehrern kaum bemerkbar, und Montaigne wirft ihnen keineswegs vor, ihn unterschätzt zu haben, sondern gibt seiner Jugend ein hartes Zeugnis:

»Mein Geist war träge und bewegte sich nur so weit vorwärts, wie man ihn anspornte; mein Begriffsvermögen entwickelte sich erst spät; meine Erfindungsgabe war matt, und vor allem litt ich an einer unglaublichen Schwäche des Gedächtnisses.«

Niemandem aber wird die Schule mehr zur Qual als den Begabten, deren Anlagen sie mit ihren trockenen Methoden nicht aufzulockern und fruchtbar zu machen weiß. Und wenn Montaigne diesem Gefängnis seiner Jugend heil entkommen ist, so war es nur, weil er wie so viele andere – Balzac hat es im »Louis Lambert« am schönsten geschildert – den heimlichen Tröster und Helfer findet: das dichterische Buch neben dem Schulbuch. Wie Louis Lambert kann er, einmal diesem Zauber der freien Lektüre verfallen, nicht mehr enden. Der junge Montaigne liest begeistert die Metamorphosen des Ovid, Virgils Aeneis, die Dramen des Plautus in der Originalsprache, die seine eigentliche Muttersprache ist. Und dieses Verständnis der klassischen Werke sowie seine Meisterschaft in der Behandlung des gesprochenen lateinischen Wortes bringt den schlechten und schläfrigen Schüler im Kollegium auf sonderbare Weise wieder zu Ehren. Einer seiner Lehrer, George Buchanan, der später in der Geschichte Schottlands eine bedeutsame Rolle spielen wird, ist der Verfasser damals hochgeachteter lateinischer Tragödien, und in diesen sowie in anderen lateinischen Theaterstücken tritt Montaigne mit viel Glück bei den Schulaufführungen als Schauspieler auf. Er übertrifft alle anderen durch die Modulationsfähigkeit seiner Stimme und die früh erworbene Meisterschaft in der lateinischen Sprache. Mit dreizehn Jahren ist die Erziehung des Unerziehbaren äußerlich schon abgeschlossen, und von nun ab wird Montaigne sein Leben lang sein eigner Lehrer und Schüler sein.

Nach der Schule, dem Kollegium, scheint dem Dreizehnjährigen noch eine gewisse Erholungszeit im väterlichen Hause gewährt worden zu sein, ehe er an der Universität Toulouse, oder vielleicht Paris Rechtswissenschaften studierte. Jedenfalls betrachtet er selbst mit dem zwanzigsten Jahre seine Entwicklung als endgültig abgeschlossen:

»Was mich anbelangt, so glaube ich, daß unsere Seele mit zwanzig Jahren bereits das geworden ist, was sie werden soll, und daß sie dann schon alle Anlagen erkennen läßt, die ihr gegeben sind ... Es steht für mich fest, daß von diesem Zeitpunkt ab sowohl mein Geist wie mein Körper eher abgenommen als zugenommen haben, eher zurückgeblieben als fortgeschritten sind.«

Von diesem Montaigne der Zeit seiner zum ersten Male gesammelten Frische und Kraft ist uns kein Porträt erhalten. Aber er hat sich selbst zeit seines Lebens immer wieder mit solcher Sorgsamkeit, Lust und Schärfe beschrieben, daß man sich im Vertrauen auf seine Wahrheitsliebe eine zureichende physiognomische Vorstellung machen kann. Von Statur ist Montaigne, wie sein Vater, auffallend klein, ein Umstand, den er selbst als Nachteil empfindet und beklagt, weil diese wenigen Zoll unter dem Mittelmaß ihn einerseits auffällig machen, und andererseits die Autorität seines Auftretens vermindern. Aber es bleibt genug übrig, um den jungen Edelmann wohlansehnlich zu machen. Der feste, gesunde Körper, der zarte Schnitt des Gesichtes, sein schmales Oval mit feingezogener Nase, in dem jede Linie hübsch geschwungen ist, die klare Stirn, die schön gewölbten Augenbrauen, der saftige Mund über und unter dem kastanienbraunen Bärtchen, das ihn wie mit heimlicher Absicht verschattet – das ist das Bild, das der junge Montaigne der Welt bietet. Die Augen, auffallend durch ihren starken, spähenden Glanz, dürften damals noch nicht den leicht melancholischen Blick gezeigt haben, der in den Porträts späterer Tage zu bemerken ist. Nach seinem eigenen Bericht war er dem Temperament nach, wenn auch nicht gerade lebendig und fröhlich, so doch wenigstens ruhig und ausgeglichen. Für die ritterlichen Tugenden, für Sport und Spiel fehlte ihm die körperliche Agilität und Vitalität seines Vaters, der noch mit sechzig Jahren, bloß auf seinen Daumen gestützt, sich im Sprung über den Tisch schwingen kann und im Sturm, immer drei Stufen auf einmal, die Treppen seines Schlosses emporläuft.

»Beweglich und geschickt bin ich nie gewesen. In der Musik oder im Singen oder Spielen eines Intrumentes konnte man mir nie etwas beibringen; ich hatte keine Begabung dafür. Beim Tanzen, Ballspiel oder Ringen brachte ich es nie über das Mittelmaß hinaus; beim Schwimmen, im Sprung über Hindernisse oder im Weitsprung und im Fechten versagte ich ganz. Meine Finger sind so ungeschickt, daß ich selbst nicht lesen kann, was ich geschrieben habe; ich kann nicht einmal einen Brief anständig zusammenfalten. Ich könnte mir nie eine Schreibfeder schneiden oder mein Pferd satteln, einen Falken fliegen lassen oder mit Hunden, Vögeln und Pferden umgehen.«

Sein Sinn ist mehr auf Geselligkeit gerichtet, und dieser widmet er sich dann auch, neben der Freude an Frauen, die ihn nach seiner eignen Aussage von frühester Stunde an und ausgiebig verlockt haben. Dank seiner besonders lebendigen Phantasie faßt er leicht auf. Ohne ein Stutzer zu sein – er bekennt, daß er dank einer gewissen Nonchalance, der sein Naturell zuneigt, zu den Leuten gehört, deren reiche Kleider doch immer etwas traurige Figur auf ihren Schultern machen –, sucht er Umgang und Kameradschaft. Und seine rechte Lust ist Diskussion, aber Diskussion gleichsam als Florettspiel, nicht aus Streitsucht oder Ressentiment. Über dem heißen gascognischen Blut, das ihn allerdings manchmal zu raschen, leidenschaftlichen Ausbrüchen treibt, wacht von Anfang an der klare, von Natur aus temperierte Verstand. Montaigne, den jede Roheit entsetzt, jede Brutalität anekelt, fühlt sich beim bloßen Anblick des Leidens bei anderen »physisch gepeinigt«. Der junge Montaigne, vor dem Stadium seiner erlernten und erdachten Weisheit, besitzt nichts als die instinktive Weisheit, das Leben und sich selbst in diesem Leben zu lieben. Noch ist nichts in ihm entschieden, kein Ziel sichtbar, dem er entgegenstrebt, keine Begabung, die sich deutlich oder herrisch kundgibt. Unschlüssig blickt der Zwanzigjährige mit seinen neugierigen Augen in die Welt, um zu sehen, was sie ihm, was er ihr zu geben hat.

4

Es ist ein entscheidendes Datum im Leben Montaignes, als 1568 sein Vater Pierre Eyquem stirbt. Denn bisher hatte er mit Vater, Mutter, Gattin, Brüdern und Schwestern in dem Schlosse gelebt, das er etwas emphatisch »das Schloß seiner Ahnen« nennt, ohne sich um Vermögen, Wirtschaft und Geschäfte zu kümmern. Durch den Tod seines Vaters wird er ein Erbe, und sogar ein reicher Erbe. Als dem Erstgeborenen fällt ihm der Titel zu und eine Rente von zehntausend Livres, aber damit auch die Last der Verantwortung für den ganzen Besitz. Die Mutter wird mit ihrer eingebrachten Mitgift abgefunden, und nun hat Montaigne, als major domus, als Haupt der Familie, die Pflicht, die hundert kleinen Geschäfte und täglichen Verrechnungen zu leiten oder wenigstens zu prüfen, er, der nur ungern für sein eignes Tun und Lassen verantwortlich sein will. Und nichts ist Montaigne widriger als eine regelmäßige Beschäftigung, die Pflichtgefühl, Ausdauer, Zähigkeit, Sorgsamkeit, also durchaus methodische Tugenden erfordert. Unbefangen gesteht er ein, wie wenig er sich bis zur Mitte seines Lebens um die Hauswirtschaft gekümmert hat. Der Herr über Güter, Wälder, Wiesen und Weingärten bekennt offen: »Ich kann eine Kornart nicht von der anderen unterscheiden, weder auf dem Felde noch im Speicher, wenn der Unterschied nicht ganz augenfällig ist. Ich weiß kaum, ob das Kohl oder Salat ist, was in meinem Garten steht. Ich kenne nicht einmal die Bezeichnungen für die wichtigsten Geräte der Landwirtschaft und das, was jedes Kind weiß. Kein Monat vergeht, ohne daß ich dabei ertappt werde, daß ich keine Ahnung habe, wozu der Sauerteig beim Brotbacken dient oder was da eigentlich vorgeht, wenn sie den Wein in der Kufe mischen.« Aber ebenso ungeeignet wie mit Spaten und Schaufel ist dieser neue Gutsbesitzer in seiner Gutskanzlei. »Ich kann mich nie dazu überwinden, die Kontrakte durchzulesen oder die Abmachungen zu überprüfen, die eigentlich notwendigerweise durch meine Hände gehen und von mir kontrolliert werden müßten. Nicht aus philosophischer Verachtung der weltlichen und vergänglichen Dinge – nein, es ist in Wahrheit eine unentschuldbare kindische Faulheit und Nachlässigkeit. Alles würde ich lieber tun, als einen solchen Kontrakt durchzulesen.«

An und für sich ist ihm das Erbe, das ihm zugefallen ist, willkommen, denn Montaigne liebt sein Vermögen, das ihm die innere Unabhängigkeit sichert. Aber er wünschte sie zu haben, ohne sich damit zu schaffen zu machen: »Es ist mir am liebsten, wenn meine Verluste oder Mißhelligkeiten in meinen Geschäften mir verborgen bleiben.« Kaum, daß ihm eine Tochter geboren ist, träumt er schon davon, daß ein Schwiegersohn ihm all diese Arbeit und Sorge abnehmen möge. Er möchte die Verwaltung so erledigen, wie er Politik treiben wollte und alles andere auf Erden: gelegentlich, wenn er gerade Lust dazu hat, und mit der linken Hand, ohne sich selbst zu beteiligen. Er erkennt, daß Besitz ein Danaergeschenk ist, das täglich und stündlich verteidigt werden will. »Ich würde noch immer ganz zufrieden sein, wenn ich das Leben, das ich jetzt führe, gegen ein einfacheres eintauschen könnte, das nicht so von geschäftlichen Beanspruchungen starrt.«

Um diese goldene Last, die ihm die Schulter drückt, leichter zu tragen, beschließt Montaigne, eine andere abzuwerfen. Der Ehrgeiz seines Vaters hat ihn ins öffentliche Leben gedrängt. Etwa fünfzehn Jahre ist er Beisitzer in der niederen Kammer des Parlaments gewesen und nicht weiter gekommen in seiner Karriere. Nun, nach dem Tode seines Vaters, stellt er die Frage an das Schicksal. Er läßt sich, nachdem er die ganze Zeit der zehnte Beisitzer der Chambre des Enquêtes gewesen ist, als Kandidat für den Aufstieg in die große Kammer aufstellen. Am 14. November 1569 beschließt die Kammer jedoch, Montaigne abzuweisen, unter dem Vorwand, daß sein Schwiegervater Präsident und ein Schwager bereits Rat der großen Kammer sei. Die Entscheidung fällt gegen ihn, aber im höheren Sinn für ihn aus, denn damit hat Montaigne einen Grund oder Vorwand, dem öffentlichen Dienst Valet zu sagen. Er legt seine Stellung nieder, oder vielmehr, er verkauft sie und dient von diesem Tage an der Öffentlichkeit nur mehr in seinem Sinne: gelegentlich und wenn eine besondere Aufgabe ihn lockt. Ob nicht auch geheime Gründe bei diesem Rückzug ins Privatleben mitgespielt haben, ist schwer zu mutmaßen. Jedenfalls muß Montaigne gespürt haben, daß die Zeit zu einer Entscheidung drängt, und er liebt keine Entscheidungen. Die öffentliche Atmosphäre ist von neuem vergiftet. Wieder haben die Protestanten zu den Waffen gegriffen und die Bartholomäusnacht ist nahe. Montaigne hat im Sinne seines Freundes La Boétie seine politische Aufgabe nur darin gesehen, im Sinne der Konzilianz und Toleranz zu wirken. Seiner Natur gemäß war er der geborene Vermittler zwischen den Parteien, und seine eigentliche Leistung im öffentlichen Dienst hat immer in solchen geheimen Vermittlungsverhandlungen bestanden. Aber die Zeit dafür ist nun vorbei; es kommt zu einem Entweder-Oder. Frankreich muß hugenottisch oder katholisch werden. Die nächsten Jahre werden ungeheure Verantwortung jedem aufbürden, der sich mit den Geschicken des Landes beschäftigt, und Montaigne ist der geschworene Feind jeder Verantwortung. Er will den Entscheidungen ausweichen. Als der Weise in einer Zeit des Fanatismus sucht er Rückzug und Flucht.

In seinem 38. Jahr hat sich Montaigne zurückgezogen. Er will niemandem mehr dienen als sich selbst. Er ist müde der Politik, der Öffentlichkeit, der Geschäfte. Es ist ein Augenblick der Desillusion. Er ist weniger als sein Vater, was äußeres Ansehen und Stellung im Leben anbetrifft. Er ist ein schlechterer Beamter gewesen, ein schlechterer Gatte, ein schlechterer Verwalter. Was ist er nun wirklich? Er hat das Gefühl, daß sein bisheriges Leben falsch war; er will jetzt richtig leben, nachdenken und nachsinnen. In den Büchern hofft er die Lösung für das Problem »Leben und Sterben« zu finden.

Und um sich gleichsam die Rückkehr in die Welt abzuschneiden, läßt er sich in lateinischer Sprache an der Wand seiner Bibliothek die Inschrift anbringen:

»Im Jahre des Herrn 1571, im Alter von 37 Jahren, am Vorabend der Kalenden des März, an seinem Geburtstag hat Michel de Montaigne, seit langem schon müde des Sklavendienstes am Hof und der Bürden öffentlicher Ämter, aber noch im Vollbesitz seiner Kräfte, beschlossen, sich an der jungfräulichen Brust der Musen auszuruhen. Hier, in Stille und Geborgenheit, wird er den sinkenden Ablauf eines Lebens vollenden, dessen größter Teil bereits vorübergegangen ist – wenn das Schicksal ihm erlaubt, diesen Aufenthaltsort und den friedlichen Ruhesitz seiner Väter zu behalten. Er hat diesen Raum der Freiheit, der Stille und der Muße geweiht.«

Dieser Abschied soll mehr sein als ein Abschied vom Amt. Es soll eine Absage sein an die äußere Welt. Bisher hat er für andere gelebt, – jetzt will er für sich leben. Bisher hat er getan, was das Amt, der Hof, der Vater von ihm forderten – nun will er nur mehr tun, was ihm Freude macht. Wo er helfen wollte, konnte er nichts ausrichten; wo er aufstrebte, da versperrte man ihm den Weg; wo er raten wollte, hat man seinen Rat mißachtet. Er hat Erfahrungen gesammelt, nun will er ihren Sinn finden und die Wurzel aus der Summe ziehen. Michel de Montaigne hat achtunddreißig Jahre gelebt; nun will Michel de Montaigne wissen, wer eigentlich dieser Michel de Montaigne ist.

Aber auch dieser Rückzug in das eigene Haus, in das private Leben ist Montaigne nicht genug. Denn zwar gehört ihm das Haus nach Erbe und Recht, aber er fühlt, daß er eigentlich mehr dem Hause gehört als sich selbst. Da ist die Frau, da ist die Mutter, da sind die Kinder, die ihm alle nicht sonderlich wichtig sind – es gibt eine merkwürdige Stelle, wo er eingesteht, nicht recht zu wissen, wie viele seiner Kinder gestorben sind –, da sind die Angestellten, die Pächter, die Bauern, und all das will überdacht sein. Die Familie lebt nicht immer sehr friedlich zusammen; es ist ein volles Haus, und er will allein sein. All das ist ihm widerlich, störend, unbequem, und er denkt wie sein Vorbild La Boétie, von dem er als Tugend rühmt: »La Boétie hat während seines ganzen Lebens die Asche seines häuslichen Herdes verächtlich hinter sich gelassen.« Montaigne hat nicht auf den öffentlichen Dienst verzichtet, um jetzt als Familienvater täglich kleinere Sorgen um sich zu haben. Er will dem Kaiser geben, was des Kaisers ist, aber nicht einen Tropfen mehr. Er will lesen, denken, genießen; er will sich nicht beschäftigen lassen, sondern sich selbst beschäftigen. Was Montaigne sucht, ist sein inneres Ich, das nicht dem Staat, der Familie, der Zeit, den Umständen, dem Gelde, dem Besitz gehören soll, jenes innere Ich, das Goethe die »Zitadelle« nannte, in die er niemandem Einlaß gewährte.

Der Weg aus dem Amt ins Haus war nur der erste Rückzug; jetzt zieht er sich vor der Familie, den Ansprüchen des Besitzes, den Geschäften zum zweiten Male zurück in die Zitadelle.

Diese Zitadelle, die Goethe nur symbolisch meint, schafft und baut sich Michel de Montaigne wirklich mit Steinen und Schloß und Riegel. Heute kann man sich kaum noch rekonstruieren, wie das Schloß Montaigne damals ausgesehen hat; es ist in späteren Zeiten mehrfach umgebaut worden, und 1882 hat ein Brand die Baulichkeiten völlig vernichtet, glücklicherweise mit Ausnahme jener »Zitadelle« Michel de Montaignes, seines berühmten Turms.

Als Michel de Montaigne das Haus übernimmt, findet er einen runden, hohen, festen Turm vor, den sein Vater anscheinend zu Befestigungszwecken angelegt hat. Im dunklen Erdgeschoß ist eine kleine Kapelle, in der ein halb verloschenes Fresco den heiligen Michael darstellt, wie er den Drachen niederzwingt. Eine enge Wendeltreppe führt zu einem runden Zimmer im ersten Stock, das Montaigne um seiner Abgeschlossenheit willen zu seinem Schlafzimmer erwählt. Aber erst das Stockwerk darüber, bisher der »nutzloseste Raum des ganzen Gebäudes«, eine Art Rumpelkammer, wird für ihn der wichtigste Ort im Hause. Aus ihm beschließt er eine Stätte der Meditation zu machen. Von diesem Zimmer aus hat er den Blick auf sein Haus, seine Felder. Wenn ihn die Neugier faßt, kann er sehen, was vorgeht, und alles überwachen. Aber niemand kann ihn überwachen, niemand ihn stören in dieser Abgeschlossenheit. Der Raum ist groß genug, um darin auf und ab zu gehen, und Montaigne sagt von sich, daß er nur bei körperlicher Bewegung gut denken kann. Er läßt die Bibliothek, die er von La Boétie geerbt hat, und seine eigene hier aufstellen. Die Deckenbalken werden mit 54 lateinischen Maximen bemalt, so daß sein Blick, wenn er müßig nach oben schweift, irgendein weises und beruhigendes Wort findet. Nur die letzte der 54 ist in französisch, sie lautet »Que sais-je?«. Nebenan befindet sich noch ein kleines Kabinett für den Winter, das er mit einigen Gemälden schmücken läßt, die dann übermalt wurden, weil sie etwas zu leichtfertig für den späteren Geschmack waren.

Diese Isolation mit ihren Inschriften hat etwas Pompöses, etwas Künstliches. Man hat das Gefühl, daß Montaigne sich damit selbst disziplinieren, zur Einsamkeit disziplinieren will. Da er sich nicht wie ein Einsiedler einem religiösen Gesetz, einem Eide unterwirft, will er sich selber festhalten und zwingen. Vielleicht weiß er selbst nicht, warum, aber es ist ein innerer Wille, der ihn treibt. Dieses Sich-Abschließen bedeutet einen Anfang. Jetzt, da er aufhört für die Außenwelt zu leben, beginnt das Leben schöpferischer Muße. Hier in seinem Turm wird Montaigne Montaigne.

5

Das schöpferische Jahrzehnt

Das schönste Glück des denkenden Menschen ist,
das Erforschliche erforscht zu haben
und das Unerforschliche ruhig zu verehren.
Goethe

In diesem Turm verbringt in den nächsten zehn Jahren Michel de Montaigne den größten Teil seines Lebens. Ein paar Stufen hinauf die Wendeltreppe und er hört nicht mehr Lärm und Gespräch des Hauses, er weiß nichts mehr von den Angelegenheiten, die ihn so stören. Denn »ich habe ein zartes Herz, das sich leicht beunruhigt. Wenn es sich mit etwas beschäftigt, dann kann schon eine Fliege, die dagegenstößt, es umbringen«. Blickt er zum Fenster hinaus, so sieht er unten seinen Garten, seinen Wirtschaftshof und darin seine Hausgenossen. Um ihn aber ist nichts in dem runden Raum als seine Bücher. Einen Großteil hat er von La Boétie geerbt, die andern hat er sich dazugekauft. Nicht daß er den ganzen Tag liest; es ist schon das Bewußtsein ihrer Gegenwart, das ihn beglückt.

»Da ich weiß, daß ich mich an ihnen erfreuen kann, wann es mir gefällt, bin ich schon mit ihrem bloßen Besitz zufrieden. Ich gehe nie ohne Bücher auf Reisen, weder in Kriegs- noch in Friedenszeiten. Aber oft vergehen Tage und Monate, ohne daß ich in sie hineinblicke. Ich werde das mit der Zeit schon noch lesen, so sage ich mir selbst, oder morgen, oder wenn es mir gerade einfällt ... Bücher sind, das habe ich gefunden, der beste Proviant, den man auf die Lebensreise mitnehmen kann.«

Bücher sind für ihn nicht wie Menschen, die ihn bedrängen und beschwatzen und die man Mühe hat loszuwerden. Wenn man sie nicht ruft, kommen sie nicht; er kann dieses oder jenes zur Hand nehmen, je nach seiner Laune.

»Meine Bücherei ist mein Königreich, und hier versuche ich als absoluter Herrscher zu regieren.«

Die Bücher sagen ihm ihre Meinung, und er antwortet mit der seinen. Sie sprechen ihre Gedanken aus und regen bei ihm Gedanken an. Sie stören nicht, wenn er schweigt; sie sprechen nur, wenn er sie fragt. Hier ist sein Reich. Sie dienen seinem Vergnügen.

Wie Montaigne liest und was er gerne liest, hat er in unübertrefflicher Weise erzählt. Sein Verhältnis zu den Büchern ist wie in allen Dingen das der Freiheit. Auch hier erkennt er keine Pflichten an. Er will lesen und lernen, aber nur gerade soviel, wie es ihm gefällt, und gerade dann, wenn es ihm Vergnügen macht. Als junger Mensch, so sagt er, habe er gelesen, »um damit zu prunken«, um mit Kenntnissen zu prahlen; später, um etwas weiser zu werden, und jetzt nur mehr zum Vergnügen und niemals um eines Vorteils willen. Ist ein Buch ihm zu langweilig, so schlägt er ein anderes auf. Ist ihm eines zu schwer, »so kaue ich mir nicht die Nägel über den schwierigen Stellen ab, die ich in einem Buch finde. Ein oder zwei Mal mache ich einen Vorstoß, dann gebe ich es auf, denn mein Verstand ist nur für einen Sprung geschaffen. Wenn ich einen Punkt nicht auf den ersten Blick begreife, dann helfen erneute Anstrengungen nichts; sie machen die Sache nur noch dunkler.« Im Augenblick, wo die Lektüre Mühe macht, läßt dieser lässige Leser das Buch fallen: »Ich brauche nicht über ihnen zu schwitzen, und ich kann sie wegwerfen, wenn es mir paßt.«

Er hat sich nicht in den Turm gesetzt, um ein Gelehrter zu werden oder ein Scholast; von den Büchern verlangt er, daß sie ihn anregen sollen und nur durch Anregung belehren. Er verabscheut alles Systematische, alles, was ihm fremde Meinung und fremdes Wissen aufzwingen will. Alles, was Lehrbuch ist, ist ihm widerlich. »Im allgemeinen wähle ich Bücher, in denen die Wissenschaft bereits benutzt ist und nicht solche, die erst zu ihr hinführen.« Ein träger Leser, ein Amateur der Lektüre, aber einen besseren, einen klügeren Leser hat es in seiner Zeit und in allen Zeiten nie gegeben. Das Urteil Montaignes über Bücher ist man bereit, hundertprozentig zu unterschreiben.

Im allgemeinen hat er zwei Vorlieben. Er liebt die reine Dichtung, obwohl er selbst dafür gar keine Begabung besitzt und zugibt, daß die lateinischen Verse, in denen er sich versucht hat, immer nur Imitationen des gerade zuletzt Gelesenen waren. Er bewundert hier die Kunst der Sprache; aber er ist ebenso bezaubert von der einfachen Volkspoesie. Nur das, was in der Mitte liegt, was Literatur ist und nicht reine Dichtung, läßt ihn kalt.

Liebt er so einerseits die Phantasie, so haben es ihm andererseits die Fakten angetan, und darum ist Geschichte »das Wild, das ihn lockt«. Auch da, ganz in unserem Sinne, liebt er die Extreme. »Ich schätze die Geschichtsschreiber, die entweder sehr einfach oder von hohem Rang sind.« Er liebt die Chronisten wie Froissart, die nur den nackten Rohstoff der Geschichte beibringen, und andererseits wieder die wirklich »fähigen und ausgezeichneten Historiker«, die aus diesem Rohmaterial falsch und wahr mit wirklicher Psychologie zu sondern wissen – »und das ist ein Privileg, das nur sehr wenige besitzen«. Darum, so sagt er, »bereiten diejenigen, die Biographien schreiben, die rechte Speise für mich zu. Denn sie legen mehr Wert auf die Motive als auf die Ereignisse, es geht ihnen mehr darum, was von innen her kommt, als was äußerlich geschieht. Deshalb ist vor allen anderen Plutarch mein Mann.«

Die anderen, die dazwischenfallen, die weder Künstler noch Naive sind, »verderben nur alles. Sie wollen uns das Fleisch vorkauen, sie maßen sich das Recht an, über die Geschichte zu richten und sie entsprechend ihren eignen Vorurteilen zu verdrehen.« So liebt er die Welt der Bilder und Symbole im Gedicht – die Welt der Tatsachen in der Prosa, höchste Kunst oder absolute Kunstlosigkeit, den Dichter oder den simplen Chronisten. »Der Rest ist Literatur«, wie Verlaine sagt.

Als den Hauptvorzug der Bücher für ihn rühmt Montaigne, daß die Lektüre mit ihrer Vielfalt vor allem sein Urteilsvermögen anregt. Sie reizt ihn, zu antworten, seine eigene Meinung zu sagen. Und so gewöhnt sich Montaigne an, in den Büchern Notizen zu machen, anzustreichen, und am Ende das Datum einzuschreiben, an dem er das Buch gelesen hat, oder auch den Eindruck, den es ihm zu jener Zeit gemacht. Es ist kein Kritisieren, es ist noch nicht Schriftstellern, es ist nur ein Dialogisieren mit dem Bleistift in der Hand, und nichts liegt ihm im Anfang ferner, als irgend etwas im Zusammenhang niederzuschreiben. Aber allmählich beginnt die Einsamkeit seines Zimmers auf ihn zu wirken, die vielen stummen Stimmen der Bücher fordern immer dringender eine Antwort, und um seine eignen Gedanken zu kontrollieren, sucht er einige schriftlich festzuhalten. So wird aus dieser lässigen Lektüre doch eine Tätigkeit. Er hat sie nicht gesucht – sie hat ihn gefunden.

»Als ich mich auf mein Haus zurückzog, da hatte ich beschlossen, so weit als irgend möglich mich in keinerlei Angelegenheiten einzumischen, sondern die geringe Zeit, die mir noch bleiben würde, in Frieden und Zurückgezogenheit zu verbringen. Es schien mir, daß ich meinen Geist nicht besser befriedigen könnte, als wenn ich ihm volle Muße gewährte, sich in seinen eignen Gedanken zu ergehen und sich mit ihnen zu vergnügen. Und ich hoffe, daß er mit dem Laufe der Zeit, da er gefestigter und reifer geworden wäre, das mit größerer Leichtigkeit bewerkstelligen könnte. Aber das Gegenteil war der Fall. Wie ein Pferd, das ausbricht, gab er sich selbst hundertfach weiteren Spielraum. In mir erhob sich eine ganze Horde von Chimären und phantastischen Gestalten, eine nach der anderen, ohne Ordnung oder Beziehung zueinander. Um ihre Seltsamkeit und Absurdheit besser mit kühlem Kopf ins Auge zu fassen, begann ich sie zu Papier zu bringen. Ich hoffte, daß mein Geist sich sehr bald seiner selbst schämen würde. Ein Verstand, der sich kein festes Ziel setzt, verliert sich. Wer überall sein will, ist nirgends. Kein Wind dient dem Manne, der keinen Hafen ansteuert.«

Die Gedanken gehen ihm durch den Kopf; er notiert sie ohne jede Verpflichtung, denn nicht im entferntesten denkt der Schloßherr von Montaigne daran, diese kleinen Versuche – essais – drucken zu lassen.

»Wenn ich meine Gedanken so hin- und herwerfe – Muster, die ich vom Tuch abschneide, zusammengestückt ohne Plan oder Vorsatz –, so bin ich weder verpflichtet, für sie gerade zu stehen oder mich an sie zu halten. Ich kann sie fallen lassen, wenn mir das paßt; ich kann zu meinen Zweifeln und meiner Unsicherheit zurückkehren, und zu meiner beherrschenden Geistesform, der Unwissenheit.«

Er fühlt sich nicht gehalten, exakt wie ein Gelehrter, originell wie ein Schriftsteller oder wie ein Dichter eminent in seiner Diktion zu sein. Er hat durchaus nicht wie die Fachphilosophen die Präsumption, daß diese Gedanken kein anderer zuvor gedacht haben dürfe. Deshalb macht es ihm auch gar keine Sorge, hie und da etwas hinzuschreiben, was er gerade im Cicero oder Seneca gelesen hat.

»Oft lasse ich andere etwas für mich sagen, was ich selbst nicht so gut kann. Ich zähle meine Entlehnungen nicht – ich wiege sie ab.«

Mit Absicht läßt er dann auch die Namen aus. Aber all das gibt er willig zu: er freue sich, wenn er etwas stehlen, ändern und verkleiden könne, wenn damit nur etwas Neues, Zweckmäßiges erreicht wird. Er ist nur »réfléchisseur«, nicht Schriftsteller, und er nimmt das, was er skribbelt, nicht allzu ernst:

»Meine Absicht ist es, den Rest meines Lebens friedlich, und nicht in schwerer Arbeit zu verbringen. Es gibt nichts, wofür ich mir den Kopf zerbrechen möchte, auch nicht im Dienste der Wissenschaft.«

Ununterbrochen wiederholt Montaigne in seinem Verlangen nach Freiheit, daß er kein Philosoph sei, kein Schriftsteller und kein vollendeter Künstler. Weder was er sage noch was er zitiere, solle als Beispiel dienen, als Autorität oder als Muster.

»Mir selbst gefallen meine Notizen keineswegs, wenn ich sie wieder überlese. Sie mißfallen mir.«

Wenn es ein Gesetz gäbe gegen unnütze und unverschämte Skribenten wie gegen Vaganten und Nichtstuer, so sagt er, dann müßte man ihn und hundert andere aus dem Königreich verbannen. Es verrät ein wenig Eitelkeit, wenn er immer wieder betont, wie schlecht er schreibt, wie nachlässig er sei, wie wenig er von der Grammatik wisse, daß er kein Gedächtnis habe und völlig unfähig sei, was er wirklich sagen wolle, auszudrücken.

»Ich bin alles andere eher als ein Bücherschreiber. Meine Aufgabe ist es, meinem Leben Gestalt zu geben. Das ist mein einziger Beruf, meine einzige Sendung.«

Ein Nicht-Schriftsteller, ein vornehmer Herr, der nicht recht weiß, was er mit seiner Zeit anfangen soll, und darum ab und zu ein paar Gedanken in formloser Weise aufzeichnet: so wird Montaigne nicht müde, sich zu schildern. Und dieses Porträt ist richtig für die ersten Jahre, in denen die ersten Essais in ihrer ersten Form entstanden. Aber warum, so muß man fragen, entschließt sich dann der Herr von Montaigne, diese Versuche 1580 in Bordeaux in zwei Bänden drucken zu lassen? Ohne es zu wissen, ist Montaigne Schriftsteller geworden. Die Veröffentlichung hat ihn dazu gemacht.

Alle Öffentlichkeit ist ein Spiegel; jeder Mensch hat ein anderes Gesicht, wenn er sich beobachtet fühlt. De facto beginnt Montaigne, kaum daß diese ersten Bände erschienen sind, für die anderen zu schreiben, und nicht nur für sich. Er fängt an, die Essais umzuarbeiten, zu erweitern; ein dritter Band wurde 1588 den beiden ersten hinzugefügt, und das berühmte Exemplar von Bordeaux mit seinen nachgelassenen Notizen für eine neue Ausgabe zeigt, wie er bis zu seinem Todestage jeden Ausdruck gefeilt, ja selbst die Interpunktion verändert hat. Die späteren Ausgaben enthalten unzählige Füllungen. Sie sind vollgestopft mit Zitaten; Montaigne glaubt zeigen zu müssen, daß er viel gelesen hat, und er stellt sich selbst immer mehr in den Mittelpunkt. Während er früher nur bemüht war, sich kennenzulernen, soll die Welt nun erfahren, wer Montaigne war. Es gibt ein Porträt von ihm, und es ist bis auf einige Züge prachtvoll wahrheitsgetreu gezeichnet.

Aber im allgemeinen gilt doch: die erste Fassung der Essais, die weniger von ihm persönlich sagt, sagt mehr. Sie ist der wirkliche Montaigne, der Montaigne im Turm, der Mann, der sich sucht. Es ist mehr Freiheit in ihnen, mehr Ehrlichkeit. Auch der Weiseste entgeht der Versuchung nicht; auch der freieste Mensch hat seine Bindungen.

6

Montaigne wird nicht müde, über sein schlechtes Gedächtnis zu klagen. Er empfindet es – gleichzeitig mit einer gewissen Trägheit – als den eigentlichen Defekt seines Wesens. Sein Verstand, seine Perzeptionskraft ist außerordentlich. Was er sieht, was er begreift, was er beobachtet, was er erkennt, das erfaßt er mit einem rapiden Falkenblick. Aber er ist dann zu bequem, wie er sich immer wieder vorwirft, diese Erkenntnisse systematisch zu ordnen, logisch auszubauen, und kaum gefaßt, verliert sich, vergißt sich wieder jeder Gedanke. Er vergißt die Bücher, die er gelesen hat, er hat kein Gedächtnis für Daten, er erinnert sich an wesentliche Lebensumstände nicht. Alles geht an ihm vorüber wie ein Strom und läßt nichts zurück, keine bestimmte Überzeugung, keine feste Ansicht, nichts Starres, nichts Bleibendes.

Diese Schwäche, die Montaigne so sehr bei sich beklagt,

ist in Wirklichkeit seine Stärke. Sein Bei-nichts-stehen-Bleiben zwingt ihn, immer weiter zu gehen. Nichts ist für ihn abgetan. Er sitzt nicht auf seinen Erfahrungen, er erwirbt kein Kapital, von dem er zehrt, sondern sein Geist muß es sich immer wieder erobern. So wird sein Leben ein ständiger Erneuerungsprozeß: »Unablässig beginnen wir von neuem zu leben.« Die Wahrheiten, die er findet, sind im nächsten Jahr und oft schon im nächsten Monat nicht mehr Wahrheiten. Er muß von neuem suchen. So ergeben sich viele Widersprüche. Bald scheint er ein Epikuräer, bald ein Stoiker, bald ein Skeptiker. Er ist alles und nichts, immer ein anderer und immer derselbe, der Montaigne von 1550, 1560, 1570, 1580, der Montaigne von gestern noch.

Dieses Suchen ist Montaignes eigenste Lust, nicht das Finden. Er gehört nicht zu den Philosophen, die nach dem Stein der Weisen suchen, nach einer zweckdienlichen Formel. Er will kein Dogma, keine Lehre und hat ständig Angst vor starren Behauptungen: »Nichts kühn behaupten, nichts leichtfertig leugnen.« Er geht auf kein Ziel zu. Jeder Weg ist für seine »pensée vagabonde« der rechte. So ist er nichts weniger als ein Philosoph, es sei denn im Sinne des Sokrates, den er am meisten liebt, weil er nichts hinterlassen hat, kein Dogma, keine Lehre, kein Gesetz, kein System, nichts als eine Gestalt: der Mensch, der sich in allem und alles in sich sucht.

Wir danken vielleicht das Beste an Montaigne seinem unermüdlichen Suchertrieb, seiner Neugierlust, seinem schlechten Gedächtnis, und auch den Schriftsteller verdanken wir ihnen. Montaigne weiß, daß er die Gedanken vergißt, die er in einem Buche liest, und sogar die Gedanken, die ein Buch in ihm angeregt. Um sie festzuhalten, seine »songes«, seine »rêveries«, die sonst Welle über Welle überflutet werden, hat er nur ein Mittel: sie zu fixieren, am Rande eines Buches, auf dem letzten Blatt. Dann allmählich auf einzelnen Zetteln, wie sie ihm der Zufall bringt, ein »Mosaik ohne Bindung«, wie er sie selber nennt. Es sind Notizen, Erinnerungszeichen zuerst, und nicht viel mehr; nur allmählich versucht er einen gewissen Zusammenhang zwischen ihnen zu finden. Er versucht es mit dem Vorgefühl, nicht zum richtigen Ende zu kommen; meist schreibt er in einem Zug, und deshalb bewahren seine Sätze ihren spontanen Charakter.

Aber immer ist er überzeugt, daß sie nicht das Eigentliche sind. Schreiben und notieren ist ihm nur ein Nebenprodukt, ein Niederschlag – fast möchte man bösartig sagen, wie der Sand in seinem Harn, wie die Perle in der Auster. Das Hauptprodukt ist das Leben, von dem sie nur ein Splitter und Abfall sind: »mein Beruf, meine Kunst ist, zu leben«. Sie sind etwa, was eine Photographie für ein Kunstwerk sein kann, nicht mehr. Der Schriftsteller in ihm ist nur ein Schatten des Menschen, während wir sonst tausendfach bei Menschen staunen, wie groß ihre Schreibkunst, wie gering ihre Lebenskunst ist.

Er schreibt – er ist kein Schriftsteller. Das Schreiben ist ihm nur ein Ersatz. Neue Worte zu suchen, erscheint ihm ein »kindischer Ehrgeiz«. Der Sprache, der Rede sollen seine Sätze ähneln, sie sollen so einfach und simpel auf dem Papier stehen, wie sie aus dem Munde kommen, saftig, nervig, kurz, nicht zierlich und zugespitzt. Sie sollen nicht pedantisch und »mönchisch« sein, sondern eher »soldatisch«.

Weil aus zufälligem Anlaß jeder einzelne dieser Essais entstanden ist, aus einer Laune, aus einem Buch, aus einem

Gespräch, einer Anekdote, darum scheinen sie zunächst ein bloßes Nebeneinander, und so hat sie Montaigne auch selbst empfunden. Er hat nie versucht, sie zu ordnen, sie zusammenzufassen. Aber allmählich entdeckt er, daß all diese Essais doch ein Gemeinsames haben, einen Mittelpunkt, einen Zusammenhang, eine Zielrichtung. Sie haben einen Punkt, von dem sie ausgehen oder auf den sie zurückführen, und immer denselben: das Ich. Erst scheint er nach Schmetterlingen zu haschen, nach dem Schatten an der Wand; nach und nach wird ihm klar, daß er etwas Bestimmtes sucht, zu einem bestimmten Zweck: sich selbst, daß er über das Leben nachdenkt in all seinen Formen, um richtig zu leben – aber richtig nur für sich selbst. Was ihm müßige Laune geschienen hat, offenbart allmählich seinen Sinn. Was immer er beschreibt: er beschreibt eigentlich nur die Reaktion seines Ichs auf dies und jenes. Die Essais haben einen einzigen Gegenstand, und er ist derselbe wie der seines Lebens: das »moi« oder vielmehr »mon essence«.

Er entdeckt sich als Aufgabe, denn »die Seele, die kein festes Ziel hat, verliert sich«. Als Aufgabe hat er sich gestellt, zu sich selbst aufrichtig zu sein, so wie er sich das als Pindars Weisheit notiert, »aufrichtig zu sein, ist der Beginn einer großen Tugend«. Kaum daß er dies entdeckt hat, beginnt die vormals fast spielerische Tätigkeit, das »amusement«, etwas Neues zu werden. Er wird zum Psychologen, er betreibt Autopsychologie. Wer bin ich, fragt er sich. Drei bis vier Menschen vor ihm haben sich diese Frage gestellt. Er erschrickt vor der Aufgabe, die er sich gestellt hat. Seine erste Entdeckung: es ist schwer zu sagen, wer man ist. Er versucht sich nach außen zu stellen, sich zu sehen »wie einen anderen«. Er belauscht, er beobachtet, er studiert sich, er wird, wie er sagt, »meine Metaphysik und Physik«. Er läßt sich nicht mehr aus dem Auge und sagt, daß er seit Jahren nichts unkontrolliert getan habe: »Ich weiß von keiner Bewegung mehr, die sich meinem Verstand verbirgt.« Er ist nicht mehr allein, er wird zwei. Und er entdeckt, daß dieses »amusement« kein Ende hat, daß dieses Ich nichts Starres ist, daß es sich wandelt, in Wellen, »ondulant«, daß der Montaigne von heute nicht dem von gestern gleicht. Er stellt fest, daß man also nur Phasen, Zustände, Einzelheiten entwickeln kann.

Aber jede Einzelheit ist wichtig; gerade die kleine, die flüchtige Geste lehrt mehr als die starre Haltung. Er nimmt sich unter die Zeitlupe. Er löst, was eine Einheit scheint, auf in eine Summe von Bewegungen, von Wandlungen. So wird er mit sich nicht fertig, so bleibt er ewig auf der Suche. Doch um sich zu verstehen, genügt es nicht, sich zu betrachten. Man sieht die Welt nicht, wenn man nur auf den eignen Nabel blickt. Darum liest er Geschichte, darum studiert er Philosophie, nicht um sich zu belehren, sich überzeugen zu lassen, sondern um zu sehen, wie andere Menschen gehandelt haben, um sein Ich neben andere zu stellen.

Er studiert die »reichen Seelen der Vergangenheit«, um sich ihnen zu vergleichen. Er studiert die Tugenden, die Laster, die Fehler und die Vorzüge, die Weisheit und die Kindischkeit der andern. Geschichte ist sein großes Lehrbuch, denn in den Aktionen offenbart sich, wie er sagt, der Mensch.

So ist es eigentlich nicht das Ich, das Selbst, das Montaigne sucht, er sucht gleichzeitig das Menschliche. Er unterscheidet genau, daß in jedem Menschen das Gemeinsame ist, und etwas Einmaliges: die Persönlichkeit, eine

»essence«, eine Mischung, die unvergleichbar ist mit allen andern, geformt schon im zwanzigsten Lebensjahr. Und daneben das allgemein Menschliche, das, in dem jeder sich gleicht, jeder dieser gebrechlichen, begrenzten Wesen, die eingebannt sind in die großen Gesetze, eingeschlossen in die Spanne zwischen Geburt und Tod. So sucht er zweierlei. Er sucht das Ich, das Einmalige, Besondere, das Ich Montaigne, das er keineswegs als besonders außerordentlich, besonders interessant empfindet, aber das doch unvergleichlich ist und das er unbewußt der Welt erhalten will. Er sucht das Ich in uns, das seine eignen Manifestationen finden will, und dann das andere, das uns gemeinsam ist.

Wie Goethe die Urpflanze, so sucht er den Urmenschen, den Allmenschen, die reine Form, in der noch nichts ausgeprägt ist, die nicht entstellt ist von Vorurteilen und Vorteilen, von Sitten und Gesetzen. Es ist kein Zufall, daß ihn jene Brasilianer, die er in Rouen trifft, so faszinieren, die keinen Gott, keinen Führer, keine Religion, keine Sitte, keine Moral kennen. Er sieht in ihnen gleichsam den unverstellten, unverdorbenen Menschen, die reine Folie einerseits und dann die Schrift, mit der jeder einzelne Mensch sich auf dem leeren Blatt verewigt. Was Goethe sagt in seinen »Urworten« über die Persönlichkeit, ist das Seine:

Wie an dem Tag, der dich der Welt verliehen,
Die Sonne stand zum Gruße der Planeten,
Bist alsobald und fort und fort gediehen
Nach dem Gesetz, wonach du angetreten.
So mußt du sein, dir kannst du nicht entfliehen,
So sagten schon Sibyllen, so Propheten;
Und keine Zeit und keine Macht zerstückelt
Geprägte Form, die lebend sich entwickelt.

Man hat dieses Suchen nach sich selbst, dieses sich immer an den Anfang und das Ende jeder Betrachtung stellen Montaignes Egoismus genannt, und insbesondere Pascal hat es als Hochmut, als Selbstgefälligkeit, ja sogar als Sünde, als seinen Ur-Defekt bezeichnet. Aber Montaignes Haltung bedeutet keine Abwendung von den andern, keinen Exhibitionismus wie bei Jean Jacques Rousseau. Nichts liegt ihm ferner als Selbstgefälligkeit und Selbstentzückung. Er ist kein Abgesonderter, kein Einsiedler, er sucht nicht, um sich zu zeigen, nicht um zu prunken, sondern für sich. Wenn er sagt, daß er sich unablässig analysiert, so betont er zugleich, daß er sich unaufhörlich tadelt. Er handelt aus einem Willen, seiner Natur entsprechend. Und wenn es ein Fehler ist, so gesteht er ihn willig ein. Wenn es wahr sein sollte, daß es eine Überheblichkeit ist, die Menschen mit seinem Ich zu behelligen, so leugnet er diese Eigenschaft nicht, weil er sie besitzt, auch wenn sie »krankhaft« sein sollte: und ich darf diesen Fehler nicht verheimlichen; er ist bei mir nicht nur im Schwange, sondern mein Beruf.« Es ist seine Funktion, seine Begabung, auch seine Freude tausendmal mehr als seine Eitelkeit. Der Blick auf sein Ich hat ihn nicht fremd gemacht der Welt. Er ist nicht Diogenes, der in sein Faß kriecht, nicht Rousseau, der sich eingräbt in einen monomanischen Verfolgungswahnsinn. Es ist nichts, was ihn bitter macht oder von der Welt entfernen soll, die er liebt. »Ich liebe das Leben und nutze es so, wie es Gott gefallen hat, es uns zu geben.« Daß er sein Ich gepflegt hat, hat ihn nicht einsam gemacht, sondern ihm Tausende von Freunden gebracht. Wer sein eignes Leben schildert, lebt für alle Menschen, wer seine Zeit zum Ausdruck bringt, für alle Zeiten.

Es ist wahr: Montaigne hat sein Leben lang nichts andres getan als gefragt: wie lebe ich? Aber das Wunderbare, das Wohltätige bei ihm ist, daß er nie versucht hat, diese Frage in einen Imperativ zu verwandeln, dies »Wie lebe ich?« in ein »So sollst du leben!« Der Mann, der »Que sais-je?« auf seine Medaille als Wahlspruch prägen ließ, hat nichts mehr gehaßt als starre Behauptungen. Er hat nie versucht, andern anzuraten, was er für sich nicht genau wußte: »Dies hier ist nicht meine Lehre, es ist meine Bemühung um das Wissen, und es ist nicht die Weisheit anderer Leute, sondern die meine.« Mag ein anderer daraus irgendeinen Vorteil ziehen, so hat er nichts dawider. Mag das, was er sagt, Narrheit sein, Irrtum, es soll niemand daran Schaden nehmen. »Wenn ich mich zum Narren mache, so geht das auf meine Kosten und ohne Nachteil für irgend jemand, denn es ist eine Torheit, die in mir bleibt und keinerlei Folgen hat.«

Was er gesucht hat, hat er für sich gesucht. Was er gefunden hat, gilt für jeden andern genau so viel, als er davon nehmen will oder kann. Was in Freiheit gedacht ist, kann nie die Freiheit eines andern beschränken.

7

Die Verteidigung der Zitadelle

In den ganzen Werken Montaignes habe ich nur eine einzige Formel und eine einzige starre Behauptung gefunden: »La plus grande chose au monde est savoir être à soi.« Nicht eine äußere Stellung, nicht der Vorzug des Geblüts, der Begabung machen den Adel des Menschen, sondern der Grad, in dem es ihm gelingt, sich seine Persönlichkeit zu bewahren und sein eigenes Leben zu leben. Darum ist für ihn die höchste Kunst unter den Künsten die der Selbsterhaltung: »Beginnen wir bei den Freien Künsten nicht mit der Kunst, die uns frei macht«, und niemand hat sie besser geübt. Das scheint einerseits ein geringes Verlangen, denn nichts wäre auf den ersten Blick natürlicher, als daß der Mensch sich geneigt fühlte, er selber zu bleiben, das Leben »gemäß seiner natürlichen Anlage« zu führen. Aber in Wirklichkeit, wenn man näher hinblickt, was ist schwerer?

Um frei zu sein, darf man nicht verschuldet sein und nicht verstrickt, und wir sind verstrickt, an den Staat, an die Gemeinschaft, an die Familie; der Sprache, die wir sprechen, sind die Gedanken untertan; der isolierte Mensch, der völlig freie, ist ein Phantom. Es ist unmöglich, im Vakuum zu leben. Wir sind bewußt oder unbewußt durch Erziehung Sklaven der Sitte, der Religion, der Anschauungen; wir atmen die Luft der Zeit.

Von all dem sich loszusagen, ist unmöglich. Montaigne weiß dies selbst, ein Mann, der im Leben seine Pflichten gegen Staat, Familie, Gesellschaft erfüllt, der Religion wenigstens äußerlich treu angehangen, die Umgangsformen geübt hat. Was Montaigne für sich sucht, ist nur, die Grenze zu finden. Wir dürfen uns nicht hergeben, wir dürfen uns nur »herleihen«. Es ist nötig, »die Freiheit unserer Seele sich aufzusparen und nicht auszuleihen, außer bei den seltenen Gelegenheiten, wo wir es klar für richtig halten«. Wir brauchen uns nicht von der Welt zu entfernen, nicht in eine Zelle zurückziehen. Aber wir haben einen Unterschied zu machen: wir mögen dies oder jenes lieben, aber mit nichts uns »ehelich verbinden« als mit uns selbst. Alles, was wir an Leidenschaften oder Begehrnissen haben, lehnt Montaigne nicht ab. Im Gegenteil, er rät uns immer, soviel zu genießen wie möglich, er ist ein diesseitiger Mensch, der keine Einschränkungen kennt; wen Politik freut, der soll Politik treiben, wer Bücher liebt, Bücher lesen, wer die Jagd liebt, soll jagen, wer sein Haus, Grund und Boden und Geld und die Dinge liebt, soll sich ihnen hingeben. Aber dies ist ihm das Wichtigste: man soll nehmen, soviel einem gefällt, und sich nicht von den Dingen nehmen lassen. »Im Haus, bei den Studien, bei der Jagd und jeder anderen Übung muß man bis zu den äußersten Grenzen des Genusses gehen, aber sich hüten, sie zu überschreiten, sonst beginnt sich der Schmerz einzumischen.« Man soll nicht durch Pflichtgefühl, durch Leidenschaft, durch Ehrgeiz sich weiter treiben lassen, als man eigentlich gehen wollte und will, man soll unablässig prüfen, wieviel Dinge wert sind, und sie nicht überschätzen; man soll dort enden, wo das Behagen endet. Man soll den Kopf wach halten, sich nicht binden, nicht Sklave werden, frei sein.

Aber Montaigne macht keinerlei Vorschriften. Er gibt nur ein Beispiel, wie er es selbst versucht, sich unablässig von allem zu befreien, was ihn hemmt, stört, einschränkt. Man könnte versuchen, eine Tabelle aufzustellen:

Freisein von Eitelkeit und Stolz, dies vielleicht das Schwerste.

Sich nicht überheben.

Freisein von Furcht und Hoffnung, Glauben und Aberglauben. Frei von Überzeugungen und Parteien.

Freisein von Gewohnheiten.: »Die Gewohnheit verbirgt uns das wahre Gesicht der Dinge.«

Frei von Ambitionen und jeder Form von Gier: »Die Ruhmsucht ist die nutzloseste, wertloseste und falscheste Münze, die in Umlauf ist.«

Frei von Familie und Umgebung. Frei von Fanatismus: »jedes Land glaubt, die vollkommenste Religion« zu besitzen, in allen Dingen an der Spitze zu stehen. Frei sein vom Schicksal. Wir sind seine Herren. Wir geben den Dingen Farbe und Gesicht.

Und die letzte Freiheit: vom Tode. Das Leben hängt vom Willen anderer ab, der Tod von unserem Willen: »La plus volontaire mort est la plus belle.«

Als den Menschen, der sich von allem loslöst, an nichts bindet, der im Leeren lebt und alles bezweifelt, hat man ihn sehen wollen. So hat ihn auch Pascal geschildert. Nichts ist falscher. Montaigne liebt unermeßlich das Leben. Die einzige Furcht, die er kannte, war die vor dem Tode. Und er liebt im Leben alles, wie es ist. »In der Natur ist nichts zwecklos, nicht einmal die Zwecklosigkeit. Nichts existiert im Weltall, was nicht an der rechten Stelle wäre.« Er liebt das Häßliche, weil es das Schöne sichtbar macht, das Laster, weil es die Tugend hervorhebt, die Dummheit und das Verbrechen. Alles ist gut, und Gott segnet die Vielfalt. Was der einfachste Mensch ihm sagt, ist wichtig, mit offnen Augen kann man von dem Dümmsten lernen, vom Analphabeten mehr als von dem Gelehrten. Er liebt die Seele, die in »mehreren Stockwerken zu Hause ist« und sich überall wohlfühlt, wo sie vom Schicksal hingestellt wird, den Menschen, der sich »mit seinem Nachbarn über sein Haus bereden kann, seine Jagd, seine Rechtsstreitigkeiten, der auch vergnüglich mit einem Tischler oder Gärtner sich unterhält.«

Falsch ist nur eines und verbrecherisch: diese vielfältige Welt in Doktrinen und Systemen einschließen zu wollen, falsch ist, andere Menschen abzulenken von ihrem freien Urteil, von dem, was sie wirklich wollen, und ihnen etwas aufzunötigen, was nicht in ihnen ist. Nur solche sind die Ehrfurchtslosen vor der Freiheit, und nichts hat Montaigne so sehr gehaßt wie die »frénésie«, die Tobsucht der geistigen Diktatoren, die ihre »Neuigkeiten« frech und eitel als die einzige und umumstößliche Wahrheit der Welt aufprägen wollen und denen das Blut von Hunderttausenden von Menschen gleichgültig ist, wenn sie nur recht behalten.

So mündet, wie immer eines freien Denkers Lebenshaltung, die Montaignes in Toleranz. Der für sich frei denken will, gibt jedem andern das Recht dazu, und niemand hat es höher geachtet als er. Er schrickt nicht zurück vor den Kannibalen, jenen Brasilianern, von denen er einem in Rouen begegnet, weil sie Menschen verzehrt haben. Ruhig und klar sagt er, er finde das viel unbeträchtlicher als lebendige Menschen zu foltern, zu martern und zu quälen. Es ist kein Glaube, keine Anschauung, die er von vornherein ablehnt, sein Urteil ist von keinem Vorurteil getrübt. »Ich verfalle keineswegs jenem üblichen Irrtum, einen andern nach meinem Bilde zu beurteilen.« Er warnt vor Heftigkeit und roher Gewalt, die wie nichts anderes eine an und für sich wohlgeratene Seele verderben und betäuben können.

Es ist wichtig, dies zu sehen, weil es ein Beweis dafür ist, daß der Mensch immer frei sein kann – zu jeder Zeit. Wenn Calvin Hexenprozesse befürwortet und einen Widersacher an langsamem Feuer verenden läßt, wenn Torquemada Hunderte auf den Scheiterhaufen schickt, so haben ihre Lobpreiser entschuldigend vermerkt, sie hätten nicht anders gekonnt, es sei unmöglich, sich völlig den Anschauungen seiner Zeit zu entziehen. Aber das Menschliche ist unveränderlich. Immer haben auch in

Zeiten der Fanatiker die Humanen gelebt, zur Zeit des »Hexenhammers«, der »Chambre Ardente« und der Inquisition, und nicht einen Augenblick haben diese die Klarheit und Menschlichkeit eines Erasmus, eines Montaigne, eines Castellio verwirren können. Und während die anderen, die Professoren der Sorbonne, die Konzilien, die Legaten, die Zwinglis, Calvins das »Wir wissen die Wahrheit« verkünden, ist sein Wahrspruch der des »Was weiß ich?«. Während sie mit Rad und Verbannung das »So sollt Ihr leben!« erzwingen wollen, lautet sein Rat: Denkt Eure Gedanken, nicht meine! Lebt Euer Leben! Folgt mir nicht blind nach, bleibt frei!

Wer für sich selbst frei denkt, ehrt alle Freiheit auf Erden.

8

Als sich 1570 in seinem achtunddreißigsten Jahr Michel de Montaigne in seinen Turm zurückzieht, glaubt er, seinem Leben einen endgültigen Abschluß gegeben zu haben. Er hat wie später Shakespeare mit einem allzu klaren Blick die Fragilität der Dinge erkannt, den »Übermut der Ämter, den Irrwitz der Politik, die Erniedrigung des Hofdienstes, die Langeweile des Magistratsdienstes«, und vor allem seine eigene Ungeeignetheit, in der Welt zu wirken. Er hat sich bemüht zu helfen, und man hat ihn nicht gewollt, er hat sich bemüht – nicht sehr dringlich allerdings und immer mit dem Stolz eines Menschen, der sich selbst achtet –, die Mächtigen zu beraten, die Fanatiker zu beschwichtigen, aber man hat sich nicht bemüht um ihn. Von Jahr zu Jahr wird die Zeit unruhiger, das Land ist im

Aufruhr, die Bartholomäusnacht erweckt neues Blutvergießen. Bis an sein Haus, bis an seine Tür wälzt sich der Bürgerkrieg. So hat er den Entschluß gefaßt, sich nicht mehr einmengen, nicht mehr erschüttern zu lassen. Er will die Welt nicht mehr sehen, er will nur wie in einer camera obscura in seiner Studierstube sich spiegeln lassen. Er hat abgedankt, er hat resigniert. Mögen die andern sich um Stellungen, um Einfluß, um Ruhm bemühen, er bemüht sich nur mehr um sich selbst. Er hat sich verschanzt in seinem Turm, er hat den Wall seiner tausend Bücher zwischen sich und den Lärm gestellt. Manchmal macht er noch einen Ausflug aus seinem Turm; er reist als Ritter des St.-Michael-Ordens zum Leichenbegängnis Karls IX., er übernimmt ab und zu, wenn man ihn darum ersucht, eine politische Vermittlung, aber ist entschlossen, mit der Seele nicht mehr teilzunehmen, die Aktualität zu überwinden, die Schlachten des Herzogs von Guise und Coligny so zu sehen wie jene von Platää. Er schafft sich eine künstliche Ferne der Optik, er ist entschlossen, nicht mehr mitzuleiden, unbeteiligt zu sein, seine Welt ist das Ich. Er will ein paar Erinnerungen aufzeichnen, ein paar Gedanken zusammenstellen, mehr träumen als leben und geduldig den Tod erwarten und sich vorbereiten auf ihn.

Er sagt sich dasselbe wie wir alle so oft in ähnlichen Zeiten des Irrwitzes: kümmere dich nicht um die Welt. Du kannst sie nicht ändern, sie nicht verbessern. Kümmere dich um dich, rette in dir, was zu retten ist. Baue auf, während die andern zerstören, versuche vernünftig zu sein für dich inmitten des Wahnsinns. Schließ dich ab. Bau dir eine eigene Welt.

Aber nun ist es 1580 geworden. Er ist zehn Jahre gesessen in seinem Turm, abgeschieden von der Welt, und hat geglaubt, daß es ein Ende sei. Aber nun erkennt er seinen Irrtum oder vielmehr seine Irrtümer, und Montaigne ist immer der Mann, sich einzugestehen, wenn er einen Irrtum begangen. Der erste Irrtum war, daß er glaubte, mit achtunddreißig Jahren alt zu sein, daß er sich zu früh auf den Tod vorbereitete und eigentlich lebendig in den Sarg gelegt. Nun ist er achtundvierzig und sieht erstaunt, die Sinne sind nicht trüber geworden, sondern eher heller, das Denken klarer, die Seele gleichgültiger, neugieriger, ungeduldiger. Man weiß nicht so früh zu verzichten, das Buch des Lebens zuzuschlagen, als wäre man schon beim letzten Blatt. Es war schön, Bücher zu lesen, eine Stunde mit Platon in Griechenland zu sein, eine Stunde von Senecas Weisheit zu hören, es war Rast und Beruhigung, mit diesen Gefährten aus anderen Jahrhunderten zu leben, mit den Besten der Welt. Aber man lebt in seinem eigenen Jahrhundert, auch wenn man nicht will, und die Luft der Zeit dringt auch in die verschlossenen Räume, besonders wenn sie erregte Luft ist, schwül und fiebrig und gewitterhaft. Wir erleben das alle, auch in Abgeschlossenheit kann die Seele nicht in Ruhe bleiben, wenn das Land in Aufruhr ist. Durch Turm und Fenster spüren wir die Schwingung der Zeit, man kann sich eine Pause gönnen, aber man kann sich ihr nicht ganz entziehen.

Und dann ein anderer Irrtum, den Montaigne allmählich erkannte: er hat die Freiheit gesucht, indem er sich aus der großen Welt, aus Politik und Amt und Geschäft zurückzog in seine kleine Welt von Haus und Familie, und ist bald gewahr geworden, daß er nur ein Gebundensein gegen ein anderes vertauscht. Es hat nichts geholfen, sich einzuwurzeln in eigenen Grund, da ist Efeu und Unkraut, das um den Stamm rankt, die kleinen Mäuse von Sorgen, die an den Wurzeln nagen. Es hat nichts geholfen der Turm, den er sich gebaut und den niemand betreten darf. Wenn er aus den Fenstern blickt, sieht er, daß Reif auf den Feldern liegt, und er denkt an den verdorbenen Wein. Wenn er die Bücher aufschlägt, hört er unten zankende Stimmen, und er weiß, wenn er aus seinem Zimmer tritt, wird er die Klagen hören über die Nachbarn, die Sorgen der Verwaltung. Es ist nicht die Einsamkeit des Anachoreten, denn er hat Besitz und Besitz ist nur für den, der an ihm Freude hat. Montaigne hängt nicht daran. »Geld aufhäufen ist ein schwieriges Geschäft, von dem ich nichts verstehe.« Aber der Besitz hängt an ihm, er gibt ihn nicht frei. Montaigne übersieht klar seine Situation. Er weiß, daß aus einer höheren Perspektive all diese Vexationen kleine Sorgen sind. Persönlich würde er es gern wegwerfen: »Es wäre für mich leicht, das alles aufzugeben.« Aber solange man sich damit beschäftigt, wird man es nicht los.

An und für sich ist Montaigne kein Diogenes. Er liebt sein Haus, er liebt seinen Reichtum, seinen Adel und gesteht, daß er eine kleine Geldkassette mit Gold zur inneren Sicherung immer mit sich führt. Er genießt seine Stellung als großer Herr. »Es ist, ich gestehe es ein, ein Vergnügen, etwas zu beherrschen, und wenn es auch nur eine Scheune ist, und unter dem eigenen Dach Gehorsam zu haben. Aber es ist ein langweiliges Vergnügen und durch eine Reihe von Vexationen verdorben.« Man hat Plato gelesen und muß sich herumzanken mit Dienstleuten, prozessieren mit den Nachbarn, jede kleine Reparatur wird zur Sorge. Weisheit würde nun gebieten, sich um alle diese Kleinigkeiten nicht zu kümmern. Aber – jeder von uns hat es erfahren – solange man Besitz hat, klebt man am

Besitz oder er hängt an einem mit tausend kleinen Haken, und nur eines hilft: Distanz, die alle Dinge verändert. Nur äußere Distanz gibt die innere. »Kaum ich fort bin von meinem Hause, streife ich alle diese Gedanken von mir ab. Und wenn in meinem Haus ein Turm zusammenfällt, kümmere ich mich weniger darum als jetzt, wenn eine Schindel vom Dache fällt.« Wer auf einen kleinen Ort sich beschränkt, gerät in kleine Proportionen. Alles ist relativ. Immer sagt es Montaigne von neuem:

Was wir Sorgen nennen, das hat nicht sein eignes Gewicht. Wir sind es, die vergrößern oder verkleinern. Das Nahe bemüht uns mehr als das Ferne, und in je kleinere Verhältnisse wir uns begeben, um so mehr bedrückt uns das Kleinliche. Entfliehen kann man nicht. Aber man kann Urlaub nehmen.

Alle diese Gründe, die in seinem achtundvierzigsten Jahr nach der Zeit der Reclusion wieder in ihm eine »humeur vagabonde« erwecken, aus allen Gewohnheiten, aus allen Regelmäßigkeiten und Sicherheiten wieder in die Welt zurückzukehren, spricht Montaigne mit seinem herrlichen menschlichen Freimut aus und sagt wie immer gerade das deutlich, was jeder von uns gefühlt. Einen anderen Grund und einen nicht minder wichtigen für seine Flucht aus der Einsamkeit muß man eher zwischen den Zeilen lesen. Montaigne hat immer und überall die Freiheit und das Wandelbare gesucht, aber auch die Familie ist eine Einschränkung und die Ehe eine Monotonie, und man hat überdies das Gefühl, als ob er nicht restlos glücklich in seinem häuslichen Leben gewesen wäre. Die Ehe, so meint er, habe die Nützlichkeit für sich, die rechtlichen Bindungen, die Ehre, die Dauer – alles »langweilige und gleichförmige Vergnügungen«. Und Montaigne ist der Mann des

Wandels, er hat weder die langweiligen noch die gleichförmigen Vergnügungen geliebt.

Daß seine Ehe keine Liebesheirat gewesen, sondern eine Verstandesehe, ja daß er solche Liebesheiraten eher verurteilt und eine »Verstandesehe« für die einzig richtige erklärt, hat er in unzähligen Varianten wiederholt, und daß er sich nur einer »habitude« gefügt hätte. Jahrhundertelang hat man es ihm gründlich übelgenommen, daß er in seiner unerschütterlichen Aufrichtigkeit den Frauen eher als den Männern das Recht zugesprochen, sich zur Abwechslung einen Geliebten zu halten, ja manche Biographen haben darum an der Vaterschaft seiner letzten Kinder gezweifelt.

All das mögen theoretische Anschauungen sein. Aber es klingt nach mehrjähriger Ehe doch sonderbar, wenn er sagt: »In unserem Jahrhundert pflegen die Frauen ihre Gefühle und guten Gesinnungen gegen ihren Gatten meist so lange zu verzögern, bis er tot ist. Unser Leben ist beladen mit Gezänk, und unser Tod wird von Liebe und Fürsorge umgeben.« Er fügt sogar die mörderischen Worte hinzu, es gebe wenige Ehefrauen, die nicht im Witwenstand »gesünder werden, und Gesundheit ist eine Eigenschaft, die nicht lügen kann«. Sokrates könnte nach seinen Erfahrungen mit Xanthippe nicht unerfreulicher über die Ehe sprechen. »Daher sollst du ihren vertränten Augen keine Beachtung schenken«, und man glaubt ihn zu seiner eignen Frau sprechen zu hören, wenn er Abschied nimmt: »Eine Frau sollte ihre Blicke nicht so gierig auf die Stirn ihres Mannes heften, daß sie es nicht ertragen kann, ihn den Rücken kehren zu sehen, wenn er das nötig hat.« Wenn er einmal von einer guten Ehe spricht, so fügt er gleich die Einschränkung bei: »falls es solche gibt.«

Man sieht, die zehn Jahre Einsamkeit waren gut, aber sie sind nun genug und zuviel. Er spürt, daß er erstarrt, daß er klein und eng wird, und wenn jemand, so hat sich Montaigne sein Leben lang gegen das Erstarren gewehrt. Mit dem Instinkt, der einem schöpferischen Menschen immer sagt, wann es Zeit für ihn ist, sein Leben zu ändern, erkennt er den richtigen Augenblick. »Die beste Zeit, dein Haus zu verlassen, ist, wenn du es in Ordnung gebracht hast, so daß es auch ohne dich sehr gut bestehen kann.«

Er hat sein Haus in Ordnung gebracht, Feld und Gut ist in bester Verfassung, die Kasse so wohl gefüllt, daß er die Kosten für eine lange Reise sich wohl leisten kann, die er nur darum fürchtet, weil man, wie er meint, die Vergnügungen einer langen Abwesenheit nicht mit Sorgen bei der Rückkehr bezahlen soll. Auch das andere, das geistige Werk ist in Ordnung gebracht. Er hat das Manuskript seiner »Essais« zum Drucker gebracht und die beiden Bände, diese Kristallisation seines Lebens, sind ausgedruckt, ein Zyklus ist zu Ende, sie liegen hinter ihm, um Goethes Lieblingswort zu gebrauchen, wie eine abgestoßene Schlangenhaut. Jetzt ist es Zeit, wieder neu zu beginnen. Er hat ausgeatmet, nun gilt es wieder einzuatmen. Er hat sich eingewurzelt, nun gilt es, wieder sich zu entwurzeln. Ein neuer Abschnitt beginnt. Am 22. Juni 1580 macht sich nach zehnjähriger freiwilliger Abgeschlossenheit – Montaigne hat nie etwas anders als mit freiem Willen getan – der Achtundvierzigjährige auf eine Reise, die ihn fast zwei Jahre von Frau und Turm und Heimat und Arbeit, von allem, nur nicht von sich selbst entfernt.

Es ist eine Reise ins Blaue, eine Reise um des Reisens oder besser gesagt um der Lust des Reisens willen. Bisher waren seine Reisen bis zu einem gewissen Grade immer Pflichtreisen gewesen, im Auftrag des Parlaments, aus höfischen, aus geschäftlichen Rücksichten. Es waren eher Exkursionen – diesmal ist es eine richtige Reise, die kein anderes Ziel hat als sein ewiges: sich selbst zu finden. Er hat keinen Vorsatz, er weiß nicht, was er sehen wird, im Gegenteil: er will es gar nicht im voraus wissen, und wenn Leute ihn nach seinem Ziele fragen, so antwortet er heiter: Ich weiß nicht, wonach ich ausschaue in der Fremde, aber ich weiß jedenfalls sehr gut, wovor ich flüchte.

Er war lange genug im Gleichen, nun will er das Andere, und je mehr anders es ist, um so besser! Die alles bei sich zu Hause herrlich finden, mögen glücklicher sein in dieser eitlen Beschränkung; er beneidet sie nicht. Nur der Wechsel lockt ihn, nur von ihm verspricht er sich Gewinn. Nichts reizt ihn gerade an dieser Reise so sehr, als daß alles anders sein wird, die Sprache und der Himmel und die Gewohnheiten und die Menschen, der Luftdruck und die Küchen, die Straßen und das Bett. Denn sehen heißt für ihn lernen, vergleichen, besser verstehen: »Ich kenne keine bessere Schule im Leben als sich anderen Lebensgewohnheiten auszusetzen«, die einem die unendliche Vielfalt der menschlichen Natur aufzeigen.

Ein neues Kapitel beginnt für ihn. Aus Lebenskunst wird Reisekunst als Kunst des Lebens.

Um sich frei zu machen, reist Montaigne, und während der ganzen Reise gibt er ein Beispiel der Freiheit. Er reist, wenn man so sagen darf, seiner Nase nach. Er vermeidet auf der Reise alles, was an eine Verpflichtung erinnert, selbst eine Verpflichtung gegen sich selbst. Er macht keinen Plan. Die Straße soll ihn führen, wohin sie ihn führt, die Stimmung treiben, wohin sie ihn treibt. Er will sich, wenn man so sagen darf, reisen lassen statt zu reisen. Herr Michel de Montaigne will in Bordeaux nicht wissen, wo der Herr Michel de Montaigne in Paris oder in Augsburg in der nächsten Woche wird sein wollen. Das soll der andere Montaigne, der Montaigne in Augsburg oder in Paris in Freiheit bestimmen. Er will gegen sich selbst frei bleiben.

Er will nur sich bewegen. Wenn er glaubt, etwas versäumt zu haben, so geht er den Weg zurück. Ungebundenheit wird ihm allmählich zu einer Leidenschaft. Sogar schon auf dem Wege zu wissen, wohin der Weg führt, gibt ihm manchmal eine leise Bedrückung. »Ich fand solchen Genuß am Reisen, daß schon die bloße Annäherung an einen Ort, wo ich geplant hatte zu bleiben, mir verhaßt war, und ich dachte verschiedene Möglichkeiten aus, wie ich ganz allein, nach eignem Willen und eigner Bequemlichkeit, reisen könnte.«

Er sucht keine Sehenswürdigkeiten, weil ihm alles sehenswürdig scheint, was anders ist. Im Gegenteil, wenn ein Platz sehr berühmt ist, so möchte er ihm am liebsten ausweichen, weil ihn schon zuviele andere gesehen und beschrieben haben. Rom, das Ziel aller Welt, ist ihm im Vorgefühl fast unangenehm, weil es das Ziel aller Welt ist, und sein Sekretär notiert in das Tagebuch: »Ich glaube, daß er in Wirklichkeit, wenn er ganz für sich gewesen wäre, lieber bis nach Krakau oder auf dem Landweg nach Griechenland gereist wäre, als die Tour durch Italien zu machen.« Immer ist es Montaignes Grundsatz: je mehr anders, desto besser, und selbst wenn er nicht das findet, was er erwartet hat oder andere ihn erwarten ließen, ist er nicht unzufrieden. »Wenn ich nicht finde, was man mich an irgendeinem Orte erwarten ließ – denn die meisten Berichte, wie ich finde, sind falsch –, klage ich nicht darüber, meine Mühe verloren zu haben, denn ich habe wenigstens gelernt, daß dies oder jenes nicht wahr gewesen ist.« Als den richtigen Reisenden kann ihn nichts enttäuschen. Wie Goethe sagt er sich: Verdruß ist auch ein Teil des Lebens. »Gewohnheiten fremder Länder machen mir durch ihre Verschiedenheit nur Vergnügen. Ich finde, jede Sitte ist richtig in ihrer eigenen Art. Ob mir serviert wird auf Zinn, hölzernen oder irdenen Tellern, ob mein Fleisch gekocht oder gebraten ist, heiß oder kalt, ob man mir Butter oder Öl, Nüsse oder Oliven gibt, ist mir ganz einerlei.« Und der alte Relativist schämt sich für seine Landsleute, die in dem Wahn befangen sind, sie müßten sich mit jeder Gewohnheit, die ihnen widerspricht, auseinandersetzen, und sobald sie aus ihrem Dorf heraus sind, aus ihrem eigenen Element sind. Montaigne will in der Fremde das Fremde sehen – »Ich suche keine Gascogner in Sizilien, ich sehe zu Hause genug von ihnen« –, und so will er den Landsleuten ausweichen, die er zur Genüge kennt. Er will sein Urteil haben und kein Vorurteil. Wie so viele Dinge lernt man bei Montaigne auch, wie man reisen soll.

Mit einer letzten Sorge – man spürt es aus der Antwort, die er gibt – sucht man anscheinend zu Hause den ungestümen Reisenden noch zurückzuhalten. »Was ist mit dir, wenn du krank wirst in der Fremde«, fragte man ihn. In der Tat, Montaigne ist seit drei Jahren dem Leiden, das alle Gelehrten jener Zeit befällt, anscheinend infolge sitzender Lebensweise und unkluger Kost, verfallen. Wie Erasmus, wie Calvin quälen ihn die Gallensteine und es scheint eine harte Zumutung, zu Pferde monatelang auf fremden Straßen herumzutraben. Aber Montaigne, der auszieht nicht nur, um seine Freiheit, sondern möglichst auch seine Gesundheit auf dieser Reise wiederzufinden, schüttelt gleichgültig die Achseln: »Wenn es zur Rechten übel aussieht, wende ich mich zur Linken, wenn ich mich nicht wohl genug fühle, zu Pferde zu steigen, dann halte ich eben an. Habe ich etwas vergessen, dann kehre ich zurück – es ist immer noch mein Weg.«

Und ebenso hat er eine Antwort auf die Sorge, daß er in der Fremde sterben könnte: wenn er sich davor fürchten sollte, so könnte er sich eigentlich kaum aus seinem Pfarrbezirk Montaigne herauswagen, geschweige denn über die Grenzen Frankreichs. Der Tod ist überall, und er würde ihm im Grunde lieber zu Pferde begegnen als im Bett.

Als dem rechten Kosmopoliten ist es ihm gleichgültig.

Am 22. Juni 1580 reist Michel de Montaigne aus dem Tor seines Schlosses in die Freiheit. Ihn begleiten sein Schwager, einige Freunde und ein zwanzigjähriger Bruder. Die Wahl ist nicht ganz glücklich: Gefährten, die er selber späterhin nicht ganz für die richtigen erklärt und die ihrerseits wieder unter der sonderbaren, eigenwilligen, persönlichen Art Montaignes, »de visiter les pays inconnus«, nicht wenig leiden. Es ist nicht die Ausfahrt eines Grandseigneurs, aber immerhin ein stattlicher Train. Das Wichtigste ist, daß er kein Vorurteil, keine Hochmütigkeit, keine festgefaßten Anschauungen mitnimmt.

Der Weg geht zunächst nach Paris, der Stadt, die Montaigne von jeher liebt und die ihn immer wieder von neuem entzückt.

Einige Exemplare seines Buches sind ihm schon vorausgereist, aber zwei Bände bringt er persönlich mit, um sie dem König zu überreichen. Heinrich III. hat eigentlich nicht viel Sinn dafür; er steht wie gewöhnlich im Kriege.

Aber da alle Welt am Hof das Buch liest und davon entzückt ist, liest er es auch und lädt Montaigne ein, der Belagerung von La Fère beizuwohnen. Montaigne, den alles interessiert, sieht nach Jahren wieder den wirklichen Krieg und zugleich auch sein Grauen, denn einer seiner Freunde, Philibert de Gramont, wird dort von einer Kugel getötet. Er begleitet seine Leiche nach Soissons und beginnt am 5. September 1580 das merkwürdige Tagebuch. In sonderbarer Analogie zu Goethe hatte so wie dort der dürre Kaufmann hier der Soldat des Königs François I., der Vater Montaignes, ein Tagebuch begonnen und aus Italien mitgebracht, und so wie der Sohn des Rats Goethe setzt der Sohn Pierre Eyquems als Michel de Montaigne die Tradition fort. Sein Sekretär zeichnet alle Geschehnisse auf, bis Rom, wo ihm Montaigne Urlaub gibt. Dort setzt er es selbst fort und gemäß seinem Willen, sich an das Land möglichst anzupassen, in einem ziemlich barbarischen Italienisch bis zu dem Tage, da er die französische Grenze wieder überschreitet: »Hier spricht man französisch, und so gebe ich nun diese fremde Sprache auf«, so daß wir die Reise von Anfang bis Ende verfolgen können.

Der erste Besuch geht nach den Bädern von Plombières, wo Montaigne in einer zehntägigen Gewaltkur sein Leiden zu heilen sucht, dann über Basel, Schaffhausen, Konstanz, Augsburg, München und Tirol nach Verona, Vicenza, Padua und Venedig, von dort über Ferrara, Bologna, Florenz nach Rom, wo er am 15. November eintrifft. Die Reisebeschreibung ist kein Kunstwerk, um so mehr, als sie nur zum kleinsten Teil von Montaigne und nicht in seiner Sprache geschrieben ist. Sie zeigt nicht den Künstler in Montaigne, aber sie zeigt uns den Menschen mit all seinen Eigenschaften und sogar seinen kleinen Schwächen; ein rührender Zug seine Parvenu-Eitelkeit, daß er, der Enkel von Fischhändlern und jüdischen Kaufleuten, den Wirtinnen als besonders kostbare Abschiedsgabe sein schön gemaltes Wappen schenkt. Es ist immer ein Vergnügen – wer hat es besser gekannt als Montaigne –, einen gescheiten Menschen in seinen Torheiten, einen freien Mann, der alle Äußerlichkeiten verachtet, in seinen Eitelkeiten zu sehen.

Im Anfang geht alles ausgezeichnet. Montaigne ist bester Laune und die Neugier überwindet seine Krankheit. Der Achtundvierzigjährige, der immer über seine »vieillesse« spottet, übertrifft die jungen Leute an Ausdauer. Frühmorgens im Sattel, gerade nur ein Stück Brot zu sich genommen, reitet er, und alles ist ihm recht, die Sänfte, das Brot, der Wagen, der Sattel, zu Fuß. Die schlechten Wirtshäuser belustigen ihn mehr, als sie ihn ärgern. Seine Hauptfreude ist es, Menschen zu sehen, überall andere Menschen und andere Sitten. Überall sucht er Leute auf, und zwar Leute aus allen Klassen. Von jedem sucht er zu erfahren, was sein »gibier« – wir würden sagen, sein »hobby« – ist. Da er den Menschen sucht, kennt er keine Stände, speist in Ferrara mit dem Herzog, plaudert mit dem Papst und ebenso mit protestantischen Pfarrern, Zwinglianern, Calvinisten. Seine Sehenswürdigkeiten sind nicht die man im Baedeker findet. Von den Raffaels und Michelangelos und den Bauten ist wenig gesagt. Aber er wohnt der Hinrichtung eines Verbrechers bei, er läßt sich von einer jüdischen Familie zu einer Beschneidung einladen, besucht Bibliotheken, er betritt die bagni von Lucca und bittet die Bäuerinnen zu einem Ball, er plaudert mit jedem lazzarone. Aber er läuft sich nicht die Füße ab nach jedem anerkannten Kuriosum. Für ihn ist alles Kuriosität, was natürlich ist. Er hat den großen Vorteil gegenüber Goethe, nicht Winckelmann zu kennen, der allen Reisenden seines Jahrhunderts Italien als kunstgeschichtliches Studium aufnötigt. Er sieht die Schweiz und Italien als Lebendigkeiten. Alles ist für ihn auf einer Linie, was Leben ist. Er wohnt der Messe des Papstes bei, er wird von ihm empfangen, er hat lange Gespräche mit den geistigen Würdenträgern, die ihm respektvolle Vorschläge machen für die nächste Auflage seines Buches und den großen Skeptiker nur bitten, das Wort »fortune«, das er allzu häufig verwendet, beiseite zu lassen und durch »Gott« oder »göttliche Schickung« zu ersetzen. Er läßt sich feiern und feierlich zum römischen Bürger ernennen, ja er bemüht sich sogar darum, stolz auf diese Ehre (die Parvenu-Elemente in dem freiesten Menschen). Aber das hindert ihn nicht, offen zuzugestehen, daß beinahe sein Hauptinteresse in Rom wie schon vordem in Venedig den Courtisanen gilt, deren Sitten und Sonderbarkeiten er mehr Raum in seinem Tagebuch gibt als der Sixtina und dem Dom von Florenz. Eine Art neuer Jugend ist in ihn zurückgekehrt und sie sucht ihren natürlichen Weg. Einiges Geld aus der Kasse mit den Goldstücken, die er mit sich führt, scheint er bei ihnen gelassen zu haben, zum Teil für Konversation, die sich diese Damen, wie er schildert, oft höher bezahlen lassen als ihre anderen Dienste.

Die letzte Zeit der Reise ist ihm verdorben durch seine Krankheit. Er macht eine Kur, in den Bädern von Lucca, und zwar eine barbarische. Sein Haß gegen die Doktoren führt ihn dazu, sich selbst Kuren zu erfinden; frei wie von allem, will er auch sein eigner Arzt sein. Es sind sehr ernste Zustände, die ihn heimsuchen, qualvolle Zahn- und Kopfschmerzen treten noch zu den anderen Leiden hinzu.

Einen Augenblick denkt er sogar an Selbstmord. Und mitten in diese Kur kommt eine Nachricht, von der zu bezweifeln ist, ob sie ihn erfreut. Die Bürger von Bordeaux haben ihn zu ihrem Maire ernannt. Man wundert sich über diese Ernennung, denn schon vor elf Jahren hatte Montaigne seine Ämter als bloßer Ratsherr niedergelegt. Es ist der junge Ruhm seines Buches, der die Bürger von Bordeaux ohne sein Wissen und Zutun veranlaßt hat, ihm eine solche Stellung aufzunötigen, und es ist vielleicht die Familie, die versucht, ihn mit dieser Lockung zurückzuholen. Jedenfalls kehrt er nach Rom und von Rom zu Frau und Haus zurück und langt am 30. November 1581, nach einer Abwesenheit von siebzehn Monaten und acht Tagen, wie er genau notiert, in seinem Schlosse wieder an, eher jünger, geistig frischer und lebendiger, als er je gewesen. Zwei Jahre später wird sein jüngstes Kind geboren.

9

Montaigne hat das schwerste Ding auf Erden versucht: sich selbst zu leben, frei zu sein und immer freier zu werden. Und da das fünfzigste Jahr erreicht ist, meint er sich diesem Ziele nah. Aber etwas Sonderbares ereignet sich: gerade jetzt, da er sich von der Welt weg und einzig sich selber zugewandt, sucht ihn die Welt. Als junger Mensch hat er öffentliche Tätigkeit und Würden gesucht: man hat sie ihm nicht gegeben. Nun zwingt man sie ihm auf. Er hat sich vergebens den Königen angeboten und am Hofe bemüht: nun fordert man ihn zu immer neuen und immer höheren Geschäften. Gerade jetzt, da er nur den Menschen in sich zu erkennen sucht, erkennen die anderen seinen Wert.

Als jener Brief am 7. September 1581 ihn erreicht, der ihm mitteilt, daß er ohne sein Zutun »unter allgemeiner Zustimmung« zum Bürgermeister von Bordeaux ernannt sei und ihn bittet, diese »charge« – wahrhaftig eine Last für Montaigne – »aus Liebe zum Vaterland« anzunehmen, scheint Montaigne noch nicht entschlossen, seine Freiheit aufzugeben. Er fühlt sich als kranker Mann und so gepeinigt von seinem Steinleiden, daß er manchmal sogar an Selbstmord denkt. »Wenn man diese Leiden nicht beseitigen kann, dann muß man mutig und rasch ein Ende machen, das ist die einzige Medizin, die einzige Richtlinie und Wissenschaft.« Wozu noch ein Amt annehmen, da er seine eigene innere Aufgabe erkannt hat, ein Amt überdies, das nur Mühe, aber weder Geld noch sonderliche Ehren einbringt? Jedoch als Montaigne in seinem Schlosse eintrifft, findet er einen Brief des Königs, der vom 25. November datiert ist und ziemlich deutlich den bloßen Wunsch der Bürger von Bordeaux in einen Befehl verwandelt. Der König beginnt höflich, wie er sich freue, eine Wahl zu bestätigen, die ohne Montaignes Zutun in seiner Abwesenheit – also ganz spontan – erfolgt sei. Aber er trägt ihm auf, »ohne Verzug noch Ausrede« den Dienst zu übernehmen. Und der letzte Satz schneidet jeden Rückzug ausdrücklich ab: »und damit werdet Ihr einen Schritt tun, der mir sehr willkommen ist, und das Gegenteil würde mir höchlichst mißfallen.« Gegen einen solchen königlichen Befehl gibt es keine Widerrede. Ebenso ungern, wie er von seinem Vater das Steinleiden übernommen hat, tritt er nun dies sein anderes Erbe, die Bürgermeisterschaft, an.

Sein Erstes ist, entsprechend seiner außerordentlichen Ehrlichkeit, seine Wähler zu warnen, daß sie nicht eine ähnliche restlose Hingabe von ihm erwarten sollen wie von seinem Vater, dessen Seele er »von diesen öffentlichen Lasten grausam verstört« sah und der seine besten Jahre, seine Gesundheit und seinen Haushalt restlos seiner Pflicht aufgeopfert. Er wisse sich zwar ohne Haß, ohne Ehrgeiz, ohne Geldgier und ohne Gewalttätigkeit, aber er kenne auch seine Defekte: daß es ihm an Gedächtnis fehle, an »vigilance«, an ständiger Wachsamkeit, an Erfahrung und an Tatkraft. Wie stets ist Montaigne entschlossen, sein Letztes, sein Bestes, sein Kostbarstes, »son essence«, für sich zu behalten, alles zu tun, was von ihm verlangt wird und ihm auferlegt ist, mit größter Sorgsamkeit und Treue, aber nicht mehr. Um es äußerlich schon kundzugeben, daß er nicht von sich selbst weggehe, schlägt er seine Wohnung nicht in Bordeaux auf, sondern bleibt in seinem Schlosse in Montaigne. Aber es scheint, daß, wo Montaigne, ebenso wie in seinen Schriften, nur die Hälfte der Mühe, der Plage, der Zeit einsetzt, er noch immer mehr leistet als jeder andere, dank seines rapiden Blicks und seiner profunden Weltkenntnis. Daß man nicht unzufrieden mit ihm war, beweist, daß er im Juli 1583 nach Ablauf seiner Funktionszeit abermals auf zwei Jahre von der Bürgerschaft gewählt wird.

Aber nicht genug an diesem einem Amt, an dieser einen Pflicht: kaum, daß ihn die Stadt gefordert, fordert ihn auch der Hof, der Staat, die große Politik. Jahrelang hatten die Mächtigen Montaigne mit einem gewissen Mißtrauen betrachtet, das die Parteimenschen und professionellen Politiker immer für den freien und unabhängigen Menschen haben. Man hat ihm Passivität in einer Zeit vorgeworfen, in der, wie er sagt, »die ganze Welt nur allzu tätig war«. Er hatte sich nicht einem einzelnen König, einer einzelnen

Partei, einer einzelnen Gruppe angeschlossen, seine Freunde nicht nach den Parteiabzeichen, nicht nach der Religion gewählt, sondern nach ihrem Verdienst. Ein solcher Mann war unbrauchbar gewesen in einer Zeit des Entweder-Oder, in einer Zeit des drohenden Sieges oder einer drohenden Ausrottung des Hugenottentums in Frankreich. Aber nun, nach den grauenhaften Verwüstungen des Bürgerkriegs, nachdem der Fanatismus sich selbst ad absurdum geführt, wird plötzlich in der Politik der bisherige Defekt der Unparteilichkeit zum Vorzug und ein Mann, der immer freigeblieben ist von Vorurteil und Urteil, der unbestechlich durch Vorteil und Ruhm zwischen den Parteien gestanden, zum idealen Vermittler. Die Situation in Frankreich hat sich merkwürdig geändert. Nach dem Tode des Duc d'Anjou ist nach dem Salischen Gesetz Heinrich von Navarra (der spätere Heinrich IV.) als Gatte der Tochter Katharinas von Medici der rechtmäßige Thronerbe Heinrichs III. Aber Heinrich von Navarra ist Hugenotte und Führer der hugenottischen Partei. Er steht damit in schroffem Gegensatz zu dem Hof, der die Hugenotten zu unterdrücken sucht, zu dem königlichen Schloß, von dessen Fenstern vor einem Jahrzehnt der Befehl zur Bartholomäusnacht gegeben worden war, und die Gegenpartei der Guisen sucht die rechtmäßige Thronfolge zu verhindern. Da nun Heinrich von Navarra auf sein Recht nicht zu verzichten gedenkt, scheint der neue Bürgerkrieg unvermeidlich, wenn nicht zwischen ihm und dem regierenden König Heinrich III. eine Verständigung gelingt. Für diese große, diese welthistorische Mission, die den Frieden Frankreichs sichern muß, ist ein Mann wie Montaigne der ideale Vermittler, nicht nur gemäß seiner an sich toleranten Gesinnung, sondern weil er auch persönlich der Vertrauensmann sowohl des Königs Heinrich III. als des Kronprätendenten Heinrich von Navarra ist. Eine Art Freundschaft verbindet ihn mit diesem jungen Herrscher, und Montaigne bewahrt sie ihm sogar in einer Zeit, da Heinrich von Navarra von der Kirche exkommuniziert ist und Montaigne, wie er später schreibt, bei seinem Pfarrer es als eine Sünde beichten muß, mit ihm Umgang bewahrt zu haben.

Heinrich von Navarra besucht Montaigne mit einem Gefolge von vierzig Edelleuten und ihrer ganzen Dienerschaft 1584 im Schlosse Montaigne, schläft in seinem eigenen Bett. Er betraut ihn mit den geheimsten Aufträgen, und wie redlich, wie verläßlich Montaigne sie ausgeführt hat, ist erwiesen dadurch, daß, als es einige Jahre später abermals zur Krise und zwar zur allerschwersten zwischen Heinrich III. und dem künftigen Heinrich IV. kommt, abermals beide gerade ihn zum Vermittler berufen.

Im Jahre 1585 wäre die zweite Amtsperiode Montaignes als Bürgermeister von Bordeaux zu Ende gewesen und ihm ein ruhmreicher Abschied gegönnt worden mit Reden und Ehren. Aber das Schicksal will keinen so schönen Abgang für ihn. Er hat tapfer und energisch standgehalten, solange die Stadt in dem neuentfachten Bürgerkrieg zwischen Hugenotten und Liguisten bedroht war. Er hat die Bewaffnung durchgeführt, Tag und sogar Nacht mit den Soldaten gewacht und die Verteidigung vorbereitet. Aber vor einem anderen Feind, vor der Pest, die in diesem Jahre in Bordeaux ausbricht, ergreift er panisch die Flucht und läßt seine Stadt im Stiche. Seiner egozentrischen Natur ist die Gesundheit immer das Wichtigste gewesen. Er ist kein Held und hat sich auch nie als Held drapiert.

Wir können uns keine Vorstellung mehr davon machen, was die Pest zu jener Zeit bedeutete. Wir wissen nur, daß sie überall das Signal zu einer Flucht war, bei Erasmus und so vielen anderen. In der Stadt Bordeaux sterben in weniger als sechs Monaten siebzehntausend Menschen, die Hälfte der Bevölkerung. Wer sich einen Wagen, ein Pferd leisten kann, ergreift die Flucht; nur »le menu peuple« bleibt zurück. Auch in Montaignes Hause zeigt sich die Pest. So entschließt er sich, es zu verlassen. Sie machen sich alle auf den Weg, die alte Mutter Antonietta de Louppes, seine Frau, seine Tochter. Jetzt hätte er Gelegenheit, seine Seelenstärke zu zeigen, denn »tausend verschiedene Arten von Krankheiten fanden sich plötzlich in unablässiger Folge ein«. Er erleidet schwere Vermögensverluste, er muß sein Haus leer und ungeschützt zurücklassen, so daß jeder sich nehmen kann und wohl auch genommen hat, was er wollte. Ohne Mantel, gerade wie er gekleidet ist, flieht er aus dem Hause und weiß nicht wohin, denn niemand nimmt die Familie auf, die aus einer Peststadt flieht. »Die Freunde fürchteten sich vor ihr, man fürchtete sich selber, Angst ergriff die Leute, bei denen man Quartier suchte, und man hatte plötzlich den Aufenthalt zu wechseln, wenn einer der Gesellschaft nur begann, sich über einen Schmerz in der Fingerspitze zu beklagen.« Es ist eine grauenhafte Reise; auf dem Weg sehen sie die unbestellten Felder, die verlassenen Dörfer, die unbegrabenen Leichen der Kranken. Sechs Monate muß er »trübselig als Führer dieser Karawane« dienen, und inzwischen schreiben die »jurats«, denen er die ganze Verwaltung der Stadt überlassen, Brief auf Brief. Anscheinend erbittert über Montaignes Flucht, fordern sie seine Rückkehr, teilen ihm schließlich mit, daß seine Bürgermeisterschaft zu

Ende sei. Aber auch zu dem vorgeschriebenen Abschied kehrt Montaigne nicht zurück.

Etwas Ruhm, etwas Ehre, etwas Würde ist bei dieser panischen Flucht vor der Pest verlorengegangen. Aber die »essence« ist gerettet. Im Dezember, nachdem die Pest erloschen ist, kehrt nach sechs Monaten Herumirrens Montaigne wieder in sein Schloß zurück und nimmt den alten Dienst auf: sich selbst zu suchen, sich selbst zu erkennen. Er beginnt ein neues Buch von Essais, das dritte. Er hat wieder den Frieden, er ist frei von den Trakasserien außer dem Steinleiden. Nun stillsitzen, bis der Tod kommt, der ihn schon mehrmals »mit der Hand berührt hat«. Es scheint, daß er Frieden haben soll, nachdem er so vieles erlebt, Krieg und Frieden, Welt, Hof und Einsamkeit, Armut und Reichtum, Geschäft und Muße, Gesundheit und Krankheit, Reise und Heim, Ruhm und Anonymität, Liebe und Ehe, Freundschaft und Einsamkeit.

Aber noch fehlt ihm ein Letztes, noch hat er nicht alles durchgeprobt. Noch einmal ruft ihn die Welt. Die Situation zwischen Heinrich von Navarra und Heinrich III. hat sich gefährlich zugespitzt. Der König hat gegen den Thronfolger eine Armee unter Joyeuce gesandt, und Heinrich von Navarra hat bei Coutras am 23. Oktober 1587 diese Armee völlig vernichtet. Heinrich von Navarra könnte nun als Sieger gegen Paris marschieren, mit Gewalt sich sein Thronrecht oder sogar den Thron erzwingen. Aber seine Klugheit warnt ihn, seinen Erfolg aufs Spiel zu setzen. Er will es noch einmal mit Verhandlungen versuchen. Drei Tage nach dieser Schlacht reitet ein Trupp auf das Schloß Montaigne zu. Der Führer verlangt Einlaß, der ihm sofort gewährt wird. Es ist Heinrich von Navarra, der nach seinem Sieg bei Montaigne Rat sucht, wie dieser Sieg diplomatisch und zugleich friedlich am besten auszunützen ist. Es ist ein geheimer Auftrag. Montaigne soll als Vermittler nach Paris reisen und dem König seine Vorschläge machen. Anscheinend hat es sich um nichts Geringeres gehandelt als um den entscheidenden Punkt, der dann den Frieden Frankreichs und seine Größe für Jahrhunderte verbürgt hat: die Konversion Heinrichs von Navarra zum Katholizismus.

Montaigne macht sich sofort mitten im Winter auf den Weg. In seinem Koffer nimmt er sein korrigiertes Exemplar der Essais mit und das Manuskript des neuen dritten Buches. Aber es wird keine friedliche Reise. Unterwegs wird er von einer Truppe überfallen und geplündert. Zum zweitenmal erfährt er den Bürgerkrieg am eigenen Leibe, und kaum in Paris angekommen, wo sich der König zur Zeit nicht aufhält, wird er verhaftet und in die Bastille gebracht. Es ist zwar nur ein Tag, daß er dort verbleibt, weil Katharina von Medici ihn sofort befreien läßt. Aber wieder einmal hat der Mann, der überall Freiheit sucht, auch in dieser Form erfahren müssen, was es heißt, der Freiheit beraubt zu sein. Er reist dann noch nach Chartres, Rouen und Blois, um die Besprechung mit dem König durchzuführen. Damit ist sein Amt zu Ende, und er kehrt wieder in sein Schloß zurück.

Auf dem alten Schloß sitzt nun der kleine Mann in seinem Turmzimmer. Er ist alt geworden, das Haar ist ihm ausgefallen, ein runder Kahlkopf, den schönen kastanienbraunen Bart hat er sich abgenommen, seit er zu ergrauen begann. Es ist leer geworden um ihn; die alte Mutter geht noch durch die Räume wie ein Schatten, fast neunzigjährig. Die Brüder sind fort, die Tochter verheiratet sich und zieht zu einem Schwiegersohn. Er hat ein Haus und weiß nicht, an wen es fallen wird nach seinem Tode. Er hat sein Wappen und ist der Letzte. Alles scheint vorbei. Aber gerade in dieser letzten Stunde kommt noch alles heran; jetzt, da es zu spät ist, bieten die Dinge dem Verächter der Dinge sich dar. 1590 ist Heinrich von Navarra, dem er Freund und Berater gewesen, als Heinrich IV. König von Frankreich geworden. Montaigne braucht jetzt nur an den Hof zu eilen, den alle umschwärmen, und die größte Stellung wäre ihm sicher bei dem, den er beraten und so gut beraten. Er könnte werden, was Michel Hôpital unter Katharina gewesen, der weise Ratgeber, der zur Milde führt, der große Kanzler. Aber Montaigne will nicht mehr. Er begnügt sich, den König in einem Briefe zu begrüßen, und entschuldigt sich, daß er nicht gekommen sei. Er mahnt ihn zur Milde und schreibt das schöne Wort: »Ein großer Eroberer der Vergangenheit konnte sich rühmen, er habe seinen unterworfenen Feinden ebensoviel Anlaß gegeben, ihn zu lieben, wie seinen Freunden.« Aber die Könige mögen nicht die, die ihre Gunst suchen. Einige Monate später schreibt der König seinem geistigen Ratgeber in schärferem Ton, um ihn für seinen Dienst zu gewinnen, und macht ihm anscheinend ein finanzielles Anerbieten. Aber wenn schon unwillig zu dienen, ist Montaigne noch unwilliger, in den Verdacht zu geraten, sich zu verkaufen. Stolz antwortet er dem König: »Ich habe niemals von der Gunst der Herrscher irgendwelche materiellen Vorteile erlangt, habe sie auch weder begehrt noch verdient... Ich bin, Sire, so reich, wie ich es mir nur wünsche.« Er weiß, daß ihm gelungen ist, was Plato einmal als das Schwerste auf Erden bezeichnet: mit reinen Händen aus dem öffentlichen Leben zu treten. Mit Stolz schreibt er die Worte des Rückblickes auf sein Leben: wenn man ihm bis auf den Grund der Seele blicken wolle, dann würde man finden, er sei unfähig gewesen, jemand zu nahe zu treten oder ihn zu schädigen, unfähig der Rache oder des Neides, öffentlich Ärgernis zu erregen oder nicht zu seinem Worte zu stehen. »Und obwohl unsere Zeit mir wie jedem dazu wohl Gelegenheit gab, habe ich meine Hand nie durch Zugriff an den Besitz oder Vermögen eines anderen Franzosen belastet. Nur vom Eigenen habe ich gelebt, in Krieg und Frieden, und nie habe ich jemand für mich in Anspruch genommen, ohne ihn gebührend zu entlohnen. Ich habe meine Gesetze und meinen Gerichtshof, der über mich urteilt.«

Eine Spanne vor dem Tod haben die höchsten Würdenträger ihn gerufen, der sie längst nicht mehr will und erwartet. Eine Spanne vor dem Tod kommt für den Mann, der sich alt fühlt, nur mehr als ein Teil und Schatten seines Ichs, noch etwas, was er längst nicht mehr erhofft, ein Glanz von Zärtlichkeit und Liebe. Wehmütig hat er gesagt, vielleicht die Liebe allein könnte ihn noch erwecken.

Und nun geschieht das Unglaubliche. Ein junges Mädchen aus einer der ersten Familien Frankreichs, Marie de Gournay, kaum älter als die jüngste seiner Töchter, die er eben verheiratet hat, faßt eine Leidenschaft für die Bücher Montaignes. Sie liebt sie, sie vergöttert sie, sie sucht ihr Ideal in diesem Manne. Wie weit auch die Liebe dann nicht bloß dem Autor, dem Schriftsteller, sondern auch dem Menschen gegolten, ist wie immer in solchen Fällen schwer festzustellen. Aber er reist öfters zu ihr, bleibt einige Monate dort, auf dem Sitz der Familie in der Nähe von Paris, und sie wird seine »fille d'alliance«, er vertraut ihr von seinem Erbe das kostbarste an: die Herausgabe seiner Essais nach dem Tode.

Und dann hat er nur eines mehr zu wissen, der das Leben studierte und jede Erfahrung darin, noch die letzte des Lebens: den Tod. Er ist weise gestorben, wie er weise gelebt. Sein Freund Pierre de Brach schreibt, sein Tod sei sanft gewesen »nach einem glücklichen Leben« und man müsse es ein Glück nennen, daß er ihn von einer lähmenden Gicht und seinem schmerzhaften Steinleiden erlöste. Die Früchte seines Geistes aber würden der Zeit zum Trotz nie aufhören, die Menschen von Geist und gutem Geschmack zu erfreuen.

Er empfängt die letzte Ölung am 13. September 1592; kurz darauf ist er verschieden. Mit ihm erlischt das Geschlecht der Eyquems und der Paçagons. Er ruht nicht bei seinen Vorfahren wie sein Vater, er liegt für sich, in der Kirche der Feuillants zu Bordeaux, der erste und der letzte der Montaignes und der einzige, der diesen Namen über die Zeiten getragen.

1941/42

Charles-Augustin Sainte-Beuve
Montaigne, das ist die reine Natur

Fangen wir mit der Lektüre Montaignes an, wie er selber mit seinen Themen angefangen hat, auf gut Glück, allmählich und gleichgültig an welcher Stelle... Er wirkt ganz harmlos; er will nichts von einem; wenn er ein Ziel verfolgt, verbirgt er es gut, und scheinbar sind ihm alle Mittel recht, es zu erreichen. Ohne Hast; es sind gut erzählte, wer weiß wo (denn sie sind äußerst verschiedenartig) aufgelesene Anekdoten, die er, wie sie gerade kommen, aneinanderfädelt. Sie bieten ihm den Vorwand zu einer ganz einfachen, sozusagen von allen anerkannten Moral, die er auch nur als einen zarten, lockeren Faden zu verwenden scheint, um seine Geschichten lose miteinander zu verknüpfen. Worauf will er hinaus mit seiner Moral und seinen Maximen des Handelns? Damit, daß *die geläufigste Art, die Herzen jener zu erweichen, die man beleidigt hat, die ist, wenn sie auf Rache sinnen, sie durch Ergebenheit zu rühren, daß aber bisweilen Beharrlichkeit und Entschlossenheit die gleiche Wirkung zeitigen* (wie schön!); damit, daß *das Thema Mensch ein wunderbar vergebliches, mannigfaltiges und schillerndes ist* (was gut gesagt, aber allgemein bekannt ist); damit, daß *wir niemals bei uns, sondern immer außer uns sind, in der Furcht, der Hoffnung oder der Erinnerung;* damit, daß der *untätige Geist wie brachliegende Erde alle Arten von Unkraut wuchern läßt;* und damit schließlich, *daß die Seele ohne festes Ziel sich verliert?* Man gesteht dies alles zu, wie sollte man es leugnen? Und währenddessen scheint er so ganz mit seiner gegenwärtigen Anekdote beschäftigt, so ins Plaudern verliebt – wie es Boccaccio wäre oder irgendeiner der arabischen Erzähler –, daß man jeden Vorbehalt aufgibt, daß man geradezu versucht ist, ihn selbst, wie er es mit Rabelais tat, unter die *einfach unterhaltsamen* Autoren einzureihen; man faßt Vertrauen, man ist schon mehr als halb gewonnen.

Ganz gewiß, so sagt man sich, ist dieser Mann vor allem ein Unterhalter. Und zwar ein Unterhalter, der vor allem sich selbst unterhält. Als er auf die vierzig zugeht, zieht er sich auf seinen Landsitz zurück, wo er Ruhe sucht und wieder zu sich finden will; doch sein Geist, der durch die ungewohnte Muße nicht mehr im Zaum gehalten wird, entgleitet ihm und bringt der Reihe nach, ohne Ziel und Absicht, *so viele Hirngespinste und phantastische Ungeheuer* hervor, daß er, um deren *Albernheit und Absonderlichkeit* ganz unbefangen betrachten zu können, damit beginnt, sie aufs Papier zu bannen, wobei er hofft, sich mit der Zeit vor sich selbst zu schämen, vorerst aber durchaus Vergnügen empfindet. Bereitwillig macht er uns unverhohlen zu seinen Verbündeten; gestattet uns, als freundlicher Nachbar, Einblick in seine Phantasie – kein gar so gefährlicher Umgang. Gleichzeitig träumen, albern, moralisieren heißt die Devise.

Was hätte es schon für ernste und prompte Konsequenzen, wollte man an all dem herumkritteln, was er uns mit diesen als Würze eingestreuten Geschichten sagt, die er von überall herholt und uns ganz frisch und lebendig serviert, mit diesem wahren Gezwitscher von Geschichtchen, die er wie Vögel in seiner Volière sammelt; mit diesen mannigfaltigen Lebensweisheiten, die wir im übrigen zu kennen vermeinen, und die auch der gute Sancho kannte, die aber aus diesem gaskognischen Mund und in dieser bildhaften Sprache wie reizvolle Neuigkeiten klingen. Es ist ja nicht schlechterdings der Mensch in seiner allgemeinen Essenz, über den er uns etwas zu lehren behauptet, nicht die substantielle und alles beherrschende Regel; sondern er tischt uns nur sich selber auf, Michel de Montaigne, in seiner bescheidenen Haut – es geht schließlich nur um ihn.

Doch halt, ohne weitere Vorrede, er tischt uns nicht nur sich selber auf; sondern gleichzeitig auch uns, den ganzen Menschen und die Natur. Er gewinnt uns so leicht doch nur deshalb, weil er uns zu seinen Helfern und Komplizen macht. »Jeder Mensch weiß genau, daß er die gesamte Form des Menschenmöglichen in sich trägt.« Und bei ihm ist diese menschliche Form vollständiger als bei anderen.

In den über zwei Jahrhunderten, die man schon über ihn spricht – und große faszinierende Geister, Pascal an der Spitze, haben sich mit ihm befaßt – ist alles über Montaigne gesagt worden; doch eines wurde, glaube ich, nicht deutlich genug hervorgehoben: daß Montaigne nämlich kein philosophisches System hat, ja er ist nicht einmal in erster Linie Skeptiker, Pyrrhonist; nein, Montaigne verkörpert einfach die menschliche Natur.

Er ist die reine und dennoch zivilisierte Natur in all ihrer Vielfalt, in ihren durchschnittlichen, allgemeinen Regungen und Anlagen ebenso, wie in ihren ausgefallenen Launen und Einfällen, und selbst in ihren Manien: *die Natur schlechthin, ohne die Gnade.*

Das einmal geweckte Gespür dafür täuscht nicht: die Jansenisten hassen an Montaigne vor allem, daß er der natürliche Mensch par excellence ist.

Montaigne wurde von einem liebevollen Vater großgezogen, der sehr um seine Erziehung besorgt war; die Religion aber hat ihn nicht im geringsten berührt und auch nicht frühzeitig verändert: man hat ihm von der Wiege an mehr das Latein als den Katechismus beigebracht. Sein Vater, der im Krieg in Italien gewesen war und etwas von der Welt gesehen hatte, eine Art Philanthrop mit eigenwilligen Ideen, schickte ihn wie einen Émile des sechzehnten Jahrhunderts zur Erziehung aufs Dorf und ließ ihn von Leuten in abscheulichsten Lebensumständen über das Taufbecken halten, um ihn zu lehren, niemanden zu verachten, vor allem nicht die Armen, damit er ihnen verbunden und dankbar blieb. Dieser gute Vater machte sich sogar die Mühe, ihn mit den Tönen eines Musikinstruments zu wecken. Montaignes erste Studien gelten ganz den Sprachen und allgemeinen Erfahrungen, ohne irgendwelche abstrakten Praktiken und ohne jede Mühe. Auf diese Weise wächst er sanft, umgänglich, recht träge und müßig heran, wobei er hinter seiner ruhigen Art bereits gewagte Phantasien verbirgt. Seine erste Begeisterung im Collège von Guyenne, wohin man ihn geschickt hat und wo er dank der väterlichen Liberalität alle Bequemlichkeiten genießt, seine erste erklärte Vorliebe gilt den *Metamorphosen* Ovids, diesem Ariost vergangener Zeiten. Dies ist seine kindliche und ganz heidnische Lieblingslektüre; es sind die Waffen Achills, an denen sich seine Phantasie entzündet; und danach *verschlingt* er in einem Zug, wie er sagt, die *Äneis*, Terenz, Plautus und die italienischen Komödien. Er spielt in seinem Collège die lateinischen Tragödien Buchanans und Murets, und findet es schon damals ungehörig, wenn man an diesem Vergnügen etwas auszusetzen hat; mit dreizehn ist seine Schulzeit beendet. Jene anderen Lüste, erste Lockung der Jugend, und mit deren angemessener Verzögerung die schwierige Tugend ihren Ausgang nimmt, diese Lüste sind zunächst die seinen, er kann sich kaum erinnern, sie sich je versagt zu haben. Sein von Natur aus freier Geist, dem durch die Erziehung so wenig Zwang auferlegt worden war, begehrte bei dieser Form der Hingabe im übrigen *heftig auf,* beurteilte die Dinge *sicher* und *offen* und *verdaute* seine Gedanken allein, ohne jede Kommunikation. Das Schwärmerische, das nicht in seiner Natur liegt, das aber durch eine gewisse zunächst unnatürliche Imagination in uns entwickelt und gehätschelt wird, reizte ihn ganz und gar nicht. Die Liebe, die er als Vergnügen so sehr liebte, und zu der er sich als dem größten Vergnügen, das die Natur bietet, bekannte, beherrschte ihn niemals ausschließlich als Leidenschaft. Der weniger tollkühnen und weniger fieberhaften, allgemeineren und universelleren Wärme der Freundschaft gab er den Vorzug; man weiß, wie lebhaft er sie empfunden, wie bewundernswert und schön er sie beschrieben hat.

Durch all diese Punkte, von denen ich noch mehr nennen könnte, erscheint er mir als ein vollkommenes und gemäßigtes Exemplar der Natur selbst; er befindet sich mitten in der nicht christlichen, aber gesitteten, anständigen und als vernünftig geltenden Menschheit. In einer Zeit der Bürgerkriege behauptet er sich ohne Leidenschaft, ohne Ehrgeiz; er versieht mehrere Ämter ehrenvoll, doch ohne den Glanz, der einen auf ewig an sie bindet, und wird schnell vom Herrn Parlamentsrat oder vom Herrn Bürgermeister von Bordeaux wieder zum Menschen. Eben dies,

Mensch zu sein, ist sein Beruf; er hat keinen anderen, vertieft nichts zu sehr, aus Angst, sich zu verlieren, seiner allgemeinen menschlichen Berufung verlustig zu gehen. Er vermag nicht nur, sagt er, bei der ersten Lektion zu erkennen, ob ein Kind der Mittelklasse für die Wissenschaft befähigt ist; sondern auch, mit zwei oder drei Fragen die Begabungen des jungen Geistes zu ermessen und herauszukitzeln; das ist es, was ihm liegt. Und so lebt er aktiv und ungebunden, treibt seine Klinge in jeden Gegenstand und sinkt immerzu in eine Art Vergessen zurück, in den natürlichen und freien Zustand der Möglichkeiten, um an der Quelle neue Kräfte zu sammeln: Mensch vor allem, und nach allem.

Das Alter bringt Veränderungen, doch kommen sie schrittweise und dem Alter entsprechend. Was seinen Geschmack und seine Lektüre betrifft, ist er von Ovid zu Lukan, von Lukan zu Virgil gelangt, das heißt von der ersten freudigen Hingabe der Kindheit zu einer stoischeren und ausgeprägteren Erhabenheit, die sich bald wiederum in ausgewogenere Sanftheit wandelt. So war er anfangs, was das Geld betrifft, verschwenderisch, ausgabenfreudig und lebte ein wenig mit Hilfe seiner Freunde; später dann besitzt er Geld, geht damit sorgfältig um, hält es ein wenig zu sehr zusammen; und nach ein paar Jahren dann rettet ihn ein guter Geist aus dieser törichten Einschränkung, und er findet entspannt das richtige Maß, in einer Art *drittem* Leben, das angenehmer und besser geregelt ist: »Es ist so, daß ich einmal meine Ausgaben laufen lasse und einmal meine Einnahmen: bald haben die einen Oberhand, bald die anderen, doch sie klaffen nicht weit auseinander.« Dies sind die drei Perioden, die Ovid, Lukan und Virgil entsprechen.

Er hat sich, ein wenig aus Rücksicht auf die Sitten, mit dreiunddreißig verheiratet; er ist Vater geworden; er hat seine neuen Pflichten als der unstete Geist, für den man ihn hätte halten können, tadellos erfüllt; er hat mehr gehalten, als er selber gehofft oder versprochen hatte. Er altert und betreibt jedes Ding zu seiner Zeit; und er sagt über das Leben: »Ich habe seine Sprossen gesehen, und seine Blüten, und die Frucht, und sehe jetzt seine Dürre: glücklich, *da es natürlich ist.*« Das Wort kehrt ebenso wieder wie die Sache. Montaigne ist also in allem (und je näher ich ihn betrachte, desto mehr finde ich es bestätigt) die reine Natur.

Und damit sich dieses nicht im Geiste verliert wie eine allzu häufig und unbestimmt geäußerte Redensart, gestatte man mir, darauf in jeder Hinsicht einzugehen und diese Ansicht fortzuführen, noch einen Schritt weiterzugehen.

Jeder von uns hat etwas von Montaigne in sich. Jede Vorliebe, jede Laune und Leidenschaft, jede Zerstreuung, Lust und Grille, an der das Christentum nicht den geringsten Anteil hat, als habe es dieses nie gegeben, bei der es nicht verleugnet wird, nicht beleidigt, sondern durch einfaches, scheinbar unschuldiges Vergessen unbeachtet bleibt, jeder Zustand dieser Art ist doch wohl nichts anderes als ein Stück Montaigne? Dieses Geständnis, daß man in jedem Augenblick bis hin zu dem sogenannten Gesetz der *Gnade* seiner Natur folgt, diese unbedachte Blöße, die man sich mit einer Seele gibt, die ganz natürlich ist, das ist die eigentliche Domäne Montaignes und seines ganzen Buches. Wundern wir uns nicht, daß Pascal so große Mühe hatte, sich seiner zu entledigen, war Montaigne doch weniger Philosoph als die verkörperte Natur:

er ist das *Ich*. Das ist nur in dem Sinne Philosophie, als bei ihm schon die ganz reine Natur da ist, die sich beschreibt und erzählt.

1842

Montaigne in jedem von uns

Montaigne und alles, was sich unter diesem Namen naturalisieren läßt, reicht sehr viel weiter, als man meint. Mit dem Anschein des Eigentümlichen, des sich auf persönliche Manien Beschränkenden, hat er bei jedem irgendeinen Winkel berührt und in seinem Selbstporträt die Mehrheit der Menschen um so genauer dargestellt und hinters Licht geführt, als er sich selber so bis ins kleinste Detail offenbarte. Jeder hat ein Zipfelchen von ihm.

Sind Sie kritisch; lieben Sie aus zu wählerischem Geschmack jene Miszellaneen des Geistes; lieben Sie es, wie Bayle sagt, bei den verschiedensten Autoren *»Kaperei«* zu betreiben? (Montaigne sagt, *einen oder zwei Angriffe machen;* und was er mit seinem *spontanen* Geist in dem Buch nicht schon beim ersten Angriff gesehen hat, sieht er auch kaum, wenn er hartnäckig bleibt); lieben Sie also dieses fröhliche Plündern beim Erwachen; nehmen Sie mit vollen Händen, wie La Fontaine – »Ich lese solche aus dem Norden wie solche aus dem Süden« – betreiben Sie dieses Handwerk mit Feuereifer und mit Macht, ohne jede Regel und ohne Furcht, zu entgleisen? Dann aufgepaßt, Christ, das ist Montaigne.

Sind Sie Philosoph und haben sich ganz den Spuren der Namen und Wörter verschrieben (wie stellenweise auch er – zu Anfang des Kapitels *über die Streitrösser*)? Wenn

Ihnen in dieser Wissenschaft mit tausend Winkelzügen nicht stets der große Name, das Ewige Wort gegenwärtig ist und auf die Stirn geschrieben steht, wenn Sie den ganzen Tag auf das Echo horchen und es lieben, das fernste Echo, und wenn dieses Sie leitet; oder wenn Sie Dichter sind und es der Reim ist, diese andere Wortspur, die Sie zu weit führt; gleichgültig, welches die Lieblingsbeute ist, über der man sich vergißt und, weil behext, in die Irre führen läßt, aufgepaßt, das ist Montaigne.

Sie sind Moralist und beobachten die Welt; Sie haben nur eine einzige Sorge, zu sehen, was ist, und es gut zu sagen, es mit einem scharf geprägten Wort gut zu treffen. Beim Lächerlichen vor allem, den Lastern, lassen Sie nicht locker und verschaffen sich mit Ihrer geistreichen Satire triumphierend Genugtuung. Als geborener Christ und Franzose verfolgen Sie diesen schwierigen Balanceakt so weit es geht, und man spürt fast nirgends in Ihrem ganzen Buch (da Sie doch einen so festen und freien Blick haben!), daß Sie einem Hofe untertan sind oder unter dem Joch einer Gnade oder eines Gesetzes als Christ leben. Weil Sie dieses allenthalben so scharfzüngige Buch mit einem erhabenen und aufrichtigen, von einer Art religiösem Kartesianismus durchdrungenen Kapitel abschließen, meinen Sie, es hinreichend gekrönt und geweiht zu haben. Aber dennoch, o La Bruyère! trotz dieses Kreuzes, das sich an der Spitze des letzten Kapitels erhebt, aufgepaßt, denn das ist geradezu Montaigne.

Sie sind hochgelehrt und gebildet; Sie setzen die Gelehrtheit zu einem hohen Ziel ein; zur evangelisierenden Beweisführung: was gibt es Größeres? Als Schüler von

Bochart[1] gehen Sie zu den frühesten Anfängen der Völker zurück, und es gefällt Ihnen, die Verstreuung der Söhne Noahs über die ganze Welt noch bis in die zweifelhaftesten Seitenlinien zu verfolgen: schön und gut. Doch die Gelehrsamkeit läßt Sie nicht los; sie hält Sie in Ihrem Bischofspalast fest, während Ihre Schäflein auf Sie warten und nach Ihnen rufen; sie hat Sie in der Einsamkeit von Aulnay in den Bann geschlagen, sie führt Sie auf die verschlungensten Gedankenpfade, so daß selbst die evangelisierende Beweisführung zeitweilig ein bequemer Faden in Ihren Händen zu sein scheint, um Ihre erstaunlichen Zöpfe zu flechten. Bei all dem spielt im Grunde ein gewisser Skeptizismus mit: aufgepaßt, Monsieur d'Avranches[2], aufgepaßt, das ist Montaigne.

Sie sind Christ, Sie sind ein Heiliger, die Barmherzigkeit in Person; doch Ihre dröhnende Leutseligkeit, die eine natürliche Gabe ist, füllt sich mit den Bildern, die sie hervorbringt. Wenn Sie sprechen, wenn Sie schreiben, belebt sich alles; Sie erteilen ernste Ratschläge, und die holden Bilder sprudeln nur so hervor, Sie überschütten einen damit; Sie gefallen Ihnen immer besser, und Sie verdoppeln sie noch. Ihre Feder ergötzt sich unfreiwillig daran und liebkost ihre Blüten: aufgepaßt, liebenswürdiger Heiliger, lieber Heiliger François de Sales, das ist Montaigne.

Man könnte noch in zwanzig andere Richtungen vor-

1 Samuel Bochart, französischer Theologe, Philologe, Naturforscher und Geograph (1599–1667).

2 Monsieur d'Avranches: Bischof Huet (1630–1721). Er hat die *Essais* so definiert: »das Brevier der faulen Rechtschaffenen und der fleißigen Unwissenden, die sich mit ein paar Kenntnissen von der Welt schmücken und sich einen geisteswissenschaftlichen Anstrich geben wollen. Sie finden kaum einen Landedelmann, der sich von anderen Bücherabnehmern unterscheiden will, bei dem nicht ein Montaigne auf dem Kamin liegt.«

dringen, und wenn man darüber spräche, wäre auch dies Montaigne.[3] Ich möchte nun nicht behaupten, das möge man mir glauben, daß alle diese Autoren, die sich bei irgendeiner menschlichen Vorliebe vergessen, bei irgendeiner persönlichen Laune, die in eine der Fallen tappen, die in ihm aufgestellt sind, wie in jedem von uns auf dem weiten Erdenrund, alle gottlos seien oder antichristlich; ich behaupte nur, daß diese Männer, so aufrichtig und vielleicht sehr religiös sie sonst sind, in diesem Punkt Inkonsequenz zeigen und dem exakten Christentum entwischen, um mehr oder weniger in das *gute Naturgesetz* zurückzufallen.

Wir müssen nämlich wissen, daß es mit dem Herzen fast eines jeden so ist wie mit gewissen Ländern, wo das Christentum bei seiner Verbreitung den alten Kult, den man dort noch erkennen könnte, nur oberflächlich zugedeckt und verkleidet hat. Wie in jener Ekloge über Neapel: »Unsterbliches Heidentum, bist du tot? So wird es erzählt. Doch Pan macht sich leise darüber lustig; und die Sirene lacht.«[4] Dieses Heidentum, das in dieser Welt sogar im Christentum unsterblich und seither noch verfeinert weiterlebt, komplizierter im Herzen als das alte, spiegelt sich im ganzen Montaigne in der klarsten Reflexion wieder.

Montaigne ist, nach meiner Vermutung, der Mann, der am meisten vom Spiel der Wellen gewußt hat. Um Ebbe und Flut scheint er sich nicht zu kümmern, ebensowenig

3 Pardon, pardon, nur noch dies: ein Dichter, der sich sagte: »Es war stets meine einzige Methode zu vergessen, in den Pausen vergessen, und jedesmal, über jedes Thema nach dem Schlummer wieder von vorn beginnen; die Kunst neu beginnen, die Jugend, Griechenland, den Morgen; das einzige Mittel, um die Frische und die Blüte zu haben, das, was die Griechen *Thalia* nennen.« Purer Montaigne.

4 Sainte-Beuve zitiert sich hier selbst.

wie um die große Gesetzesregel, die Meer und Himmel verbindet: doch das Spiel der Wellen im einzelnen kennt er in jeder Färbung und jeder Kräuselung; er taucht in verschiedenen Tiefen in sie ein und bringt Perlen und alle Arten von Muscheln mit herauf. Vor allem aber wiegt er sich an ihrer Oberfläche, spielerisch, er läßt sie vor uns spielen, unter dem Vorwand, sich darin zu bespiegeln, bis wir sie vor den eigenen Füßen haben und uns darin selber im Spiegel sehen: so hat er uns in der Hand und bringt uns zu uns.

Das gelingt ihm besser als jenem anderen, ebenfalls natürlichen und reichen Schriftsteller seiner Zeit, viel besser als dem sehr heidnischen Rabelais, um ein Beispiel zu nennen. Rabelais ist auf seine Art ein Dichter, und ein berühmter Dichter. Sein Denken verhüllt sich, entzieht sich jederzeit im aufsteigenden Strudel seiner Phantasie. Bei ihm gibt es auch stellenweise allzu trübe Tümpel, als daß sich alle darin ohne weiteres bespiegeln würden. Montaigne hingegen ist, mit Ausnahme einiger häßlicher Flekken, im allgemeinen lauter, anziehend; Kardinal Du Perron nannte ihn *Das Brevier der anständigen Leute*, dies spiegelt sich auf jeder Seite wider.

Der berückende Stil Montaignes

Einer der Hauptgründe für Montaignes Erfolg, ja die wesentliche und einzige Voraussetzung, ohne die alles übrige undenkbar wäre, das Instrument, mit dem er berückt, sein wahrer Zauberstab, ist sein Stil. Der Stil wird, wenn man ihn in solchem Maße beherrscht wie Montaigne, der Nachwelt Büchse für den Generalablaß. Gern verzeihen die Neffen jenen, die zu beschreiben verstanden. Unregelmäßigkeiten in der Gliederung, den Ideen, Ausschweifungen und Freiheiten, Kleinlichkeiten, all dies gewinnt eine scheinbare Nuance an Farbe und Schönheit und wird Gegenstand des Vergnügens und immer neuen Lobes. Der Stil ist ein goldenes Zepter, dem letzten Endes das Reich dieser Welt gehört.

Montaigne hat vielleicht mehr als jeder andere diese Gabe des Ausdrucks und des Beschreibens besessen; sein Stil ist eine fortwährende, mit jedem Schritt erneuerte Figur; man empfängt die Ideen nur durch Bilder; durch eine Vielfalt immer neuer Bilder, die aber einfach und transparent sind. Kaum einmal ein kurzes nacktes und abstraktes Zwischenstück, gerade von der Breite eines Grabens, über den man springt; und schon geht es wieder los. Jede beliebige Seite scheint die üppigste, sprießendste Weide, ein *freies, wildes Feld:* lange, *kräftige* Gräser, Düfte unter dem Dorn, schmückende Blüten, summende Insekten, Bächlein darunter, alles wimmelnd und säuselnd. Bei ihm gab es weder ein Gesamtkonzept noch einen großen Entwurf: wozu so viel konstruieren und daran ermüden? Das gelungene Detail und die glückliche Formulierung wogen bei ihm alles andere auf, das wußte er gut; damit versöhnte er und glich alles mühelos aus: »Ich habe keinen anderen Ordnungshüter, meine Stücke in die Reihe zu bringen, als das Glück.« Alles belebte sich also, alles erklang in seinem Diskurs durch die freie Stimme dieses *Glückshüters,* und jeder Gedanke, ob er die Sturmhaube oder die Troddelmütze auf dem Kopf trug, wurde sofort rekrutiert. Was für eine junge Armee! Ein wenig bunt, könnte man sagen, denn da wird alles aufgeboten; der Gedanke kommt möglichst geharnischt daher, stets angriffslustig, stets behende und lebendig. Die *Nahtstelle* zwischen Idee und Bild liegt so tief, daß man sie weder sieht, noch an sie denkt: Gedanke, Bild, das ist bei ihm ein und dasselbe: *junctura callidus acri.* Was die Nahtstelle *zwischen Bild und Bild* betrifft, so schafft er sie ab, indem er wie ein flinker Baske mit kühnem Fuß von einem zum anderen hinübersetzt. Hier ein Beispiel unter Tausenden, und kaum besonders ausgewählt, aus dieser Reihe von Metaphern, die die vorsichtige Regel der Rhetoren mißachtet; es geht um zeitgenössische Autoren, die sich nicht davor scheuen, große Fragmente der antiken Schriftsteller in ihre Schriften aufzunehmen und sich dem Vergleich auszusetzen:

»Neulich stieß ich durch Zufall auf eine dieser Stellen; ich hatte lustlos bei französischen Wörtern herumgelungert, die so blutleer, so abgezehrt, so sinn- und inhaltsleer waren, daß es nichts als französische Wörter waren: am Ende eines langen und mühsamen Weges begegnete ich einem erhabenen, reichen, bis zu den Wolken emporragenden Stück. Wenn ich die Steigung sanft und den Aufstieg ein wenig langwierig gefunden hätte, wäre das verzeihlich, doch es war ein so steiles und jähes Gefälle, daß ich nach den ersten sechs Wörtern merkte, wie ich ins Jenseits entschwand; von dort entdeckte ich das Schlammloch, aus dem ich kam, so weit unten und so tief, daß ich danach nie mehr den Mut hatte, mich wieder dort hinabzubegeben. Wenn ich eine meiner Abhandlungen mit dem Stoff dieser reichen Beute ausschmückte, würde damit die Torheit aller übrigen nur um so klarer ...«[5] So *lungert* er also zuerst bei

5 *Essais,* 1. Buch, Kap. xxv.

blutleeren Worten herum wie auf einem Weg; die Idee des Weges gewinnt die Oberhand, er verfolgt sie weiter. Dann wird das, was ein *bis zu den Wolken emporragendes Stück* war, eine *Beute*, deren *Stoff* sich anzueignen er sich scheut, und dieser Stoff gewinnt sogleich einen Widerschein, der alles *klarer* macht.

Montaigne ist wie ein Ovid oder Ariost des Stils; seine glückliche Bilderrhapsodie ist von Anfang bis Ende auch noch in ihren verschiedensten Tönungen aus einem Guß; man folgt ihm von Gedanken zu Gedanken in diesen Metamorphosen.

Bei Shakespeare, bei Molière, diesen Genies, die ein Ganzes erschaffen, bringt die Phantasie mit Leichtigkeit vollständige Wesen hervor, Personen, die Kraft und Leben in sich tragen: Montaigne erschafft seine Bilder nur im Innern der Sätze und in den einzelnen Teilen jedes Gedankens; doch sind seine Schöpfungen ebenso lebhaft, fast ebenso wunderbar, ebenso poetisch wie jene. Jedes Detail, jedes Moment des Gedankens nimmt beiläufig Gestalt an; es ist eine ganze Welt. Das Vergnügen, darin zu leben, die Kunst, diese mit Leben zu erfüllen und zum Sprechen zu bringen, die Freude daran, das ganze vertraute Volk der Reihe nach in Bewegung zu versetzen und seine Marionetten bis ans Ende zu verfolgen, spielt, wie ich nicht müde werde zu wiederholen, bei Montaigne eine große Rolle. Pascal, der sich mit seinem Stil so wenig vergnügt, diesen so sehr unter Kontrolle hat, hat dies nicht genug berücksichtigt. Montaigne nennt die Sprache den *boute-dehors*, sie ist bei ihm oft der *boute-en-train*.[6]

6 *boute-dehors* wörtl. »Herauswerfer«; *boute-en-train* »Stimmungsmacher«. *(A. d. Ü.)*

Temperament und Genie Montaignes

Montaigne hatte eine einfache, natürliche, volkstümliche und aufs glücklichste gemäßigte Seele. Als Sohn eines hervorragenden Vaters, der, selber nur durchschnittlich gebildet, mit wahrer Begeisterung der Renaissancebewegung und allen *liberalen* Neuerungen seiner Zeit anhing, hatte Montaigne diese allzu große Begeisterung, Lebhaftigkeit und Zärtlichkeit durch großen Scharfsinn und Genauigkeit im Denken ausgeglichen, dabei aber keineswegs dem ursprünglichen Hintergrund abgeschworen. Es ist kaum mehr als dreißig Jahre her,[7] daß man das sechzehnte Jahrhundert noch eine *barbarische* Epoche nannte, und einzig und allein Montaigne davon ausnahm: ein Irrtum aus Unwissenheit. Das sechzehnte Jahrhundert war ein großes Jahrhundert, fruchtbar, mächtig, sehr gelehrt, teilweise schon sehr feinsinnig, wenn auch sehr derb und gewalttätig und in vielerlei Hinsicht noch ungeschliffen. Was diesem Jahrhundert vor allem fehlte, war Geschmack, wenn man unter Geschmack die entschiedene, vortreffliche Wahl, die Ortung des Schönen versteht. Immerhin hat sich diese Art von gutem Geschmack in späteren Zeiten schnell auch in schlechten Geschmack verwandelt. Das sechzehnte Jahrhundert ist, so ungenießbar seine Literatur sein mag, in den eigentlichen Künsten, denen der Hand und des Meißels, durch die Qualität seines Geschmacks selbst in Frankreich den beiden darauffolgenden Jahrhunderten hoch überlegen; es ist weder karg noch wuchtig, weder plump noch verschnörkelt. In der Kunst ist sein Geschmack reich und fein, frei und gleichzeitig kompli-

7 Also um 1820.

ziert, sowohl antik wie auch modern, ganz und gar eigenwillig und unverwechselbar. Die moralische Ordnung ist noch uneinheitlich und sehr gemischt. Es ist das Jahrhundert der Widersprüche, und der Widersprüche in all ihrer Härte, auch schon das Jahrhundert der Philosophie und des Fanatismus, des Skeptizismus und des starken Glaubens. Alles stößt hier zusammen, prallt aufeinander; noch nichts verschmilzt, nichts ist schattiert. Alles gärt, es herrscht das Chaos; jede Hitze löst ein Gewitter aus. Es ist kein sanftes Jahrhundert, und man kann es auch kein Jahrhundert der Aufklärung nennen, sondern es ist eine Zeit der Kämpfe und der Schlachten. Das Einzigartige an Montaigne, was ihn zu einem *Phänomen* macht, ist nun, daß er in einem solchen Jahrhundert das Maß und die Mitte, die Ausgeglichenheit schlechthin verkörpert.

Was immer er an Ernstem sagt, er krönt es stets mit Anmut. Um seine Art beurteilen zu können, braucht man nur irgendeine Seite aufzuschlagen und ihm zuzuhören, wie er über ein beliebiges Thema spricht; es gibt kein einziges, das er nicht belebt und fruchtbar macht. In dem Kapitel *Über die Lügner*, zum Beispiel, setzt er, nachdem er sich anfangs über sein schwaches Gedächtnis ausgelassen und verschiedene Gründe angeführt hat, die ihn darüber hinwegtrösten können, plötzlich noch diesen unverbrauchten, bestrickenden Grund hinzu: »Andererseits lachen mich (dank dieser Fähigkeit zu vergessen) die Orte und die Bücher, die ich wiedersehe, stets mit neuer Frische an.« So beginnt er mit allen Themen, die er berührt, immer wieder neu und bringt frische Quellen zum Sprudeln.

Montesquieu hat in einem denkwürdigen Ausspruch gesagt: »Die vier großen Dichter, Platon, Malebranche,

Shaftesbury, Montaigne!« Wie wahr ist das, was Montaigne betrifft! Kein anderer französischer Schriftsteller, die eigentlichen Dichter eingeschlossen, hat von der Dichtung eine so hohe Meinung gehabt wie er. »Schon von früher Kindheit an«, sagt er, »hat die Dichtung mich stets durchdrungen und mitgerissen.« Er schließt scharfsinnig, daß »wir sehr viel mehr Dichter als Richter und Deuter der Dichtung haben und daß es leichter ist, sie zu schreiben, als sie zu kennen.« In ihrer reinen Schönheit entzieht sie sich der Definition; und jener, der sie mit seinem Blick erfassen und der erkennen will, was sie wirklich ist, sieht von ihr nicht mehr als das *Aufleuchten eines Blitzes*. In der Gewohnheit und Beständigkeit seines Stils ist Montaigne der an lebendigen, gewagten Vergleichen reichste, der fruchtbarste an natürlich fließenden Metaphern, die bei ihm nie vom Gedanken losgelöst sind, sondern diesen in die Mitte, von innen treffen, sich mit ihm verbinden und ihn umschließen. In dieser Hinsicht hat er, indem er seinem Genie so voll gehorchte, jenes der Sprache übertroffen und es zuweilen überragt. Dieser knappe, männliche Stil, bei dem jedes Wort sitzt, der zupackt und den Sinn durch seinen Einfall verdoppelt, dieser Stil, von dem man sagen kann, daß er ein fortwährendes Epigramm ist oder eine ständig sich erneuernde Metapher, ist bei uns nur ein einziges Mal mit Erfolg angewandt worden, von Montaignes Feder. Wollte man ihn nachahmen, einmal angenommen, daß man das könnte und von Natur dafür begabt wäre, wollte man also mit dieser Strenge und dieser genauen Entsprechung und dieser kontinuierlichen Vielfalt von Figuren und Einfällen schreiben, müßte man unsere Sprache unablässig dazu zwingen, poetisch stärker und vollkommener zu sein, als sie es im gewöhnlichen Gebrauch ist. Dieser Montaigne-Stil, der in der Fülle und Folge der Bilder so konsequent ist, verlangt, daß man gleichzeitig auch noch einen Teil des Gewebes schafft, das sie trägt. Man muß den Schußfaden unbedingt an bestimmten Stellen verbreitern und verlängern, um die Metapher mit hineinzuverweben; aber da fange ich, um ihn zu definieren, fast schon an, wie er zu reden. Unsere gute Sprache nämlich, unsere Prosa, der man immer mehr oder weniger den Gesprächston anmerkt, verfügt nicht von Natur aus über diese Schätze, über all das Leinen für unaufhörliche Malerei; sie läuft davon und entflieht, sie entzieht sich: neben einem lebendigen Bild zeigt sie plötzlich eine Lücke, eine Schwäche. Wollte man diese wie Montaigne durch einen kühnen Einfall füllen und den Ausdruck, die Redensart mit der eigenen Phantasie schaffen, wirkte man sofort geziert. Ein solcher, Montaigne nachempfundener Stil stünde in offenem Gegensatz zu jenem Voltaires. Er konnte nur in dieser vollen Freiheit des sechzehnten Jahrhunderts entstehen und zur Blüte gelangen, und nur bei einem offenen und findigen, munteren und feinen, rechtschaffenen und taktvollen Geist von einmaligem Kaliber, der selbst für jene Zeit frei und ein wenig ausschweifend wirkte und der seinerseits, ohne sich daran zu berauschen, mutig aus dem reinen und offenen Geist der antiken Quellen schöpfte. In diesem Sinne ist Montaigne unser Horaz; er ist es vom Inhalt her, meist auch, was die Form und den Ausdruck betrifft, wenngleich er hier oft auch an Seneca heranreicht. Sein Buch ist eine Fundgrube für moralische Beobachtungen und Erfahrungen; auf welcher Seite man immer es aufschlägt und gleichgültig, in welcher geistigen Verfassung, man darf sicher sein, einen klugen Gedanken zu finden, der, lebendig und gültig ausgedrückt, sofort ins Auge springt und, vertraut oder groß, mit einem kraftvollen und verblüffenden Wort in einer einzigen starken Zeile einen schönen Sinn prägt. Sein ganzes Buch, sagt Etienne Pasquier, ist ein wahres *Seminar* an schönen und bemerkenswerten Sentenzen; und sie gehen um so leichter ein, als sie strömen und sich in der Fülle überstürzen, aber sich nie zur Schau stellen; es gibt welche für jedes Lebensalter und für jede Stunde. Man kann darin nicht lesen, ohne daß die Seele nach einiger Zeit ganz voll davon ist und bereichert, oder besser gesagt, ganz gewappnet und ganz gefestigt. Wie wir gesehen haben, gibt es darin mehr als einen nützlichen Rat und unmittelbaren Trost für den ehrbaren Menschen, der für das private Leben geboren und dann in die Zeiten der Wirrnis und der Revolution hineingerissen worden ist. Ich möchte noch einen dieser Ratschläge nennen, die er all jenen erteilt, welche wie ich und viele meiner Bekannten den politischen Stürmen ausgesetzt sind, ohne sie je selbst hervorzurufen, und ohne daß sie die Kraft verspürten, ihnen Einhalt zu gebieten. Montaigne rät ihnen, ganz wie es Horaz getan hätte, zwar auf längere Sicht mit allem zu rechnen, sich aber nicht schon im voraus allzusehr zu sorgen, sondern bis zum Schluß mit freiem und gesundem Geist die guten Augenblicke und die lichten Zeitspannen zu nutzen; er stellt dazu Schlag auf Schlag geistreiche und treffende Vergleiche an und endet mit dem folgenden, der mir der hübscheste von allen scheint und im übrigen so ganz zu den Umständen und der Jahreszeit paßt: es ist heller Wahnsinn, sagt er, *»schon am Johannistag Ihren Pelzrock herauszuholen, denn Sie brauchen ihn erst an Weihnachten.«*

1851

Ideales Trauergeleit für Montaigne

All dieser Ruhm und dieses Glück Montaignes, dieser Einfluß, den wir in blassem Abglanz noch bis hin zu manchem unserer Zeitgenossen verfolgen können, dieser allgemeine mondäne Lobgesang, der schmeichelhafteste wohl von allen, da er so einfach zu erlangen scheint und doch so vielen Schweiß kostet, all dies bringt mir das große Ende in den Sinn; und ... ich frage mich, wie in unseren Augen der Trauerzug Montaignes aussehen könnte; ich sehe dieses ideale, gewissermaßen immerwährende Trauergeleit vor mir, das die Nachwelt ihm unaufhörlich gibt ...

Montaigne ist gestorben: man legt sein Buch auf den Sarg; der Chorherr Charron und Mademoiselle de Gournay – diese, seine angeheiratete Tochter, als feierliches Klageweib – sind die Nächststehenden, die das Trauergefolge anführen oder die Zipfel der Sargdecke tragen, wenn Sie so wollen. Bayle und Naudé gehen als offizielle Skeptiker an ihrer Seite. Dann schließen sich in mehr oder weniger lockerer Folge all die übrigen an, die Nutzen aus seiner Lektüre gezogen und sich damit eine Viertelstunde gut unterhalten haben; jene, die er für einen Augenblick aus der einsamen Langeweile befreit, die er zum Denken gebracht hat, indem er sie den Zweifel lehrte; La Fontaine, Madame de Sévigné als Kusine und Nachbarin; solche wie La Bruyère, Montesquieu und Jean-Jacques, die er zum Nacheifern angespornt hat und die ihn ehrenvoll nachgeahmt haben; Voltaire allein in der Mitte –; und dazwischen kunterbunt viele Unbedeutendere: Saint Èvremond, Chaulieu, Garat ..., fast hätte ich auch unsere Zeitgenossen genannt, uns alle vielleicht, die ihm folgen ... Was für ein Leichenbegängnis! Kann man sich für das *Ich* ein ruhmreicheres, beneidenswerteres denken? Doch was tut man da? Man plaudert, außer Mademoiselle de Gournay, die dem Ritual entsprechend laut weint; man plaudert über den Verstorbenen und seine liebenswerten Eigenschaften, und über seine Philosophie, die so oft im Leben mit im Spiel ist, man plaudert über sich selbst. Man faßt noch einmal die Gemeinsamkeiten zusammen: »Er hat über die untröstlichen Matronen immer genau wie ich gedacht«, sagt sich La Fontaine. – »Und genau wie ich über die mordenden Ärzte«, sagen Le Sage und Molière einander gleichzeitig. – Und so hält es ein jeder. Keiner vergißt seine Schuld; jeder Gedanke hallt nach. Und dieses menschliche *Ich* des Verstorbenen, das es so genösse, wenn es dies hörte, wo ist es? Denn dies ist ja die eigentliche Frage. *Ist es?* Und wenn es ist, sieht dann nicht alles mit einem Mal ganz anders aus? Wird dann nicht alles ungeheuerlich? Was für eine Komödie führen denn alle diese Leute auf, die doch in der Mehrzahl in ihrer Eigenschaft als Gebildete auch als vernünftige Menschen galten? Wen geleiten sie hier, und wohin geleiten sie ihn? Wo bleibt der Segen, wo das Gebet? Ich fürchte, allein Pascal, falls er im Trauerzug ist, hat gebetet.

1842

Ralph Waldo Emerson

Montaigne oder der Skeptiker

Jede Tatsache der Welt hat zwei Seiten, eine sinnenfällige und eine, die dem Geiste angehört. Und das Spiel der Gedanken besteht darin, sobald eine dieser zwei Seiten erscheint, die andere zu finden, wenn die obere gegeben, die untere zu entdecken. Kein Ding ist so dünn und fein, das nicht diese zwei Seiten hätte; und wenn der Beobachter die ihm zugekehrte gesehen, dreht er es herum, die Reversseite zu betrachten. Das ganze Leben vergeht mit diesem Pfennigwerfen: Bild oder Schrift! Wir werden dieses Spiels nie müde, denn immer noch ergreift uns ein leichter Schauer des Erstaunens über das Auftauchen des anderen Gesichts und über den Kontrast der beiden Gesichter.

Da geht ein Mann, aufgeregt von seinen Erfolgen, und denkt nach, was dieses Glück eigentlich bedeuten mag. Er führt seinen Gewinn durch die Straßen; aber es zeigt sich bald, daß auch er gekauft und verkauft ist. Die Schönheit eines Menschenantlitzes fällt ihm auf, und er fragt nach dem Grunde dieser Schönheit, der ja noch schöner sein muß. Er schmiedet sein Glück, er schützt das Gesetz, er liebt seine Kinder, aber er fragt sich selbst: Warum? und Wozu? Dieses »Bild« und diese »Schrift« werden in der Sprache der Philosophie bald das »Endliche« und das »Unendliche«, bald das »Absolute« und das »Relative«, die »Erscheinung« und das »Reale« und mit noch vielen anderen schönen Namen benannt.

Jeder Mensch, der da geboren wird, bringt die Anlage für die eine oder die andere dieser zwei Seiten mit auf die Welt, und es kann leicht geschehen, daß wir Menschen begegnen, welche sich der einen oder der anderen ganz hingegeben haben. Der einen Klasse ist eine besondere Wahrnehmungsgabe für die Differenzierungen eigen, ihre Welt sind die Tatsachen und Oberflächen, Städte und Personen, ihre Aufgabe ist es, gewisse Dinge zum Geschehen zu bringen: Es sind die Menschen des Talents und der Aktion. Anderen ist die Erkenntnis der Identität gegeben, und sie sind die Männer des Glaubens und der Philosophie, die Männer des Genies.

Jeder von diesen Reitern reitet zu schnell. Plotinus glaubt nur an Philosophen, Fénélon an Heilige, Pindar und Byron an Poeten. Man muß nur die hochmütige Sprache lesen, in der Plato und die Platoniker von allen Leuten sprechen, die sich nicht mit ihren gleißenden Abstraktionen befassen: Andere Leute sind für sie wie Ratten und Mäuse. Die Männer der Literatur bilden meist eine stolze und exklusive Klasse. Die Korrespondenz Popes und Swifts schildert die Menschen ihrer Umgebung ungefähr, wie man Ungetüme schildert, und diejenige Schillers und Goethes, in unserer Zeit, ist kaum liebevoller.

Es ist nicht schwer zu erkennen, woher diese Anmaßung kommt. Der erste Blick, den das Genie auf irgendeinen Gegenstand wirft, der macht es zum Genie. Hat sein Auge schöpferische Kraft? Halten ihn Ecken und Farben nicht auf, sieht er den Urplan des Dinges – er wird in der Folge den wirklichen Gegenstand unterschätzen. In kraftvollen Augenblicken hat sein Geist die Werke der Natur und der Kunst in ihre Grundideen aufgelöst, so daß die Werke selbst plump und fehlerhaft erscheinen. Er hat die Vorstellung einer Schönheit, die kein Bildhauer verkörpern kann. Bild, Statue, Tempel, Eisenbahn und Dampfmaschine existieren zuerst im Geiste des Künstlers ohne Flecken, Fehler oder Reibung, die das ausgeführte Modell beeinträchtigen. So war es auch mit der Kirche, dem Staat, der Schule, dem Hof, den Gesellschaftskreisen und allen Institutionen. Es ist kein Wunder, daß diese Leute, die das im Geiste haben, was sie von Ideen geschaut und gehofft, verächtlich die Superiorität der Ideen verfechten. Da sie zu gewissen Zeiten gesehen, daß die glückliche Seele potentiell alle Künste in sich trägt, fragen sie: Wozu uns mit überflüssigen Realisationen belasten? Und gleich träumenden Bettlern versuchen sie so zu sprechen und zu handeln, als ob jene Werte bereits Wirklichkeiten geworden wären.

Auf der anderen Seite wiegen die Männer der Arbeit, des Handels und des Genusses, die ganze animalische Welt, das Animalische im Philosophen und Poeten mit eingerechnet, und die praktische Welt mit all ihren peinlichen Plackereien, die dem Philosophen oder Poeten so wenig geschenkt wie den anderen – sie lasten schwer in der anderen Schale. Der Handelsverkehr in unseren Straßen glaubt an keine metaphysische Ursache, weiß nichts und hält nichts von der Kraft, welche die Existenz von Handelsleuten und eines handeltreibenden Planeten notwendig hervorrief, sondern hält sich an Baumwolle, Zucker, Tuch und Salz. Die Aufsichts-Kommissionen an Wahltagen lassen sich durch keinen Zweifel am Werte ihrer Abstimmungen milder stimmen. Das heiße Leben strömt immer in einer einzigen Richtung. Den Männern dieser

Welt, der animalischen Kraft und animalischem Feuer, den Leuten, die über materielle Macht verfügen, wird, so lange sie darin stecken, der Mann der Ideen wie ein Vernunftberaubter erscheinen. Vernunft haben nur sie.

Auch die leblosen Dinge bringen stets ihre Philosophie mit sich; diese Philosophie ist die Klugheit. Kein Mensch erwirbt Eigentum, ohne zugleich auch ein wenig Arithmetik zu erwerben. In England, dem reichsten Land, das es jemals gegeben, gilt der Besitz an sich, gegenüber den persönlichen Fähigkeiten, mehr als in irgendeinem anderen Lande. Nach dem Mittagessen glaubt der Mensch weniger und leugnet mehr; die Wahrheiten haben ein wenig von ihrem Reiz verloren. Nach dem Essen ist Arithmetik die einzige Wissenschaft, die noch gilt: Ideen sind störende, brandlegerische Torheiten junger Leute, die vom soliden Teil der Gesellschaft zurückgewiesen werden, und der Mensch wird nur mehr nach seinen athletischen und animalischen Eigenschaften geschätzt. Spencer erzählt, daß Mr. Pope eines Tages bei Sir Godfrey Kneller zu Besuch gewesen sei, als der Neffe des letzteren, ein Guinea-Fahrer, ins Zimmer trat. »Neffe«, sagte Sir Godfrey, »Sie haben die Ehre, zwei der größtenMänner der Welt vor sich zu sehen.« – »Ich weiß nicht, wie große Männer ihr sein möget«, sagte der Mann von Guinea, »aber ich könnte nicht sagen, daß ihr mir gerade besonders gefallt. Ich hab' schon oft einen Kerl, besser als ihr beide zusammen, einen Kerl, ganz Knochen und Muskeln, für zehn Pfund gekauft.« So rächen sich die Sinnenmenschen an den Professoren und geben ihnen Verachtung für Verachtung zurück. Die ersteren schwingen sich mit einem kühnen Satz zu Schlüssen, die noch lange nicht reif sind, empor und sagen mehr als wahr ist; die anderen machen sich über den

Philosophen lustig und wägen die Leute nach dem Pfund. Sie glauben, daß Senf auf der Zunge beißt, daß Pfeffer scharf ist, daß Zündhölzchen Feuer geben, daß Revolver zu meiden sind und Hosenträger die Hosen halten, daß in einer Kiste Tee viel Anregungskraft steckt, und daß ein Mann beredt ist, wenn man ihm guten Wein zu trinken gibt. Wenn aber einer an Zartgefühl und an Skrupeln leidet, der muß mehr Rindfleisch essen. Sie sind der Ansicht, daß Luther »Milch« im Leibe hatte, als er den Ausspruch tat:

»Wer nicht liebt Weib, Wein und Gesang,
Der bleibt ein Narr sein Leben lang«;

und auch, als er einem jungen Gelehrten, dem Prädestination und freier Wille keine Ruhe ließen, den Rat gab, sich einmal tüchtig anzutrinken. »Die Nerven sind der Mensch«, sagt Cabanis. Mein Nachbar im Schankzimmer, ein lustiger Pächter, ist der Ansicht, daß der beste Gebrauch des Geldes schnelles und sicheres Ausgeben sei: Er für seinen Teil, sagt er, lasse das seine durch den Hals fließen und kriege so das Gute heraus, das man davon haben könne.

Diese Denkungsart hat aber den Nachteil, daß sie zur Gleichgültigkeit und dann zum Überdruß führt. Das Leben zehrt uns auf. Auch wir werden bald Fabeln sein. Bleibt doch kühl: In hundert Jahren wird es alles eins sein. Das Leben ist schon recht; aber wir werden noch einmal froh sein, daß wir draußen sind. Warum uns so eilen und placken? Unser Essen wird uns morgen nicht anders schmecken als gestern, und wir werden zuletzt genug davon haben. »Ach«, sagte der blasierte Herr in Oxford, »es gibt nichts Neues, noch Wahres – aber was liegt daran?«

Nur um einen Ton bitterer klingt der Seufzer des Zynikers: Unser Leben gleicht dem Esel, den sie mit einem Bündel Heu, das sie vor ihm her tragen, zum Markte locken; er sieht nichts als das Bündel Heu. »Es kostet so viel Mühe, bis einer auf die Welt kommt«, sagte Lord Bolingbroke, »und so viel mehr Mühe und so viel Gemeinheit dazu, bis er wieder hinauskommt, daß es wirklich nicht dafür steht, überhaupt da zu sein.« Ich kenne einen Philosophen von dieser Sorte, der seine Erfahrung über die menschliche Natur in dem einen Satze kurz zusammenzufassen pflegte: »Die Menschheit ist ein verdammtes Lumpengesindel«; und dann folgt mit ziemlicher Sicherheit der natürliche Zusatz: »Die Welt lebt vom Schwindel, und ich denke desgleichen zu tun.«

Während der Theoretiker und der Materialist sich so gegenseitig zur Verzweiflung treiben und der Spötter das Allerschlimmste des Materialismus ausspricht, bildet sich bereits eine dritte Partei, welche die Mitte zwischen beiden hält, die der Skeptiker. Der Skeptiker gibt beiden Teilen unrecht, und zwar weil sie sich in Extremen bewegen. Er strebt danach, seine Füße sicher zu stellen, er versucht es, der Balken der Waage zu sein. Er geht nicht weiter, als seine Landkarte reicht. Die Einseitigkeit der Leute auf der Straße entgeht ihm nicht; er hat keine Lust, ein Sektierer zu sein; er vertritt die intellektuellen Fähigkeiten, einen kühlen Kopf und alles, was dazu dient, ihn kühl zu erhalten; keinen schlechtberatenen Eifer, keine unbelohnte Selbstaufopferung, keinen Verlust an Hirn aus Überarbeit! »Man muß wissen, ob man Ochs oder Karren ist – wenn man in Extreme fällt, ist man beides«, sagt er. »Ihr, die ihr alles solid wollt, für die die Welt aus Blei besteht, ihr unterliegt der gröbsten Täuschung, ihr glaubt euch festgewurzelt und auf Stahl gegründet; und doch, wenn wir die letzten Tatsachen unseres Wissens aufdecken, steigt ihr wie Blasen im Fluß empor, ihr wißt nicht, woher oder wohin, und ihr wohnt und kleidet und hüllt euch in Sinnestäuschungen.«

Aber er läßt sich auch nicht zu den Büchern verleiten und hüllt sich nicht in den Talar des Gelehrten. Die Männer der Studien sind ihre eigenen Opfer; sie sind mager und bleich, ihre Füße sind kalt, ihr Kopf heiß, sie verbringen die Nächte ohne Schlaf, die Tage in Furcht vor Unterbrechung, in Bleichsucht, Elend, Hunger und Egoismus. Wenn man sich ihnen nähert und sieht, was für Einbildungen sie erfüllen – verraten sie sich als Theoretiker, die Tag und Nacht mit dem Austräumen eines Traumes verbringen und sich in der beständigen Erwartung verzehren, die Gesellschaft eines Tages einem kostbaren System zu Füßen sinken zu sehen, das sie entworfen, das auf einer Wahrheit erbaut ist, dem aber die richtigen Verhältnisse in der Darstellung, die richtigen Maße zur Anwendung fehlen, und das vor allem der Entdecker mangels jeder Willensenergie weder zu verkörpern noch zu beleben imstande ist.

»Ich aber sehe klar«, sagt der Skeptiker, »daß ich nichts sehen kann. Ich weiß, daß die Stärke der Menschen nicht in den Extremen, sondern im Vermeiden der Extreme liegt. Ich wenigstens will nicht in die Schwäche verfallen, tiefer zu philosophieren, als die Tiefe meines Wesens erlaubt. Was nützt es, Kräfte vorzugeben, die wir nicht haben? Was nützt es, Gewißheiten über ein künftiges Leben zu behaupten, die wir nicht besitzen? Wozu die Macht der Tugend übertreiben? Warum denn vor der Zeit ein Engel sein? Das heißt, die Sehnen zu scharf spannen, und sie werden auch reißen. Wenn wir den Wunsch nach Unsterblichkeit hegen, aber keine Beweise dafür haben, warum sollten wir es denn nicht eingestehen? Wenn die Beweise einander widersprechen, warum sie nicht einfach konstatieren? Und wenn ein aufrichtiger Denker nicht Boden genug findet, um sich endgültig für Ja oder Nein zu entscheiden, warum nicht die Entscheidung selbst vertagen? Ich bin all dieser Dogmatiker müde, und ebenso all dieser Gewohnheitstiere, welche die Dogmen leugnen, satt. Ich behaupte nichts, und ich leugne auch nichts. Ich bin hier, um den Fall zu untersuchen. Ich habe nur zu betrachten, zu σκέπτειν, zu betrachten, wie die Sache sich verhält. Ich will einmal versuchen, die Waage richtig zu stellen. Was nützt es, sich auf die Kanzel zu stellen und mit geläufigem Geschwätz Theorien der Gesellschaft, der Religion, der Natur zu entwickeln, wenn ich weiß, daß ihrer Verwirklichung praktische Hindernisse im Wege liegen, die für mich und meine Gefährten unüberwindbar sind? Wie komm' ich dazu, vor meinem Publikum so redselig aufzutreten, wenn jeder meiner Nachbarn mich mit Argumenten, die zu widerlegen ich ganz außerstande bin, auf meinen Sitz nageln kann? Wie wagen wir zu behaupten, daß das Leben ein so einfaches Spiel sei, da wir doch wissen, wie subtil und wie trugvoll dieser Proteus ist? Wie könnt ihr daran denken, alle Dinge in euren Hühnerkorb zu sperren, da wir doch wissen, daß es nicht ein oder zwei, sondern zehn, zwanzig, tausend Dinge gibt, die alle ungleich sind? Was bildet ihr euch ein, daß ihr alle Wahrheit in Verwahrung habt? Es läßt sich auf allen Seiten gar vieles sagen.«

Wer wird sich einem weisen Skeptizismus widersetzen, der da erkennt, daß es keine praktische Frage gibt, für welche sich mehr als eine approximative Lösung finden läßt? Ist nicht das Institut der Ehe eine offene Frage, da seit Anbeginn der Welt behauptet wird, daß alle, die darin sind, herauszukommen wünschen, und alle, die nicht darin sind, hineinzukommen? Immer noch bleibt die Antwort vernünftig, die Sokrates einem, der ihn fragte, ob er ein Weib nehmen oder unvermählt bleiben sollte, gab: daß, ob er nun freien möge oder nicht, er das Getane sicherlich bereuen werde. Ist der Staat keine Frage? Die ganze Gesellschaft ist bezüglich des Staates geteilter Meinung. Niemand liebt ihn; eine große Anzahl mag ihn nicht leiden, fühlt Gewissensbisse, wenn sie ihn anerkennt, und die einzige Verteidigung, die sich zu seinen Gunsten vorbringen läßt, ist die Furcht, im Falle der Desorganisation noch schlimmer zu fahren. Geht es mit der Kirche anders? Oder, um eine der Fragen aufzuwerfen, die das Wohl und Wehe der Menschheit am tiefsten berühren: Soll der junge Mensch danach streben, bei Gericht, in der Politik, im Handel eine leitende Stellung einzunehmen? Niemand wird es zu behaupten wagen, daß ein Erfolg, den er auf einem dieser Gebiete erreichen kann, dem Besten und Heiligsten in seiner Seele jemals entsprechen kann. Soll er also die Taue durchschneiden, die ihn an das soziale Gebäude knüpfen, und ohne andere Führung zur See gehen als seinen Genius? Auf beiden Seiten ist gar viel zu sagen. Man bedenke die offene Frage zwischen dem gegenwärtigen System der »freien Konkurrenz« und den Freunden »vereinigter und organisierter Arbeit«. Edelmütige Geister ergreifen den Plan, nach welchem die Arbeit auf alle gleichmäßig verteilt werden soll; er ist der einzige ehrliche Plan; nichts anderes ist so sicher. Nur aus der Hütte der Armen kommt Kraft und Tüchtigkeit, und doch auf der anderen Seite wird angeführt, daß Arbeit die Formen verdirbt und das Feuer des Geistes zerstört, und die Arbeiter rufen einstimmig: »Wir können nicht denken. Wir brauchen keine Kultur!« Den Mangel an Bildung kann ich keinem vergeben, und doch wird jene höchste Zier, die Naivität, durch die Kultur sogleich verdorben. Die Kultur ist ja für den Wilden etwas ganz Ausgezeichnetes; aber wie er einmal in die Bücher geschaut hat, wird er unfähig, nicht an die Plutarchischen Helden zu denken. Kurz, da die wahre Stärke des Geistes darin besteht, »das, was wir wissen, von dem, was wir nicht wissen, nicht behindern zu lassen«, sollten wir uns eigentlich alle Vorteile, die uns zu Gebote stehen, sichern und nicht durch unser Haschen nach dem Nebelhaften und Unerreichlichen aufs Spiel setzen. Nur keine Chimären! Gehen wir auf Reisen, seien wir tätig und geschäftig, trachten wir zu lernen, zu erwerben, zu besitzen und emporzukommen! »Die Menschen sind eine Art beweglicher Pflanzen und empfangen wie Bäume einen großen Teil ihrer Nahrung aus der Luft. Wenn sie zu viel zu Hause stecken, welken sie hin.« Laßt uns ein robustes, männliches Leben führen, das, was wir wissen, als gewiß wissen, und was wir haben, soll solid und verhältnismäßig und unser eigen sein. Eine Welt in der Hand ist besser als zwei im Busch. Wir wollen mit wirklichen Männern und Weibern und nicht mit flatterhaften Geistern zu tun haben.

Hier haben wir nun den richtigen Boden für den Skeptiker, es ist der Standpunkt der Betrachtung, der Zurückhaltung, keineswegs der des Unglaubens; keineswegs der des allgemeinen Leugnens, auch nicht der des allgemeinen Zweifelns, oder gar des Zweifels am Zweifel selbst; am allerwenigsten der des Spottes, des frevelhaften Hohns über alles, was fest und gut ist. Das ist alles nicht seine Art und Stimmung, so wenig wie die Religion und die Metaphysik. Er ist der Betrachtende, der Kluge, der Mann, der die Segel einzieht, sein Kapital überzählt und mit seinen Mitteln haushält, der meint, daß der Mensch ohnehin zu viel Feinde hat, als daß er sich den Luxus gestatten dürfte, sein eigener Feind zu sein; und daß wir uns in diesem ungleichen Konflikt zwischen so gewaltigen und unermüdlichen Mächten, die sich drüben scharen, und diesem kleinen, eingebildeten, verletzlichen, in jeder Gefahr auf und nieder schwankenden hölzernen Zielvogel, wie der Mensch es ist, auf der andern Seite gar nicht genug Vorteile vorweg nehmen können. Es ist nichts als eine bessere Verteidigungsstellung, die mehr Sicherheit bietet und sich behaupten läßt, und auch zugleich eine, die mehr Gelegenheiten und Spielraum gibt; etwa so, wie beim Häuserbau die Regel gilt: nicht zu tief und nicht zu hoch, unter dem Wind, aber über dem Kot.

Die Philosophie, die wir brauchen, ist eine der Strömung und der Beweglichkeit. Die spartanischen und stoischen Systeme sind zu spröd und zu steif für die Situation, in der wir uns finden. Die Lehre eines Sankt Johannes auf der anderen Seite, die Lehre des passiven Duldens, scheint zu dünn und ätherisch. Wir brauchen ein Kleid aus elastischem Stahl, fest wie das erstere, geschmeidig wie das zweite. Wir brauchen ein Schiff in diesen Wogen, die wir bewohnen. Ein eckiges dogmatisches Haus würde in diesem Sturm so vieler Elemente in Stücke und Splitter zerrissen werden. Nein, es muß dicht und der menschlichen Form angepaßt sein, um überhaupt bestehen zu können; so wie die Muschel für ein Haus, das auf den Wassern gebaut sein soll, die Form diktieren muß. Der Geist des

Menschen muß den Typus für unser System liefern, gerade wie der Leib des Menschen den Typus liefert, nach welchem ein Wohnhaus erbaut wird. Anpassungsfähigkeit ist eine wesentlichste Eigentümlichkeit der Menschennatur. Wir sind goldene Durchschnitte, flatternde Stabilitäten, kompensierte oder periodische Fehler, Häuser, auf dem Meer gegründet. Der weise Skeptiker wünscht eine Loge, von der er das beste Spiel und die Hauptdarsteller aus der Nähe betrachten kann: alles das, was auf dem Planeten das beste ist, Kunst und Natur, Orte und Ereignisse, aber vor allem die Menschen. Alles was die Menschheit von Vorzüglichem zu bieten hat: eine Gestalt voll Anmut, einen Arm von Stahl, Lippen von Überredungsgabe, ein Hirn voll Geist, jedes geschickt zum Spiel und Gewinn – alles dies will er schauen und beurteilen.

Die Bedingungen für die Zulassung zu diesem Schauspiel sind folgende: Er muß selbst eine gewisse solide und erkennbare Art zu leben führen, irgendeine Methode gefunden haben, die unvermeidlichen Bedürfnisse des menschlichen Lebens zu befriedigen, als Beweis, daß er selbst mit Geschick und Erfolg gespielt hat, er muß so viel Temperament, Festigkeit und so viel Fähigkeiten entwikkelt haben, als nötig sind, ihm unter seinen Landsleuten und Zeitgenossen den Anspruch auf geselligen Verkehr und Vertrauen zu geben. Denn die Geheimnisse des Lebens werden nur der Sympathie und Gleichheit enthüllt. Die Menschen vertrauen sich nicht Buben, Dummköpfen oder Pedanten an, sondern ihresgleichen. Eine weise Beschränkung, wie die moderne Phrase lautet; eine Stellung zwischen den Extremen und nicht ohne eigene feste Basis; ein starker, selbstgenügsamer Mensch, der sich nicht als Salz oder Zucker für jede Speise verwenden läßt, der aber dennoch genug Beziehungen zur Welt hat, um vor Paris und London bestehen zu können, und der gleichzeitig ein kräftiger und origineller Denker ist, der sich von den Leuten nicht einschüchtern läßt, sondern sie zu gebrauchen versteht – das ist die geeignete Persönlichkeit für diesen philosophischen Standpunkt.

Alle diese Eigenschaften finden sich vereinigt im Charakter Montaignes. Da aber meine persönliche Hochachtung für Montaigne vielleicht unbillig groß ist, will ich, unter dem Schilde dieses Fürsten aller Ich-Menschen gleichsam als eine Rechtfertigung dafür, daß ich gerade ihn zum Repräsentanten des Skeptizismus erwähle, ein paar Worte der Erklärung wagen, wie meine Liebe zu diesem wunderbaren Plauderer begann und wuchs.

Ein einzelner Band aus Cottons Übersetzung der ›Essays‹ war mir durch Zufall aus der Bibliothek meines Vaters zurückgeblieben, da ich ein Knabe war. Er lag unbeachtet, bis ich, nach vielen Jahren, da ich gerade dem Studieninternat entronnen war, das Buch las und mir auch die fehlenden Bände verschaffte. Ich erinnere mich noch an das Entzücken und Staunen, in welchem ich mit dem Buche lebte. Es war mir, als ob ich es in irgendeinem früheren Leben selbst geschrieben hätte, so aufrichtig und vertraut sprach es zu meinen Gedanken, meinen Erfahrungen. Als ich in Paris war, im Jahre 1833, geschah es, daß ich auf dem Friedhofe von Père-Lachaise zum Grabe Auguste Collignons kam, der 1830, achtundsechzig Jahre alt, verstorben war und der, nach der Grabschrift, »gelebt hatte, um Recht zu tun, und der sich zur Tugend herangebildet hatte an den Essays Montaignes«. Einige Jahre später machte ich die Bekanntschaft eines hochgebildeten englischen Dichters, John Sterling, und im Fortlaufe unserer Korrespondenz erfuhr ich, daß er aus Liebe zu Montaigne eine Pilgerfahrt nach seinem Château unternommen hatte, das in der Nähe von Castellan im Périgord noch erhalten ist, und dort von den Wänden seiner Bibliothek die Inschriften kopiert hatte, die Montaigne in einem Zeitraum von zwanzig Jahren auf dieselben geschrieben. Diesen Reisebericht Mr. Sterlings, der zuerst in der ›Westminster Review‹ erschienen war, hat Mr. Hazlitt in die ›Prolegomena‹ zu seiner Ausgabe der ›Essays‹ aufgenommen. Mit dem größten Vergnügen habe ich gehört, daß eines der neu entdeckten Autogramme William Shakespeares in einem Bande von Florios Montaigne-Übersetzung gefunden wurde. Es ist das einzige Buch, von dem wir mit Sicherheit wissen, daß es sich in der Bibliothek des Dichters befunden hat. Und seltsam genug, der Duplikat-Band des Florio, den das Britische Museum ankaufte, und zwar wie man mir im Museum mitteilte, in der Absicht, das Autogramm Shakespeares zu sichern, trug, wie sich später ergab, das Autogramm Ben Johnsons auf dem Vorsetzblatte. Leigh Hunt erzählt von Lord Byron, daß Montaigne der einzige große Schriftsteller der Vergangenheit war, den er mit eingestandener Befriedigung las. Noch andere Umstände, die hier zu erwähnen überflüssig wäre, trafen zusammen, um mir den alten Gascogner immer neu und unsterblich erscheinen zu lassen.

Im Jahre 1571, nach dem Tode seines Vaters, zog sich Montaigne, damals achtunddreißig Jahre alt, von der Ausübung seines juristischen Berufes zu Bordeaux zurück und nahm auf seinem Gute dauernden Wohnsitz. Obgleich er bis dahin das Leben eines Genußmenschen und manchmal das eines Höflings geführt hatte, gewannen jetzt die gelehrten Neigungen bei ihm die Oberhand, und er befreundete sich mit dem eng umzirkelten, gelassenen und unabhängigen Leben des Landedelmannes. Er nahm sich sehr ernstlich seiner Wirtschaft an und sorgte dafür, daß seine Pachtgüter den größtmöglichen Ertrag abwürfen. Offen und gerade in allem Verkehr, ein Mann, der es verabscheute, andere zu betrügen und sich betrügen zu lassen, wurde er wegen seines Verstandes und seiner Redlichkeit in der Umgegend hoch geachtet. In den Bürgerkriegen der Liga, die jedes Haus in eine Festung verwandelten, hielt Montaigne seine Tore offen und ließ sein Haus unverteidigt. Alle Parteien kamen und gingen frei in seinem Hause, denn sein Mut und seine Ehrenhaftigkeit waren von allen geachtet. Die benachbarten Herren und Edelleute brachten ihm ihre Juwelen und Papiere zur sicheren Verwahrung. Gibbon zählt in diesen bigotten Zeiten nur zwei wahrhaft liberale Menschen in Frankreich: Heinrich den Vierten und Montaigne.

Montaigne ist der aufrichtigste und ehrlichste aller Schriftsteller. Seine französische Freimütigkeit streift an Unflätigkeit, aber er nimmt allen Tadel durch die Fülle seiner eigenen Geständnisse vorweg. Zu seiner Zeit wurden die Bücher nur für ein Geschlecht und obendrein fast alle lateinisch geschrieben, so daß einem Humanisten eine gewisse Nacktheit der Darstellung erlaubt wird, welche unsere Formen, die Formen einer Literatur, welche sich an beide Geschlechter in gleicher Weise richtet, nicht gestatten. Aber obgleich eine biblische Offenheit, verbunden mit einer höchst unkanonischen Leichtfertigkeit, seine Werke manchen gar zu empfindlichen Lesern verschließen mag, kann der Anstoß, den er verursacht, doch nur ganz oberflächlich sein. Er trägt diese Art zur Schau; er hält sich selbst am strengsten an sie: Niemand kann schlimmer von ihm denken oder sprechen als er selbst. Er behauptet, fast alle Laster zu besitzen, und wenn eine Tugend in ihm sei, müsse sie sich heimlich eingeschlichen haben. Nach seiner Meinung gibt es überhaupt keinen Menschen, der nicht fünf- oder sechsmal verdient hätte, gehängt zu werden; und es fällt ihm nicht ein, hierbei für sich eine Ausnahme zu machen. Er sagt auch, man könne von ihm fünf oder sechs genau so lächerliche Geschichten erzählen wie von irgendeinem anderen. Aber bei all dieser wirklich überflüssigen Offenherzigkeit drängt sich jedem Leser der Eindruck der unbestechlichsten Redlichkeit auf.

»Wenn ich mich aufs strengste und gewissenhafteste prüfe und verhöre, so finde ich, daß meine beste Tugend noch irgendeine lasterhafte Färbung hat, und ich fürchte, daß Plato in seiner reinsten Tugend (und ich bin ein ebenso aufrichtiger und ernster Liebhaber einer Tugend von solchem Gepräge wie nur irgendeiner), wenn er nur scharf gelauscht und das Ohr ganz dicht an sein eigenes Selbst gelegt hätte, irgendeinen Mißton menschlicher Beimischung gehört hätte, freilich ganz schwach und entfernt, so daß nur er selbst ihn hätte hören können.«

Hierin verrät sich Ungeduld und Widerwillen gegen jede Art von Schönfärbung und Heuchelei. Er hat sich so lange an Höfen aufgehalten, daß ihn der wütendste Ekel vor allem hohlen Schein ergriffen hat; er gestattet sich ein gelegentliches Schwören und Fluchen; er liebt es, mit Seeleuten und Vagabunden zu sprechen, Straßenwitze und Straßenbänkel zu verwenden: Er war so lange in geschlossenem Raume, daß ihm totenübel geworden ist; es verlangt ihn hinaus in die freie Luft, und wenn's draußen Kugeln regnete. Er hat zu viel von den Herren in der langen Robe gesehen, bis ihm der Wunsch nach Kannibalen gekommen ist; das verkünstelte Leben hat ihn so nervös gemacht, daß er denkt, je barbarischer der Mensch ist, um so besser. Er liebt seinen Sattel. Theologie, Sprachlehre und Metapyhysik könnt ihr woanders lesen. Was ihr hier findet, wird nach Erde und wirklichem Leben schmecken; mag es nun süß oder scharf und stechend sein. Er fühlt kein Bedenken, uns mit seinen Krankheitsgeschichten zu unterhalten, seine italienische Reise ist voll von diesem Gegenstande. – Er nahm und hielt jene Stellung des Gleichgewichts ein. Über seinen Namen zeichnete er ein Paar symbolischer Waagschalen und schrieb darunter: *Que sçais-je*? Während ich sein Bild gegenüber dem Titelblatte anschaue, ist mir, als hörte ich ihn sagen: Ihr könnt die Wissenden spielen, wenn ihr wollt; ihr mögt spotten und übertreiben, – ich bin für die Wahrhaftigkeit, und nicht für alle Reiche und Kirchen und Einkünfte und nicht für allen guten Ruf Europas werde ich mehr sagen als die trockenen Tatsachen, die ich sehe. Ich will lieber brummen und höchst prosaisch von dem schreiben, was ich weiß, von meinem Haus und meinen Scheuern, meinem Vater, meinem Weibe und meinen Pächtern, von meinem alten dürren und kahlen Schädel, meinen Messern und Gabeln; was für Speisen ich esse und was für Getränke ich liebe, und über hundert Häcksel, die genau so lächerlich sind – ehe ich mit einer schönen Krähenfeder eine schöne romantische Geschichte schriebe. Ich liebe die grauen Tage, das Herbst- und Winterwetter. Ich bin selbst grau und herbstlich und halte einen Schlafrock und alte Schuhe, die mir die Füße nicht drücken, alte Freunde, vor denen ich mir keinen Zwang auferlegen muß, und simple Themata, für die ich mich nicht anstrengen und nicht das Gehirn auspumpen muß, für das Passendste für mich. Unsere Lage als

Menschen ist riskant und kitzlig genug. Man kann keine Stunde lang seiner selbst und seines Schicksals gewiß sein, jeder Augenblick kann uns wegfegen und in die jämmerlichste und lächerlichste Situation versetzen. Warum sollte ich mir einen Dunst vormachen und den Philosophen spielen, anstatt diesen tanzenden Ballon, so gut ich kann, mit Ballast zu versehen? So leb' ich wenigstens in meinen Schranken, bin immer bereit zur Tat und kann zuletzt mit Dezenz in den Wirbel hinabschießen. Wenn solch ein Leben etwas Possenhaftes hat, so trifft der Tadel nicht mich; bitte, ihn dem Schicksal und der Natur vor die Tür zu legen.

Die ›Essays‹ sind daher ein unterhaltendes Selbstgespräch über jeden ersten besten Gegenstand, der ihm durch den Kopf fährt, in welchem alles ohne viel Umstände und Zeremonien, aber mit männlichem Geiste behandelt wird. Es hat Männer von tieferer Einsicht gegeben, aber niemals, möchte man sagen, einen Mann mit einer solchen Fülle von Gedanken: Er ist nie langweilig, nie unaufrichtig und hat die Gabe, dem Leser alles das interessant zu machen, was ihn selber interessiert.

Die Aufrichtigkeit und Lebendigkeit des Mannes erstreckt sich auf jeden Satz, den er ausspricht. Ich weiß kein Buch, das weniger geschrieben scheint. Es ist gewöhnliche Umgangssprache, auf ein Buch übertragen. Wenn man diese Worte schneidet, müssen sie bluten, so lebendig und gefäßreich sind sie. Wir empfinden an ihnen denselben Genuß, wie wenn wir den notwendigen Worten zuhören, welche die Menschen im Zwang ihrer Arbeit sprechen, wenn irgendein ungewöhnlicher Umstand ihrer Zwiesprache momentane Bedeutsamkeit gibt. Denn Schmiede und Fuhrleute stottern nicht, wenn sie sprechen; ihre

Worte sind ein Kugelregen. Es sind die Leute, die in Cambridge studiert haben, die sich verbessern, die bei jedem halben Satz von vorne beginnen, und die überdies zu fein und zu witzig sein wollen und stets vom Gegenstand zum Ausdruck abschweifen. Montaigne plaudert mit Scharfsicht, kennt Welt und Bücher und sich selbst und gebraucht stets das Positive: Er schreit nie, er protestiert nie, er bittet nie, er kennt keine Schwäche, keine Krämpfe, keinen Superlativ; wünscht nie aus der Haut zu fahren, reißt keine Possen, verlangt nicht Raum und Zeit zu annullieren, sondern er ist immer ruhig und fest; genießt jeden Augenblick des Tages, liebt selbst den Schmerz, weil er in ihm sich selbst empfindet, sich von der Realität des Daseins überzeugt, so wie wir uns selbst kneifen, um bestimmt zu wissen, ob wir wach sind. Er liebt die Ebene, steigt selten empor und sinkt selten ein; liebt es, den festen Boden und die Steine unter seinen Füßen zu fühlen. Sein Stil kennt keinen Enthusiasmus, kein Hochstreben; zufrieden und voll Selbstachtung hält er die Mitte der Straße ein. Hiervon macht er nur eine Ausnahme – in seiner Liebe für Sokrates. Wenn er von ihm spricht, dann und nur dann rötet sich seine Wange, sein Stil erhebt sich zur Leidenschaft.

Montaigne starb 1592, sechzig Jahre alt, an einer Mandelentzündung. Als er zum Sterben kam, ließ er in seinem Zimmer die Messe zelebrieren. Im Alter von dreiunddreißig Jahren hatte er sich verheiratet. »Aber«, sagt er, »hätte ich nach meinem eigenen Willen tun können, ich hätte die Weisheit selbst nicht geheiratet, wenn sie mich hätte haben wollen. Aber es nutzt nicht viel, der Ehe auszuweichen, – der allgemeine Brauch und die Sitte wollen es so haben. Die meisten meiner Handlungen werden vom gängigen

Beispiel bestimmt, nicht von eigener Wahl.« In seiner Todesstunde räumte er der Sitte dieselbe Macht ein. Que sçais-je? Was weiß ich?

Auf die ›Essays‹ Montaignes hat die Welt ihr Indossat geschrieben, sie erfuhren ihre Bestätigung, indem sie in alle Sprachen übersetzt und fünfundsiebenzig Auflagen davon in Europa gedruckt worden sind; und dabei ist die Zirkulation eine einigermaßen gewählte, nämlich unter Hofleuten, Soldaten, Fürsten, Menschen von Welt, und Menschen von Geist und Edelherzigkeit.

Sollen wir nun sagen, daß Montaigne weise gesprochen und uns den richtigen und dauernden Ausdruck des menschlichen Geistes über die Führung des Lebens gegeben hat?

Wir sind von der Natur zum Glauben bestimmt. Nur die Wahrheit, das heißt der Zusammenhang zwischen Ursache und Folge, interessiert uns. Wir sind davon überzeugt, daß ein Faden durch alle Dinge läuft: Alle Welten sind wie Perlen darauf gezogen, und Menschen und Ereignisse und Leben kommen nur durch diesen Faden zu uns: Sie ziehen wieder und wieder an uns vorbei, nur damit wir die Richtung und die Kontinuität der Schnur erkennen. Ein Buch oder eine Argumentation, die darauf ausgehen zu beweisen, daß es keinen solchen Faden gibt, sondern nur Zufall und Chaos, ein Unheil aus dem Nichts, ein Glück und keinen Grund dafür, Helden, von Narren erzeugt, und Narren von Helden, – entgeistert uns. Sichtbar oder ungesehen, wir glauben, daß das Band existiert. Das Talent fabriziert gefälschte, nachgeahmte Bande, das Genie entdeckt die wirklichen. Wir lauschen auf den Mann der Wissenschaft, weil wir die Folgerichtigkeit in den Naturerscheinungen voraussetzen, die er enthüllt. Wir lieben alles, was bejaht, verbindet und erhält, und sind allem abgeneigt, was zerstört und niederreißt. Ein Mann tritt auf den Schauplatz, dessen Natur in den Augen aller Menschen erhaltend und aufbauend erscheint; seine Gegenwart setzt eine wohlgeordnete Gesellschaft, Ackerbau, Handel, umfassende Institutionen und Länder voraus. Wenn sie noch nicht existierten, würden sie durch ihn zur Existenz gelangen. Darum wirkt er so tröstlich und ermutigend auf die Menschen, die sehr bald dies alles in ihm empfinden. Die Dissidenten und Rebellen sagen alle möglichen Dinge gegen das existierende Gemeinwesen, auf die sich nichts erwidern läßt, aber sie zeigen unserem Geist kein eigenes Haus, keinen neuen Staat. Und darum mag auch die Stadt und der Staat und die Lebensweise, die unser Berater im Auge hatte, ein recht bescheidenes oder gar ein modriges Glück sein, die Leute halten doch mit Recht zu ihm und verwerfen den Reformator, so lange er nur mit Axt und Brechstange kommt.

Aber obgleich wir von Natur aus konservativ und kausalitätsgläubig sind und einen sauern und trüben Unglauben ablehnen, hat die Partei der Skeptiker, die Montaigne vertritt, doch recht, und alle Menschen gehören ihr zu Zeiten an. Jeder überlegene Geist durchschreitet diese Domäne des Gleichgewichts – oder besser, lernt sich der Hemmungen und Gegengewichte der Natur als einer natürlichen Waffe gegen die Übertreibungen und den Formalismus der Pietisten und Dummköpfe zu bedienen.

Skeptizismus ist die Haltung, die der forschende Geist gegenüber den Kleinigkeiten annimmt, die die Gesellschaft anbetet, während er erkennt, daß sie nur in ihrer Tendenz und ihrem Geiste ehrwürdig sind. Der Boden,

den der Skeptiker einnimmt, ist der Vorhof des Tempels. Die Gesellschaft liebt es nicht, daß die bestehende Ordnung auch nur der leiseste Hauch eines Zweifels berühre. Aber jeder höherstehende Geist muß ein Stadium in seiner Entwicklung durchmachen, in welchem er jeden Punkt der herrschenden Sitte in Frage zieht, und gerade das ist der Beweis dafür, daß er die strömende, sprossende Kraft wahrnimmt, die in allen Verwandlungen dieselbe bleibt.

Der überlegene Geist wird gegenüber den Übeln der bestehenden Gesellschaft und den Projekten, die zu ihrer Verbesserung vorgeschlagen werden, einen gleich schweren Stand haben. Der weise Skeptiker ist ein schlechter Staatsbürger; er ist kein Konservativer; er durchschaut die Selbstsucht des Eigentums und die schlaffe Trägheit unserer Institutionen. Aber er ist auch nicht fähig, mit irgendeiner der demokratischen Parteien, die sich jemals konstituiert, zu arbeiten, denn Parteien verlangen, daß jeder ihnen seine Seele verschreibe, und er durchschaut den Patriotismus des Volkes. Seine Politik ist diejenige, die in der ›Souls Errand‹ von Sir Walter Raleigh ausgesprochen ist, oder diejenige Krischnas im ›Bhagawad‹: »Es lebt keiner, der meiner Liebe oder meines Hasses würdig wäre«, während er über Gesetz, Naturkraft, Gottheit, Handel und Sitte Gericht hält. Er ist ein Reformator, aber kein brauchbares Mitglied der philanthropischen Gesellschaft. Es zeigt sich, daß er nicht der Kämpe der Arbeiter, des Proletariats, der Gefangenen, der Sklaven ist. Ihm steht fest, daß unser Leben in dieser Welt sich nicht gar so leicht verstehen läßt, wie Kirchen und Schulbücher vorgeben. Es fällt ihm auch nicht ein, gegen jene wohltätigen Bestrebungen Stellung zu nehmen, den *advocatus diaboli* zu spielen und jeden Zweifel und Hohn, der ihm die Sonne verfinstert, auszuposaunen. Aber er sagt: Es gibt Zweifel.

Ich gedenke, die Gelegenheit zu benützen und den Kalendertag unseres Heiligen Michel de Montaigne damit zu feiern, daß ich diese Zweifel oder Verneinungen aufzähle und schildere. Ich werde versuchen, sie aus ihren Löchern herauszutreiben und sie ein wenig in die Sonne zu bringen. Wir müssen mit ihnen verfahren wie die Polizei mit alten Spitzbuben, die auf dem Bezirksgericht dem Publikum gezeigt werden. Sie werden nicht mehr so fürchterlich sein, wenn sie einmal identifiziert und registriert sind. Aber ich denke ehrlich mit ihnen umzugehen, ihren Schrecken soll Gerechtigkeit widerfahren. Ich werde keine Sonntagseinwände vornehmen, die nur zu dem Zwecke aufgestellt werden, um niedergeworfen zu werden. Ich werde die Schlimmsten nehmen, die ich finden kann, und es darauf ankommen lassen, ob ich mit ihnen fertig werden kann oder sie mit mir.

Dem Skeptizismus des Materialisten werde ich nicht auf den Leib rücken. Die Vierbeiner-Anschauung kann nicht die Herrschaft behalten, das ist für mich unzweifelhaft. Es ist gleichgültig, was Fledermäuse und Ochsen denken. Das erste wirklich gefährliche Symptom, das ich verzeichnen muß, ist die Leichtfertigkeit des Geistreichen. Es scheint verhängnisvoll für allen Ernst zu sein, viel zu wissen. Wissen heißt wissen, daß wir nicht wissen können. Die Dumpfen beten, die Genialen sind leichte Spötter. Wie achtungswert ist der Ernst auf jedem Boden! Aber der Geist tötet ihn. Ja, San Carlo, mein scharfsinniger und bewunderungswerter Freund, einer der durchdringendsten Geister, findet, daß jede direkte Erhebung, selbst die erhabener Frömmigkeit, zu jener entsetzlichen Erkenntnis führt und den Beter verwaist zurücksendet. Mein erstaunlicher San Carlo war der Meinung, daß alle Gesetzgeber und Heiligen von dieser Krankheit angesteckt wären. Sie fanden die Arche leer, sahen und wollten es nicht sagen und suchten ihren nahenden Anhängern den Weg zur gleichen Erkenntnis abzuschneiden, indem sie sagten: »Handeln, Handeln, liebe Freunde, ist eure Aufgabe, nicht Schauen!« Wie schlimm auch diese Entdeckung San Carlos mich traf, dieser Julifrost, dieser Schlag von der Hand einer Braut, es kam eine noch schlimmere, nämlich die Sattheit und der Überdruß der Heiligen. Noch ehe sie sich von den Knien erhoben, sagten sie: »Wir entdecken, daß diese unsere Anbetung und Seligkeit unvollständig und entstellt ist, und wir müssen den verdächtigen und vielgeschmähten Geist, den Verstand des Mephistopheles, die Gymnastik des Talents zu Hilfe rufen.«

Das ist der erste Poltergeist, und obgleich er in unserem neunzehnten Jahrhundert der Gegenstand vieler elegischer Klagen von Goethe, Byron und anderen minder berühmten Dichtern gewesen ist, – von vielen hervorragenden privaten Beobachtern ganz zu schweigen – muß ich gestehen, daß er meine Anschauung nicht sehr erschüttert, denn es scheint sich ihm nur um das Zerbrechen von Puppenhäusern und Töpferläden zu handeln. Was die römische Kirche beunruhigt, oder die Englische, oder die Genfer, oder die von Boston, das kann noch weit davon entfernt sein, irgendein Glaubensprinzip selbst anzugreifen. Ich glaube, daß Geist und Sittlichkeit völlig übereinstimmen, und daß die Philosophie zwar Schreckgespenster verscheuchen mag, aber der Seele auch die natürlichen Dämme gegen das Schlechte und eine sichere Polarität verleiht. Ich glaube, je weiser ein Mensch ist, desto erstaunlicher muß ihm die natürliche und moralische Ökonomie erscheinen, zu um so absoluterem Vertrauen wird er sich erheben.

Dann haben wir die Macht der wechselnden Stimmungen, deren jede alles für nichts achtet außer ihrem eigenen Gewebe von Tatsachen und Einbildungen. Dann haben wir die Macht der Konstitution, des Temperaments, die zweifellos alle Anlagen und Empfindungen bestimmt. Es stellt sich heraus, daß Glaube und Unglaube im Bau des Menschen liegen; und sobald jeder so viel Gewicht und Lebendigkeit erreicht, daß seine ganze Maschinerie zu spielen beginnt, braucht er gar keine fernliegenden Beispiele mehr, sondern wird in seinem eigenen Leben alle Anschauungen in reißender Folge durchmachen. Unser Leben ist wie Aprilwetter, in derselben Stunde drohend und wieder heiter. Wir gehen unseren Weg, ernst, ergeben, im festen Glauben an die Eisenketten des Schicksals, wir würden uns nicht umkehren, um unser Leben zu retten: und ein Buch, eine Büste, ja nur der Ton eines Namens schleudert einen Funken in die Nerven, und wir glauben plötzlich an den freien Willen, mein Fingerring wird zum Siegel Salomons, das Fatum ist für Toren und Schwächlinge, und dem entschlossenen Geiste ist nichts unmöglich. Und schon gibt eine neue Erfahrung unseren Gedanken eine neue Wendung: Der gemeine Verstand tritt wieder in seine Tyrannenrechte ein; wir sagen: »Die militärische Laufbahn ist doch das Tor zum Ruhm, zu guten Manieren, zur Poesie; und seht ihr, im ganzen baut der Egoismus am besten und heimst die besten Pflaumen ein, macht die besten Geschäfte und die besten Staatsbürger.« So wären die Anschauungen eines Menschen über Recht und Unrecht, über Schicksal und Kausalität einem unruhigen Schlaf, einer Verdauungsstörung preisgegeben? Geht sein Glaube an Gott und Schicksal nicht tiefer als die Beweise unseres Magens? Und welche Gewähr für die Dauer seiner Anschauungen? Ich liebe die französische Raschheit nicht, die Kirche und Staat einmal in der Woche wechselt. Dies ist die zweite Verneinung, und ich lasse sie so hoch gelten, als man nur will. So weit sie die Rotation der Geisterzustände ins Treffen führt, weist sie auf ihr eigenes Gegengewicht hin, nämlich auf die Betrachtung längerer Perioden. Was ist das Durchschnittsergebnis vieler Zustände und aller Zustände? Spricht die Stimme aller Zeitalter ein Grundgesetz aus? Oder läßt sich in entfernten Zeiten und Räumen kein gemeinsames Gefühl entdecken? Und wenn sie nichts aufweisen würden als die Macht des Eigennutzes, so nehme ich diesen als einen Teil des göttlichen Gesetzes hin und muß ihn mit höherem Streben zu vereinigen suchen, so gut ich kann.

Das Wort *Fatum* oder *Schicksal* spricht das Gefühl der Menschen aller Zeiten aus, daß die Weltgesetze uns nicht nur wohltun, sondern uns oft weh tun und zermalmen. Das *Fatum* in der Gestalt der Natur wächst über uns hin wie Gras. Wir malen die Zeit mit einer Sense, Glück und Liebe blind, und das Schicksal taub. Wir besitzen zu wenig Widerstandsfähigkeit gegen dieses erbarmungslose Ungeheuer, das uns auffrißt. Wie können wir mit diesen unentrinnbaren Kräften den Kampf aufnehmen? Was kann ich gegen den Einfluß der Rasse auf die Geschichte meines Lebens tun? Was vermag ich gegen ererbte Eigenschaften, gegen Tuberkulose, Schwindsucht und Impotenz, gegen klimatische Einflüsse und Barbarei in meinem Heimatlande zu tun? Ich kann alles niederräsonieren und leugnen außer diesem ewigen Bauche: Er muß und wird fressen, und ich kann ihn nicht ehrwürdig machen.

Aber der Hauptwiderstand, dem unsere affirmativen Impulse begegnen, und in dem alle anderen inbegriffen sind, liegt in der Lehre der Illusionisten. Es zirkuliert ein schmerzliches Gerücht, daß wir in allen wichtigen Handlungen unseres Lebens zum besten gehalten werden, und daß Freiheit des Willens und Tuns der leerste Name ist. Wir werden mit Luft und Nahrung, Weib und Kindern, Kenntnissen und Ereignissen gefüttert und behandelt und sind zuletzt genau dort, wo wir waren. Es ist oft geklagt worden, daß die Mathematik den Geist in demselben Zustand lasse, in der sie ihn gefunden. So geht es uns mit allen Wissenschaften und mit allen Ereignissen und Handlungen. Ich finde in einem Mann, der durch alle Wissenschaften gegangen, denselben Lümmel wieder, der er war, und kann durch alle gelehrten, bürgerlichen und sozialen Ämter und Stellungen hindurch das Kind entdecken. Nichtsdestoweniger sind wir gezwungen, ihnen unser Leben zu widmen. Kurz, wir könnten dahin gelangen, als feststehende Regel und Theorie für unseren Erziehungszustand anzunehmen, daß Gott eine Substanz und seine Methode die Illusion ist. Die Weisen des Orients kannten die Göttin Yoganidra, die große trügerische Kraft Vishnus, die äußerste Unwissenheit, durch welche die ganze Welt betrogen wird.

Oder, soll ich es so ausdrücken: Das Erstaunliche am Leben ist der völlige Mangel jedes Scheins einer Versöhnung zwischen Theorie und der Praxis des Lebens? Die Vernunft, gepriesene Wahrheit, das Gesetz wird hie und da für einen klaren und tiefen Augenblick erkannt, mitten in dem Getöse von Sorgen und Arbeit, die nicht direkt von ihr abhängig sind, – geht dann wieder verloren, für Monate oder Jahre, um wieder für eine kurze Spanne Zeit gefunden und wieder verloren zu werden. Wenn wir diese Intervalle zusammenrechnen, haben wir in fünfzig Jahren vielleicht ein halbes Dutzend vernünftiger Stunden gehabt. Sind die Sorgen und die Arbeit dadurch leichter und wertvoller geworden? Eine Methode können wir in der Welt nicht entdecken, nur diesen Parallelismus von Großem und Kleinem, die nie aufeinander zurückwirken, nie die geringste Tendenz zum Konvergieren zeigen. Erfahrungen, Schicksale, politische Ereignisse, Lektüre, Schriftstellerei machen uns so wenig klug, als wenn ein Mensch ins Zimmer tritt, sich aus dem Anschein erkennen läßt, ob er sich von Brot oder Fleisch genährt hat; – es ist ihm gelungen, sich so viel Knochen und Muskeln zu schaffen, als er braucht, sei es nun aus Reis oder aus Schnee. So ungeheuer ist das Mißverhältnis zwischen dem Himmel des idealen Gesetzes und der Arbeits-Ameise unter demselben, daß der Umstand, ob einer ein wertvoller Mensch oder ein Kretin ist, gar keine solche Wichtigkeit hat, als wir vorgeben. Soll ich noch eine Gaukelei in diesen verzauberten Gärten anführen? Das betäubende Gesetz, das uns den Verkehr untereinander verbietet und jedes Zusammenwirken unmöglich macht? Der jugendliche Geist lechzt danach, in die Gesellschaft einzutreten. Aber alle Wege der wahren Ausbildung und Größe führen zur Vereinsamung, zu einer Absperrung gleich der eines Gefangenen. Er hat sich schon oft enttäuscht gesehen. Er erwartete nicht, daß das ganze Dorf mit seinen Gedanken sympathisieren werde, sondern er trat damit vor die Auserwählten und Verständigen und fand keine Nahrung für seinen Geist, sondern nur Mißverständnis, Abneigung und Hohn. Es ist seltsam, wie die Menschen zur falschen Zeit am falschen Platz sind. Und das Beste eines jeden ist ein entflammter Individualismus, der ihn nur noch mehr von den anderen trennt.

Diese und noch viele andere sind die Krankheiten des Denkens, welche unsere gewöhnlichen Lehrer zu beseitigen gar nicht versuchen. Sollen wir nun, weil eine gute Natur die Neigung zeigt, sich zu sittlicher Höhe zu entwickeln, sagen: Es gibt keine Zweifel – und lügen, um dem Rechten zu dienen? Soll das Leben in tapferer oder in feiger Art geführt werden? Und ist nicht die befriedigende Beantwortung der Zweifel eine wesentliche Bedingung aller Männlichkeit? Soll der Name der Sittlichkeit eine Schranke für die wahre Sittlichkeit bilden? Könnt ihr nicht glauben, daß ein ernster Mensch und tüchtiger Kerl an Tee, moralischen Aufsätzen und Bibelsprüchen kein Gefallen finden und einen rauheren Unterricht verlangen, Menschen, Arbeit, Handel, Feldbau, Krieg, Hunger und Überfluß, Liebe und Haß, Zweifel und Schrecken verlangen kann, um sich über die Welt klarzuwerden? Und hat er nicht das Recht, darauf zu bestehen, daß er in seiner eigenen Weise überzeugt werde? Wenn er überzeugt ist, wird es wenigstens der Mühe wert sein.

Glauben heißt, die Bejahungen der Seele annehmen, Unglauben, sie leugnen. Es gibt Geister, welche eines Skeptizismus gar nicht fähig sind. Die Zweifel, welche sie zu fühlen vorgeben, sind mehr Akte der Höflichkeit, mit welchen sie sich der Redeweise ihrer Umgebung anschließen. Sie können sich die freieste Forschung gestatten, denn sie sind der Wiederkehr sicher. Wer einmal in den Himmel des Denkens eingelassen worden ist, für den gibt es keinen Rückfall in die Nacht, nur unendliche Einladung nach der anderen Seite. Da ist Himmel über Himmel, und Paradiese im Paradies, sie sind rings von Göttlichkeit umschlossen.

Andere gibt es, für welche der Himmel von Erz ist und einen geschlossenen Ball bis nieder zur Erdoberfläche bildet. Es ist eine Frage des Temperaments und des größeren oder geringeren Mitempfindens und Verständnisses für die Natur. Die letztgenannten haben natürlich nur einen reflektierten oder parasitischen Glauben, sie können die Wahrheiten nicht schauen, sondern verlassen sich instinktiv auf die Seher und Bekenner der Wahrheiten. Das Wesen und die Gedanken der Gläubigen setzen sie in Erstaunen und bringen sie auf den Glauben, daß jene etwas gesehen haben, was ihnen verborgen ist. Aber ihre aus der Sinnenwelt entsprungenen Gewohnheiten möchten den Gläubigen stets in seiner letzten Stellung festhalten, während er unwiderstehlich vorwärtsschreiten muß, und daher kommt es, daß die Ungläubigen aus Liebe zum Glauben die Gläubigen verbrennen.

Die großen Gläubigen werden immer für Ungläubige, für unpraktisch, phantastisch, atheistisch, und eigentlich für Menschen gehalten, die nicht zählen. Ja, der Spiritualist sieht sich genötigt, seinen Glauben durch eine Reihe von Skeptizismen auszudrücken. Mildherzige Leute kommen mit ihren Projekten und verlangen seine Mitwirkung. Wie kann er nur zögern? Es ist die Pflicht einfachster Höflichkeit und Umgänglichkeit, zuzustimmen, wo es nur möglich ist, und in seiner Rede etwas Günstiges und nichts Frostiges und Abschreckendes zu sagen. Und doch ist er gezwungen zu antworten: »Ach, alles das ist so, weil es nicht anders sein kann: Was könnt ihr dagegen tun? Diese besonderen Übel und Verbrechen sind nur das Laubwerk und die Früchte solcher Bäume, wie wir sie wachsen sehen. Es ist vergeblich, über Blätter und Beeren zu klagen, schneidet sie ab, der Baum wird andere, genau so schlechte tragen, ihr müßt eure Kur tiefer unten beginnen.« Die Mildtätigkeiten des Alltags sind für ihn eine Sache, mit der er sich nicht einverstanden erklären kann. Die Fragen der Leute sind nicht die seinen, ihre Methoden sind nicht die seinen, und gegen alle Gebote des Wohlwollens sieht er sich gezwungen zu erklären, daß er keine Freude an ihnen findet.

Selbst die Lehren, die der Hoffnung der Menschen teuer sind, die der göttlichen Vorsehung und der Unsterblichkeit der Seele können seine Nachbarn nicht so aufstellen, daß er sie bejahen könnte. Aber er leugnet sie, weil sein Glaube ein größerer, nicht weil er geringer ist. Er leugnet aus Ehrlichkeit. Er will sich lieber die Schwäche und Torheit des Skeptizismus als Unwahrhaftigkeit vorwerfen lassen. »Ich glaube«, sagt er, »an den sittlichen Grundplan des Weltalls, es ist gastfreundlich zum Wohle der Seelen errichtet; aber eure Dogmen erscheinen mir wie Karikaturen; wie könnte ich mich bemühen, den Glauben an sie zu beseitigen?« Wer darf sagen, daß dies kalt und ungläubig gesprochen ist? Die Weisen und Hochherzigen werden es nicht sagen. Diese wird sein weitblickender guter Wille mit triumphierender Freude erfüllen, der dem Gegner das ganze Feld der Tradition und des gemeinen Glaubens überläßt, ohne ein Jota an Stärke einzubüßen. Er sieht bis ans Ende alles Vorübergehenden. George Fox sah »einen unendlichen Ozean von Dunkel und Tod; aber auch einen unendlichen Ozean von Licht und Liebe, der über dem Meer des Dunkels flutete.«

Die endgültige Lösung, in der der Skeptizismus schwindet, ist das sittliche Gefühl, das seines Vorrangs über die Welt niemals verlustig wird. Man kann ruhig alle Stimmungen versuchen und allen Einwänden ihr Gewicht zugestehen: Das sittliche Gefühl überwiegt sie alle zusammen ebenso leicht wie jedes einzelne. Das ist der Tropfen, der dem Meere das Gleichgewicht hält. Ich spiele mit dem wirren Gewoge der Tatsachen und betrachte sie in jener oberflächlichen Weise, welche wir Skeptizismus nennen, aber ich weiß, daß sie mir im nächsten Augenblick in jener rhythmischen Ordnung erscheinen werden, die alle Skeptik unmöglich macht.

Ein denkender Mensch muß den Gedanken fühlen, der der Vater des Weltalls ist: daß die Massen der Natur in wogender und strömender Bewegung begriffen sind. Dieser Glaube reicht für das Entstehen und Geschehen alles Lebens und aller Dinge aus. Die Welt ist mit Göttlichkeit und Ethik gesättigt. Wer diesen Gedanken erfaßt hat, der nimmt Recht und Unrecht, Toren und Narren und den Triumph der Lüge und der Dummheit ruhig hin; der kann selbst den gähnenden Abgrund zwischen dem Ehrgeiz des Menschen und seiner Leistungskraft, zwischen Anforderung und dem Angebot von Kraft – die Tragödie aller Menschen, – mit ruhiger Heiterkeit betrachten.

Charles Fourier verkündigte, daß »die Neigungen des Menschen seinen Schicksalen proportioniert seien«, in anderen Worten, daß jeder Wunsch seine eigene Befriedigung prophezeie. Aber alle Erfahrung beweist gerade das Gegenteil; die Unzulänglichkeit ihrer Kräfte ist die allgemeine Klage junger und feuriger Seelen. Sie werfen der göttlichen Vorsehung Sparsamkeit vor. Sie hat den Himmel und die Erde jedem ihrer Kinder gezeigt und jeden mit dem Verlangen nach dem Ganzen erfüllt, mit einem rasenden, unendlichen Verlangen, einem Hunger, gleich dem des Weltraums, der begehrt, mit Planeten gefüllt zu werden, einem Schrei unersättlicher Not, wie der der Teufel nach Seelen. Und zur Befriedigung – wird jedem Menschen ein einziger Tropfen, eine Tauperle von Lebenskraft pro Tag zugeteilt – ein Kelch, groß wie der Weltraum, und ein Tropfen vom Wasser des Lebens darin! Jeder war des Morgens erwacht mit einem Appetit, der das Sonnensystem hätte aufessen können wie einen Kuchen, einem feurigen Begehren nach Tätigkeit und Leidenschaft ohne Grenzen; er hätte seine Hand nach dem Morgenstern ausstrecken mögen; er hätte mit der Gravitation und den chemischen Kräften des Weltalls experimentieren können; aber bei der ersten Bewegung, seine Kraft zu versuchen – versagen Hände, Füße und Sinne den Dienst und sind zu nichts nütze. Er gleicht einem Kaiser, den seine Reiche verlassen, und der sich nun etwas vorpfeifen kann, oder vielmehr, er ist unter einen Pöbel von Kaisern gestoßen, die alle pfeifen, – und immer noch singen die Sirenen: »Die Neigungen des Menschen sind seinen Schicksalen proportioniert.« In jedem Haus, im Herzen jedes Mädchens und jedes Knaben, in der Seele des emporverlangenden Heiligen, in seiner Ekstase gähnt derselbe Abgrund – zwischen dem ungeheuersten Versprechen idealer Macht und der erbärmlichen Erfahrung.

Die expansive Natur der Wahrheit kommt uns zu Hilfe, sie ist anpassungsfähig, läßt sich niemals überrumpeln. Mit noch breiteren Verallgemeinerungen hilft sich der Mensch. Das Leben lehrt uns vor allem zu generalisieren, zu glauben, was die Jahre und Jahrhunderte gegen die Tage sprechen, der Tyrannei der Einzelereignisse uns zu widersetzen und bis zu ihrer katholischen Bedeutung durchzudringen. Die Dinge scheinen uns etwas zu sagen und sagen gerade das Gegenteil. Die Erscheinung ist unsittlich, das Resultat ist ein sittliches. Der Lauf der Dinge scheint niederwärts zu gehen, scheint den Kleinmut zu rechtfertigen, die Schurken hinaufzubringen, die Gerechten zu fällen; und von Schurken wie von Märtyrern wird die gerechte Sache vorwärts gebracht. Obgleich in jedem politischen Streit die Schurken den Gewinn einheimsen, obgleich die Gesellschaft aus den Händen einer Bande von Verbrechern in die Hände einer neuen Bande von Verbrechern überliefert zu werden scheint, so oft die Regierung wechselt, und obgleich der Gang der Zivilisation ein langer Zug von Freveln ist, werden dennoch die Ziele der Allgemeinheit irgendwie erreicht. Wir sehen gerade jetzt Ereignisse herbeigezwungen, welche die Kultur von Jahrhunderten aufzuhalten, ja zurückzuschrauben scheinen. Aber der Geist der Welt ist ein guter Schwimmer, und Stürme und Wogen können ihn nicht sinken machen. Er lacht der Gesetze: Und so scheint sich der Himmel durch die ganze Weltgeschichte hindurch niedriger und armseliger Mittel zu bedienen. Durch die Jahre und die Jahrhunderte, durch die Kräfte des Bösen, durch Spielereien und Atome strömt unwiderstehlich ein großes und wohltätiges Streben.

Und der Mensch muß lernen, in dem Wechselnden und Fliehenden nach dem Dauernden zu schauen; er muß lernen, den Untergang von Dingen, die er verehrte, zu ertragen, ohne seine Ehrfurcht zu verlieren; er muß lernen, daß er da ist, nicht um zu arbeiten, sondern um sich be-arbeiten zu lassen, und daß, ob Abgründe unter Abgründen sich auftun mögen und eine Anschauung die andere verdrängt, alle zuletzt enthalten sind in dem Einen Ewigen Grunde.

»Und sinkt mein Kahn, sinkt er zu neuen Meeren.«

1850

André Gide

Montaigne lehrt uns vor allem Liberalismus

Montaigne ist der Verfasser eines einzigen Buches, der *Essays*. Aber in diesem einzigen Buch, das ohne im voraus aufgestellten Plan geschrieben wurde, ohne Ordnung, unzusammenhängend, wie es die Ereignisse, wie es seine Lektüre ihm eingab, behauptet er, sich uns ganz zu geben. Er veröffentlicht hintereinander vier Ausgaben der *Essays*, man kann von vier Fassungen sprechen; die erste im Jahre 1580, im Alter von 47 Jahren. Diesen Text bearbeitet er, verbessert, vervollkommnet ihn und hinterläßt bei seinem Tode (1592) ein Exemplar seines Werkes, das mit Abänderungen und Zusätzen übersät ist; sie sollen in späteren Ausgaben Berücksichtigung finden. In der Zwischenzeit unternimmt Montaigne eine Reise durch Süddeutschland und Italien (1580/81), dann versieht er (von 1582 bis 1585) das wichtige Amt eines Bürgermeisters von Bordeaux: die Beobachtungen, die er in fremden Ländern, die Erfahrungen, die er im öffentlichen Leben in solch stark bewegten Zeiten, wie es die Religionskriege sind, sammelt, läßt er seinen Lesern zugute kommen.

Von dem Augenblick an, da er sich von den öffentlichen Geschäften zurückzieht, um sich nur noch mit sich selbst zu beschäftigen (ich will sagen: mit seinem eigenen Denken), schließt er sich in sein »Lesekabinett« ein und verläßt bis zu seinem Tode nicht mehr das kleine Schloß im Périgord, in dem er geboren wurde. Er schreibt neue Kapitel; sie bilden den letzten Teil des dritten Buches der *Essays*, überarbeitet die ersten Bücher, ändert, verbessert sie, fügt an die sechshundert Nachträge hinzu. Dabei kann es nicht ausbleiben, daß sein erster Text durch die Häufung von Zitaten, die er bei seiner ständigen Lektüre gesammelt hat, überladen und schwerfällig wird; denn Montaigne ist davon überzeugt, daß alles bereits einmal gedacht und gesagt worden ist, und er bemüht sich darum zu zeigen, daß der menschliche Geist immer und überall der gleiche ist und immer wieder sich selber ähnelt. Der überquellende Reichtum dieser Zitate, die aus manchen Kapiteln der *Essays* einen dicken Brei griechischer und lateinischer Autoren machen, könnte uns an der Ursprünglichkeit Montaignes zweifeln lassen; sie muß schon sehr stark gewesen sein, um sich angesichts eines solchen Ballasts durchzusetzen.

Die Schaustellung der eigenen Bildung war nicht etwa eine Eigenheit Montaignes in einer Zeit, da einem die Kenntnis der griechischen und römischen Kultur noch zu Kopfe stieg. Gibbon bemerkt ganz richtig, das Studium der antiken Schriftsteller, das viel weiter zurückreicht als bis in die Frühzeit der Renaissance, habe die geistige Entwicklung der okzidentalen Völker eher verzögert als beschleunigt. Man suchte in ihnen weniger Eingebungen und Ansporn, sondern eher Vorbilder. Die Gelehrsamkeit der Zeit eines Boccaccio und eines Rabelais lastete auf den Gebildeten; statt ihnen zu helfen, sich freizumachen, wurden sie von ihr erstickt. Die Autorität der Alten, insbesondere die eines Aristoteles, lenkte die Bildung in ausgetretene Geleise, und im XVI. Jahrhundert brachte die Universität Paris kaum anderes als Schulmeister und Pedanten hervor.

Montaigne geht nicht so weit, sich gegen diese Buchgelehrsamkeit aufzulehnen, aber er versteht es so ausgezeichnet, sie sich zunutze zu machen, sie sich völlig anzueignen, daß sie ihn in seinem eigenen Denken in keiner Weise stört; darin unterscheidet er sich von allen andern. Höchstens, daß er, der Mode folgend, seine Schriften mit Zitaten vollpfropft. Aber, sagt er: »Was nützt es uns, den Magen voll Fleisch zu haben, wenn er es nicht verdaut, wenn er es nicht in uns umschafft und es nicht zu unserm Wachstum und unserer Stärkung beitragen kann« (Erstes Buch, fünfundzwanzigstes Kapitel). Und ein paar Zeilen weiter, in etwas anmutigerer Form, vergleicht er sich mit den Bienen, die »hier und allerorten von den Blumen sammeln, nachher aber den Honig daraus machen, der ihnen ganz eigen gehört«.

Der Erfolg der *Essays* wäre unerklärlich, wenn man nicht das Ungewöhnliche der Person des Verfassers in Betracht zöge. Was war es nun, das er der Welt Neues brachte? Es war die Kenntnis seiner selbst; jede andere Kenntnis erscheint ihm ungewiß; aber das menschliche Wesen, das er entdeckt und vor uns enthüllt, ist so authentisch, so wahr, daß jeder Leser der *Essays* sich in ihm wiederzuerkennen vermag. Zu allen Zeiten droht ein konventionelles Bild, das der Mensch sich von seinesgleichen macht, sein wahres Wesen zu verdecken. Montaigne versucht, diese Maske herunterzureißen, um bis zum Wesenskern vorzudringen; wenn ihm das gelingt, so nur dank einer beharrlichen Anstrengung und einem einzigartigen Scharfblick; nur dadurch, daß er der Überlieferung, den einmal eingenisteten Anschauungen, dem Konformismus einen kritischen, stets wachen Geist entgegensetzt, der zugleich geschmeidig und doch gespannt ist, spielerisch, alles von der heiteren Seite nimmt, lächelt, nachsichtig ist, ohne nachgiebig zu sein; denn sein Ziel ist, Kenntnisse zu sammeln und nicht zu schulmeistern.

Für Montaigne ist der Leib ebenso wichtig wie der Geist; er trennt den einen nicht vom andern und hütet sich davor, uns je seine Gedanken in abstrakter Form zu entwickeln. Es ist daher besonders wichtig, bevor man auf ihn hört, ihn sich zu vergegenwärtigen. Ohnehin liefert er uns alle Einzelzüge seines Porträts vom Scheitel bis zur Sohle. Betrachten wir ihn also zunächst.

Er ist eher untersetzt, hat ein volles, aber darum nicht fettes Gesicht, läßt sich den Bart nach der Mode seiner Zeit nicht zu lang wachsen. Alle Sinne sind bei ihm »ungebrochen und bis zur Vollkommenheit« entwickelt. Obgleich er mit seiner robusten Gesundheit schonungslos umgeht, so erhält er sie doch recht frisch, und sie verschlechtert sich kaum nennenswert durch ein Altersleiden, das ihn mit siebenundvierzig Jahren befällt. Sicheres Auftreten, schroffe Gesten, laute, klangvolle Stimme zeichnen ihn aus. Er spricht gerne, immer leidenschaftlich und ist sehr erregt beim Sprechen. Er ißt alles und gleichviel was mit einer solchen Gier, daß er sich gelegentlich wohl in die Finger beißt, denn zu jener Zeit kannte man noch nicht allgemein den Gebrauch der Gabel. Er reitet gern, bis in sein Alter ermüden ihn auch die längsten Ritte nicht. Der Schlaf, vertraut er uns an, füllt einen großen Teil seines Lebens aus.

Die Bedeutung eines Verfassers hängt nicht allein von seinem eigenen Wert ab, sondern weit mehr noch davon, ob seine Botschaft unzeitgemäß ist. Es gibt Schriftsteller, deren Botschaft nur noch historische Bedeutung hat und heutzutage kein Echo zu wecken vermag; zu ihrer Zeit mochten sie die Gewissen aufrütteln, Begeisterung erwekken, Revolutionen schüren; uns hat sie nichts mehr zu sagen. Große Schriftsteller sind solche, deren Werk nicht nur den Bedürfnissen ihres Landes und ihrer Epoche entsprechen, sondern eine Nahrung darstellen, die imstande ist, vielfältigsten Geschmäckern verschiedenster Nationalitäten und ganzer Geschlechterfolgen zu entsprechen. »Ein anspruchsvoller Leser entdeckt häufig in den Schriften eines andern andere Vollkommenheiten als die, die der Verfasser selbst hineingelegt und entdeckt hat, und unterlegt ihnen einen reicheren Sinn und reichere Farben«, sagt Montaigne (Erstes Buch, fünfundzwanzigstes Kapitel). Wird er selbst »anspruchsvoll« sein und wird er es verstehen, auf neue Fragen eine Antwort zu geben, die »anspruchsvolle Leser« unserer Tage ihm stellen könnten? Ich wage es, das zu hoffen.

In unserer Epoche, wo immer es auch sein mag, stehen konstruktive Geister in besonderer Gunst; man beglückwünscht einen Verfasser vor allem, wenn er uns ein schön geordnetes System unterbreitet, eine Methode, mit deren Hilfe sich die beängstigenden politischen, sozialen und moralischen Probleme lösen lassen, die mehr oder weniger alle Völker und jeden Einzelnen von uns bedrücken. Montaigne, das stimmt, gibt uns keinerlei Methode (und wie sollte auch eine Methode, die zu seiner Zeit brauchbar war, heute noch anwendbar sein?), kein philosophisches oder soziales System. Man kann sich kaum etwas Ungeordneteres vorstellen als sein Denken; er läßt ihm jede Freiheit. Und selbst sein ständiger Zweifel – Emerson hielt ihn deswegen für den vollkommensten Vertreter des Skeptizismus (das heißt: des Antidogmatismus eines forschenden und fragenden Geistes) – läßt sich, so hat man wohl gesagt, mit einem Abführmittel vergleichen; der Kranke scheidet es zugleich in den Stoffen aus, die diese Medizin ausgeräumt hat. Das geht so weit, daß auf einmal gewisse Leute in seinem »Was kann ich schon wissen?« das letzte Wort seiner Philosophie und seiner Doktrin zu erkennen glaubten; doch befriedigt mich das nicht. Nicht der Skeptizismus ist es, was mir an den *Essays* gefällt, noch ist das die Weisheit, die ich vor allem aus ihr schöpfe. Ein »anspruchsvoller Leser« wird in Montaigne mehr und Besseres als nur Zweifel und Fragen finden.

Anscheinend nimmt Montaigne angesichts der grausamen Frage des Pilatus, deren Echo über die Jahrhunderte weiterhallt: »Was ist Wahrheit?« für seine Person, wenn auch auf ganz menschliche, auf ganz profane Weise und in einem ganz andern Sinn, die göttliche Antwort Christi wieder auf: »*Ich* bin die Wahrheit«. Das will heißen, daß er der Ansicht ist, außer seiner eigenen Person nichts *wirklich* zu kennen. Und es führt ihn auch dazu, soviel von sich selbst zu sprechen; denn die Kenntnis seiner selbst erscheint ihm von Anbeginn an viel entscheidender als jede andere. »Man muß«, schreibt er, »den Dingen so gut wie den Menschen die Maske herunterreißen« (Erstes Buch: zwanzigstes Kapitel gegen Schluß). Er malt sich selber, um sich zu demaskieren. Und da die Maske viel eher eine Eigenheit des Landes und der Epoche als des Menschen ist, so unterscheiden sich die Menschen viel mehr durch die Maske, so daß wir in einem wirklich demaskierten Wesen leicht *Unsresgleichen* wiedererkennen können.

Ja, er geht so weit zu denken, das Gemälde, das er von sich selbst gibt, könnte von um so allgemeinerem Interesse werden, je mehr es seine Eigenheiten erkennen lasse; und um dieser tiefen Wahrheit willen nehmen wir ein so großes

Interesse an seinem Porträt; denn »jeder Mensch trägt die ganze Form des Menschenstandes in sich« (Drittes Buch, zweites Kapitel). Ja, mehr noch: Montaigne ist überzeugt, daß »Wahrhaftigkeit der Anfang einer großen Tugend ist« (Zweites Buch, achtzehntes Kapitel), wie Pindar sagen würde: und diese wunderbaren Worte, die Montaigne bei Plutarch entlehnt (der sie selbst wiederum von Pindar übernommen hat), mache ich mir ganz zu eigen; ich möchte sie an die Spitze der *Essays* stellen, denn sie enthalten, allen andern voran und wo immer ich aufschlage, die Weisheit, die ich aus ihnen schöpfe.

Dennoch scheint Montaigne sich selbst anfangs nicht klar gewesen zu sein über die Kühnheit und die Tragweite seines Entschlusses, nur das wirklich Wahrhaftige an sich gelten zu lassen und ein naturgetreues Bild von sich selbst zu geben. Daher rührt eine gewisse anfängliche Unschlüssigkeit in seiner Strichführung, und dieses Schutzsuchen hinter dem dichten Gestrüpp der Geschichte, diese Häufung von Zitaten und Beispielen, ich hätte beinahe gesagt von Selbstrechtfertigungen, dieses Tasten, das kein Ende nimmt. Er interessiert sich für sich selbst nur ziemlich vage, ohne recht zu wissen, worauf es ankommt, und ohne sich ganz klar darüber zu sein, ob nicht das, was scheinbar am ehesten vernachlässigt und für gewöhnlich keiner Betrachtung gewürdigt wird, gerade das ist, was die größte Aufmerksamkeit verdient. Alles an ihm ist für ihn Gegenstand der Neugier, der Erheiterung, der Verwunderung: »Ich habe auf dieser Welt kein ausgesprocheneres Ungeheuer und Wunder gesehen als mich selbst: durch Gewohnheit und im Laufe der Zeit wird man mit noch so Fremden vertraut; aber je mehr ich mit mir selbst Umgang pflege und mich kennenlerne, um so mehr setzen mich meine Auswüchse in Erstaunen, um so weniger verstehe ich mich.« Und ist es nicht höchst unterhaltsam, ihn in dieser Art von seinen »Auswüchsen« sprechen zu hören, während wir gerade das an ihm am meisten schätzen, was uns erlaubt, in ihm einen schlichten, ganz gewöhnlichen Menschen, einen Menschen wie unsereins zu erblicken?

Erst vom dritten und letzten Buch der *Essays* an (das in den ersten Ausgaben noch fehlt) tastet Montaigne nicht mehr, da er nun im Vollbesitz nicht seiner selbst (das wird er niemals sein; das kann niemand), wohl aber seines Gegenstandes ist; er weiß, was er sagen will, was ihm zu sagen wesentlich ist, und er sagt es ausgezeichnet, mit Anmut in der Art sich zu geben, mit Gelassenheit, treffend im Ausdruck und in unvergleichlichen Wendungen. »Andern (gemeint sind die Moralisten) ist der Mensch ein Gegenstand der Bildung, mir der Erzählung«, schreibt er (Drittes Buch, zweites Kapitel, erster Satz) und ein paar Zeilen weiter, etwas feiner ausgedrückt: »Ich male nicht das Wesen, ich male seinen Übergang.« (Die Deutschen würden sagen: sein Werden.) Denn Montaigne beschäftigt sich unentwegt mit dem Wandel aller Dinge, und mit diesen Worten will er auf die Unbeständigkeit der Person des Menschen weisen, die niemals *ist*, ihrer selbst aber nur in einem nicht greifbaren Werden bewußt wird. Und diese Gewißheit zumindest wächst inmitten des Zusammenbruchs aller andern, daß er nämlich hinsichtlich dieses Gegenstandes, gemeint ist seine eigene Person, »der gelehrteste Mensch ist, der auf Erden lebt« (ebendort); und daß »niemals ein Mensch richtiger und mit mehr Erfolg zu dem Ziel gelangt ist, das er sich bei seiner Arbeit gesteckt hatte«, für die keine andere Tugend erforderlich ist als der »Wille zur Wahrhaftigkeit«; und Montaigne hält sich für berechtigt, gleich hinzuzufügen: »Und dieser ist bei mir der reinste und offenherzigste, den man sich denken kann.«

Ich glaube, das große Vergnügen, das uns die *Essays* bereiten, rührt von dem großen Vergnügen her, das ihre Niederschrift Montaigne bereitet hat und das wir sozusagen aus jedem Satz herausspüren. Von allen Kapiteln, deren Ganzes die drei Bücher der *Essays* bilden, ist ein einziges ausgesprochen langweilig; es ist bei weitem das längste, das einzige, das er mit großem Bemühen, zusammenhängend und mit Bedacht für den Gesamtaufbau geschrieben hat: *Die Verteidigung des Raymond de Sebonde,* eines spanischen Philosophen des xv. Jahrhunderts, der in Frankreich an der Universität Toulouse Medizin dozierte und dessen *Theologia Naturalis* Montaigne auf Bitten seines Vaters in mühseliger Arbeit übersetzt hatte.

»Es war für mich eine ganz neue und ungewohnte Arbeit. Da ich zufälligerweise eben Muße hatte und dem Begehren eines der besten Väter der ganzen Welt nichts abschlagen konnte, brachte ich das Werk zustande, so gut ich konnte.« (Zweites Buch, zwölftes Kapitel.) Dieses Kapitel bildet einen Teil des zweiten Buches der *Essays*; Montaigne faßte es als erstes ab. Es ist eines der berühmtesten und häufigst zitierten, da es zu denen gehört, in denen das Denken Montaignes, so ungeordnet und unstet es an sich ist, die größten Anstrengungen macht, um eine Art Lehre zu entwickeln und um seinem unbeständigen Skeptizismus den Anschein von Beständigkeit zu verleihen. Aber dieses Denken verliert gerade darum, weil er es an der Leine führt, hier beinahe seine ganze Anmut, den köstlichen Zauber seiner lässigen Art sich zu geben; man spürt, daß er es auf ein bestimmtes Ziel hinlenkt, und nie werden wir später einen größeren Gefallen daran finden, als wenn er es, wie der Zufall es gerade fügt, alle Blumen am Rande eines nicht abgesteckten Pfades pflücken läßt, den er aufs völlig Ungewisse einschlägt. Ich möchte hier einflechten, daß die vollkommensten Werke, die schönsten auch jene sind, deren Niederschrift dem Verfasser große Freude bereitet haben und für ihn ein Zeitvertreib gewesen sind, jene, die am wenigsten eine Anspannung und Anstrengung verspüren lassen. In der Kunst bietet Ernsthaftigkeit keine Gewähr für Bestand; das Vergnügen ist hier der sicherste Führer. In allen, oder beinahe allen anderen Schriften, aus denen die verschiedenen Kapitel der *Essays* bestehen, bleibt das Denken Montaignes in einem fließenden Zustand, wenn ich so sagen darf, bleibt so unbestimmt, so wechselnd und sogar widersprüchlich, daß es in späterer Zeit die verschiedensten Auslegungen erlaubte. Manche, wie zum Beispiel Pascal und Kant, versuchen in Montaigne einen Christen zu sehen; andere wie Emerson, sehen in ihm eine Leuchte des Skeptizismus; andere wiederum einen Vorläufer Voltaires; Sainte-Beuve ging so weit, in den *Essays* eine Art Vorbereitung, eine Vorstufe der *Ethik* Spinozas zu erblicken. Doch scheint mir Sainte-Beuve dort eher der Wahrheit näher zu kommen, wo er schreibt: »Unter dem Schein, sich zu zergliedern, sich in seltsame Narrheiten aufzulösen, hat er das Gemeinsame aller getroffen, und ist in seinem Porträt (demjenigen, das er nachlässig und geduldig, indem er immer darauf zurückkam, von sich selbst gemalt hat) der Maler und Vogelsteller für die Mehrzahl der Menschen gewesen, da er sich meist mit größter Genauigkeit selbst geschildert hat (»Vielseitig und sehr verschiedenartig«, würde er selbst sagen). »Jeder trägt ein Stück davon in sich.« (Port-Royal, Dritter Teil, zweites Kapitel.)

Ich bin der Ansicht, daß es für eine große Kraft zeugt, wenn Montaigne es verstanden hat, die Inkonsequenzen und Widersprüchlichkeiten seines Wesens zu ertragen. Gleich zu Beginn des Zweiten Buches der *Essays* läßt der folgende Satz uns aufhorchen und erregt unsere Aufmerksamkeit: »Diejenigen, welche sich damit beschäftigen, die Handlungen der Menschen zu beurteilen, finden sich niemals in größerer Verlegenheit, als wenn sie solche unter einerlei Farbe und unter ein Fach bringen wollen; denn sie sind gewöhnlich so ungleich, daß es Unmöglichkeit scheint, sie könnten in eine und dieselbe Niederlage gehören« (Zweites Buch, erstes Kapitel). Nicht einer der großen Menschenkenner, er mag nun Shakespeare, Cervantes oder Racine heißen, der nicht wenigstens ein flüchtiges Wissen von dieser Inkonsequenz des Menschen gehabt hätte. Aber zweifellos bedurfte es einer vorläufigen Aufstellung einer etwas summarischen, in großen Zügen festgelegten und starren Psychologie, damit eine klassische Kunst darüber aufgebaut werden konnte. Es mußte Verliebte geben, die nichts als verliebt sind, Geizige, die nur geizig sind, Eifersüchtige, die ganz von Eifersucht verzehrt werden, kurz Menschen, die sich davor hüten, etwas von alledem gleichzeitig zu sein. Montaigne spricht von den sogenannten »guten Schriftstellern«; es könnten noch eher die sein, die ihm nacheiferten, als die, die er bereits kannte: »Sie stellen ein allgemeines Muster auf; und nach diesem Vorbilde verflechten und erklären sie alle Handlungen und Taten eines Menschen, und wenn sie solche nicht füglich in Zettel und Aufschlag bringen können, so werfen sie solche in den Wirrkasten der Verstellung« (Zweites Buch, erstes Kapitel). Und er fügt hinzu: »Augustus ist ihnen entschlüpft« im gleichen Ton, mit dem Evremont später sagen wird: »Es gibt Falten und Windungen in unserer Seele, die ihm entgangen sind (gemeint ist Plutarch)... er hat über die Menschen zu allgemein geurteilt und nicht sehen wollen, wie verschieden sie untereinander sind... Was ihm als Widerspruch vorkommt, schreibt er fremden Ursachen zu..., die Montaigne viel besser verstanden hat.« Es will mir scheinen, daß Montaigne sogar darin weit mehr zu sehen verstanden hat als nur eine »Unbeständigkeit des Wesens«, wie es Saint-Evremont tut. Ich glaube, daß unter diesem Wort sich gerade die wirkliche Frage verbirgt, die viel später erst durch Dostojewskij und dann durch Proust erörtert wird und die manche Menschen sagen läßt: »Was hier in Frage gestellt ist, das ist die Kenntnis des Menschen selbst, nach der wir leben«, eine Kenntnis, die heute Freud und einige andere zu zertrümmern trachten. Vielleicht, daß Montaigne durch die wenigen plötzlichen Einsichten über das Schwankende der Grenzen der Persönlichkeit und die Unbeständigkeit des Ichs, die er uns unversehens und ganz ungewollt vermittelt, mir am überraschendsten erscheint, daß er sich hierdurch am unmittelbarsten an uns wendet.

Zweifellos glitten die Zeitgenossen Montaignes über die wenigen Stellen hinweg, die uns heute am stärksten berühren, sie hatten nicht das Auge, um sie zu bemerken, oder um wenigstens ihre wahre Bedeutung zu erkennen. Und zweifellos könnte Montaigne selbst, der teilweise ihre Gleichgültigkeit in dieser Hinsicht teilte, wenngleich er die Neugier seiner Epoche an dem bezeigte, was uns nicht mehr interessiert, wenn er heute auf die Welt käme, sagen: »Wenn ich gewußt hätte, daß euch gerade das so beschäftigt, dann hätte ich wohl weit mehr darüber gesagt.« Zum Teufel denn, warum haben Sie es nicht getan?

Darauf kommt es mir nicht an, daß Ihre Zeitgenossen mit Ihnen zufrieden sind, uns Heutigen müssen Sie gefallen. Häufig genug sind es gerade die Punkte, mit denen seine Epoche nicht einig war oder über die sie hinwegging, durch die ein Schriftsteller über die Jahrhunderte hinweg sich uns mitzuteilen vermag. Herausfinden, was unter den Tagesfragen wesentlich genug ist, um auch kommende Geschlechter zu interessieren, das erfordert ungewöhnlichen Weitblick.

Die Liebe scheint keine große Rolle im Leben Montaignes gespielt zu haben, eher schon die sinnlichen Freuden. Er scheint ohne große Begeisterung geheiratet zu haben, und wenn er gleichwohl ein guter Gatte gewesen ist, so unterließ er es nicht, gegen Ende seines Lebens zu schreiben: »Es ist vielleicht einfacher, kurz von der Faust weg allem Umgang mit Weibern zu entsagen, als sich nach Pflicht und Recht einzig und allein an sein einziges Eheweib zu halten« (Zweites Buch, dreiunddreißigstes Kapitel). Was nicht besagen will, daß er es getan hätte. Er hat von Frauen nur eine sehr geringschätzige Meinung, und wenn erst einmal das Vergnügen verrauscht ist, das sie ihm bereiten, dann verweist er sie an ihren Platz in der Küche. Ich habe die Stellen herausgesucht, in denen Montaigne in den *Essays* von Frauen spricht: nicht eine, die darum verletzend wäre. Was die Kinder anbelangt, die er gehabt hat, »so sterben sie alle im frühesten Kindesalter«, teilt er uns summarisch mit (Zweites Buch, achtes Kapitel). Eine einzige Tochter »entgeht diesem Mißgeschick« (ebendort), und diese Folge von Trauerfällen scheint ihm nicht sehr nahe gegangen zu sein.

Gleichwohl ist Montaigne durchaus eines Mitgefühls fähig, vor allem Kleinen und Bedrückten gegenüber: »Ich gebe mich gerne mit den Kleinen ab, sei es auch nur aus angeborenem Mitgefühl, das unendlich viel in mir vermag« (Drittes Buch, dreizehntes Kapitel). Aber der Sinn für Gleichgewicht verlangt von ihm, daß er sich sofort wieder fest in die Hand nimmt: »Es erfaßt mich ein unendliches Mitgefühl mit den Betrübnissen anderer, und ich würde mit Leichtigkeit aus Gesellschaft mitweinen, wenn ich, was auch der Anlaß sein mag, überhaupt zu weinen imstande wäre« (Zweites Buch, elftes Kapitel). La Rochefoucauld wird nach ihm in Erwartung des berühmten »Hart sein« Nietzsches erklären: »Ich bin wenig empfänglich für Mitleid, und würde es am liebsten überhaupt nicht sein.« Doch bringen mich derartige Äußerungen besonders auf, wenn sie von Menschen stammen, die wie Montaigne oder Nietzsche ein natürliches Zartgefühl besitzen.

Von den Gefühlsregungen Montaignes findet nur die Freundschaft ihren Niederschlag in seinem Werk. Seine Freundschaft für Etienne de La Boëtie, den um drei Jahre Älteren, den Verfasser einer einzigen kleinen Schrift: *Traktat über die freiwillige Knechtschaft*, scheint in seinem Denken und Fühlen einen beträchtlichen Platz eingenommen zu haben. Diese kleine Schrift kann uns zwar nicht veranlassen, La Boëtie für »den größten Mann des Jahrhunderts« zu halten, wie Montaigne es getan hat; aber es erlaubt bestimmt, die Art der Zuneigung zu verstehen, die der spätere Verfasser der *Essays* für einen ungewöhnlich großzügigen und vornehmen Menschen empfand.

Eine andere Freundschaft spielte im Leben Montaignes gleichfalls eine bedeutende Rolle. Seine Freundschaft mit Mlle Marie de Gournay, die er »seine Tochter aus Zuneigung« nannte und »die gewiß von mir weit mehr als nur väterlich geliebt wurde und in meiner Zurückgezogenheit und Vereinsamung wie ein Stück von mir mit Sorge umgeben war«, sagt er uns gegen Ende seines Lebens. Und er fügt sogar noch hinzu: »Ich achte nur noch auf sie in dieser Welt.« Sie war erst zwanzig Jahre alt und Montaigne bereits vierundfünfzig, als sie für den Verfasser der *Essays* von einer »mehr als überschwenglichen« Bewunderung und Zuneigung erfaßt wurde. Er wäre undankbar, von diesem Bunde nicht zu sprechen, der übrigens rein geistiger Natur war, denn der Umsicht von Mlle de Gournay verdanken wir die dritte, sehr bedeutend erweiterte Ausgabe der *Essays* (1595), die drei Jahre nach dem Tode Montaignes erschien, und ihrer Pietät die Erhaltung der Manuskripte, die spätere vollständigere Ausgaben ermöglichten.

So schön auch seine Freundschaft für Etienne de La Boëtie gewesen sein mag, so ist doch ein Zweifel erlaubt, ob sie Montaigne nicht einem gewissen Zwang unterwarf; man kann sich fragen, was aus ihm geworden wäre, aus diesem sinnenfreudigen Menschen, wenn er La Boëtie nicht begegnet wäre; man kann sich vor allem fragen, was aus den *Essays* geworden wäre, wenn La Boëtie nicht so jung gestorben wäre (im Alter von dreiunddreißig Jahren), wenn er auf das Denken seines Freundes noch weiterhin seinen Einfluß ausgeübt hätte. Sainte-Beuve, unser großer Kritiker, erwähnt in diesem Zusammenhang einen sehr schönen Satz von Plinius dem Jüngeren: »Ich habe den Mentor meines Lebens verloren ... ich fürchte, in Zukunft ein hemmungsloseres Leben zu führen.« Aber gerade diese »Hemmungslosigkeit« schätzen wir an Montaigne. Solange er unter den Augen von La Boëtie lebte, gab er sich gern das Ansehen eines Menschen mit antiker Haltung. Auch darin ist er, wie überhaupt in allem, durchaus echt, denn er schwärmt für Heroismus; aber er schätzt es nicht, – immer mehr kommt er davon ab – wenn der Mensch sich aufplustert, und fürchtet dagegen, er müsse sich mehr Zurückhaltung auferlegen, um größer zu scheinen.

La Boëtie sagt ihm in einem in lateinischen Versen abgefaßten Stück: »Du brauchst nun nicht mehr zu kämpfen, Du, unser Freund, von dem wir wissen, daß er zu auffälligen Lastern und Tugenden gleicherweise hinneigt.« Montaigne trachtet weniger und weniger »gegen sich anzukämpfen«, einmal daß La Boëtie dahingegangen ist, aus natürlicher Veranlagung und auch aus seiner philosophischen Haltung heraus. Eine Persönlichkeit (ich müßte eher sagen: eine Unpersönlichkeit), die künstlich und mühsam, mit aller Anstrengung erworben wird, wie Moral, Schicklichkeit, Brauch und was sie sich sonst an Vorurteilen aneignet, es fordern: es läßt sich kaum etwas denken, wovor Montaigne einen größeren Widerwillen empfände. Man könnte sagen, daß ein wahrheitsliebendes Wesen, das vor dergleichen zurückschreckt, es unterdrückt oder allenfalls nachahmt, für ihn gewissermaßen einen mystischen Wert behält und daß er von ihm man weiß nicht was für eine Offenbarung erwartet. Gewiß, ich verstehe, wie leicht es ist, hier mit den Worten zu spielen, in dieser Lehre Montaignes nur den Rat sehen zu wollen, sich gehen zu lassen, blindlings seinen Instinkten nachzugehen, selbst den niedrigsten, die immer am ehrlichsten wirken werden, freien Lauf zu lassen, denen, die wegen ihrer Unaustilgbarkeit, wegen ihrer Undurchdringlichkeit sich unweigerlich noch am Grunde des Gefäßes finden, selbst wenn die edelsten Regungen daran gerüttelt haben... Aber ich glaube, das hieße Montaigne wahrlich schlecht verstehen; wenngleich er diesen Instinkten, die wir mit den Tieren gemeinsam haben, viel, nur allzuviel zugute hält, so versteht er es doch, ihrer Herr zu werden und würde niemals zugeben, ihr Sklave oder ihr Opfer zu sein.

Es ist nur zu begreiflich, daß Montaigne mit einer solchen Einstellung kaum Neigung zu Reue und Zerknirschung zeigt. »Seit meinen ersten Veröffentlichungen bin ich um acht Jahre gealtert«, schreibt er 1588, »aber ich bezweifle, daß ich mich auch nur um einen Zoll gebessert hätte« (Drittes Buch, neuntes Kapitel). Und weiter noch: »Meine Ausschweifungen, soweit sie diesen Teil betreffen (die Sittenverwilderung) haben mir nach Gebühr mißfallen, aber das ist auch alles gewesen« (Zweites Buch, elftes Kapitel). Derartige Erklärungen häufen sich im letzten Teil der *Essays*. Und später fügt er zum großen Entsetzen mancher Menschen noch hinzu: »Wenn ich noch einmal zu leben hätte, so würde ich wiederum so leben, wie ich gelebt habe: ich beklage weder die Vergangenheit, noch fürchte ich mich vor der Zukunft« (Drittes Buch, zweites Kapitel). Man kann sich kaum unchristlichere Erklärungen vorstellen. Jedesmal, wenn Montaigne vom Christentum spricht, geschieht es mit der sonderbarsten (man möchte gelegentlich sagen: mit einer ausgesucht boshaften) Impertinenz. Er beschäftigt sich oft mit Religion, niemals mit Christus. Nicht ein einziges Mal beruft er sich auf seine Worte; man kann füglich bezweifeln, ob er jemals das Evangelium gelesen hat, oder es ist vielmehr nicht zu bezweifeln, daß er es niemals richtig gelesen hat. Bei seiner Ehrfurcht für den Katholizismus ist sicherlich viel Klugheit im Spiel. (Denn man darf nicht vergessen, daß 1572 von Caterina de Medici und Karl IX. Erlasse herausgegeben worden waren, die das Massaker der Protestanten im ganzen Königreich zur Folge hatten.) Das Beispiel des Erasmus (gestorben 1536) ist eine Warnung für ihn, und man versteht übrigens, daß er wenig Verlangen empfindet, sich zur Abfassung von *Widerrufen* genötigt zu sehen. Ich weiß ganz genau, daß Erasmus die seinigen schließlich nie geschrieben hat; aber was hilft's, er mußte der Kirche versprechen, sie zu schreiben; und bereits ein solches Versprechen ist höchst unbequem. Da ist es schon besser, sich zu tarnen.

Im Kapitel, das er *Über das Gebet* überschreibt, häuft er in den Ausgaben von 1582 und denen von 1595 versöhnlichere Zufügungen. Gelegentlich seiner Reise nach Italien, 1581, hatte er sein Buch Papst Gregor XIII. überreicht, dem Begründer des »gregorianischen« Kalenders, der heute noch in Geltung ist; dieser beglückwünscht ihn zwar, wenngleich mit einigen Einschränkungen, denen die zugefügten Zeilen Rechnung tragen. Montaigne verweist bis zum Überdruß, an andern Stellen ebenfalls, mit ungezählten Wiederholungen auf seine vollkommene Rechtgläubigkeit und seine Unterwerfung unter die Kirche. Diese zeigte sich damals sehr nachgiebig; sie hatte mit der kulturellen Ausbreitung der Renaissance paktiert. Erasmus wurde trotz der Beschuldigung des Atheismus, die die Verdammung seiner Bücher in Paris zur Folge hatte, für die Kardinalswürde vorgeschlagen; die Werke Macchiavells waren trotz ihres zutiefst irreligiösen Charakters in Rom kraft eines »Breve« von Clemens VII. gedruckt worden.

Diese Duldsamkeit und diese Lockerung forderten die großen Führer der Reformation zu um so größerem Radikalismus heraus. Mit dem Katholizismus konnte Montaigne sich einigen, mit dem Protestantismus niemals. Er fand sich mit der Religion ab, vorausgesetzt, daß sie sich mit dem Schein begnügte. Was er bezüglich der »anspruchsvollen Fürsten« sagt, das dachte er gleicherweise von den kirchlichen Behörden. »Jegliche Verneigung und Unterwerfung ist man ihnen schuldig, ausgenommen die der Urteilskraft; mein Verstand ist nicht darauf abgerichtet, sich zu krümmen und zu beugen, nur meine Knie« (Drittes Buch, achtes Kapitel).

Um sein Buch recht zu schützen, fühlt er das Bedürfnis, noch ein paar stark beruhigende Zeilen zuzufügen, in denen wir ihn kaum wiedererkennen, und zwar an Stellen der *Essays*, die am ehesten geneigt sind, einen wahren Christen zu empören. »Allein schon dieses Ziel eines andern, glücklicherweise unsterblichen Lebens verdient es aufrichtig, daß wir von den Bequemlichkeiten und Annehmlichkeiten ablassen.« Diese Stelle (die übrigens Manuskript geblieben ist und von der wir erst nach seinem Tode erfahren, Erstes Buch, neununddreißigstes Kapitel) und andere ähnliche erwecken den Eindruck, als seien sie als Blitzableiter angebracht, oder richtiger gesagt: aufgeklebt wie diese »Sirup-« oder »Limonaden-«Etiketten auf Whiskyflaschen in der Zeit der Trockenlegung. Lesen wir nicht in der Tat ein paar Zeilen weiter als der Blitzableiter: »Man muß mit Zähnen und Krallen sich an den Gebrauch der Vergnügungen dieses Lebens klammern, die unsere Jahre unsern Händen eine um die andere entreißen« (Erstes Buch, neununddreißigstes Kapitel). Diese Stelle aus der ersten Ausgabe, die das zugefügte Stück vergebens zu verdecken trachtet, enthüllt uns den wahren Montaigne, diesen »geschworenen Feind jeder Art von Verstellung«

(Erstes Buch, vierzigstes Kapitel); und ich müßte mich über diese Verschlagenheit und diesen Gesinnungswechsel entrüsten, wenn ich nicht dächte, daß das alles vielleicht nötig war, um seine Ware bis auf uns kommen zu lassen. »Er mag den Anschein erweckt haben, ein sehr guter Katholik zu sein, ausgenommen, daß er kaum ein Christ gewesen ist«, schreibt Sainte-Beuve sehr zutreffend. Dergestalt, daß man von Montaigne sagen könnte, was er selbst vom Kaiser Julian sagte: »In Religionsfragen war er in jeder Beziehung fehlerhaft; man hat ihm den Beinamen Apostata gegeben, weil er unsre Religion im Stich gelassen hat: immerhin scheint mir die Ansicht mehr Wahrscheinlichkeit für sich zu haben, daß sie ihm nie am Herzen gelegen habe, daß er aber um des Gehorsams willen den Gesetzen gegenüber es vorgetäuscht habe...« Oder etwa, wenn er Ammianus Marcellinus zitiert: »... er huldigte in seinem Herzen schon lange dem Heidentum, aber da seine ganze Armee christlich war, wagte er es nicht, es offen zu bekennen.« Das ist auch der Grund, warum diese Gestalt des Julian eine so große Anziehung auf ihn ausübte.

Was ihm am Katholizismus gefällt, was er an ihm bewundert und besonders rühmt, das ist die Ordnung und sein Alter. »In dem Streite, durch welchen Frankreich anjetzt durch den bürgerlichen Krieg beunruhigt wird, ist die beste und sicherste Partei ohne Zweifel diejenige, welche die alte Religion und alte Verfassung des Landes verficht«, sagt er (Zweites Buch, neunzehntes Kapitel). Denn »alle großen Veränderungen erschüttern den Staat und bringen ihn in Verwirrung«. Und »... das älteste Übel, wenn man es einmal kennt, ist immer erträglicher als ein neues, wovon man noch keine Erfahrung gemacht hat« (Drittes Buch, neuntes Kapitel). Man braucht neben seiner

Unkenntnis des Evangeliums nicht nach andern Gründen für seinen Haß gegen die protestantischen Reformatoren zu suchen. Die Religion der Kirche, die Religion Frankreichs will er als solche erhalten wissen; nicht so sehr, weil er sie für die einzige hält, sondern weil er einen Wechsel für schlecht hält.

Ebenso fühlen wir im ganzen Leben Montaignes und überall in seinen Schriften eine ständige Liebe für Ordnung, für Maß, die Sorge um das öffentliche Wohl und einen Widerstand dagegen, dem Interesse aller das eigene voranzustellen. Die Redlichkeit seines eigenen Urteils und die Bewahrung dieser Redlichkeit scheinen ihm wichtiger zu sein und müssen nach seiner Meinung allen andern Erwägungen vorangehen: »... eher würde ich ein Vorhaben vereiteln, als daß ich meinen Glauben und mein Gewissen ihrem Dienst fügte«. Und hier ziehe ich es vor, ihn beim Wort zu nehmen, ohne mich zu sehr zu fragen, ob er sich nicht etwas damit brüstet; denn es kommt in unsern Tagen darauf an, daß derartige Worte gehört werden, so gut es in den wirren Zeiten, in denen Montaigne lebte, darauf ankam, daß ein paar lautere Gewissen sich ihre Unabhängigkeit und ihre Freiheit angesichts des allgemeinen Herdengeistes und der feigen Unterwürfigkeit bewahrten. »Alle verallgemeinernden Urteile sind feige und gefährlich« (Drittes Buch, achtes Kapitel, letzte Zeile) und weiter: »Es gibt kaum eine törichtere und kläglichere Lebensweise, als wenn man sich von Zucht und Ordnung allein bestimmen läßt« (Drittes Buch, dreizehntes Kapitel). Stellen dieser Art häufen sich in den *Essays*, und da sie mir von höchster Bedeutung zu sein scheinen, besonders in unsern Tagen, führe ich noch als letzte die folgende an: »Das öffentliche Wohl verlangt, daß man verrate, daß man lüge (ach, er mußte später noch hinzusetzen: ›und daß man metzele‹); solche Aufträge wollen wir gehorsameren und geschmeidigeren Leuten überlassen« (Drittes Buch, erstes Kapitel). Montaigne war entschieden nicht für die Politik geschaffen.

Er hält sich ebenso für die Leitung von Staatsgeschäften ungeeignet, und als er seine Funktionen eines Magistraten niederlegt, und ebenso später, als er das Bürgermeisteramt von Bordeaux aufgab, um sich nur noch seinen eigenen Dingen zu widmen, da war er überzeugt davon, daß er durch die Ausarbeitung seiner *Essays* seinem Lande den größeren Dienst erweisen könnte. Ich füge hinzu: und der ganzen Menschheit, denn es ist wichtig, sich zu vergegenwärtigen, daß der Gedanke an die Menschheit bei ihm bei weitem den an das Vaterland überwiegt. Nach einem etwas ungewöhnlichen Loblied auf Frankreich, oder wenigstens auf Paris, »Die Ehre Frankreichs und eine der erlauchtesten Zierden der Welt«, das er »zärtlich liebt, sogar ihre Flecken und Auswüchse« (Drittes Buch, neuntes Kapitel), beeilt er sich, uns zu versichern, daß seine Liebe für das ganze Menschengeschlecht weit größer sei: »... ich achte alle Menschen für meine Mitbürger und umarme einen Polen so innig wie einen Franzosen, indem ich dieses Nationalband dem großen und allgemeinen Band der Menschheit nachsetze« (ebendort). Er fügt hinzu: »Die reinen Freundschaften unseres eigenen Erwerbs lassen in der Regel diejenigen hinter sich zurück, welche die Gemeinschaft des Klimas oder des Blutes stiftet. Die Natur hat uns frei und ungebunden auf die Welt gesetzt; wir kerkern uns ein in ein kleines Stück Land. So verpflichteten sich die Könige von Persien, niemals von andern Wassern als aus dem Choaspes zu trinken, entsagten durch diesen närrischen Einfall ihrem Rechte, sich aller andern Wasser zu bedienen und machten die ganze übrige Welt, in Rücksicht zu ihrer, zu einem verseuchten Brunnen.«

Man hinkt bei Montaigne immer hintennach; da er über alles und jedes planlos und unsystematisch spricht, so kann jeder aus den *Essays* herauspicken, was ihm gefällt, und oft genug ist es das, was der andere übersehen hat. Es gibt wohl kaum einen Verfasser, den man leichter zur Selbstrechtfertigung heranziehen kann, ohne daß man befürchten muß, sich des Verrates an ihm schuldig zu machen, da er selbst mit dem Beispiel hierfür vorangeht und unaufhörlich sich selbst widerspricht und sich selbst verrät. »Freilich, und ich scheue mich nicht, es zu gestehen, würde ich im Notfalle dem St. Michael eine Wachskerze bringen und eine andere seinem Drachen« (Drittes Buch, erstes Kapitel). Das wäre etwas, das sicherlich dem Drachen mehr gefallen dürfte als St. Michael. Auch wird Montaigne von einer ganzen Partei wenig geschätzt, so wenig als er sie selber schätzte. Das erklärt es, warum er nach seinem Tode nicht gerade in hoher Gunst stand, wenigstens nicht in Frankreich, in dem die Parteien in erbittertster Fehde lagen. Von 1595 (erinnern wir uns, daß er 1592 starb) bis 1653 kamen nur drei oder vier neue Ausgaben der *Essays* heraus. Dafür wurde Montaigne in dieser Zeit der Ungunst oder der nur halben Gunst in Frankreich bald im Ausland, in Italien, Spanien und besonders in England sehr volkstümlich. Wir finden im Werk Bacons und in dem Shakespeares unleugbare Spuren des Einflusses der *Essays*.

Es kann als bekannt vorausgesetzt werden, daß im British Museum ein Exemplar der Übertragung der *Essays* durch Florio existiert, in dem sich eine der seltenen handschriftlichen Eintragungen des Dichters des *Hamlet* findet, eines Dramas, in dem englische Kritiker mit besonderer Freude Spuren der Philosophie Montaignes entdecken werden.

> Hätt ich, mein Fürst, die Pflanzung dieser Insel ...
> Und wäre König hier, was würd ich tun?

läßt er Gonzalo im *Sturm* sagen.

> Ich wirkte im gemeinen Wesen alles
> Durchs Gegenteil: denn keine Art von Handel
> Erlaubt ich, keinen Namen eines Amts ...
> Gelahrtheit sollte man nicht kennen. Reichtum,
> Dienst, Armut gäb's nicht ... von Vertrag und Erbschaft,
> Verzäunung, Landmark, Feld- und Weinbau nichts ...
> ...
> Kein Handwerk ... alle Männer müßig, alle ...
> Die Weiber auch ... doch ohne Schuld und keusch ...
> Kein Regiment ...
> Alles gemeinsam sollte die Natur
> Erzeugen ohne Müh und Schweiß ... Verrat, Betrug,
> Schwert, Messer, Speer, Geschütz, Bedarf von Werkzeug
> Gäb's nicht bei mir ... es schaffte die Natur
> Von freien Stücken alle Hüll und Fülle,
> Mein schuldlos Volk zu nähren.

Diese Stelle ist ungefähr wörtlich übersetzt, oder zumindest stark beeinflußt durch ein Kapitel der *Essays* (aus dem man weiter unten wesentliche Abschnitte lesen kann).

Indem er sich vom Christentum entfernte, näherte er sich lange voraus Goethe. »Ich aber liebe das Leben und pflege sein, wie es Gott gefallen hat, mich damit zu begaben ...

Die Natur ist eine gar sanfte Führerin; aber ebenso weise und gerecht.« Diese Sätze – und es sind beinahe die letzten der *Essays* – hätte Goethe später zweifellos mit Freuden gegengezeichnet. Hier also mündet die Weisheit Montaignes. Kein Wort zuviel; und Montaigne hat sehr Bedacht darauf, der Erklärung über seine Freude am Leben den Gedanken an die Klugheit, Gerechtigkeit und die rechte Pflege zuzufügen.

Was man viel später mit *Liberalismus* bezeichnet, das lehrt uns Montaigne vor allem, und es will mir scheinen, daß es in unsern Tagen die größte Weisheit ist, die wir von ihm empfangen können, in einer Zeit, in der die politischen und religiösen Anschauungen alle Menschen trennen und in Gegensatz zueinander bringen. »Bei den gegenwärtigen Verwirrungen unseres Staates hat mich mein Vorteil ebensowenig die guten Eigenschaften unserer Gegner verkennen lassen, als die tadelhaften Eigenschaften derjenigen, mit denen ich es halte« (Drittes Buch, zehntes Kapitel). Er fügt etwas weiter hinzu: »Eine schöne Schrift verliert bei mir dadurch nichts von ihren Vorzügen, daß sie gegen mich zu Gericht eingegeben worden« (ebendort). Und noch weiter, in letzter Stunde, die folgenden, wirklich glänzenden Zeilen: »So verlangt man ..., daß unser Urteil und unsere Überzeugung nicht sowohl der Wahrheit diene als vielmehr den Entwürfen unserer Wünsche. Ich möchte lieber auf der Gegenseite ausschweifen, aus Furcht, daß meine Wünsche mich bestächen. Dazu kommt, daß ich meinen Hoffnungen wenig traue« (ebendort). Solche Geistes- und Charaktereigenschaften sind niemals wünschenswerter und könnten kaum je einen größeren Dienst erweisen als in Zeiten, in denen sie nur zu gern mißachtet werden.

Diese seltene und außergewöhnliche Gabe des Mitdenkens, von der er uns häufig spricht, diese Gabe, die Ansicht des andern anzuhören, ja sie sich zu eigen zu machen und so weit zu gehen, ihr vor der eigenen den Vorrang zu geben, hält ihn davor zurück, sich auf einem Weg zu weit vorzuwagen, den Nietzsche später einschlägt. Davor bewahrt ihn ebenfalls eine angeborene Klugheit, deren er sich, das ist sein Schutz, freiwillig nie begibt. Er fürchtet sich vor verlassenen Gegenden und zu dünner Luft. Aber eine stete Unruhe und Neugier spornt ihn an, und im Bereich der Ideen hält er es genau so, wie er es auf seinen Reisen gehalten hat. Der Sekretär, der ihn dabei begleitete, führte ein Reisetagebuch. »Ich habe nie erlebt, daß er ermüdete«, lesen wir dort, »noch daß er über Schmerzen klagte (er litt damals an Steingries, was ihn nicht hinderte, stundenlang im Sattel zu bleiben), da er unterwegs und in der Herberge stets auf das gespannt war, was seiner wartete, und jede Gelegenheit wahrnahm, sich mit den Fremden zu unterhalten; ich glaube, das half ihm über sein Übel hinweg.« Er versicherte, »keinen andern Plan zu haben, als durch unbekannte Gegenden zu reisen«, und weiter noch, »er fand einen derartigen Gefallen am Reisen, daß er allein schon die Nachbarschaft eines Ortes, in dem er Rast halten sollte, haßte.« Auch hatte er »sich angewöhnt, nach einer schlecht verbrachten Nacht zu sagen, wenn er sich bei Morgengrauen entsänne, daß er eine Stadt oder eine neue Landschaft sehen solle, daß er dann gutgelaunt rasch aufstehen könne«. Er selbst schreibt in den *Essays*: »Ich weiß sehr wohl, daß genau besehen dieses Vergnügen am Reisen Zeugnis legt für eine innere Unstetigkeit und Unentschlossenheit: gleichwohl sind das unsere hervorragendsten und besonders bemerkenswerten Eigenschaften. Ja, ich bekenne es freimütig, ich sehe nichts, es sei denn im Traum oder in meinen Wunschbildern, an das ich mich klammern könnte: allein schon das Verlangen nach Abwechslung belohnt mich, ebenso der Genuß an der Vielfalt der Dinge« (Drittes Buch, neuntes Kapitel).

Montaigne war nahezu fünfzig Jahre alt, als er die erste und einzige große Reise seines Lebens unternahm, die ihn nach Süddeutschland und nach Italien führte. Diese Reise dauerte siebzehn Monate und hätte wahrscheinlich noch länger gedauert, bedenkt man, welch ungewöhnliches Vergnügen sie ihm bereitete, wenn ihn nicht seine unerwartete Wahl zum Bürgermeister von Bordeaux nach Frankreich zurückgerufen hätte. Von diesem Augenblick an überträgt er auf die Ideenwelt diese ausgelassene Neugier, die ihn auf die Landstraße hinausgetrieben hatte.

Es ist höchst lehrreich, an Hand der aufeinanderfolgenden Ausgaben der *Essays* die Wandlung seiner Vorstellung vom Tode zu verfolgen. Er überschreibt eines der ersten Kapitel seines Buches: *Philosophieren heißt sterben lernen*. Wir lesen dort: »Mit nichts habe ich mich in meinem Leben mehr abgegeben als mit dem Nachdenken über den Tod, selbst in meinem ausgelassensten, flüchtigsten Alter.« Danach würde es sich darum handeln, indem man sich mit der Vorstellung an ihn vertraut macht, ihm seinen Schrecken zu nehmen. Aber in der letzten Ausgabe der *Essays* geht er soweit zu sagen: »Gott sei's gedankt, ich kann von dieser Erde abtreten, wann immer es sein Wille ist, ohne auch nur das geringste zu bedauern. Ich löse mich von allem; rasch habe ich von jedermann Abschied genommen, außer von mir. Niemals hat sich ein Mensch vorbehaltloser und vollständiger darauf vorbereitet, diese Welt zu verlassen und sich so gänzlich von ihr getrennt, als ich es zu tun gedenke...«, »und wenn der Tod mich überkommt, wird mir nichts Neues widerfahren« (Erstes Buch, zwanzigstes Kapitel). Er brachte es beinahe dahin, diesen Tod zu lieben, so wie er alles Natürliche liebte.

Montaigne starb einen sehr christlichen Tod, wird uns berichtet. Um der Gerechtigkeit willen sei festgestellt, daß er selbst hierzu keinerlei Anstalten traf. Es ist wahr, daß seine Frau und seine Tochter ihm in seinen letzten Augenblicken beigestanden haben, und zweifellos veranlaßten sie ihn aus Mitgefühl, wie das häufig geschieht, nicht diesen »in sich gesammelten, ruhigen, einsamen, ganz mir gehörigen, mit meinem zurückgezogenen und persönlichen Leben in Übereinstimmung stehenden« Tod zu sterben (Drittes Buch, neuntes Kapitel), mit dem er sich »zufrieden« gegeben hätte, sondern einen frömmeren als er es zweifellos von sich aus getan hätte. Ist es das Vorgefühl, daß es so kommen könnte, welches ihn schreiben ließ: »Wenn ich dennoch ihn (meinen Tod) zu wählen hätte, so würde ich ihn, glaube ich, mir eher zu Pferde als im Bett wünschen, fern von meinem Hause und fern der Meinen« (ebendort)?

Wenn man mir vorhält, den Sätzen Montaignes einen zu scharfen Sinn unterlegt zu haben, so antworte ich darauf, daß genügend Kommentatoren sich ausgiebigst damit befassen, ihnen ihre Spitze zu nehmen. Ich tue nichts anderes, als sie von ihren Hüllen zu befreien, sie aus dem Werg herauszuschälen, das die *Essays* etwas verstopft und häufig verhindert, daß das Entscheidende ihrer Gedanken bis zu uns gelangt. Gegenüber kühnen, gleichwohl klassisch gewordenen Schriftstellern besteht die große Sorge aller Schulmeister, sie zu verharmlosen; und ich staune immer wieder, wie sehr ganz von alleine der Zahn der Zeit das seinige dazu beiträgt. Nach kürzester Frist scheint es, als ob alle neuen Gedanken an Schärfe verlören, andererseits erlaubt eine Art Gewöhnung, mit ihnen umzugehen, ohne daß man befürchten muß, sich an ihnen zu verletzen.

Montaigne wundert sich auf seiner Italienreise darüber, die erhabensten Denkmäler des alten Rom oft halb unter Schutt begraben zu finden. Von der Spitze her bröckeln sie nach und nach ab. Wenn in unsern Tagen diese oder jene Spitze uns weniger hoch erscheint, so nicht zuletzt darum, weil wir einen höheren Standort für unsere Betrachtung gewählt haben.

1949

Herbert Lüthy

Daß man bei Montaigne nicht suchen soll, was er nicht hat

»Dies hier ist ein aufrichtiges Buch, Leser! Es warnt dich schon beim Eintritt...« Was bliebe da einer Vorrede viel zu sagen? Montaigne und sein Buch sagen selbst alles frei heraus, was sie übereinander zu sagen finden, Montaigne über sein Buch und das Buch über ihn; und nichts ließen sie sich so angelegen sein, wie zu verhüten, daß man sie tiefgründig mißverstehe. »Montaigne ist unser aller Nachbar«, und der offenherzigste, mitteilsamste, ja geschwätzigste, den wir uns wünschen können. Er verheimlicht uns nichts, oder doch nichts Wesentliches; und wenn er, der so eingehend und liebevoll die Züge seines Vaters schildert, der seinem Freunde La Boëtie eines seiner berühmtesten Essais widmet und der uns über sich selbst kaum eine Einzelheit seines Speisezettels, seiner Verdauung und seiner Launen verschweigt, von andern Dingen zu reden vergißt – ganz von seiner Mutter, die ihn um fast zehn Jahre überlebte, fast ganz von seiner Gattin, deren Existenz er höchstens einmal beiläufig erwähnt, und von seinen Kindern, deren »zwei oder drei« ihm im Kindbett wegstarben –, dann haben wir daraus nichts anderes zu schließen, als daß dies Dinge sind, die ihn wenig berührten: und auch das rundet sein Bild. Gleicherweise ohne Geheimnis und Hintergründigkeit ist, was er so über Gott und die Welt und die Zeitläufte äußert: nicht feingesponnene Ergebnisse langen spekulativen Nachdenkens, nicht tiefschürfende Schlüsse einer angestrengten Urteilskraft, zu deren Verständnis der Leser eines Wegweisers durch ein esoterisches Gedankensystem bedürfte, sondern die platterdings herausgesagten, unverbundenen und morgen vielleicht wieder wechselnden Meinungen eines Landedelmanns sehr bürgerlichen Geistes und Herkommens, mehr aus Lebenserfahrung und gemeinem Menschenverstand als aus einer Weltanschauung geboren, und ganz ohne Anspruch auf höhere Gültigkeit. Es liegt ihm denn auch viel weniger daran, die Ergebnisse seines Denkens zu zeigen oder überhaupt zu Ergebnissen zu kommen, als diesem Denken selbst in seiner spielerischen Bewegung zu folgen und uns mitgehen zu lassen; und wir können in der Tat mühelos mitgehen, ohne den Atem zu verlieren, denn es geht nie sehr weit, sondern unternimmt nur kleine schlendernde Spaziergänge und kehrt stets wieder um, bevor es außer Sichtweite gelangt. Ziellos, wie das Buch selbst, beginnt jedes einzelne seiner Essais; und wenn er noch seinem Denken einen Gegenstand vorsetzt, dann nur, um es in Bewegung zu setzen, wie man seinem Hund einen Stein vorauswirft, nicht damit er ihn hole, sondern damit er laufe, und man ist es zufrieden, wenn er statt des Steins ein beliebiges Stück Holz oder eine tote Maus herbeischleppt.

So kann man die Essais anblättern, einige Seiten lesen und wieder aufhören nach Lust und Gefallen, wie Montaigne selbst las, wie alle seine besten Leser ihn lasen, ohne Gefahr, den roten Faden zu verlieren: denn da ist keiner. Man lernt ihn durch sein Buch kennen, wie man seinen Nachbar im Leben kennenlernen würde, in zufälligen Begegnungen, deren jede einen kleinen oder großen Strich zum Gesamtbild hinzufügt; und je gewöhnlicher die Begegnungen, je unbedeutender und unzusammenhängender die Striche, desto wahrheitsgetreuer wird endlich das Bild.

So könnte die Einführung einfach heißen: Nimm und lies! oder vielmehr: Lies und nimm! – denn es steht jedem frei, zu nehmen, was ihm behagt, wie Montaigne selbst nahm, wo und was ihm behagte, um es sich zu eigen zu machen, und wie er nach seinem eigenen Wort seinem Plutarch, so oft er ihn zur Hand nahm, lässig einmal ein Bein und ein andermal einen Flügel ausrupfte. So haben alle genommen, die mit Montaigne umgingen, und fast jeder hat das Bein oder den Flügel, den er mitnahm, als den ganzen Montaigne betrachtet. So viele Meinungen über ihn man zusammentrüge, so viele verschiedene Montaigne sähe man. Den Frommen war er ein Frommer und den Freigeistern ein Freigeist, den Heiden ein Heide und den Christen ein Christ; für die Nachfahren der Stoa war er der stoische Tugendlehrer, für die Epikureer der hohen wie der niederen Gattung ein Epikureer ihrer Gattung; die Aufklärer haben seine Urteile über Hexen- und Wundergeschichten mit unermüdlicher Begeisterung zitiert, ihre Widersacher pochten auf die Sebundus-Apologie und ihre Entthronung der Vernunft. Die Konservativen fanden bei ihm die Verteidigung des Hergebrachten, der alten Gesetze und der angestammten Ordnung, die Naturrechtler die Kritik des positiven Rechts, der Konventionen und Tünchen der Zivilisation; die Romantiker liebten seine Unordnung, seine guten Wilden und seine natürliche Pädagogie, und mit gutem Recht haben ihn alle Pragmatiker und Positivisten für sich in Anspruch genommen. Die Liste ließe sich endlos fortsetzen, und eine ebenso bunte ließe sich über das aufstellen, was seine Gegner an ihm zu verwerfen fanden. Doch wie steht es nun mit seiner Wahrhaftigkeit? Kann einer so viele Gesichter haben, ohne sich zu verstellen, und so vielerlei Wahrheiten, ohne zu lügen?

Zwar hat Montaigne auch darüber alles gesagt, doch es hat ihm wenig geholfen. Seine Anrede an den Leser ist ganz wörtlich zu nehmen; doch gerade dies hat ihm kaum jemand geglaubt. Wenn also die Essais kaum einer Einleitung bedürfen, so bedürfen sie vielleicht doch einer Anleitung, nicht in ihnen zu suchen, was sie gar nicht geben wollen: nämlich Wahrheiten über irgend etwas oder irgend jemand außer Herrn Michel de Montaigne. Seine Gedanken und Meinungen mögen falsch oder richtig sein; wahr sind sie, sofern sie seine Gedanken sind. Ihre Wahrheit liegt nicht da, wo sie hingehen, denn er läßt sie überall hingehen, sondern von wo sie ausgehen und wohin sie zurückkehren. »Ramener à soi« ist eines der in ihrer vollen Begriffsweite unübersetzbaren Schlüsselworte der Essais: auf sich zurückbeziehen, an sich ziehen, zu sich nehmen, mit dem logischen Sinn der Denkbewegung vom Gegenstand auf sich selbst und mit der physischen Gebärde des Ergreifens, Festhaltens und Umfangens. So zieht er an sich, was ihm entschlüpfen will: sein Leben, seine Gefühle, seine Gedanken, sein Buch und sich selbst; und nichts anderes ist sein Vorwurf gegen die »Zügellosigkeit des Denkens«, als daß es über ihn selbst und seine Begrenztheit hinaus will, um sich ins Objektive, Unbedingte und Unbegrenzte zu setzen. Er, Montaigne, will bei sich bleiben. Darum bleiben seine erkenntniskritischen Exkurse, selbst gemessen am Stand seiner Zeit, dürftig und hingeworfen, eine bloße lässige Abwehrgebärde; ihn kümmert nicht die Erkenntnis der Dinge, sondern nur die

Kenntnis und Erkenntnis seiner selbst. Auch wo er sich einmal ernstlich darum bemüht, wie in der Apologie des Raymund Sebundus, bleibt seine Epistemologie im Zirkelschluß und im bloßen Kopfschütteln: wie sollte der Mensch etwas erkennen können, da er nicht einmal sich selber begreift? Alle seine philosophischen Argumente sind solche Argumente ad hominem, so unphilosophisch wie nur möglich: was hat die objektive Wahrheit eines philosophischen Satzes mit dem Philosophen zu tun, der ihn aufstellt, mit seinen Verdauungsbeschwerden, seinen Leidenschaften und seiner persönlichen Wahrhaftigkeit? So reiht er auch das heliozentrische System des Kopernikus gleichmütig unter die astronomischen Phantasien seiner Narrenchronik der Vernunft ein: was hat es mit den Altersgebrechen und Schrullen des Kopernikus zu tun, die allein ihn zu interessieren vermöchten?

Das sind frivole Argumente für den, der nach Erkenntnis der Dinge strebt. Doch Montaigne hat ein anderes Vorhaben, bei dem er sich nicht aus den Augen verlieren will, und ein anderes Bezugssystem, das die Wahrheit nicht an dem mißt, worüber ausgesagt wird, sondern an dem, der aussagt – nicht nach ihrer objektiven Wahrheit, sondern nach ihrer subjektiven Wahrhaftigkeit. Jede Disziplin, von der Physik bis zur Theologie, kann aus einmal gegebenen Prämissen Schritt für Schritt zu Schlußfolgerungen gelangen, die weit über die Einsicht und Vorstellungskraft des Schließenden hinausgehen und jeden Bezug auf ihn verloren haben. Nichts ist unpersönlicher als eine richtig gelöste Rechnung oder ein logisch richtig gebauter Schluß. Eine solche Erkenntnis, die sich vom Erkennenden loslöst und sich an das Objekt heftet, hat ihm, Michel de Montaigne, nichts mehr zu sagen: sie ist zur Selbsterkenntnis nicht brauchbar. Darum auch ist die Sprunghaftigkeit, Willkürlichkeit und äußere Ziellosigkeit seiner Essais, diese schlendernde, unschlüssige und unberechenbare Bewegung seines Denkens nicht nur Eigenwilligkeit oder gar Unfähigkeit, Systematik und Wahrhaftigkeit schließen sich bei seinem Experiment aus: ein Denken oder ein Stil, der sich einer Disziplin unterwürfe, würde aufhören, ganz unmittelbar und unvermittelt sein eigen zu sein. Sorgsam scheint er stets darüber zu wachen, daß nirgends, selbst nicht aus Versehen, ein Gedankengebäude entsteht, das ohne seine Dazwischenkunft auf sich selber stünde, nirgends eine Methode sich zwischen ihn und seine Einfälle schiebt, nirgends eine Kette von Schlüssen sich folgerichtig einer aus dem andern entwickelt, ohne daß er noch seine Hand im Spiele hätte. Lieber läßt er, ironisch beobachtend, sein Denken mit Trivialitäten und hohlen Nüssen spielen und kleine Kartenhäuser bauen, die er wieder umbläst, bevor sie groß werden. Ihre großartigste, vor ihm und lange nach ihm nie auch nur annähernd erreichte Wahrheit und Tiefe aber gewinnen seine »geistigen Übungen«, wo er sich selbst in die dämmernden Grenzzustände seines Bewußtseins, an den Grenzen des Schlafs, des Traums, der Betäubung, der Verstörtheit und des Todes folgt, in jene Engen, in denen sich das Bewußtsein nicht mehr vom physischen Sein abzulösen vermag – und wo es darum im Sinne der Montaigneschen Selbsterkundung völlig wahr wird, nämlich gelöst von jeder Beziehung auf Fremdes. Das sind äußerste Vorstöße, die uns auch dies lehren, uns nicht allzuleicht bei Montaignes scheinbarer Vordergründigkeit und Oberflächlichkeit zu beruhigen; doch auch manches Trödeln und Tändeln der Essais mit Beliebigem und Banalem ist ein solcher Halbschlaf des Bewußtseins, in dem es sich unbemerkt beobachten läßt. Und gewiß fördert es dabei immer wieder Gedanken über mancherlei zutage, die ihr Interesse und sogar ihre Größe in sich selbst haben, denn es ist doch Montaigne, der denkt; aber das sind Nebenprodukte eines auf anderes gerichteten Denkens. Nicht darum geht es ihm, das Maß der Dinge zu erkennen, sondern das Maß seiner Augen. Wie er die Dinge sieht, bald so, bald anders, läßt nicht auf die Dinge schließen, sondern auf ihn, und das irrige oder schattenhafte Sehen vielleicht noch besser als das richtige. Seine Schlüsse interessieren ihn nur so weit, als sie auf ihn zurückschließen lassen; und wenn sie sich widersprechen, wird das Bild seiner selbst dadurch schärfer und plastischer, wie im stereoskopischen Sehen.

»Montaigne gegen die Wunder; Montaigne für die Wunder«, notierte Pascal: erst beides zusammen ist Montaigne. Er hat wahllos und unermüdlich ein ganzes Kuriositätenkabinett aller möglichen Vernunftschlüsse seiner eigenen und der Philosophie aller Philosophen zusammengetragen, nicht um sie gegeneinander auszuspielen, sondern um die Möglichkeiten und die Reichweite des menschlichen Denkens auszukundschaften; und wenn man ihn nur ein wenig stieße, ließe er sie alle gelten, die ausgefallensten am liebsten. Sie widersprechen sich? – nun wohl, aber ihr Ganzes steckt die Grenzen des menschlichen Bewußtseins in all seinen vielfältigen Möglichkeiten ab. »Die Wahrheit ist das Ganze.« Auch für die Essais gilt der Hauptsatz Hegels, doch abgewandelt: die Wahrheit Michel de Montaignes ist die Summe seiner Widersprüche. Und diese seine Wahrheit hat er, wie Dionys der Kyniker die Bewegung durch das Gehen, durch sein Buch erwiesen: da steht er, ein ganzer Mensch, in dem all diese Widersprüche in Einklang kommen.

Eine andere, allgemeine, überpersönliche Wahrheit hat er nicht und sucht er nicht. »Ich sehe von nichts das Ganze«; und lächelnd fügt er hinzu: »noch sehen es jene, die es uns zu zeigen verheißen.« Dieser Verzicht auf die Kategorie der Ganzheit – die Totalität, das oberste Prinzip, die allgemeine Idee, der absolute Geist – beschwert ihn so wenig, daß ihm fast jede Meinung darüber gleich gilt; lieber, als sich darüber den Kopf zu zerbrechen, hält er sich an die, die in seinem Land und in seiner Familie herkömmlich und gewiß so gut ist wie eine andere. Er stellt sie sorgfältig außerhalb des Bereichs alles menschlichen Erkenntnisvermögens – das ist der ganze Inhalt der Sebundus-Apologie –, um sie sich um so besser vom Leibe zu halten: sie ist unerreichbar, und sie beunruhigt ihn nicht. Seine Essais, diese kleinen Spaziergänge des Denkens, sind nie unterwegs nach solcher Wahrheit, sondern immer nur nach Montaigne. Das Ganze, das er fast unterschiedslos Gott oder Natur, Schicksal oder Ordnung nennt, kommt sehr gut ohne ihn aus, und er sehr gut ohne es; oder vielmehr, wissend oder unwissend ist er darin eingebettet und geborgen, wie der Maulwurf oder die Blattlaus, die auch nicht weiß, wie ihr geschieht.

Diese ruhige, fraglose Selbstverständlichkeit ist es, die Pascal empörte, den ersten vielleicht, der Montaigne als Suchender las, der mit ihm bis an die Grenzen der Skepsis ging und sich dann voll Zorn gegen ihn wandte, als er ihn gleichmütig umkehren und sich auf seiner Suche jenseits der Skepsis allein bleiben sah. »Es gibt nur drei Arten von Menschen: jene, die Gott dienen, da sie ihn gefunden haben; jene, die sich mühen, ihn zu suchen, da sie ihn nicht gefunden haben; jene die leben, ohne ihn zu suchen und ohne ihn gefunden zu haben.« Es ist klar, zu welcher dieser Kategorien Pascals Michel de Montaigne gehört. Man mag noch lange über die Gläubigkeit Montaignes streiten, doch es ist ein müßiger Streit: was immer er war, ein Gottsucher war er nicht. Er hat seine Glaubenspflichten erfüllt, wie seine amtlichen, staatsbürgerlichen, ehelichen, und es ist kein Grund, zu bezweifeln, daß er es ehrlich und ernstlich tat: doch nicht als etwas ihm Eigenes, nicht aus einer ihm zuteilgewordenen Erkenntnis und nicht als Ausdruck seines eigenen Wesens, sondern als das in seinem ihm durch Geburt und Herkunft zugewiesenen Lebenskreis übliche Verhalten gegenüber der unerkennbaren Ordnung des Ganzen, über die ein eigenes Urteil zu bilden ihm fern lag. Die Scheidung geht erstaunlich klar durch die ganzen Essais, und es bedarf großer Voreingenommenheit, sie nicht zu sehen: Wo Montaigne im allgemeinen und von Allgemeinem spricht, da unterläßt er es selten, das in seiner Zeit der Glaubensverfolgungen besonders ratsame Bekenntnis zur Rechtgläubigkeit einzuflechten; wo er von seinem äußeren Verhalten, seinen Sitten und Gewohnheiten redet, da vermerkt er auch das Kreuzschlagen, das Tischgebet und den Meßgang; doch wo er wirklich bei sich selber einkehrt, wo er nicht mehr vom Menschen, vom Leben und vom Tod im allgemeinen, sondern von sich, seinem Leben und seinem Sterben spricht, da bleibt der Glaube draußen, wie die Philosophie und die Sitte draußen bleiben, und er ist allein mit sich selbst. Auch der Glaube gehört im Grunde zu den allgemeinen Wahrheiten, die nichts mit ihm zu tun haben und nichts über ihn aussagen.

Das also ist die Montaignesche Skepsis. Doch dieses

philosophische Etikett will nicht recht auf ihn passen; denn es kommt aus einem ihm fremden Beziehungssystem und trifft darum nur etwas Beiläufiges: seinen Zweifel an der Möglichkeit objektiver Erkenntnis. Dies wäre ein wesentlicher Zug, wenn er solche Erkenntnis gesucht hätte und daran gescheitert wäre; so aber ist der Zweifel an der Erkennbarkeit der Dinge mehr eine Bequemlichkeit als ein Postulat: er schiebt damit ein Vorhaben von sich, das nicht das seine ist. Gewiß klingt die Beschreibung des skeptischen Denkens, wie sie Hegel in der »Phänomenologie des Geistes« gibt, fast Wort für Wort wie auf Montaigne gemünzt, doch eben nur in diesem Negativen: gewiß, er »hat es nur mit Einzelnem zu tun und treibt sich mit Zufälligem herum«; gewiß, sein Denkstil ist »diese bewußtlose Faselei, von dem einen Extrem des sichselbstgleichen Selbstbewußtseins zum andern des zufälligen, verworrenen und verwirrenden Bewußtseins hinüber- und herüberzugehen«, und »es erkennt seine Freiheit einmal als Erhebung über alle Verwirrung und alle Zufälligkeit des Daseins und bekennt sich ebenso das andre Mal wieder als ein Zurückfallen in die Unwesentlichkeit und als ein Herumtreiben in ihr«; auch es geht »sozusagen nur an das Denken hin, und ist Andacht…, das gestaltlose Sausen des Glockengeläutes oder eine warme Nebelerfüllung, ein musikalisches Denken, das nicht zum Begriffe, der die einzige immanente gegenständliche Weise wäre, kommt«, und »so sehen wir nur eine auf sich und ihr kleines Tun beschränkte und sich bebrütende, ebenso unglückliche als ärmliche Persönlichkeit…« Wie treffend ist diese Beschreibung des skeptischen Denkstils – und wie wenig trifft sie Montaigne! Der in der fröhlichen Wissenschaft der Essais vor uns tritt, ist ebensowenig ein Vertreter des hegelschen

»unglücklichen Bewußtseins«, wie er der gnadenlose und verzweifelte Mensch Pascals ist. Und eben das ist vielleicht sein Skandal: so wach, so bewußt seiner Endlichkeit, die »das Ganze« nicht zu fassen vermag und sich mit Stückwerk und Stückwissen begnügt, und doch so gänzlich untragisch zu sein. Seine Skepsis, die philosophische wie die religiöse, ist kein schmerzvoller Verzicht, weil sie keine Philosophie, sondern eine geistige Hygiene ist: ein Behelf, Fremdes von sich fernzuhalten und dem Eigenen Raum zu geben. Seine Wahrhaftigkeit setzt der Wahrheit andere, doch nicht weniger strenge Kriterien: gehört sie mir? ist sie mir gemäß? bleibt sie mein auch in der Krankheit, im Schmerz und im Sterben? Wenn er sie nicht »auf sich zurückführen« kann, wenn sie nicht mit seiner Persönlichkeit verwächst und ihm zur Lebenswahrheit wird, so mag sie unabhängig von ihm gültig sein, und er leugnet sie nicht; aber was geht sie ihn an? »Ich bin kein Philosoph...«

Auch diese »Anleitung zum Lesen Montaignes« ist eine Systematisierung und führt als solche irre. Sie mag ein Stück weit helfen, über die ersten Verwunderungen und Mißverständnisse hinweg, auf das zu achten, was für ihn das Wesentlichste ist; doch dann vergesse man sie, um nicht dem umgekehrten Mißverständnis zu verfallen. Man kann von Montaigne nur in Widersprüchen reden, und wie er selbst vom Hundertsten ins Tausendste kommt, so kommt man, wenn man von ihm spricht, vom Hundertsten ins Tausendste; denn sein Gegenstand ist er selbst, in dem sich alle Gegenstände spiegeln. Er hat sich keine Methode auferlegt, auch keine Methode der Selbsterkenntnis, und es gibt keine solche Methode außer der unbedingten Ehrlichkeit gegen sich selbst. Hätte er es auch gewollt, er hätte sich nicht sich selbst gegenüberstellen und sich belauschen können; er hätte sich nicht teilen können in ein sich beobachtendes und ein sich unbeobachtet wähnendes Bewußtsein. Er war weder ein Schizophrener noch ein selbstversunkener Nabelbeschauer. Er hat auf sich geachtet, doch ohne Scheuklappen; und jene erstaunlichen Erkundungsfahrten an die Grenzen des Unbewußten waren ihm nur möglich, weil er im langen Umgang mit sich selbst die rechte Distanz zu sich gefunden hatte, um sich, wie er einmal sagt, unbefangen betrachten zu können »wie einen Nachbar, wie einen Baum«. Gerade dies läßt sich im Fortschreiten der Essais verfolgen: wie er diese Distanz zu sich gewinnt, diese Unvoreingenommenheit gegen sich selbst, die der schwerste Teil der Wahrhaftigkeit ist. Er hat sie nicht gewonnen, indem er über sich selbst brütete. Montaigne hat sehr ernsthaft über anderes als sich nachgedacht, über das Wesen und das Los des Menschen, über den Staat, über das Recht, die Tugend, die Ehe, über Erziehung und Bildung, über den Wunderglauben, über die Leidenschaften und durchaus auch über die Möglichkeit der objektiven Erkenntnis: immer mehr mit Bezug auf sich selbst, doch keineswegs mit Beschränkung auf sich selbst.

Die beiden ersten Bücher der Essais in ihrer ersten Form sind voll von allgemeinen Wahrheiten der stoischen Weisheit; das sind die Essais, von denen er später sagt, daß sie »ein wenig nach fremdem Gut riechen«. Doch dann schaltet sich jene geistige Hygiene ein, die skeptische Frage an die eigene Weisheit: wie komme ich dazu? Ich, Michel de Montaigne, perigordinischer Landedelmann, fünfzigjährig, nicht ganz mittelgroß, mit beginnendem Nierenstein behaftet? Was bedeutet sie *mir*? Das ist das Aufleuchten der großen Wahrhaftigkeit, die Rückwendung zu sich, das Zurückführen der Wahrhaftigkeit auf sein persönliches Maß; und die Essais sind einzigartig geblieben in der Konsequenz, mit der sie diesen Weg zur Ehrlichkeit gegen sich selbst gehen – das persönlichste Buch der Weltliteratur. Einzigartig vielleicht darum, weil sie sich diesen Weg nicht vorgenommen hatten, sondern ihn erst arglos und absichtslos, dann mit wachsender Entdeckerfreude beschritten. Denn auch die Persönlichkeit gehört zu den Dingen, die man nicht erreicht, indem man absichtsvoll nach ihr strebt; das Ich, das ohne weiten Umweg geradewegs auf sich selbst zuginge, hätte sich in Wirklichkeit überhaupt nicht vom Ausgangspunkt entfernt, der sein Nullpunkt ist, und bliebe leer mit all seiner Selbsterkenntnis, die nichts zu erkennen fände; und um das Maß seiner Augen zu finden, muß man versuchen, das Maß der Dinge zu erkennen. So ist dieses Buch der Selbsterkenntnis kein Bekenntnisbuch, keine Autobiographie, keine Selbstrechtfertigung und keine Selbstanklage, kein Ecce homo. Montaigne geht nicht von sich aus, er kommt ganz schlicht und sachlich zu sich, wie man zur Sache kommt. Er greift nur zur Selbstdarstellung, weil er kein anderes Bezugssystem der Erkenntnis findet. Im Schwanken der Wahrheiten setzt er sich selbst als festen Punkt, und indem er sie zu sich in Beziehung setzt, findet er seinen eigenen Standort: denn in Bewegung bleibt beides.

Die Unerhörtheit dieses Unternehmens der Selbstdarstellung, die ihm noch das Jahrhundert nach ihm nicht verzieh, ist heute kaum mehr fühlbar: eine Flut von Selbstdarstellungen und Selbstbetrachtungen ist seitdem über die Welt gegangen. Und doch haben die Essais in der Reinheit und Unbefangenheit ihrer Entdeckerfreude wenig wirkliche Nachfolge gefunden, und vielleicht können sie keine finden, weil alle Nachfolge belastet ist. Bei Montaigne fehlen alle uns gewohnten Motive der Selbstdarstellung. Er hat nicht aus einem Bewußtsein seiner eigenen Ungewöhnlichkeit, seines »Andersseins« oder seiner Beispielhaftigkeit, weder im Guten noch im Bösen, geschrieben; im Gegenteil, sein Experiment war um so gültiger, ein je gewöhnlicherer Mensch er war, und es ist oft zu spüren, wie er auf dieser Gewöhnlichkeit beharrt und sich gewöhnlicher macht, als er ist. So ist er den Gefahren aller gewollten Selbstdarstellung entgangen, der Gefahr der Selbsterhöhung und der vielleicht noch größeren Gefahr der Selbsterniedrigung, jener »listigen Demut« der Bekenntnisbücher, deren Verfasser sich selbst mit Füßen treten, um zu zeigen, wie hoch sie sich über sich selbst erhoben haben. Da ist nichts von Weltschmerz, Reue, Auflehnung, Anklage, Zerrissenheit, Leiden an anderen und an sich selbst, nichts von all dem, was seit Rousseau so viele Mißratene dazu treibt, sich der Welt ins Gesicht zu speien, so viele Gescheiterte, ihr De Profundis zu schreiben, so viele Sünder, die Welt zum Jüngsten Gericht über sich zu laden, so viele Genies, ihr Genie zu behaupten statt zu beweisen. Montaigne ist kein Unverstandener und Verkannter, der darin Trost fände, wenigstens sein eigener Held zu sein, kein Unglücklicher und Verstoßener, der die Welt zum Zeugen des ihm angetanen Unrechts anruft. Das ist das Seltsame: hier gibt sich ein Reicher, Gesunder und leidlich Glücklicher zu erkennen, der sein Leben durchaus gemeistert und im öffentlichen Leben seines Landes und seiner Stadt seine Rolle mit Ehren gespielt hat. Er schreibt nicht, um sich eine Rolle zuzulegen, sondern um seine Rolle von sich abzulegen und zu sich zu kommen. Die

Distanz zu sich selbst, die er gewinnt, ist eben diese Distanz zu seiner Rolle, sei es als Politiker oder als Philosoph, als Weltmann oder als Weltflüchtiger, zu seinen Handlungen wie zu seinen Meinungen, Grundsätzen und Ansichten, kurz, zu allem, was nach außen hin gerade die Persönlichkeit ausmacht. Es ist wiederum diese umgekehrte Bewegung von außen nach innen, von den Dingen zu sich.

»Mundus universus exercet histrioniam«; »die Person« selbst ist etymologisch »die Maske«. In dieser Komödie, die ein jeder zu spielen hat, in auferlegter oder angenommener Rolle, aus der zu fallen das schlimmste aller gesellschaftlichen Verbrechen ist, in Charaktermasken, die jeder schließlich für sein wirkliches Gesicht hält, mit Parteinahmen, Glaubenssätzen und Lehrmeinungen, die wir »zu glauben glauben« und zu denen wir aus Treue zu uns selbst stehen müssen, ohne meist recht zu wissen, wie wir eigentlich zu ihnen gekommen sind: in dieser Komödie war seine Rolle durchaus in Ordnung, wenn nicht eine der ersten, so doch der besten, die zu vergeben waren, und er hätte sich wohl in ihr gefallen können. Sie hat ihm auch nicht mißfallen, und er hat gerade, um sich von den »Büchermachern« zu distanzieren, das Weltmännische gelegentlich recht dick unterstrichen; er hat seine Herkunft mit einem Glanz alten Schwertadels umgeben, der ihr keineswegs zukam; er hat mit Stolz vermerkt, daß er als Bürgermeister seiner Stadt einen Marschall zum Vorgänger und einen andern zum Nachfolger hatte, und mit einer Eitelkeit voll unmerklicher Selbstironie gibt er ausgerechnet im Essai von der Eitelkeit den ganzen lateinischen Text seiner römischen Ehrenbürgerurkunde zum besten. Auch diese von seinen jansenistischen Kritikern mit galligem

Hohn vermerkten Züge sind Züge seines Wesens, das sich unverstellt in den Essais spiegelt. Er hat nicht der Welt entsagt, um sich zu finden: er hat sich in der Welt zu finden gesucht. Man soll, sagt er, seine Rolle spielen, wie es sich gehört, doch eben als Rolle, ohne sich mit ihr zu identifizieren und in ihr aufzugehen. Und wirklich spielt sich in den drei Büchern der Essais der gleiche Vorgang ab, der auf den Titelblättern der Erstausgaben zu verfolgen ist: wenn die zwei ersten Ausgaben noch gemäß der Übung der Zeit die ganze Titelpracht des königlichen Ordensritters, Kammerherrn und Bürgermeisters Michel de Montaigne ausbreiten, so ist auf dem Titelblatt der letzten von ihm selbst besorgten Ausgabe sein Name allein geblieben; nicht der Bürgermeister und nicht der Kammerherr hat sie geschrieben, sondern Michel de Montaigne.

So schaltet sich auch hier die geistige Hygiene der Skepsis gegen sich selbst ein, eine Selbstironie, die sich auch von sich nichts vormachen läßt. Doch wo bleibt nun die Persönlichkeit, die er sucht? All das, was sie zusammenhält: Herkommen, Erziehung, Umgang, Sitte, Konventionen, Grundsätze, Bindungen, Glauben, Stand, Name und Stellung, ist ihr von außen zugespült, ihr zugefallen, »zufällige« Rolle, und ist doch zumeist das ganze bewußte Ich. Je näher er sich betrachtet, desto mehr verschwimmen seine Umrisse, desto mehr löst sich die Individualität in dieses buntscheckig zusammengestückte, unzusammenhängende, schillernde und fließende Unwesen auf, das in seiner Widersprüchlichkeit zu beschreiben er nicht müde wird – als hätte er es darauf angelegt, »sich durch seine Unkenntlichkeit kenntlich zu machen«. Das Ich ist keine isolierbare Substanz, die übrigbliebe, wenn man die ihm zufallenden Elemente und Einflüsse abzieht:

es ist die Struktur, nach der sich diese wechselnden Elemente und Einflüsse ordnen, durch sie verdeckt und doch nur an ihnen erkennbar. »Da ist keiner, wenn er auf sich horcht, der nicht in sich eine ihm eigene Form, eine Grundform entdeckte, die gegen die Erziehung ankämpft.« Doch dazu bedarf es eines aufmerksamen Hinhörens auf die Neben- und Untertöne des Bewußtseins, auf die Brechungen der Rolle, in denen sich der Schauspieler verrät. Und er verrät sich besser im Beiläufigen, im Alltäglichen, Unbeachteten, Privaten, in den Schwächen und Niederungen, in Augenblicken der Zerstreutheit und der Entspannung, besser in der Garderobe als auf der Bühne, gelegentlich und unabsichtlich, wie alles Echte unabsichtlich ist. Die ganze herrliche Lebendigkeit der Essais entspringt aus diesem gespannten, hellhörigen Lauschen Montaignes auf sein entspanntes, im Äußeren und Äußerlichen treibendes Ich.

Gewiß, dieses Denken geht im Kreis. Doch der Kreis zieht sich immer enger, bis es am Ende nur noch um den einen Punkt kreist, an dem sich Montaigne ganz mit sich allein findet: den Tod. Hier hört alles Schauspielen auf; »das ist eine Handlung für eine Person allein«. Früh hat ihn der Todesgedanke beschäftigt, und an nichts läßt sich der Gang seiner Selbstentdeckung so klar verfolgen wie an seiner Beziehung zum Tode. In ihm fand er das letzte Kriterium der Wahrhaftigkeit. Mit dem Tode fertigzuwerden, das ist es, was Montaigne anfangs von der Philosophie verlangte: Hic Rhodus, hic salta! »Philosophieren heißt sterben lernen«, betitelt er, ganz erfüllt von antiker Lebens- und Sterbensweisheit, das große Todeskapitel des ersten Buches, und alle Tröstungen der stoischen Philosophie, die den Menschen in seinem Bewußtsein über die

Endlichkeit seines physischen Seins erhebt, sind hier aufgeboten. Unter Philosophie hat er immer diese geistige Erhebung des Menschen über seine arme, verworrene und befristete Menschlichkeit verstanden, und sie meint er auch noch, wo er später von sich sagt: »Ich bin kein Philosoph.« Und der Weg ist zu Ende gegangen, wo er angesichts des selbstverständlichen, gefaßten Sterbens der Einfältigsten im Pestjahr 1585 den Satz Ciceros vom philosophischen Sterbenlernen als eitles Großtun von sich abschüttelt: was ist es schon, auch zu können, was jeder Tor und jedes Tier kann und muß? sich groß in Pose zu setzen, um zu erleiden, was jeder erleidet? Wenn Philosophieren sterben lernen heißt, »nun wohl, dann laßt uns in die Schule der Dummheit gehen«. Nicht sterben lernen, leben lernen ist Weisheit. Endlos ließen sich die Sätze der ersten und der letzten Periode der Essais einander gegenüberstellen; denn mit der Einstellung zum Tode ändern sich alle Perspektiven und Maßstäbe des Lebens.

Doch die letzten Sätze streichen die ersten nicht durch: da ist nichts zurückgenommen, da ist hinzugefügt und vertieft. Am Anfang ist es »der« Mensch, »das« Leben und »der« Tod, was ihn beschäftigt; am Ende ist es er selbst, »mein« Leben, »mein« Sterben, und er blickt nicht mehr einer philosophischen Allegorie des Todes ins Auge, sondern erfährt und erlebt sein eigenes langsames Erlöschen. Er, Michel de Montaigne, kann sich nicht in seinem Bewußtsein darüber hinwegsetzen; denn er selbst ist es, der stirbt, mitsamt seinem Bewußtsein, und keine Spekulation führt darüber hinaus. Da gönnt er sich auch nicht mehr den Zweifel, der sonst alles, auch das Wunder, gelten läßt: der Tod ist das Ende, und was immer jenseits sein mag, er, Michel de Montaigne, bleibt diesseits. Die Tröstungen der

Philosophie, wie die der Religion, leugnet er nicht einmal, er läßt sie dahingestellt; er nimmt die Letzte Ölung und die Worte der Freunde, doch sie betreffen ihn nicht: es sind die letzten Handlungen des Lebens nach Sitte und Brauch, da es ihm nicht vergönnt war, unbelästigt, unterwegs und fern den Seinen zu sterben, »ganz bei sich«, wie er es sich oft wünschte. Das Leben bleibt in seiner Rolle bis zum letzten Augenblick. Zum Tode bereit sein oder nicht bereit sein ändert am Akt des Todes nichts; doch sein Bedenken vermag das Leben in die rechte Perspektive der Endlichkeit zu rücken. Nicht im Sterben – doch was wissen wir davon? –, in der physischen Nähe und wissenden Erwartung des Sterbens ist Montaigne ganz zu sich gekommen, zur Bejahung seiner selbst und des Lebens, »wie es ist«. Die stoische wie die christliche Verachtung des Todes gründet in Verachtung des physischen Lebens; doch je mehr er sich entschwinden fühlt, desto inniger fühlt er, daß dieses Leben alles ist, was er hat, und daß es viel und köstlich ist. In aller Verachtung des Lebens findet er nun die Hybris des menschlichen Geistes, sich über und außer sich zur Unbedingtheit, zur Dauer, zum allgemeinen Sein zu erheben, eine Auflehnung gegen den ihr unerträglichen Gedanken, heute zu sein und morgen nicht mehr – gegen die natürliche Ordnung, die Leben und Sterben umschließt. Mit einem Hymnus auf dieses Dasein schließt sein letztes, schon ganz von Todesnähe und Todesbereitschaft erfülltes Essai: »C'est une absolue perfection, et comme divine ...« An der Nähe des Todes hat Montaigne das Leben lieben, es »festhalten mit Zähnen und Klauen«, es auskosten bis zum letzten Zuge gelernt. Die absolute Grenze des Todes erst gibt ihm seine Intensität, durch seine Begrenztheit erst gewinnt es die Dimension der

Tiefe, in seiner Endlichkeit ist es der Erfüllung fähig; irdisch, doch darum nicht nichtig, vergänglich, doch darum nicht verächtlich, verlierbar, doch nicht absurd: unschätzbar köstlich gerade in seiner Gebrechlichkeit und Bedrohtheit.

Aus dieser Perspektive erhält sein Lebensgefühl diese beglückende Ruhe und Heiterkeit, die seine letzten Sätze erfüllt: gefaßt, ohne Reue, ohne Schrecken und ohne Verzweiflung. Die Lebens- und Todesweisheit, die in diesen letzten Zwiegesprächen mit Alter, Krankheit und Tod spricht, ist unendlich viel mehr als »Lebenskunst« und »Lebensklugheit«; da ist keine Kunst und keine Klugheit mehr, sondern fügsames Einwilligen in die rätselhafte Ordnung des Lebens und des Sterbens, die sich der Vernunft nicht unterordnet und der darum die Vernunft sich unterordnen muß – *Amor fati*. Doch wenn dies Weisheit ist, dann ist es die anspruchsloseste und demütigste, die Weisheit aller Kreatur, die fraglos dahingeht, ohne über die Ordnung zu rätseln, in der sie lebt und stirbt, die Weisheit des Gehorsams. Und wenn solch dankbarer Gehorsam gegen das Unerkennbare Frömmigkeit ist, dann ist dies – wenn auch ganz weltliche – Frömmigkeit. Wie viel von der Schönheit der Essais kommt daher, daß ihre Bahn so getreulich den Bogen des Lebens zur Reife und zum Tode beschreibt – das Ganze des Lebens?

Warum hat Montaigne sie geschrieben? Er hat sich selbst immer wieder diese Frage gestellt, ohne eine rechte Antwort zu finden, die den Widerspruch zwischen ihrer Privatheit und ihrer Publizität auflöste. Dennoch dürfen wir seiner Anrede glauben: er hat sie nicht für uns geschrieben. Er schrieb sie für sich, um seinetwillen, aus innerer Notwendigkeit; und doch brauchte er den unbekannten Leser, um sich ihm und dadurch sich selbst zu entdecken. Die Selbstdarstellung war das Instrument seiner Selbsterfahrung. Denn dies ist der letzte Widerspruch: es gibt keine Selbsterkenntnis, die sich nicht zu erkennen gibt, und keine Wahrhaftigkeit ohne Mitteilung. »Wer nicht ein wenig für andere lebt, der lebt kaum für sich.« Das Selbstbewußtsein, das stumm und ohne Ausdruck bleibt, kann sich seiner selbst nicht bewußt werden: es muß sich hervorbringen als Werk seiner selbst, um Wirklichkeit zu gewinnen. Vielleicht steht am Anfang seines Entschlusses, seine Gedanken niederzuschreiben, der Tod seines Freundes Etienne de la Boëtie, mit dem Montaigne seine Ideen und Ideale geteilt hatte: es ist die Fortsetzung des abgebrochenen Gesprächs. Die ganze erste Periode der Essais ist ein Nachklang dieses vertrauten Umgangs zweier humanistischer Geister, die sich gemeinsam auf den Höhen antiker Größe und stoischer Weisheit ergingen. Nun war er allein, jenes »andern Ichs« beraubt, das »allein mein wahres Bild besaß und es mit sich fortnahm«; und es war, »als wäre ich nur noch halb«. Doch dieses verlorene Bild seiner selbst »im andern«, das wiederherzustellen er sich bemüht, war schwerlich das der Essais; das Unternehmen hat weiter geführt, als es sich vorsetzte. Nach der vollkommenen Gegenseitigkeit dieser Freundschaft dürfen wir aus dem Bilde, das Montaigne von La Boëtie zeichnet, auf sein eigenes Spiegelbild schließen: wie unpersönlich, wie deklamatorisch in all seiner echten Ergriffenheit ist dieses Freundschaftsessai, aus dem kein einziger greifbarer Zug des Freundes uns entgegentritt, ein Bild der Vollkommenheit, über die sich eigentlich nichts aussagen läßt, weil alle nähere Bestimmung eine Verringerung wäre. Es liegt im Wesen echter Liebe und Bewunderung, keine Distanz zu haben, und sie muß zu den absoluten Gemeinplätzen greifen, um sich auszudrücken; echt ist der Klang, in dem sie sagt, daß sie unsäglich sei. Wir spüren die humanistische Begeisterung für antike Menschengröße, »wie unser Jahrhundert sie nicht mehr kennt«, in der sich diese beiden trafen, den Geist der Nachfolge der Scipionen und Catonen, der auch aus La Boëties nachgelassenem »Contr'un« spricht. Nur langsam löst sich Montaigne aus dem Bann des idealen Menschenbildes der Stoa, das für ihn in Etienne de la Boëtie verkörpert war. Allein kann er sich auf solcher Höhe – in solcher Rolle – nicht halten, und die großen allgemeinen Worte der Tugend, der Wahrheit, der Freiheit bleiben leer, weil sie ohne Echo bleiben. Doch auch wenn er nun zur Erniedrigung des Menschen übergeht, mißt er ihn noch am Maßstab dieses Ideals, vor dem er nicht bestehen kann. Nur zögernd, in einzelnen Anläufen, deren Kühnheit für einen vom antiken Geist erfüllten Menschen der Spätrenaissance wir kaum mehr ermessen, beginnt er, statt den Menschen selbst, diese Maßstäbe des Menschen in Frage zu stellen und die Kriterien der Menschenkenntnis und Menschenbeurteilung in sich selbst zu suchen. Dieser Mut zu sich selbst »wie ich bin«, war das revolutionäre Wagnis, das seinen Zeitgenossen und der nächsten Nachwelt so unerhört war, daß sie es zu übersehen oder nachsichtig als Altersschrulle zu entschuldigen vorzog. Indem er dieses neue und ganz eigene Menschenbild schafft, gewinnt er nicht nur seine Wirklichkeit, sondern seine Freiheit zu sich selbst zurück: sein Buch ist der triumphale Durchbruch des freien Menschen durch das Epigonentum des Späthumanismus geworden. Und Montaigne selbst ist durch es geworden, was er war. Es ist die Dialektik der Selbsterkenntnis, zugleich Selbstwerdung und Selbsterschaffung zu sein. Montaigne hat den Prozeß, der sich zwischen ihm und seinem Buch abspielt, sehr schön vermerkt: »Und wenn mich niemand läse, hätte ich meine Zeit verloren? ... Ich habe mein Buch nicht mehr gemacht, als es *mich* gemacht hat ...« Es ist ein wirklicher Partner geworden, und durch es sind wir es; »mein Buch«, sagt er, wie er sagen würde: »mein Freund«, und durch es sind wir in diese Vertrautheit einbezogen. Daher die unerschöpfliche Frische, die nach mehr als dreieinhalb Jahrhunderten aus diesem Buche zu uns spricht, wie aus keinem Buche seiner Zeit und aus wenigen aller Zeiten. »Die Wahrhaftigkeit ist der Anfang einer großen Tugend.«

Am Ende ist der Reichtum dieses Buches der Reichtum der Persönlichkeit, die sich ihm ganz und rückhaltlos mitgeteilt hat. Es ist nicht das Selbstgespräch eines Eigenbrötlers in seiner Bücherstube, der sich in sich selbst hinein grübelt. Der dies schrieb, stand mit beiden Beinen in seiner Zeit, am Ende dieses ungeheuren Jahrhunderts, das die Welt des Altertums neuentdeckte und die Neue Welt entdeckte, das die Umwälzung des anthropozentrischen Weltbilds erlebte und die christliche Kirche in ihren Grundfesten wanken sah, das Jahrhundert der Konquistadoren und der Aufrührer: Cortez und Kopernikus, Luther und Machiavell, Calvin, Loyola und Giordano Bruno; er lebte offenen Auges unter den Menschen im Spannungsfeld des unbarmherzigsten Bürger- und Glaubenskrieges, und was er war, das war er wirklich, wie er einmal fast grimmig bemerkt, anderswo als auf dem Papier.

Auch das Buch selbst steht in dieser Zeit – und welcher

Zeit! Montaigne begann seine Essais im Jahr der Pariser Bluthochzeit zu schreiben, der Bartholomäusnacht, die das Signal zur Schlächterei in ganz Frankreich gab und die als unauslöschliches Brandmal des Verrats, der Niedertracht und des Meuchelmords im Namen der höchsten Glaubensgewißheiten in die Geschichte eingegangen ist: die Mordnacht von Paris und das *Te Deum laudamus* der großen Dankmesse, mit der sie in Rom begrüßt wurde. Sein ganzes Leben lang hat Montaigne die Glaubenskämpfe um sich schleichen und toben sehen, in seiner Stadt, in seiner eigenen Familie, unter seinen Geschwistern, deren drei dem Calvinismus anhingen. Die zwanzig Jahre, in denen er die Essais schrieb, sind zwanzig Jahre des Bürgerkriegs, kaum unterbrochen von faulen Friedensschlüssen und von Toleranzedikten, die gebrochen wurden, ehe sie in Kraft traten. Montaignes Rückzug von 1571 »in den Schoß der gelehrten Musen, wo er in Ruhe und Sicherheit die Tage verbringen wird, die ihm zu leben bleiben«, war von kurzer Dauer: im Jahr darauf war er bei der königlichen Armee im Poitou, die gegen das aufständische La Rochelle aufmarschierte, dann Überbringer der königlichen Befehle an das Parlament von Bordeaux, und in den folgenden Jahren begegnen wir ihm immer wieder als Unterhändler und Vermittler zwischen den feindlichen Lagern. Auf seiner »großen Reise« erreicht ihn in Italien die Nachricht von seiner Wahl zum Bürgermeister der Stadt Bordeaux, und König Heinrich III. schreibt ihm nach Rom, um ihn dringend zur sofortigen Übernahme dieses Amtes aufzufordern – eines schwierigen Amts in einer von äußeren und inneren Fehden zerrissenen Stadt, in einem Wetterwinkel der Hugenottenkriege. Doch der kirchen- und königstreue Michel de Montaigne ist auch der Vertrauensmann und Ratgeber Heinrichs von Navarra, des Chefs der protestantischen Partei, der ihn auf seinem Schloß besucht und ihn, den Kammerherrn Heinrichs III., ex officio auch zu seinem Kämmerer ernennt. Eine unpathetische, schwer zu erfassende Rolle, wie die Rolle all derer, die nicht zum Kampf rufen und Schlachten schlagen, sondern Frieden zu stiften suchen, verdächtig wie alle Mäßigung, gefährdet wie aller Mut zur Mitte in Zeiten des Fanatismus; so galt auch Montaigne, wie er einmal klagt, »den Ghibellinen als Guelfe und den Guelfen als Ghibelline« – den Calvinisten als Papist und den Eiferern der Liga als Ketzer oder doch als Lauer, was fast dasselbe war. Montaigne war kein Parteigänger, und das haben ihm die Parteigänger damals und bis auf diesen Tag nicht verziehen.

Man hat ihn mit Recht, wenn auch mit einiger Übertreibung, den Philosophen Heinrichs IV. genannt, des Befrieders und Wiederherstellers des französischen Staates, den er in einem seiner letzten Essais mit den Versen begrüßt, die Virgil an Augustus richtete; doch er war der Philosoph Heinrichs IV. vor dessen Sieg, den er nicht mehr erlebte. Er hat loyal Partei genommen, doch nicht die Partei eines Dogmas, sondern der alten Ordnung, verkörpert in der Monarchie, die unter den Schlägen beider Glaubensparteien, der Calvinisten wie der katholischen Liga, in Trümmer fiel. Wenn man ihn einer Partei zuordnen will, dann gehörte er zum »parti des politiques«, wie seine Zeit jene »dritte Partei« gemäßigter und toleranter Geister nannte, die – daher ihre Bezeichnung als »Politiker« – den Trennungsstrich zwischen religiöser Überzeugung und politischer Praxis zogen und den Glaubenszwist, der Frankreich zum Spielball fremder Mächte werden ließ, in einer über den Konfessionen stehenden, die Bürger beider Bekenntnisse umfassenden nationalstaatlichen Ordnung zu überwinden suchte. Als die Erbfolgeordnung den protestantischen Bourbonen Heinrich von Navarra zum nächsten Anwärter auf den Thron der schwachen und degenerierten Valois werden ließ, wurde der Riß offenbar: während die katholische Liga die französische Krone dem spanischen Habsburger Philipp II. oder den lothringischen Herzögen von Guise zuzuspielen suchte, wurde die legitimistische Königspartei der »Politiker« zur patriotischen Partei schlechthin. Doch erst durch seinen Übertritt zum Glaubensbekenntnis der Mehrheit seines Volkes konnte Heinrich IV. endlich der Friedensfürst, der »gute König« werden, der in die Legende eingegangen ist. Zwischen den calvinistischen Adels- und Städterepubliken und der demokratischen Fratze, welche die Liga in der jahrelangen Terrorherrschaft eines fanatisierten Pöbels in Paris verwirklichte, erschien die Monarchie als Rettung. Daß das väterliche und tolerante Regiment Heinrichs IV. den Weg zur absoluten Monarchie bereitete, die weniger als ein Jahrhundert nach ihm sein Werk wieder zu zerstören und zu verschleudern begann, das gehört schon einer andern Epoche an, die zu neuen Problemen weitergeschritten war; denn die Geschichte kennt keine »Lösungen«, bei denen alles glatt aufgeht wie im Rechenbuch und in den ideologischen Kinderfibeln, sondern nur die Überwindung alter Fragestellungen durch neue, religiöser durch politische, politischer durch soziale, die doch stets nur eine neue Form der alten sind. Was Montaigne zu den politischen Problemen seiner Zeit sagt, ist aus seiner Zeit und aus seinem persönlichen Erfahrungskreis heraus gesagt, inaktuell – und doch aktuell in einem weit tieferen Sinne.

Denn nirgends ist die Politik Gegenstand dieses Buches, nirgends entwirft Montaigne eine Ideologie oder ein Programm auch nur im bescheidensten Maße: auch hier handelt es sich einzig um *sein* Verhalten zu Politik und Ideologie. Als Bürger und Amtsherr, nicht als Michel de Montaigne, war er in diese Wirren verwickelt, und die Selbstbesinnung der Essais ist einmal mehr das Mittel, in dieser Zeit des ideologischen Mords und Totschlags Distanz zu gewinnen vom Kampfe selbst, zu sich zu kommen im vollen Sinne des Wortes, die innere Freiheit zu gewinnen, die dem Parteigänger verlorengeht. Auch in politicis ist es ein Buch der geistigen Hygiene.

Wieder erfüllt hier zunächst die Skepsis ihre reinigende Funktion. In der tiefsten Ausweglosigkeit des Bürgerkriegs, der durch den Verrat der Bartholomäusnacht zu letzter Erbitterung geschürt worden war und erstmals die Einheit des Königreichs selbst in Frage stellte, als die naturrechtlichen Theorien des Aufstandsrechts und des legitimen Königsmords nacheinander von den calvinistischen Theoretikern und von den Zeloten der Liga aufgegriffen wurden, um endlich in den Händen der Jesuiten zu enden und in der Ermordung des letzten Valois wie des ersten Bourbonen praktische Anwendung zu finden, las Montaigne die »Pyrrhonischen Grundzüge« des Sextus Empiricus, ließ seine philosophische Wappenmünze mit der im unentschiedenen Gleichgewicht schwankenden Waage und dem Wahlspruch »Que sais-je?« schlagen und begann die Niederschrift seiner Sebundus-Apologie, des einzigen eigentlich polemischen Essais seines Werks. Mit wahrer Zerstörungslust und unersättlicher Wahllosigkeit werden da alle Gewißheiten entthront, alle Lehrmeinungen zum bloßen Meinen, Wähnen und Vermuten erniedrigt, eine so gut wie die andere, jede eine bloße Kuriosität im Kabinett menschlicher Phantasterei. Da ist alles eingeebnet, Mensch und Tier, Weiser und Narr, Intellekt und Instinkt, Glaube und Irrwahn, Wissenschaft, Spekulation und die Hirngespinste alter Weiblein, und jede vermeintliche Erkenntnis ist durch die bloße Gegenüberstellung eines Dutzends gegenteiliger und ebenso einleuchtender Erkenntnisse entwertet: 288 Sekten des Altertums sind allein aus dem Streit um das höchste Gut entstanden, notiert er sarkastisch, und Pascal hat es sich später aus den Essais in seine Pensées hinübergeschrieben. Auch die Religion ist in diesen Bereich des menschlichen Wähnens einbezogen; denn »es ist klar und deutlich, daß wir unsern Glauben nur nach unserer Weise und aus unseren eigenen Händen aufnehmen, nicht anders, als andere Religionen aufgenommen werden«, nach dem Zufall des Ortes, der Geburt, der Erziehung; »ein anderer Himmelsstrich, andere Zeugen, ähnliche Verheißungen und Drohungen könnten uns auf gleiche Weise einen ganz entgegengesetzten Glauben einflößen. Wir sind Christen im gleichen Sinne, wie wir Schwaben oder Perigordiner sind...« Seltsame Verteidigung des guten Sebundus, der »die Wahrheit unserer Religion aus Vernunftsschlüssen erweisen« wollte!

Es wird wohl nie ganz gelingen, die seltsamen Labyrinthe dieser Streitschrift eindeutig zu durchleuchten; denn Montaigne selbst hat seine Vorsichtsmaßregeln dagegen getroffen, daß man ihn irgendwo – und wäre es selbst beim Zweifel – festnagle. Ein derartiges Scheingefecht mit verkehrter Schlachtordnung, das den sebundischen Vernunfterweis der Religion zu verteidigen unternimmt, indem es die Vernunft in den Abgrund stößt und alle menschliche Glaubensgewißheit mit ihr, war vielleicht die einzige Möglichkeit für einen freien Geist jener Zeit, sich zwischen unerbittlich feindlichen Dogmen Raum zum Atmen zu schaffen – man denke an die ganz anders gezielte, doch völlig ähnlich aufgebaute »Apologie für Herodot« von Henri Estienne, der es unternahm, die Glaubwürdigkeit der tollsten Fabeleien des alten Griechen zu erweisen, indem er eine Blütenlese noch groteskerer Wundergeschichten und Lügenmärchen zusammenstellte, welche die Pfaffen dem gläubigen Volk seiner Zeit weismachten... Doch braucht man deshalb nicht gleich abgründige Hinterlist zu vermuten: hier wie überall in den Essais wurde der Anlaß und Ausgangspunkt des Gedankengangs, die »natürliche Theologie« des Sebundus, schnell zum bloßen Vorwand, den eigenen Gedanken auf alle Ab- und Seitenwege zu folgen. Auch geht es nicht um aufklärerische Verneinung oder Bezweifelung der Glaubensgewißheit selbst. Die Möglichkeit der unmittelbaren Offenbarung für seltene und auserwählte Geister bleibt offen; doch es ist klar, daß es nicht solche Geister sind, die Frankreich mit Krieg überziehen, morden, sengen und brennen und sich die Herrschaft streitig machen; und selbst die aufrichtig Wähnenden, die »glauben, zu glauben«, und ehrlich für ihre vermeintliche Erkenntnis kämpfen, wären kaum zahlreich genug, um ein Fähnlein Landhut zu bilden. Die andern – und sind diese andern nicht in Wirklichkeit alle? – sind nicht von der Wahrheit, sondern vom Veitstanz, vom Blutrausch, von Raub- und Machtgier besessen. Wenn sie recht die Gebrechlichkeit ihrer Überzeugungen, die Ungewißheit ihrer mörderischen Gewißheiten erwögen, wenn sie bei sich wären und nicht außer sich, würden sie da nicht ihr Schwert einstecken?

Auch er, Michel de Montaigne, gehört keineswegs zu den Begnadeten, die das Licht der göttlichen Wahrheit empfangen haben; auch er ist Christ wie der große Haufe, wie er Perigordiner ist, aus Herkommen und Gewohnheit. Gerade daran hält er sich fest: gerade weil er aus eigener Erkenntnis nicht entscheiden kann, was Wahrheit ist, hält er sich an die, die ihm in die Wiege gelegt wurde, »und weil ich nicht imstande bin, zu wählen, folge ich der Wahl anderer und bleibe in dem Geleise, in das Gott mich gesetzt hat. Sonst müßte ich ohne Ende rollen und rollen...« Damit begnügt er sich, daran klammert er sich, doch mit Bescheidenheit; es ist eine persönliche, lokale, historisch bedingte Gläubigkeit, die keinen Anspruch erhebt, für andere verbindlich zu sein, die Gott in ein anderes Geleise gesetzt hat: »Was ist das für eine Wahrheit, die bei diesem Bergzug endet und für die Welt dahinter Lüge ist?« Es ist eine Regel des Verhaltens, ein »Lokalgesetz«, dem sich Montaigne in seiner Unwissenheit unterwirft, nicht weil er es so weiß, sondern weil er es nicht anders weiß, blind, doch seiner Blindheit bewußt.

So lehnt er die Reformation ab, nicht als Irrtum und Sünde, sondern als Unruhe und sektiererische Anmaßung des Geistes, sich über die letzten Wahrheiten ein eigenes Urteil herauszunehmen: nicht weil seine Gewißheit besser wäre, sondern weil er die Fragwürdigkeit aller Gewißheit erkennt. Es bedurfte leidenschaftlicher Überzeugung, seinen Glauben zu wechseln, doch nur geringer Überzeugung, beim alten zu bleiben. Um so mehr, als das Genfer Papsttum Calvins anspruchsvoller und unduldsamer war als der vortridentinische Katholizismus – und der Einführung des Tridentinums haben sich die gallikanischen »politiques« in Frankreich noch lange mit Erfolg widersetzt –, der sich mit der äußeren Unterwerfung unter den kirchlichen Brauch begnügte und der denn auch die Essais als Verteidigungsschrift des alten Glaubens billigte, bis zwei Menschenalter später eine neue Welle des Fanatismus sie und bezeichnenderweise zugleich auch die religiöse Toleranz des Edikts von Nantes als widerchristlich verwarf. Freilich, die Eiferer irrten nicht: Montaigne war wohl, nach dem zugespitzten Wort Sainte-Beuves, ein guter Katholik genau in dem Maße, in dem er ein lauer Christ war. Er persönlich war bereit, jeden Glauben und jeden Aberglauben gelten zu lassen, »dem heiligen Michael eine Kerze zu stiften und dem Drachen auch eine«, und mit Sokrates hält er es für »die richtigste Meinung über das Überirdische, sich keine Meinung darüber zu machen«. Weil ihm der Streit über die letzten Dinge zuwider war, entschied er persönlich gegen jene, die ihn aufwarfen.

Montaignes Treue zum alten Glauben widerspricht also nicht seiner Skepsis, sie gründet in ihr. Er hat die angestammte Kirche als Konservativer verteidigt, nicht als Kämpfer des rechten Glaubens, als »Politiker«, nicht als Ketzerrichter und nicht als gegenreformatorischer Eiferer der Liga, deren Anmaßung, den Irrtum mit Feuer und Schwert auszurotten, ihm noch weit tiefer verhaßt war. Seine Parteinahme ist frei von allem Manichäismus: er weiß nicht das Licht auf der einen und die Finsternis auf der andern Seite, er wahrt sich die Freiheit, um sich zu blicken und zu sehen, was aus seiner Überzeugung in den Fäusten und Mäulern des wüsten Haufens ihrer Parteigänger wird, »die glauben, zu glauben, weil sie nicht wissen, was Glauben ist«, und die menschlichen Vorzüge und Tugenden ihrer Gegner anzuerkennen. Dem seltsamen Phänomen der Parteileidenschaft, diesem Sichverlieren der Menschen an ihre »Rolle«, dank dem sie sich für Dinge, die sie überhaupt nichts angehen, bis zum Verbrechen und bis zum Scheiterhaufen ereifern, hat er in seinen Essais oft mit Neugier und Verwunderung nachgespürt. Die Pflicht, seine Überzeugung mit Scheuklappen zu schützen, anerkennt er nicht. »Je m'engage difficilement« ist ein Schlüsselwort der Essais; »weder leicht bereit zum Glauben noch zum Nichtglauben«; und das Essai, in dem er von der Ausübung seines Bürgermeisteramts berichtet, trägt den herrlichen Titel »Von der Schonung des Willens«. Sein politisches Ethos ist die Verweigerung der Leidenschaft.

Er verweigert sie auch der Tradition, für die er eintritt. Jede legitime Ordnung ist eine Herkömmlichkeit und weiter nichts. Kirche, Krone, Staat, Recht, Familie und Ehe sind Institutionen, die als solche die Achtung des Bürgers verdienen, doch in seiner Rolle als Bürger; Gewalt über seine Gesinnung und sein Gewissen können sie nicht fordern. Montaignes Konservativismus hindert ihn nicht, ihre Gebrechlichkeit mit radikal kritischen Augen zu sehen. Das Bestehende ist weder heilig noch gut, noch auch nur vernünftig; es hat keinen andern Vorzug, als daß es besteht. Ordnung, Staat, Gesetz und Recht sind nichts anderes als etablierte und durch hohes Alter ehrwürdig gewordene Unordnung, Rechtlosigkeit und Gewalttat, oft genug lächerlich, unmenschlich und absurd. »Die Gesetze sind nicht Gesetze, weil sie gerecht, sondern weil sie Gesetze sind.« Jede menschliche Ordnung ist sinnstörend, fragwürdig, aus der Vernunft weder abzuleiten noch zu rechtfertigen; jeder Schuljunge kann ihre Sinnwidrigkeit beweisen und mag es zur intellektuellen Übung auch tun, aber er lasse sie stehen: er weiß keine bessere. Denn es gibt keine rationale Ordnung. Nicht aus der Retorte der Vernunft, sondern aus der Verwirrung der Geschichte ist sie gewachsen, nicht als logisch abstrakte Konstruktion für logisch abstrakte Menschen, sondern als empirisch gefundene Form des Zusammenlebens von Menschen, die zugleich mit ihr aus dieser Geschichte gewachsen und mit allem, was sie sind, meinen und glauben, mit ihrer Sprache, ihrer Hautfarbe und ihren Sitten in ihr verwurzelt sind. Auch für die staatliche Ordnung ist Wahrheit diesseits der Pyrenäen, was jenseits Lüge ist. Wie alle gewordene Wirklichkeit hält sie der prüfenden Vernunft nicht stand, denn sie gründet nicht auf Wahrheit, sondern auf Gewohnheit; und doch ist sie ihr unendlich überlegen, weil sie wirklich ist. Und je älter und gewohnter sie ist, desto besser, weil sie ihre gewalttätigen Geburtswehen überstanden und ihr inneres Gleichgewicht gefunden hat, weil sie durch ihre Dauer ihre Tauglichkeit und Lebensfähigkeit erwiesen hat und zum Rechtszustand geworden ist: das heißt zur gewohnten Spielregel, in der sich jeder zurechtfindet, weil er darein geboren ist, und die darum das Höchstmaß von Freiheit gewährt. Wer sie antastet, riskiert den Rückfall ins Faustrecht. Montaignes ganze Polemik gegen die »Neuerungssucht« ist ein Prozeß gegen den Machtanspruch der Ratio, eine vernunftgemäße Ordnung jenseits der historischen Zufälligkeit zu schaffen, und er hat nur Spott für die Idealstaaten der Philosophie, die ohne Ort und Zeit sind. Der Geist schweift frei und verändert die Welt, wie er will; doch das praktische Handeln und Verhalten ist an die historische Wirklichkeit gebunden. Kein Glaubenssatz und kein Vernunftschluß ist eine Unordnung wert; jede Idee, die als Ideologie daherkommt und als allgemein gültiges Ordnungsprinzip Gewalt über Menschen beansprucht, ist Hybris und Tollheit, anmaßende Überschreitung der Grenze zwischen Theorie und Praxis. Denn alle gewaltsame Umwälzung, geschähe sie auch im Namen der Freiheit oder der Gerechtigkeit, ist Zwang, Willkür, Terror und Faustrecht und vergewaltigt unter dem Vorwand des öffentlichen Heils, der Tugend oder der Vernunft die wesentlichste und persönlichste Freiheit des Menschen, seiner Gewohnheit – selbst seiner schlechten Gewohnheit – zu folgen und zu sein, wie er ist, nicht wie er sein soll.

Auch dies ist eine Systematisierung, die Montaigne selbst nicht vollzogen hat. Er stellt keine Postulate und keine Staatslehre auf: er bestimmt seine eigene, persönliche Haltung zu seiner Zeit, und er hat gegenüber dieser Zeit, in der alles im Umsturz und aus den Fugen war, zweifellos die konservative Seite seines Denkens polemisch überbetont. Doch seine Kritik der praktischen Vernunft ist keine Hintertür, durch die er die Axiome und Apriori wieder einläßt, die er durch die Kritik der reinen Vernunft entthront hat. Dieser Konservative hat sich kühn und deutlich genug über die politischen Sitten und die Großen seiner Zeit, über den Ämterkauf, über die Justiz und ihre Ausübung, über die Barbarei der Folter und der Hexenprozesse, über die Lüge und die Bosheit der Macht geäußert, um zu zeigen, daß er keiner bestehenden Ordnung Ewigkeitswert beimaß, sondern dem relativen Wert des kleineren Übels gegenüber dem Chaos, in dem sein Land zu versinken droht. Auch ihr gesteht er nicht das Recht zu, seine private Freiheit zu beeinträchtigen: »Wenn die Gesetze, denen ich diene, mich nur mit dem kleinen Finger bedrohten, ich ginge unverzüglich hin, andere zu suchen, wo es auch wäre... Ich bin so begierig nach Freiheit, daß ich mich beengt fühlen würde, wenn mir jemand den Zutritt zu irgendeinem Winkel Indiens verböte.« Gerade um dieser Freiheit willen fügt er sich in die äußere Ordnung: auch die Freiheit hat er auf sich bezogen, an sich gezogen als *seine* Freiheit, nicht als öffentliches Postulat, und der praktische Konformismus schien ihm ein geringer Preis, um sich diese Freiheit zu wahren. Er spielte seine Rolle, wie sie ihm in böser Zeit zugefallen war, als Franzose, Katholik, Perigordiner, Bürger und Maire von Bordeaux, pflichtgemäß und ohne Leidenschaft, mit gelassener Einwilligung in seine historische »Zufälligkeit«, und wahrte sich damit die innere Freiheit, Michel de Montaigne, Weltbürger und Skeptiker zu bleiben. So mündet diese politische Haltung in die Selbsterkenntnis, von der sie ausstrahlt, wieder zurück, in die durchdachte und bejahte Widersprüchlichkeit von Freiheit und Bindung, Individualismus und Konformismus, in der er sich selber findet: »So bin ich.« Das ist Lebenskunst, gewiß, doch mehr als das: es ist die souveräne Weigerung eines ganzen Menschen, sich anwerben, mobilisieren, einreihen und durch ideologische Alternativen einschüchtern zu lassen.

Die schönste Frucht dieses Zusichkommens ist die absolute Offenheit gegenüber anderm und andern. Dieser zutiefst liberale Geist ist tolerant ohne den Beigeschmack einer Duldsamkeit von oben herab, eines großmütigen Zugeständnisses der Wahrheit an den Irrtum, der dem Wort Toleranz so oft anhaftet – er selbst kennt es nicht und postuliert es nicht einmal, so selbstverständlich entspringt sie aus seiner Aufrichtigkeit und Unbefangenheit gegen sich selbst. Dieser Feind aller Ideologie hat eine unersättliche, vorurteilslose Neugier für alle Ideen, dieser Verächter aller Besserwisserei hat eine unbegrenzte Belehrbarkeit gegenüber fremdem Wissen, dieser Skeptiker gegenüber jedem Dogma ist aufgeschlossen für die ganze unendliche Vielfalt der geistigen Möglichkeiten, der Lebensformen und Lebenswahrheiten anderer Menschen und anderer Völker, und er begegnet mit Achtung auch jenen, die ihm selbst verschlossen sind. Gern und spielerisch erprobt er seine Fähigkeit, in eine andere Meinung hineinzuschlüpfen und ihre Rechtfertigungen zu suchen, wobei es ihm oft widerfährt, daß das Spiel ernst wird und er die eigene fallen läßt, um sich die anfangs bekämpfte zu eigen zu machen. Seine »Kunst des Gesprächs« ist nicht nur eine beherzigenswerte Spielregel der Diskussion: sie ist eine Anleitung zur Offenheit, die im Widerspruch nicht einen feindlichen Angriff, sondern eine Bereicherung findet.

Gewiß ist diesem Geist, der so vieles erfaßte, nur um sich selbst zu erfassen, auch vieles entgangen. Die Höhenflüge der Begeisterung, die mystische Weltschau, die Leidenschaft der Erkenntnis und vielleicht die Leidenschaft schlechthin ahnt er in dichterischem Nachempfinden, ohne sie zu kennen; die Grenzformen des menschlichen Seins, der Seher, Held und Heilige wie der radikal Böse, sind ihm fremd und als krankhafte Abnormitäten verdächtig. Das Hingerissensein und Außersichkommen sind Erscheinungen, denen er bei sich und andern immer wieder neugierig und abwehrend zugleich nachgeht; doch seine ganze Anstrengung geht in der umgekehrten Richtung: zu sich zu kommen, sich nicht hinreißen zu lassen, nüchtern und ehrlich bei sich zu sein. Er hat diesen Weg zu sich nicht durch die Verneinung, sondern durch die Bejahung des andern gefunden, die Bejahung auch des ihm Fremden, Geheimnisvollen und Unbegreiflichen.

Aus der Einsicht in die Relativität des eigenen geistigen

Bezugssystems, das nur eines unter unzähligen ist, schöpft er den wachen Sinn für das Geheimnis der Menschen und der Dinge, die Scheu vor der geistigen Eigengesetzlichkeit des andern, die wir nur von außen, nicht aber in ihrem Wesen und ihren Motiven erfassen und erfahren können, und seine ganze Sprach-, Vernunft- und Wissenskritik ist letzten Endes nichts als die Kritik jener rationalistischen Plattheit, welche die Welt in Begriffen und Formeln zu erschöpfen meint und »uns das Geheimnisvolle der Dinge unterschlägt«. Diese so seltene und köstliche Fähigkeit, sich in das Gegenüber zu versetzen und das innere Gesetz des andern als gleichrangig zu achten, hat er bis zur äußersten Grenze getrieben: »Wenn ich mit meiner Katze spiele, wer weiß, ob sie sich nicht noch mehr die Zeit mit mir vertreibt, als ich mit ihr?« Der ganze Montaigne steckt in diesem hingeworfenen Satz.

Die Wahrhaftigkeit ist nicht nur eine große, sondern auch eine schwierige Tugend. Sie verlangt nicht nur einen offenen Charakter, sondern auch einen klaren Kopf, und der war den Menschen der Zeit Montaignes, wie denen der unseren, schwer gemacht. Alle Zeiten der Wirrnis sind auch Zeiten der wirren Köpfe, die über Gott und die Welt, die Gründe und die Hintergründe, den Sinn der Geschichte und das Ziel der Menschheit, nur nicht über sich selber Bescheid wissen. Und da ist nichts dringlicher, als – im geistigen und sogar im klinischen Sinne – zu sich zu kommen. Das ist die geistige Hygiene, die Montaigne als fröhliche Wissenschaft übte, und seine einzige Lehre. »Mit ihm würde ich es halten«, schrieb Nietzsche, »wenn die Aufgabe gestellt wäre, es sich auf der Erde heimisch zu machen.« Vielleicht ist uns wieder gerade diese Aufgabe gestellt.

1953

Richard Friedenthal

Ein Autor des 16. Jahrhunderts, den man noch heute lesen kann, und zwar mit Vergnügen

Das Porträt Montaignes ist uns erhalten: ein Kupferstich, als Frontispiz für seine »Essais« bestimmt. Solche Beigaben sind nicht immer zuverlässig. Oft wurden sie nach der Schablone im Atelierbetrieb gefertigt, Dutzendware. Auch dieser Stich ist kein großes Kunstwerk und nicht mit den bald folgenden Leistungen der großen französischen Stecher, der Nanteuil oder Edelinck, zu vergleichen. Aber er ist plausibel. Er hat etwas Festes, Hartes, Klingendes. Der Künstler geht nicht übermäßig ins Detail, obwohl er Halskrause, Seidenmantel und nicht zuletzt die hohe Ordenskette vom St. Michael gebührend präsentiert, wie vom Besteller gewünscht. Er behandelt auch den Kopf etwas summarisch. Immerhin: So wird er ausgesehen haben, der kleine, zähe, unbeirrbare Mann mit dem eiförmigen Schädel, dem scharfen Blick, dem Mongolenbart, dem feinen Mund darunter. Eine tiefe, verächtlich-resignierte Furche geht neben der Nase herunter. Und trotzdem – oder interpretieren wir das hinein? – macht das Ganze den Eindruck des Heiter-Gelassenen. Die Hautfarbe dürfte bräunlich gewesen sein, wie beim Vater, von dem Montaigne das erwähnt. Oder als Erbe der Mutter, die aus einer spaniolischen jüdischen Familie stammte, wovon bei dem Sohn nichts geschrieben steht.

Das literarische Selbstporträt Montaignes ist uns ausführlich erhalten, in den verschiedenen Fassungen seiner »Essais«, seinen Randbemerkungen zu Klassikerausgaben – auch die Essais sind zunächst Marginalien –, in Briefen und Dokumenten. Es ist die erste gründliche Selbstschilderung der neueren Literatur. Sie geht »bis zu den Eingeweiden« hinab, wie er im Kapitel über die Liebe sagt, auch noch tiefer hinunter. Wir wissen genau über Montaignes Verdauung Bescheid, seine Nierensteine, seine Badekuren, die vergeblich Besserung schaffen sollten für das vom Vater ererbte Übel. Wir erfahren genau, zuweilen etwas allzu reichlich, welche Vorlieben er hatte, welche Lieben, was er im Umgang mit Menschen und Büchern erlebte. Wir hören, wie er vom Pferde fiel und einen ganzen Eimer Blut spie, wie er couragiert im Bürgerkrieg Marodeuren entgegentrat. Schon solche Zeugnisse des äußeren Lebens sind willkommen und selten aus früher Zeit. Unvergleichlich aber und etwas völlig Neues ist die detaillierte Selbstanalyse, die das eigentliche Thema seines Buches ausmacht. Er schildert sich nicht nur, zerfasert sich bis in die feinsten Nervenstränge: Er entwickelt sich vor uns. Er baut das Seelenmodell des Michel Montaigne vor uns auf, Schicht um Schicht. Er nimmt auch Teile wieder ab und ersetzt sie durch bessere oder neuere Fassungen, er korrigiert am Rande seiner Randbemerkungen bis zum Tode. Wir haben den Montaigne a, b, c und eigentlich das ganze Alphabet.

Wir besitzen außer den Briefen auch noch ein Tagebuch, von seinem Sekretär während der Italienreise nach Diktat geschrieben, Berichte der Zeitgenossen, die den verwegenen Mann kannten. Verwegen, ja nahezu tollkühn, waren seine »Versuche«, und sein Buch wurde später verketzert und auf den Index gesetzt; es galt vielfach in der Folgezeit als ein ähnlich ruchloses Unternehmen wie der Traktat des Macchiavelli über den Fürsten. Wie jenes Buch war es darin in der Tat etwas völlig Neues, daß es Dinge zum ersten Mal zu Papier brachte und in Druck gab, die man bis dahin lediglich der Praxis vorbehielt. Der Mensch, so lautete die Forderung der Kirche, hatte demütig zu sein. Er stand »ganz unten« auf der niedrigsten Stufe der Leiter, allerdings entschieden über dem Tier, aber sonst unwürdig, sich selber wichtig zu nehmen. »Am Fuß der Wahrheit« sah ihn Dante, der auch schon den »Geist, der nie gesättigt wird«, kannte, aber hoch darüber die »Wahrheit, außer der es keine Wahrheit gibt«; die ist erst im Paradies zu erschauen, nach langem Aufstieg von Hügel zu Hügel. Auch den Zweifel erwähnte Dante bereits, aber nur als kleinen »Schößling« auf der untersten Schwelle der Treppe, lediglich dazu bestimmt, die Pilgerfahrt zu befördern. Inzwischen war dieser Schößling jedoch gewaltig gewachsen und hatte viele Zweige getrieben. Montaigne bezeichnet den Zeitpunkt, wo der Mensch es bereits wagen darf, sich als Individuum wichtig zu nehmen. Bis dahin war er nur eine Art Anonymus gewesen, »der Mensch«. Individuen hatte es freilich durch all die Jahrhunderte des sogenannten Mittelalters genug gegeben, sehr ausgeprägte Charaktere, sehr stolze Päpste, Kaiser, Könige, Denker, sogar stolze Heilige, die sonst als die einzigen galten, deren Leben einer eingehenderen Beschreibung wert war. Der »Individualismus« ist nicht eine Erscheinung der Renaissance. Wohl aber hat erst diese Epoche es wagen dürfen, den Einzelmenschen in die Mitte zu stellen – nicht auf die unterste Sprosse der Leiter – und ihn zu betrachten in aller seiner komplizierten Zusammensetzung und Wunderlichkeit. Das war die Stunde Montaignes.

Vergessen wir nicht, daß schon die physische Betrachtung und Betastung des menschlichen Körpers noch weit über die Renaissance hinaus als unzulässig galt. Selbst in höchster Not des Leibes durfte der Arzt meist nur bis zum Bettrand nahen. Die Praxis und Kunst des Auskultierens, des Abhorchens der Vorgänge im Innern, ist erst um die Wende vom 18. zum 19. Jahrhundert entdeckt und erlaubt worden. Eine Art seelischer Auskultator ist Montaigne. Er beklopft sich, sinnt nach, horcht auf die gesunden oder verdächtigen Geräusche und notiert den Befund mit der Redlichkeit und Ungerührtheit des Forschers. Es geht ihm nicht um »den Menschen«, sondern um den ganz bestimmten, einzigartigen, der Michel Montaigne heißt. Der entspricht nicht irgendeinem vorgeschriebenen Allgemeinmodell mit Zügen, die ein für alle Male festgelegt sind. Er ist eine kleine, eine seltsame Welt für sich, mit unbekannten oder noch nie beschriebenen Küsten und Landschaften. Die gilt es zu entdecken. Montaigne gehört in die Zeit der großen Entdeckungsreisen.

Sein Leben und seine Arbeit sind vorzüglich dokumentiert. Man kann nicht darüber streiten wie bei Kolumbus, woher er denn gekommen sei, wer seine Eltern waren. Schwerlich ließe sich auch, wie bei dem kaum einige Jahrzehnte späteren Shakespeare, der von Montaigne und seinen Essais manches vernommen hatte, die These aufstellen, nicht er, sondern ein anderer Zeitgenosse habe die Essais verfaßt. In klarem, hellem historischem Licht steht er vor uns wie wenige Große der älteren Zeit.

Klar und hell: hier zögern wir. Gerade die Überfülle des Materials macht uns bedenklich. Die Ausführlichkeit seiner Selbstanalyse mahnt uns zur Vorsicht. Die Zeit, in der wir leben, legt einiges Mißtrauen nahe, nicht nur deshalb, weil allein das Wort Analyse bis zum Überdruß abgebraucht und vielfach zu bequemen Formeln verflacht ist. Wir haben gelernt, wie sehr man zwischen den Zeilen lesen muß, wenn man nicht geprellt werden will. Wie sehr auch der freieste Geist – und Montaigne, wir brauchen es kaum zu sagen, war einer der freiesten aller Zeiten – doch gebunden ist an die Bedingungen seiner Epoche, auch an gewisse Vorsichten, die ein kluger Mann nimmt und die Montaigne sehr wohl beachtete. Wir haben ferner gelernt, wie heikel solches Leben zwischen den Zeilen sein kann, und maßen uns nicht an, in jedem Falle unfehlbar das richtige zu treffen. Gleichzeitig dürfen und sollen wir einem großen kritischen Geist gegenüber kritisch sein. Verhimmelung wäre schwerlich im Geiste Montaignes, der vom Himmel nicht spricht. Scharf, ernst und gerade blickt er uns an aus dem Porträt. Wir haben seinen Blick aufrecht zu erwidern.

Weitere Verwirrung und Erschwerung: Montaigne ist nicht nur der am besten dokumentierte Autor älterer Zeit, sondern auch der am meisten kommentierte, am gründlichsten herausgegebene, am geistreichsten paraphrasierte aller Franzosen. Seine Randbemerkungen sind faksimiliert, und was der Buchbinder achtlos fortgeschnitten, ist durch Konjekturen ersetzt. Diese Konjekturen sind Gegenstand neuer Deutungen. Wir können die verschiedenen Stadien seiner Fortschritte im Selbststudium verfolgen, in Parallelausgaben und untereinandergestellten Fassungen. Dabei werden wir verfolgt von immer neuen und scharfsinnigeren Auskultatoren, die wir keineswegs verachten wollen; sie entdecken oft bei dem großen Entdekker noch unbekannte Gegenden. Die verschiedensten, inzwischen großgewordenen Zweige der Wissenschaften haben sich mit ihm beschäftigt und ihn angepeilt – vom Standpunkt der Pädagogik her, der strengeren Philosophie, der Psychologie, der Theologie, der Sprachwissenschaft, die zu ihm recht viel zu sagen hat. Nahezu alle bedeutenden Franzosen haben sich zu ihm geäußert, jeder nach seiner Weise. Auf jeden Essai Montaignes kommen zehn, vielleicht hundert Essais der Nachfahren. Sie sind oft brillant. Er gehört zu den Autoren, über die sich gut schreiben läßt, eine sehr ruhmbefördernde Eigenschaft nicht aller, aber bestimmter Schriftsteller.

Genug der Bedenken. Wir wollen nicht mit falscher Bescheidenheit, die meist so unehrlich ist wie die geheuchelte Demut, so tun, als beschäftigten wir uns gerade in einer »Nebenstunde« mit den Grillen des Herrn von Montaigne. Auch er liebt es freilich, seine Betrachtungen so zu nennen, persönliche Belustigung, Zeitvertreib müßiger Stunden, mag es lesen wer will. Ein alter Mann, der vor dem erkaltenden Kaminfeuer seiner Jugend sitzt: Das ist der übliche Vorbehalt, den schon die Antike machte. Ein Edelmann, besonders wenn es mit seinem alten Adel eigentlich nicht weit her ist, muß sich bei den Standesgenossen entschuldigen, ein so suspektes Gewerbe wie die Schriftstellerei zu betreiben. Er muß sich noch sorgfältiger von den Gelehrten absetzen, den »Pedanten«. Wir haben noch jüngst bei Thomas Mann mit ergriffener Verwunderung gesehen, wie das Schuldgefühl, nicht beim Getreidehandel zu Lübeck auf dem Kontorschemel zum Senator aufgerückt zu sein, sondern sich der Federfuchserei ergeben zu haben, zum Leitmotiv eines großen, höchst erfolgreichen Autorenlebens werden konnte. Das sind Flausen. Wer es ganz ehrlich damit meinte, der bliebe bei den Konossementen oder den Gerichtsakten zu Bordeaux.

Gottlob bleibt man nicht dabei. Und damit muß man es sich gefallen lassen, als großer Literat gefeiert zu werden.

Ein Literat? Es gab das damals noch gar nicht, und Montaigne hätte sich energisch verwahrt, zu solchen Leuten gezählt zu werden. Ein Philosoph? Das gab es allerdings, mit dem erlauchten Vorbild der Antike. Aber selbst ein Philosoph will er nicht genannt werden, so viel besonnenen Rat er gibt; er weiß zu gut um die Torheit und Unzuverlässigkeit des Menschen. Als Skeptiker, als Epikureer, als Moralist ist er oft genug bezeichnet worden. Man hat ihn sogar unter die Dichter versetzt. Montesquieu ruft einmal aus: »Die vier großen Dichter: Plato, Malebranche, Shaftesbury, Montaigne!« Eine uns seltsam erscheinende Liste, aber *unsere* Zusammenstellungen der Großen sind *auch* sehr vergänglich. Das dichterische Element in Montaigne ist jedoch sehr der Beachtung wert. Was hat man ihn nicht noch alles genannt, auch feindselig, abwehrend, böse wie Pascal, der meinte: »Welche Albernheit, sich selbst zu porträtieren!« und in seiner rabiaten Herabsetzung des Menschen stöhnte: »Das Ich ist immer hassenswert!« Seine engeren Landsleute in der schönen Weinlandschaft von Bordeaux haben ihn vor allem als Gascogner gefeiert und dafür das unübersetzbare Wort »gaillard« herangezogen, das zugleich fröhlich, gesund, ausgelassen, kühn bedeutet. Das ist sehr viel für sich, aber es ist keine Gattungsbezeichnung, und deshalb paßt es vorzüglich auf Montaigne. »Unser Horaz«, meinte Sainte-Beuve, der an ihm die glücklich temperierte Haltung schätzte. Den St. Michel de Montaigne hat man sogar versucht zu kanonisieren.

All das zeigt nur, daß es keine zu den landläufigen Kategorien passende Bezeichnung gibt. Wir werden keine neue erfinden. Montaigne ist Montaigne; wie Goethe von Diderot gesagt hat: ein einzigartiges Individuum. Er ist, um es ganz schlicht zu sagen, ein Autor des 16. Jahrhunderts, den man noch heute lesen kann, und zwar mit Vergnügen. Es ist eine Lust, in den tausend Seiten zu blättern, hier und da aufzuschlagen, immer wieder. Wenn er gern vom »Vagabundieren« seines Geistes spricht, so lassen wir es uns nicht nehmen, ihm darin nachzufolgen, wie der Wind weht. Das Gleichnis vom Wind kommt ihm immer wieder, dem großen Reiter und Reisenden. Es ist ein scharfer, gesunder, männlicher Wind, der bei ihm weht. »Wenn man alt wird, folgt man dem Segel«, sagt ein japanisches Wort, das Montaigne gefallen hätte. Man braucht nicht alt zu werden, um dem Segel zu folgen, das er ausgespannt hat. Er ist ein guter Pilot. Er weist auf die neuen Kontinente hin, die seine Zeit entdeckte und die er mit entdecken half. Er ist in vielem unser Zeitgenosse. Er deutet noch auf Inseln und Festländer hin, die bis heute im Dämmer liegen oder wieder ins Dunkel zu versinken drohen. Wir denken dabei an das nie ganz verwirklichte, nie in seinen Grenzen fest umrissene Reich des freien Einzelmenschen; er hatte sich wenigstens in seinem Turmzimmer zu Montaigne dafür eine Zitadelle geschaffen. Aber nochmals: Es ist ein unbändiges Vergnügen, keine mürrisch abzuleistende Pflichtaufgabe, sich mit diesem Mann zu beschäftigen, mit ihm umherzuwandern. Versuchen wir es; ein Essay, diesmal mit dem y, das ihm die Engländer gegeben haben.

Stammbaum mit vielen Ästen

Montaigne war stolz auf seinen Stammbaum, seine leiblichen und seine geistigen Vorfahren. Von den geistigen Ahnen werden wir zu sprechen haben, wenn wir zu den Büchern kommen. Das ist der Montaigne für die Nachwelt, der als Vierziger sich zurückzieht in die Einsamkeit seines Turmzimmers und zu schreiben beginnt. Wer aber war dieser Herr von Montaigne, der sich als Mann von altem Adel ausgibt? Woher kam er, aus was für Komponenten setzt sich dieses komplizierte Menschenwesen zusammen, das sich gerne als den Mann der Mitte vorstellt? Ahnenforschung ist keineswegs verächtlich, auch wenn sie jüngsthin zu den verächtlichsten Zwecken mißbraucht worden ist. Die Milieutheorie, die ihre Zeit gehabt hat, besitzt noch ihren Wert, mit Maßen angewandt. Wir alle wollen gerne wissen, aus welcher Landschaft jemand kam, wo er gelebt hat, mit wem er umging.

Die Landschaft ist die Gegend von Bordeaux, das alte Aquitanien, das »schon zur Zeit der alten Römer« berühmt war, und wo man Wein baute. Ein letzter lateinischer Poet des 4. Jahrhunderts, Ausonius aus Bordeaux, wird noch auf den Etiketten eines »Château Ausone« geführt, das bis zu ihm zurückgehen soll. Auch Weine haben ihre Stammbäume. Ausonius hat außer seiner Vaterstadt die Mosel besungen und die Kaiserstadt Trier, ein kriegsgefangenes Schwabenmädchen Bissula; das römische Imperium war weit und Aquitanien nur eine seiner gallischen Provinzen. Ein anderer Weinort in der Gegend, Sauternes, ist stolz auf das »Château Yquem«, es führt den gleichen Namen wie die Familie Montaignes, die Eyquem hieß, solange sie sich noch dem Weinhandel widmete.

Montaigne war Weintrinker; das Bier lehnte er auf seinen Reisen entschieden ab. Er beschreibt uns genau, wie er trank, und mit einiger Bestürzung lesen wir, daß er viel Wasser in den Wein schüttete, was wir höchstens für seine Lebensweisheiten gelten lassen können. Er sagt aber auch, daß er ungern mit anderen zusammen aus einem Gefäß schlürft, wie noch vielfach üblich; er liebt nicht Zinnbecher oder dunkle Pokale: Helles durchsichtiges Glas ist seine Wahl. Darin erkennen wir wieder unseren Montaigne.

Der Weinhandel machte die Familie Eyquem reich; er diente auch politischen Zwecken. Mit zwanzig Fässern guten Bordeaux' reiste der Vater Montaignes nach Paris, um die Hofgesellschaft zu bestechen, als er Bürgermeister war und um die Privilegien seiner Stadt kämpfen mußte. Der Sohn wird auch zuweilen von diesem probaten Mittel Gebrauch gemacht haben. Von Bordeaux aus wurde der Wein vor allem nach England verschifft, dessen Herrscher dreihundert Jahre lang, bis zur Geburtszeit des Großvaters Eyquem, Aquitanien-Guyenne unter ihrem Szepter hatten. Diese Rotwein-Verbindung riß nicht ab, trotz aller Feindschaften und Kriege. Auch der Nachfolger Montaignes unter den Großen der Gegend, Montesquieu, verstand es recht gut, seinen »La Brède« auf dem englischen Markt abzusetzen, nachdem er in London durch seinen »Esprit des Lois« berühmt geworden war. Montaigne glaubte übrigens, in England Verwandte zu haben, was auf großzügig gehandhabten Namensvergleichen beruhte.

Die jahrhundertelange Verbindung mit den britischen Inseln hatte noch andere Folgen. Engländer, Schotten, Waliser heirateten ein in die ohnehin recht bunt zusammengesetzte Bevölkerung. Nach den Römern waren die

Goten gekommen, die Franken, kurze Zeit die Araber, später Basken, Spanier, Portugiesen, auch jüdische Flüchtlinge, zu denen die Familie der Mutter gehörte.

Aus dieser Mischung war nun die sehr eigenartige »Rasse« der Gascogner entstanden. Montaigne bezeichnet sich mit Stolz als solchen. Die »Rassenlehre« muß sich vornehmlich mit geistigen oder seelischen Kennzeichen behelfen, da nun einmal die ethnologischen meist versagen. Die Gascogner hatten und haben bei den übrigen Franzosen den Ruf, Aufschneider zu sein; eine Gasconnade ist eine Prahlerei. Davon ist wenig bei Montaigne zu bemerken. Seine Landsleute schätzen an ihrer gascognischen Eigenart das fröhlich-kühne »gaillard«, von dem wir schon sprachen. Sie interpretieren ihre Sonderstellung, unter allen Gegenden Frankreichs die am stärksten ausgeprägte, noch weiter: ein Land der erstaunlichsten Kontraste, geistig und schon rein physisch. Arme und reiche Gegenden, strömendes Licht über den Ebenen und weiten Wasserflächen, schöne bewaldete Hügel – keine Berge, das ›Berg‹ im Namen Montagne ist eine starke Überhöhung einer sanften Kuppe. Daneben öde Kalksteinplateaus, versteppte, salzige Niederungen und Halbmoore mit Heidekraut und Sümpfen, in denen die Einwohner auf hohen Stelzen gingen, um nicht einzusinken. Der beste Wein, Nüsse, Gewürze, Trüffeln im Périgord, und in der Hauptsache sehr dürftiger Boden, viel nackte Felsen, eine hart arbeitende Bevölkerung, klein, zäh. Sie sind unabhängig und streitbar. Montaigne nennt sich auch »Soldat und Gascogner«. Ein kriegerischer Unterton in seinen Essais ist unverkennbar, so wenig er die sinnlosen Feldzüge und Streitigkeiten seiner Zeitgenossen schätzt. Er ist mutig, aber besonnen mutig, kein blinder Draufgänger. Eine vernünftige, sinnvolle Verhandlung, die zu einem Ausgleich führt, kann mehr Courage erfordern als ein wildes Losschlagen. Das wurde dann seine Stärke im politischen Leben, an dem er keineswegs nur als Zuschauer teilnahm. »Welche widernatürlichen Kriege! Welche Schande!« ruft er über die Bartholomäusnacht und die acht Hugenottenkriege, die man für seine Lebenszeit zählt; sie sind in Wirklichkeit ein einziger Bürgerkrieg. Davon werden wir noch sprechen. Er ist nicht nur der Hintergrund für sein Leben und Denken, den man als Kulisse malen kann, sondern der Vordergrund, die Bühne. Wenn Montaigne sich immer wieder bemüht, zu unterscheiden, zu prüfen und zu einer oft irritierenden Relativität gelangt, die fragt, ob nicht auch im Übel etwas Gutes stecken könne, so geht das auf diese ununterbrochenen Jahrzehnte des Streites zurück. Selbst in der eigenen, so eng verbundenen Sippe war man gespalten in Anhänger des alten und neuen Glaubens, dazu in Unentschiedene; ein Bruder war obendrein ein Raufbold, der ohne politische oder religiöse Ziele seinen Degen schwenkte, mit tödlichen Folgen für den Gegner. Solches Duellieren ohne Sinn und Verstand war gar nicht nach dem Geschmack Montaignes. Selbst wenn er geistig die Klingen kreuzt, tut er das nur mit sorgfältiger Auswahl und einem würdigen Gegner, wie dem großen Bodin. Er ist furchtlos und vorsichtig. Ehrgeizig und bereit, über alle Eitelkeit bitter zu spotten. Phantasiereich und sachlich. Es gibt noch mehr Kontraste, die aufzuzählen pedantisch wäre.

Ob das nun alles gerade typisch gascognische Eigenschaften sind, müssen die Franzosen entscheiden. Die Sache ist noch komplizierter, denn in der weiten Landschaft selber, die keine rechte Begrenzung hat, werden noch genauere Unterschiede gemacht. Die Untergegend Périgord, reich nur an Trüffeln, sonst bitterarm, reklamiert ihn als ihren Sohn und möchte ihn von dem etwas vagen Gesamtbegriff Gascogne absetzen. Dafür werden vor allem sprachliche Gründe ins Feld geführt: Er spricht ursprünglich diesen Unterdialekt. Er selber gibt das zu, mit nicht gerade schmeichelhaften Worten: Es sei eine »barbarische« Sprache, empfindlich für die Ohren der Franzosen, schleppend, gedrückt. Er schätzt mehr das reine Gascognisch, das kurz, trocken, männlich sei und das er wiederum vom Französischen unterscheidet: Das sei graziös, fein und reich. Unverkennbar zieht er seinen Dialekt vor.

Es ist nun denkwürdig, daß in der Ahnentafel der französischen Literatur dieser Mann vom Rande, aus einer noch sehr selbständigen Landschaft, so in die Mitte gerückt und zum ersten Klassiker mit großer Nachkommenschaft geworden ist. Das zentralisierte Frankreich, mit Paris als allesbeherrschendem Mittelpunkt, existierte zu seiner Zeit noch nicht, weder politisch, noch wirtschaftlich, noch kulturell. Auch das ist für Montaigne im Auge zu behalten, für sein Leben wie sein Denken. Ob nun ein alter Gascogner oder ein erster Franzose: Auf alle Fälle ist er sehr unabhängig.

Die Stadt Bordeaux war sehr unabhängig oder wollte es sein, was ihr nicht immer gelang. Sie bildete eine starke und selbstbewußte Einheit auf einer buntgescheckten Landkarte, die man nicht mit einer Farbe antuschen darf. Sie hatte ihre Privilegien, ihr eigenes Parlament, in das Montaigne durch Protektion seiner Familie schon als einundzwanzigjähriger Jüngling einrückte, ihre eigenen Festungswerke, ihren Handel, in dem die Eyquems reich wurden. Unweit, am Fuß der Pyrenäen, lag das Königreich Navarra, mit eigner bourbonischer Herrscherfamilie, aus der dann König Heinrich IV. kam, Montaignes wohlwollender Freund der letzten Lebensjahre. Es gab mehr solcher unabhängiger und halb selbständiger Gebilde; wir können sie nicht alle aufzählen.

In Bordeaux, der Stadt seiner Väter, war in Institutionen wie im Stadtbild das Mittelalter noch dominierend. Man hatte sein Parlament, als höchsten Gerichtshof, und damit gewann der neu aufkommende Stand der Juristen, zu dem Montaigne und viele seiner Verwandtschaft gehörten, an Einfluß. Das war der neue Adel der »Robe«, der schönen roten und prunkvollen Amtstracht, der die nächsten Jahrhunderte bis zur Revolution unaufhaltsam emporstieg gegenüber dem alten Schwertadel. Er rekrutierte sich aus dem Bürgertum, und vornehmlich den reichen Kaufmannsfamilien wie den Eyquem oder Lopez-de Louppes, der Familie seiner Mutter. Denn die Ratsstellen wurden gekauft, sie waren nicht billig, und daher erblich nach Investierung eines beträchtlichen Stückes Vermögen. Es versteht sich, daß der alte grundbesitzende Adel, der an sein Schwert schlug und die Taten der Vorfahren in den Kreuzzügen pries, in starker Spannung zu diesen Neuankömmlingen stand. Die Parvenus, als welche sie von den Uralten angesehen wurden, suchten sich durch Erwerb von Gütern und Schlössern allmählich vollberechtigt einzugliedern. Das kostete weitere erhebliche Gelder. Der Urgroßvater Eyquem kaufte bereits den Besitz Montaigne; der Vater erst durfte den Titel führen.

In Bordeaux waren Bürgermeister und Parlament nicht die einzige Instanz. Der Erzbischof hatte weit verstreuten Besitz und große Rechte; auch das Gut Montaigne unterstand ihm, die Eyquems waren Lehensleute des Erzbischofs. Klöster in der Stadt, und um sie herum die Kirchen mit den Kanonikern der Kapitel, waren mächtig. Die Gilden hatten ihre bestimmten, eifersüchtig verfochtenen Rechte, Privilegien, Ansprüche. Die Juristen bekamen zu tun. Montaigne als Parlamentsrat hat gestöhnt: Es gebe in Bordeaux wohl so viele Rechte wie in der ganzen übrigen Welt zusammengenommen.

Eine gotische Stadt, mit engen winkligen Straßen und überhängenden Vorbauten der Häuser, kleiner als das römische Bordigala, das zu den drei größten Städten Galliens gehörte; Paris war damals noch nicht darunter. Am Rande der Umwallung ragten nur noch einige antike Monumente halb zertrümmert auf: eine mächtige Säulenreihe, kurz »die Pfeiler« genannt, ohne Erinnerung an das, was sie einmal gewesen waren. Noch weiter draußen im Vorfeld die Reste eines römischen Palastbaues, als das »Amphitheater« bezeichnet. Montaigne erwähnt sie nicht, aber sie sind als Kulissen seiner literarischen Verehrung der Antike zu denken. In den schmalen Gassen ein buntes Gewühl von Menschen, bunt schon in der Tracht, die ständisch genauestens unterschieden war mit erbittert umkämpften Privilegien, wer Seide, Brokat oder Pelz, und welche Pelzsorten tragen durfte. Montaigne, nach der Zeit seiner roten Robe, bevorzugte das schlichte Schwarz und Weiß nach dem Vorbild seines Vaters. Noch einfacher, in farblosen Lumpen, gingen die Horden von Bettlern. Sie bildeten mit den Armen einen beträchtlichen Teil der Bevölkerung. Aufstände waren nicht selten; eine große Rebellion gegen die berüchtigte Salzsteuer, die »gabelle«, kostete die Stadt für eine ganze Zeit ihre Privilegien, nach blutiger Exekution, die dem jungen Montaigne zum ersten Male das Bild von Hinrichtungen und Metzeleien vor Augen führte. Die Umgegend, die ganze Gascogne, wimmelte von Banden, Räubern, Parteigängern und Militär, das räuberte und plünderte; wir werden ihnen in Begleitung Montaignes noch begegnen. Es war ziemlich gleichgültig, ob sie für den König als »Reguläre« fochten, oder für die Hugenotten, oder auf eigne Faust. Immerhin waren in das Stadtbild des stolzen Bordeaux zwei Festungswerke als schmerzende Pfähle im Fleisch eingepflanzt, die den noch sehr jungen Anspruch des Königs als Herrscher über die Nation repräsentierten. Sie wurden als Fremdkörper empfunden, als Zeichen einer Besatzungsmacht, die von »da oben« kam, aus Frankreich, wie man den Norden nannte zum Unterschied von der heimischen Gascogne. Man ritt »nach Frankreich«, wenn man sich nach Paris begab.

Das war stets eine gefahrvolle Expedition, nur schwer bewaffnet und in zahlreicher Begleitung vorzunehmen, auch sehr kostspielig. Montaigne hat viele solcher Fahrten gewagt, und dabei allerhand Lebensgefahren erlebt. Man hat sich ihn nicht nur als den stillen Einsiedler in seinem Turmzimmer, über seine Essais gebückt, vorzustellen. Das sind nur Ruhepausen, kleine Oasen in einer wildbewegten Lebenslandschaft. Vom Zustand der Wege – Straßen waren sie nicht zu nennen – wäre nur zu sagen, daß Fahrzeuge kaum in Betracht kamen. Man ritt. Montaigne war ein Reiter; im Sattel hat er einen großen Teil seines Lebens verbracht.

Transport von Waren war größtenteils auf die Wasserwege angewiesen. Das begründete die Bedeutung von Bordeaux. Der Hafen war die Quelle für den Reichtum der Stadt. Die Schiffe von Bordeaux fuhren hinaus aufs Meer, mit Wein, gesalzenen Fischen, Färberwaid, nach

England, Spanien und »Frankreich«, das heißt den Häfen des Nordens, nach den Niederlanden. Der Hafen war auch die Wiege für den Reichtum der Familien Eyquem und Lopez-Louppe, aus denen Montaigne stammte. Die Weltweite seines Denkens, das man nicht gut auf die Gascogne oder gar Périgord beschränken kann, geht von da aus.

Beide Familien des Stammbaums lassen sich bis fast zu der gleichen Zeit, dem Beginn des 15. Jahrhunderts, verfolgen. Die Schicksale sind allerdings recht verschieden. Die Eyquems oder Ayquems, was eine gascognische Abwandlung von Joachim sein soll, waren eine weitverbreitete Sippe der Gegend. Der Urgroßvater Ramon begründete den Reichtum des Hauses mit Wein, Salzfisch und Färberwaid, dem Grundstoff für das sehr begehrte Blau, ehe das Indigo importiert wurde. Man heiratete in die schon reichen Familien ein; die Mitgiften wurden eine weitere Stütze des Familienvermögens. Ramon kaufte bereits die Herrschaft Montaigne im Périgord, als Lehen der Erzbischöfe, von einem Vorbesitzer Duboys. So ganz zwanglos und freundschaftlich scheint dieser Kauf nicht abgegangen zu sein, denn die Erben Duboys haben noch prozessiert. Der treuherzige Bericht der Zeit lautet, daß Ramon und Duboys zusammen das Haus Montaigne betraten, um die Übernahme zu arrangieren: »Dann geht der besagte Duboys hinaus, der besagte Ramon Eyquem bleibt drinnen und verriegelt die Tür hinter ihm, bleibt da, solange es ihm gefällt, und nimmt Besitz von Haus und Ländereien. Und hinfort ißt und trinkt besagter Herr Ramon Eyquem nach Herzenslust.«

Prozesse bilden ein Hauptvergnügen der Bürger von Bordeaux. Sie waren auch hochnötig bei den stets umstrittenen Besitzverhältnissen. Die Eyquems sahen darauf, Stellen im Parlament, als der obersten Gerichtsbehörde, zu besetzen. Sie drangen in die wichtigen Posten der Stadt in allen Enden ein, auch in die Kapitel der Kirchen, die eigene Gerichtsbefugnisse besaßen. Überall hatten sie einen Bruder, Vetter, Neffen. Adlig waren sie noch nicht mit dem Erwerb des Gutes, aber auf dem Wege dazu. Sie kauften weitere Häuser in der Stadt, Rentenrechte vom Erzbischof, und versuchten allmählich, den Geruch von Wein- und Fischhandel abzuschütteln. Der Aufstieg war vorgeschrieben: Juristerei, Kirche oder Militär. Der Vater Montaignes, der unter Franz I. in den italienischen Feldzügen gedient hatte, erhielt endlich das begehrte Adelsprädikat. Und erst der Sohn nannte sich Herr von Montaigne und stieß den alten, im Handel so bewährten Namen Eyquem ab. In Ritterrüstung alten Stils ließ er sich auf dem Grabmonument in der Kirche der Feuillants zu Bordeaux abbilden. Das eben erworbene Wappen wurde zerbrochen. Er hatte keinen Sohn. Er war und ist der einzige Montaigne.

Die Familie der Mutter stieg gleichzeitig mit den Eyquems auf. Aber das ist eine ganz andere Geschichte. Es riecht nicht nach Wein oder Fisch, sondern dem Scheiterhaufen. Prozeßakten, immer fast die einzigen Zeugen in der älteren Familiengeschichte, sind vorhanden, aber sie handeln nicht von Gutserwerb, sondern von Verlust des Eigentums, Tortur, Austreibung. Die Inquisition führte sehr sorgfältig Buch über ihre Untaten, was schon deshalb notwendig war, weil die Denunzianten und Richter an dem beschlagnahmten Vermögen mit bestimmten Prozentsätzen beteiligt waren. Moses Paçagon aus Aragon, ein jüdischer Händler zu Villanueva, ist als der älteste

Vorfahr zu Anfang des 15. Jahrhunderts ermittelt worden. Er ließ sich taufen – oder wurde getauft – und nahm den Namen Lopez an; die Familie hieß dann die Lopez aus Villanueva. Ein erheblicher Teil wurde verbrannt, andere wurden in effigie verbrannt und flüchteten. Die Flüchtlinge gingen nach Südfrankreich oder den Niederlanden. In Bordeaux war eine ganze kleine Kolonie solcher spaniolischer oder portugiesischer Juden; auch der Rektor des Gymnasiums, das Montaigne besuchte, Gouvea, gehörte dazu. Die französischen Lopez nannten sich Louppes und behielten die Ortsbezeichnung Villanueva als Villeneuve bei; am Ende wurde das ihr Adelstitel; sie stießen, wie die Eyquem, den alten Familiennamen ab und waren nur noch die de Villeneuve. Sie stiegen rasch auf, unterstützt durch die weitreichenden Familienverbindungen im Ausland, und heirateten ein in die lokalen Kaufmannsfamilien, oder – die Sache ist keineswegs ganz eindeutig – sie heirateten untereinander. Denn obwohl getauft, blieben sie ganz entschieden und sogar amtlich die »Neuchristen«, unter ständigem Verdacht, sie praktizierten weiterhin den Glauben ihrer Väter. Es wird immer noch vielfach angenommen, daß mit der Taufe, ob freiwillig oder unter Zwang, in den früheren Jahrhunderten die »Judenfrage« gelöst gewesen sei. Das stimmt weder für Spanien und Portugal, wo vielmehr die Verfolgung der Getauften eine ganz spezielle Aufgabe der Inquisition darstellte, noch für Frankreich. Ein Edikt des Königs Henri II. von 1550, also aus Montaignes siebzehntem Lebensjahr, sichert den »Neu-Christen« zwar ausdrücklich freien Wohnsitz in Frankreich zu, das Recht zu handeln, testamentarisch über ihr Eigentum zu verfügen. Es enthält aber die ominöse Schlußklausel: Der König verspricht ihnen, auch im Namen seiner Nachfolger, ein Jahr Gnadenfrist, falls sie abermals ausgewiesen werden sollten. Während dieses Jahres erhalten sie das Privileg, ihr Eigentum zu veräußern. Sie dürfen auch – das Wohlwollen war groß – ihre Familie und Dienerschaft auf die neue Wanderung mitnehmen. Es ist anzunehmen, daß dies Toleranzedikt nicht ganz ohne entsprechende Gegenleistungen ausgegeben wurde.

Damit endete die Sache nicht. Das Parlament von Bordeaux, in dem inzwischen schon verschiedene Neuchristen saßen, mußte verschiedentlich zum Schutz der Neubürger eingreifen; wie stets waren Zeiten der politischen Krisen günstig für neue Verfolgung. Noch nach Montaignes Tod forderte ein eifriger Hexenverbrenner Verbannung und Tortur für alle »Spanier und Portugiesen« in Bordeaux. Sie seien nichts anderes als verkappte Juden und deshalb dringend der Zauberei und Hexerei verdächtig. Der Mann hatte den Auftrag, die Unholden in der Guyenne »auszuradieren«. Es bleibt noch übrig zu sagen, daß er ein Verehrer Montaignes war. Seine Essais freilich scheint er nicht gelesen zu haben.

Denn da äußert sich Montaigne ganz entschieden und unmißverständlich gegen den Hexenwahn. Er sagt an keiner Stelle etwas über seine Mutter, oder deren Familie, so häufig und liebevoll er die seines Vaters erwähnt. Die Mutter, Antoinette de Louppes, ist nur aus amtlichen Dokumenten bekannt. Wir wissen lediglich, daß sie dem Vater eine beträchtliche Mitgift von 4000 Livres in die Ehe brachte und daß sie uralt wurde, über neunzig; sie hat den Sohn noch überlebt. Als ungreifbarer Schatten geistert sie durch das Schloß, das sie auch nach dem Tode ihres Gatten zusammen mit dem Sohn bewohnte. Über die Mitgift finden sich Notizen in den Testamenten, die nach Sitte der

Zeit, mit Rücksicht auf die Prozeßsucht und die vielen Juristen der beiderseitigen Sippen, sehr sorgfältig abgefaßt wurden. Antoinette betont stolz, und in vieler Hinsicht sehr modern, in ihrem letzten Willen, daß durch ihre eigne Mitarbeit und Fürsorge in vierzig Jahren »besagtes Haus erheblich verbessert und im Wert erhöht worden sei«, wovon der Sohn den Nutzen habe. Sie vergißt nicht zu erwähnen, daß in ihrem Heiratskontrakt seinerzeit stipuliert worden war, die Hälfte des eingebrachten Vermögens müsse in Land und anderem Einkommen tragenden Besitz investiert werden, was aber nicht geschehen war. Ob eine geborene Eyquem oder aus anderer Familie nicht ebenso genau ihre Rechte gewahrt hätte, scheint uns kaum zweifelhaft. Es waren Kaufmannsfamilien. Antoinette de Louppes bleibt eine terra incognita in der Landschaft Montaigne.

Daß der Sohn sie nicht erwähnt, ist nicht so ganz ungewöhnlich; er spricht auch kaum von seiner eignen Frau oder der Tochter. Seine verstorbenen Kinder führt er auf die nachlässigste Weise von der Welt an, als wüßte er nicht genau, wie viele es gewesen seien; man hat daraus sogar schließen wollen, daß er bei einigen zweifelte, ob sie von ihm stammten. Die Frau spielt in seinem Denken, nach dem Muster der Antike, eine ganz untergeordnete Rolle. Es braucht nicht Abneigung gegen die Herkunft der Mutter zu sein, wenn er sie verschweigt; es braucht nicht, aber es kann durchaus Vorsicht mitgespielt haben, dieses heiße Eisen anzurühren. Montaigne, so kühn in vielem, war vorsichtig.

Behutsam, und nur an einer Stelle seiner Essais, erwähnt er die Juden überhaupt. Er zitiert da – eine weitere Vorsicht – den Bischof Jeronimo Osorio, dessen Geschichte der großen Zeit Portugals unter König Emanuel eine unbestrittene Autorität war und ihm den Ehrennamen des portugiesischen Cicero eintrug. Osorio erzählte, nach einer älteren Chronik, von den Leiden der zuerst aus Spanien vertriebenen Juden, die in Portugal eine Zuflucht gefunden zu haben glaubten. Das dauerte nicht lange; es hieß dann, sie würden nach Afrika abtransportiert. Die versprochenen Schiffe erschienen nicht, bis auf ganz wenige, auf denen die Flüchtlinge mißhandelt und ausgeplündert wurden. Die Verbliebenen beschlossen daher, lieber die Sklaverei in Portugal zu wählen. Emanuel, der Große und Glückliche genannt, der Protektor Vasco da Gamas und Beschützer der Gelehrten an seinem Hofe, setzte sie in Freiheit. Dann änderte er seinen Sinn und wollte sie bekehren. Da das mißlang, wies er sie ebenfalls aus, mit der neuen Maßgabe, daß ihnen alle Kinder unter vierzehn Jahren fortgenommen und christlich erzogen werden müßten. »Es heißt«, so sagt oder zitiert Montaigne, »daß dies ein schauderhaftes Schauspiel zur Folge hatte: Das natürliche Gefühl der Eltern und Kinder und außerdem der Eifer für ihren alten Glauben stießen zusammen mit diesem gewalttätigen Befehl«; viele Eltern begingen Selbstmord, viele töteten ihre Kinder.

Er fügt hinzu, daß von den Überlebenden einige Christen wurden; von ihrer Glaubenstreue, oder der ihrer Nachkommen, seien noch jetzt, hundert Jahre später, die Portugiesen wenig überzeugt, und dies, »obwohl doch Brauch und Sitte sowie die Dauer der Zeit eigentlich bessere Ratgeber sind als der Zwang«. Mehr sagt er nicht. Am seltsamsten ist jedoch der Zusammenhang, in dem er diese Stelle bringt: Er handelt gelassen und mit vielen Anekdoten oder Beispielen davon, daß der Tod, die Armut und der Schmerz unsere größten Feinde seien. Er spricht davon, daß die Menschen mit größter Leichtigkeit zum Tode gehen, als Einzelne womöglich noch mit dem Henker scherzend, in Gemeinschaft, wie bei den Völkern des Ostens, wo der gesamte Hofstaat eines Herrschers ihm ins Grab zu folgen hat; er führt aus den Erlebnissen seines Vaters in Italien Massenselbstmorde in Mailand an oder ähnliches aus der römischen Geschichte. »Jede Überzeugung ist stark genug«, so faßt er zusammen, »um solche Hochzeit mit dem Tode herbeizuführen.« In den Kämpfen der Türken und der Griechen wird lieber der Tod gewählt als der Glaubensübertritt: »An Beispielen dafür fehlt es bei keiner Religion.« Erst dann zitiert er das Schicksal der spaniolischen Juden. Sein Thema ist Tod, Armut, Schmerz in objektiver Allgemeinheit, nicht der Tod auf dem Scheiterhaufen oder die Leiden seiner Vorfahren Lopez. Wie weit er davon etwas gewußt hat, ist nicht leicht zu entscheiden. Daß er aber ganz entschieden dafür war, man solle dem »besseren Ratgeber« folgen, dem Brauch und der Dauer der Zeit, die nahelegen, in der Bevölkerung des neuen Landes aufzugehen bis zum völligen Unkenntlichwerden, scheint uns deutlich. Er will von Lopez-Paçagon nichts wissen.

In seinem italienischen Tagebuch berichtet er, unter anderen Merkwürdigkeiten Roms, auch von den Zwangspredigten, die sich die Juden dort jeden Sonnabend anhören mußten. Montaigne ging auch in die Synagoge zu Verona und unterhielt sich mit den Juden dort; er nahm in Rom an einer Beschneidungszeremonie teil. Das alles ist, dem Sekretär diktiert, sine ira et studio erzählt. Es sind fremde Bräuche, die ihn interessieren, wie die der anderen fremden Völkerschaften seines Reiseweges. Leidenschaftlich und eindeutig Partei nehmend, äußert Montaigne sich nur da, wo es um die noch durchaus obligate Tortur bei gerichtlichen Fällen oder Ketzern und Ungläubigen geht. Da erklärt er sich ohne Vorbehalt: Alles, was über den bloßen Tod hinausgeht, sei »blanke Grausamkeit«. Noch stärker, als er von den Kannibalen spricht: Grausamer als Menschenfresserei, die doch an Toten verübt wird, sei es, einen lebendigen Menschen durch Torturen zu zerreißen und einen Körper, noch voll von Gefühl, Glied um Glied am Feuer zu rösten. »Das haben wir nicht nur gelesen: Es ist uns frisch im Gedächtnis, und dies nicht unter alten Feinden, sondern unter Nachbarn und Mitbürgern, und schlimmer noch: unter dem Vorwand von Frömmigkeit und aus religiösen Gründen.« Das waren gefährliche Worte im Zeitalter der mächtigen Inquisition.

Wir haben genug gesagt über den Stammbaum, den alten Adel, die Landschaft. Montaigne hat seine Eitelkeiten, seine dunklen Stellen. Er wäre der erste, das nicht nur zuzugeben, sondern zu bejahen: Er hält sich nicht für einen vollkommenen, fehlerlosen Menschen. Er mißtraut auf das äußerste allen übertriebenen Forderungen. Der Mensch wie er ist, nicht wie er sein sollte, bildet sein Studium. Schon darin bedeutet sein Buch eine Epoche. Und dieser Mensch kann niemand anderes sein als er, der Herr von Montaigne, Sohn des alten Soldaten und Gutsbesitzers Pierre Eyquem de Montaigne und seiner Gattin Antoinette, aus nicht weiter genannter Familie.

Gespräch mit den Menschen

Montaigne spricht mit dem Leser. Man hört ihn reden, in ganz bestimmtem Tonfall. Aufmerksame Beobachter haben sogar gemeint, seine Gesten dabei zu sehen. Er unterhält sich mit sich selber, aber, so sagt er: »Jeder Mensch repräsentiert in sich die Gesamtgestalt des Menschenwesens.« Das rechtfertigt erst das Wagnis, sich anderen mitzuteilen. Er legt Wert darauf zu betonen, daß er nur »erzählt«, nicht lehrt, kein System vorlegen will.

Ehe er mit sich selber zu Rate gehen kann, muß er viel Erfahrung im Umgang mit anderen Menschen sammeln. Er hat viel zu lernen, so sehr er sich dann gegen alles Schulwissen verwahrt. Sein Vater steht dabei an der Spitze. Er unterhält sich immer wieder mit ihm, auch mit dem längst Verstorbenen. Er lobt und preist ihn als das Muster eines Edelmanns alten Stiles: aufrecht, tapfer, ein guter Gastgeber, ein hingebungsvoller Diener seines Königs als Soldat, später der Stadt, als hoher Beamter und Bürgermeister. Klein, wie der Sohn, bräunlich, gesund bis ins Alter, wo ihn das Steinleiden packte, das Michel erbte. Ein großer Sportsmann, der mit bleigefüllten Stäben seine Arme übte, mit bleigefüllten Schuhen sich zum Laufen und Springen trainierte und noch mit sechzig in den Sattel sprang oder auf einem Daumen über den Tisch voltigierte, die Treppen mit drei oder vier Stufen auf einmal hinaufstürmte. Dabei gebildet für einen Soldaten; er konnte etwas Latein, hatte in Italien die Landessprache sowie das eben modern werdende Spanisch aufgehascht und besaß große Verehrung für humanistische Kultur. Der Sohn wird auf die ungewöhnlichste Weise erzogen, in einer Zeit, wo noch der Bakel und die Rute unbarmherzig regierten;

Erasmus und Luther wußten davon zu erzählen und haben bis in ihr Alter den Schrecken vor dem Prügelregiment nicht vergessen können. Nichts dergleichen bei den Methoden, die Pierre Eyquem-de Montaigne für seinen Ältesten als richtig befand. Statt dessen die liebevollste, zärtlichste, fast verzärtelnde Fürsorge, mit Zügen, die damals einzig dastehen dürften. Zunächst wird das Kind aus dem Schloß fortgegeben aufs Land, in einen winzigen Ort, der zum weitgespannten Besitz des Gutsherren gehört. Nahezu »demokratisch« will der eben geadelte Pierre Eyquem ihn damit dem Volke nahebringen; er soll die Menschheit kennenlernen, »auf deren Arm wir angewiesen sind, nicht jene, die uns nur ihre Kehrseite weisen«. Einfachste Kost, Milch, dunkles Brot, Speck; er hat diese Vorliebe für derbe Nahrung beibehalten. Die Sorge um die Erhaltung eines Stammhalters, sehr wichtig für ein aufstrebendes Geschlecht, mag mitgespielt haben; zwei Kinder waren bereits jung verstorben. Neun andere folgten noch nach, von denen vier Brüder und drei Schwestern am Leben blieben. Die Mutter Antoinette Lopez-de Louppes hatte also nicht nur für die Erweiterung des Gutes zu sorgen, wie sie in ihrem Testament anführt.

Der Vater experimentiert weiter: Nach der Freiluftkur soll der Unterricht kommen. Latein ist noch die Weltsprache, unentbehrlich für die Karriere im Recht und der Verwaltung, die ins Auge gefaßt ist für den weiteren Aufstieg des Hauses de Montaigne. Mühelos soll das schwierige Idiom gemeistert werden. Ein Hauslehrer wird beschafft, ein Deutscher, der kein Wort Französisch kann, mit zwei Assistenten dazu; es wird nur Latein gesprochen, bis der ganze Haushalt, die Dienstboten eingeschlossen, in der fremden Sprache plappert. Keine Grammatik also, das furchtbare Schreckgespenst der anderen Prügelknaben. Auch kein Schreck oder womöglich Schlag beim Aufwachen des Knäbleins, der ihn verstören könnte: Musik soll ihn sanft an die Hand nehmen und vom Traum in den Tageslauf überführen. Von Träumen spricht er dann viel in seinen Essais, die er auch seine »Träumereien« zu nennen beliebt; von der Musik seltener.

Ein Hätschelkind also, wie kaum irgendwo eines behütet wurde; bedient, umsorgt von allen Seiten, bewacht in jedem Schritt. Montaigne hat sich selber darüber später Gedanken gemacht und gemeint, er habe es nur dem Zufall zu verdanken, wenn doch noch etwas aus ihm geworden sei. Die Sache hätte leicht übel ausgehen können bei einem Kind mit wilderen Anlagen. Als pädagogisches Prinzip empfiehlt er diese Methode nicht.

Er macht auch, bei aller Verehrung für den Vater, einige Vorbehalte gegen den weiteren Bildungsgang. Er lobt zwar, daß der Vater – im Zuge der durch König Franz I. eingeführten Begeisterung für die humanistischen Wissenschaften – gelehrte Leute ins Haus zog, Geistliche, deren Weisheitssprüche wie Orakel von ihm gesammelt wurden; »ich selbst schätze diese Dinge genügend, aber ich bete sie nicht an«.

Anbetung jedoch, fast göttliche Verehrung der Antike, mitsamt dem Hofstaat ihrer Götter, war noch die Losung. Montaignes Jugend fällt in die letzte Hochblüte dessen, was wir die Renaissance nennen. Er bezeichnet in seinem Denken und Schreiben schon das Spätstadium der Enttäuschung, der Abkehr. Er wird nicht müde, über die »Pedanten« zu spotten, die sich allerdings sehr bald der erst so jubelnd begrüßten humanistischen Wissenschaften – Erasmus nannte sie noch unweigerlich die »schönen« –

bemächtigt hatten. Er ist ungerecht und kokett in seiner Ablehnung und übergeht manches, so den Dank für ausgezeichneten Unterricht, den er auf der nächsten Etappe des sammetsanften Erziehungsweges vorgesetzt bekam. Denn mit dem sechsten Jahr wurde er auf das Collège de Guyenne, das Gymnasium von Bordeaux, geschickt. Das galt damals als das weitaus beste in ganz Frankreich und hatte berühmte Leute unter den Erziehern.

Es ist auch möglich, daß der Vater bei seiner Methode mit Harfenklang am Morgen einige Skrupel verspürte. Pierre war nicht nur der Gesprächsfreund von Geistlichen und gelehrten Besuchern. In ihm fanden die geschäftstüchtigen Eyquems noch ihren letzten, ganz starken Sproß; Montaigne hat nur von dem Erbe gelebt. Mehr als 200 Notariatsakten sind über Pierre erhalten, Kaufurkunden, Abtretungen, Prozesse. Der weitverzweigte Besitz wurde umsichtig vergrößert; jeder der anderen Söhne erhielt Gut und Titel und hieß dann der Herr von Beauregard, von La Brousse oder Mattecoulon. Das Gut Montaigne war bis dahin nur als Nebenbesitz und Staffel zum Aufstieg in den Adel angesehen und erheblich weniger wichtig genommen als die Lagerhäuser, die Schuppen am Hafen, die Häuser und Türme der Stadt, in der bereits eine ganze Straße nach den Eyquems von Montaigne genannt war. Es wurde nun erst zu einem stattlichen Erbsitz umgewandelt. Es erhielt starke Mauern. Ein sehr respektabler Wehrbau entstand, der notfalls eine Mannschaft jener Leute beherbergen konnte, »auf deren Arme wir angewiesen sind«, und die nicht den Rücken kehrten, wenn es ernst wurde. Es wurde sehr oft ernst. Der humanistische, »italienische« Frühling dauerte nicht lange.

Auf dem Gymnasium zu Bordeaux stand er noch in

voller Blüte. Montaigne will davon später nichts wissen. Er lobt zwar den Rektor, den Portugiesen Gouvea, er nennt den Schotten George Buchanan, er erwähnt noch – vielleicht nur vom Hörensagen – den nicht weniger berühmten Marc-Antoine Muret. Mit Stolz berichtet er nur von den Theateraufführungen, die der Rektor in der Schule veranstaltete; er habe sich dabei als »Meister-Schauspieler« und vor allem durch sein vorzügliches Latein bewährt. Etwas schauspielerisch klagt er, seine überlegene Beherrschung der obligaten Schulsprache sei nur zurückgegangen im Lauf der Unterrichtsjahre; er habe mehr gekonnt als die Lehrer. Ob er nun wirklich vom vierten bis zum sechsten Lebensjahr ein so perfekter Latinist geworden war, daß er einen Buchanan beschämen konnte, scheint uns nicht recht glaubwürdig. Noch weniger, was er vom Regiment des Bakels auf dem Gymnasium erzählt; denn der Vater sorgte weiterhin dafür, daß das Söhnlein behütet wurde. Er gab ihm eigne Tutoren, die recht verständnisvoll auf die Eigenart des Knaben eingingen. Wenn er lieber Ovids »Metamorphosen« las als den Cicero: Nun gut, die Hauptsache war, daß er las. Körperstrafen gab es natürlich, wie auf allen älteren Schulen, aber der junge Montaigne wurde damit entschieden verschont. Er war ein Protektionskind als Sohn eines der reichsten und einflußreichsten Bürger und einer Sippe, die in hohen Posten der Stadt saß. Eine angesehene Karriere ohne sonderliche Mühen lag vor ihm. Die Auswirkung eines solchen Werdegangs auf sein Denken ist unverkennbar. Es war ein Glücksfall, daß man das junge Genie derartig in Ruhe ließ. Er hat sich erst langsam entwickelt, und vor allem zunächst die Menschen und das Leben studiert, ehe er sich dem Individuum Montaigne zuwandte. [...]

Wenig ist vom Umgang mit der Humanistenwelt in Montaignes Erinnerung verblieben; sehr viel mehr freilich, als er wahrhaben will. Er selber bekennt: »Mein Gedächtnis ist ganz schauderhaft schlecht.« Wir möchten das auch auf die Jahre im Collège bezogen sehen. Wir glauben, kurz gesagt, daß er eine ganz ungewöhnlich gute und reichhaltige Schulerziehung genossen hat. Vergleicht man das, was Buchanan in einer Satire über sein Pariser Gymnasium, wo er auch eine Zeitlang unterrichtet hatte, über den Schmutz der Klassenräume sagt, die Zügellosigkeit der Schüler, die Klagen der Eltern: Unsere Kinder lernen nichts, und dafür müssen wir die hohen Gebühren zahlen! so dürfte der Vater Pierre mit Montaignes Collège keinen Grund gehabt haben, sich zu beschweren. Montaigne selber schildert sich in seinen Pubertätsjahren ohne Schönfärberei: gesund, sanft von Natur und umgänglich, aber so schlaff, träge, schwerfällig, daß man ihn aus seiner Indolenz nicht einmal herausreißen konnte, wenn man ihn spielen lassen wollte. »Mein Begriffsvermögen hat sich erst später entwickelt. Meine Phantasie war matt.« Nur seine Beobachtungsgabe, so meint er, sei gut gewesen, und insgeheim hätten sich schon kühne Gedanken im Keim geregt, die weit über seine Jahre hinausgingen.

Mit den Spielen und dem Sport, seinem Vater so vertraut und wichtig, hat er sich nicht befreunden können; beim Springen versagt er, ebenso beim Fechten oder Tanzen, dem Ballspiel. Für Musik ist er unbegabt. Auch die ritterlichen Künste der Falknerei, die Hunde, Pferde, lassen ihn kühl. Er scheint wie zum Literaten vorbestimmt, aber diesen Beruf gibt es noch nicht. Es verblieb die Juristerei.

Formell wurde dafür ein Examen als Lizentiat verlangt; formell war auch ein Alter von dreißig Jahren für einen

Sitz als Richter und Ratsherr im Parlament vorgesehen. Die Stellen waren aber käuflich; einige Eyquems trugen schon die rote Robe. Montaigne soll eine Studienzeit in Toulouse absolviert haben, wo eine berühmte juristische Fakultät bestand, mit einigen sehr modernen Lehrern und vielen, die noch die Kommentare des 14. Jahrhunderts einpaukten. In Toulouse wohnten auch Verwandte der Mutter; sie werden ebensowenig erwähnt wie diese. Die Studiendisziplin war streng, nach dem Bericht eines Mitstudenten. Um 4 Uhr stand man auf und betete, um 5 begannen die Kollegs, man ging, »die dicken Bücher unter dem Arm, Schreibgerät und Kerzenhalter in der Hand«, in den Hörsaal; es war noch dunkel. Fünf Stunden wurde gebüffelt und nachgeschrieben, dann noch bis zum Mittagessen das Geschriebene korrigiert und verglichen; am Nachmittag weitere fünf Stunden Kolleg und nochmals eine Stunde Nachsitzen mit Überarbeitung der Hefte. Kein Heft solcher braven Art hat sich erhalten von Montaignes Hand. Wir müßten auch eigentlich heftige Worte von ihm hören über solchen Zwang. Statt dessen lobt er die großen Professoren mit ungewöhnlich warmen Ausdrücken. Ob er sich nun aus der Dumpfheit der Pubertät herausgewickelt hatte oder kräftig schwänzte, was eher anzunehmen ist, bleibt unklar wie diese ganze Zeit in Toulouse. Die »dicken Bücher«, die Kommentare und Glossen, hat er genügend verspottet: »Der hundertste Band verweist auf den nächsten, und der ist noch stachliger und holpriger als der vorige.« Man hat mehr zu tun, »die Auslegungen zu interpretieren als die Sachen selber«; Bücher über Bücher, ein einziger verhäkelter Wirrwarr. Von einem Examen oder Diplom ist keine Spur gefunden worden.

Montaigne hat später zwar über die Käuflichkeit des Richteramtes in einem Memorandum warnende Sätze geschrieben, aber seine eigne Karriere ging auf die übliche Weise vonstatten. Der Vater erwarb eine Stelle bei dem soeben neugeschaffenen Gericht zu Périgeux und setzte den Sohn, der noch nicht das gesetzliche Alter erreicht hatte, per Dispens an seinen Platz. Das Gericht zu Périgeux wurde aufgelöst und die Räte mußten nach Bordeaux transferiert werden, wo die älteren Herren sie recht mißmutig empfingen. Immerhin war Michel de Montaigne mit 21 Jahren Mitglied dieser hohen Instanz, die in verschiedenen Kammern Zivil- und Kriminalrecht sowie die höchst heiklen Steuerfragen behandelte und schließlich auch politisch als oberste Vertretung des Landes den selbständigen Willen der Gascogne repräsentierte. Das Recht, die Edikte des Königs zu registrieren – oder durch Nichtregistrierung ein Veto einzulegen –, war die Hauptwaffe, und sie wurde häufig angewandt. Wir haben neuere Vorstellungen von »Parlament« für diese Institutionen beiseite zu lassen. Von Volksvertretung war nicht die Rede. Immerhin bildeten diese Parlamente den einzigen gesetzlich begründeten Schutz gegen den eben erst sich regenden Zentralismus und Absolutismus des Königtums. Der Kampf mit den Parlamenten bezeichnet ziemlich genau die Etappen in den großen Auseinandersetzungen der folgenden Jahrhunderte bis zur Revolution.

Eine hohe Ehrenstellung also für den flaumbärtigen Jüngling. Er nahm sie ohne Zieren ein und hat nie ein Wort darüber verloren. Er trug nun, wie seine Verwandten, die rote Robe und das Pelz-Barett; der Präsident hatte noch das Privileg, in Scharlach zu gehen, mit Besatz von Hermelin. In der Farbensymbolik der Zeit bedeutete das Rot das

Recht, blutig zu strafen, das Weiß des Hermelins die makellose Reinheit der Rechtsprechung. Noch der Naturforscher Leonardo da Vinci notierte sich aus dem mittelalterlichen »Physiologus« ergriffen, daß dieses Tierlein »sich lieber dem Jäger gefangen gibt, als in eine schmutzige Höhle zu fahren; so besorgt ist es, seine Lieblichkeit nicht zu beflecken«.

Montaignes Bemerkungen über die Praxis beim Parlament zu Bordeaux sind realistischer. Unordnung, Willkür, Ungerechtigkeit ist die Zusammenfassung. Er gibt Beispiele, auch humoristischer Art. Einer seiner Kollegen in der roten Robe schreibt gerade ein scharfes Urteil über einen Ehebrecher nieder; von dem gleichen Blatt reißt er heimlich einen Zettel ab mit einem Liebesbillet für die Frau seines Beisitzers. Ein anderer hat soeben eine ganze »Schiffsladung von Paragraphen« ausgepackt, mit größter Anstrengung und gleichgroßer Unfähigkeit; er geht, sich zu erleichtern auf den Abort des Justizpalastes, und man hört ihn dort zwischen den Zähnen murmeln: non nobis, Domine, Dir allein, o Herr, die Ehre! Ernster sind die Fälle, wo ein Gericht von einer niederen Instanz unschuldig Verurteilte kurzerhand hängen läßt, trotz besserer Einsicht, einfach weil nun einmal das Todesurteil ausgesprochen worden ist. Erschüttert ist er über die Bauern, die einen Schwerverwundeten im Walde gefunden haben, von einem Dutzend Dolchstichen der Räuber blutend; sie haben nicht gewagt ihn aufzunehmen, trotz seines Schreiens um Hilfe oder wenigstens einen Tropfen Wasser: schon in der Nähe einer Untat bemerkt zu werden, ist gefährlich und kann als Indiz für Mitschuld angesehen werden. So entschuldigen sie, daß sie das Opfer liegen ließen.

Bei bloßem Verdacht der Mitschuld konnte die Folter verhängt werden, und wer bekennt nicht, was man ihm vorspricht, wenn er genügend scharf befragt wird? Die Wippe, die spanischen Stiefel, die Daumschrauben, das Brennen mit Fackeln, die ganze, ausführlich und gesetzlich legitimierte Prozedur der Kriminaljustiz empört ihn. Er steht damit sehr einsam da; die Folter wurde bekanntlich erst zwei Jahrhunderte später abgeschafft; inzwischen ist sie vielfach wieder inoffiziell eingeführt. Montaigne ist überhaupt sehr zweifelhaft über die Sicherheit der Urteile, seine eignen eingeschlossen: »Wie oft haben wir festgestellt, daß Unschuldige bestraft wurden? Und bei wie vielen haben wir das überhaupt entdeckt?« Aufrichtig bekennt er, sein Urteilsvermögen sei so unsicher, daß er lieber das Los oder die Würfel befragt hätte, als seinen Spruch abzugeben.

Zum Richter, geschweige unter der brutalen Justiz des 16. Jahrhunderts, eignete Montaigne sich schwerlich. Er scheint auch das Amt nicht allzu schwer genommen zu haben; wenige Schriftsätze von ihm sind unter den reichhaltigen Akten gefunden worden. Unmöglich konnte auch der Einundzwanzigjährige, ob er nun zu Toulouse studiert hatte oder nicht, sich zwischen den zahllosen Paragraphen und Edikten zurechtfinden: römisches Recht, gascognische Gewohnheitsrechte und Bräuche, besonders ernst genommen und als Zeichen für die Selbständigkeit des Landes verteidigt, Edikte des Königs »von da oben«, das heißt aus Paris eingreifend. Er hat daraus seine These vom natürlichen Recht destilliert, das universal sei und sehr viel vornehmer als »jene spezielle nationale Justiz, die auf unsere besonderen Zustände beschränkt ist«. Deren Gesetze erhalten sich nur dadurch, daß sie eben da sind: »Das ist der mystische Urgrund für ihre Autorität; einen anderen haben sie nicht.«

Als Anschauungsunterricht für den künftigen Betrachter des Menschenlebens war jedoch diese Zeit unbezahlbar. Montaigne muß auch bei seinen Kollegen Eindruck gemacht haben als kluger Debatter und Verhandler in den vielen Prioritäts- und Rangstreitigkeiten, die neben den anderen Fällen die Zeit der Räte ausfüllten. Er ist nie weiter aufgerückt in eine der höheren Instanzen des fünfstöckigen Parlaments; man lehnte ihn mit Hinweis auf die verschiedenen Verwandten ab, die da schon saßen. Aber man benutzte den kleinen und sehr alerten Kollegen zu Missionen nach Paris, wo ständig um Privilegien und Einfluß geworben werden mußte. Genau ist nicht ermittelt, was er da tat; es ist auch möglich, daß er eigne Interessen betrieb und daran gedacht hat, eine Rolle am Hofe zu spielen. Ein gewisses Zwielicht war dafür unentbehrlich; es herrscht auch in manchen Partien seiner Essais. Er ist durchaus für die »natürlichen« Bräuche, das »Gewachsene« einer Landschaft, und polemisiert gegen das römische Recht mit seinen absolutistischen Ansprüchen. Er ist auch im Grunde gegen Änderungen, die nur zu neuer, noch schlimmerer Tyrannei führen würden, so klar er die alten Mißbräuche sieht. Aber zugleich wünscht er doch Stärkung des Königtums, das allein Rettung aus dem Streit der Parteien um ihn her verspricht. Er ist darin nicht »konservativ«, wie man oft gemeint hat, sondern »modern«, für den damaligen Stand der Dinge. Er ist ein guter Gascogner, aber auch – »schon« möchten wir sagen – ein guter Franzose. Und in dieser Haltung war er dafür bestimmt, zum Ratgeber des Königs zu werden. Der Parlamentsrat Eyquem de Montaigne ist nicht wichtig gewesen, und man hat ihn auch nicht sonderlich wichtig genommen. Der Herr von Montaigne mit den besonnenen, immer vorsichtig vermittelnden Vorschlägen, schon am Hofe der Katharina von Medici und ihrer Söhne und dann vor allem als Vertrauter Heinrichs IV., wurde eine der einflußreichsten Persönlichkeiten der Nation. Er hätte vielleicht Minister, vielleicht Kanzler werden können in einem späteren Stadium; an Angeboten fehlte es nicht. Aber er zog es vor, zu meditieren. Die Waage, die er zu seinem philosophischen Wappenzeichen und Symbol gemacht hatte, zeigte ihm durch ständiges Schwanken – sein Lieblingswort, das er immer wieder verwendet – an, daß er für die Tat nicht gemacht war, so wenig wie für das resolute Urteilsprechen.

Die zwölf Lehrjahre waren vorüber. Die rote Robe begann ihn zu langweilen. Weitere Beförderung schien versagt. Die Menschen begannen ihm lästig zu werden, sie blieben sich gleich in ihren beschränkten Vorurteilen, im Zank um Bagatellen – und »Bagatellsachen« war ein großer Teil der Fälle vor dem Gericht. Gleich blieben sie sich auch in der sturen Verranntheit in die Fragen, die sie für die großen hielten, den Kampf der Glaubensüberzeugungen. Mit jedem Jahre nahm die Erbitterung zu. Es wurde verbrannt, gemordet, die Familien zerrissen – sogar die eigene Sippe der Eyquem-Montaigne war gespalten. In den Geschichtstabellen beginnen die »Hugenottenkriege« erst mit dem Jahre 1562, aber das ist ein sehr willkürliches Datum. Bordeaux war besonders bedroht: Der Süden und Westen Frankreichs stellte das Hauptgebiet der unaufhaltsam zunehmenden hugenottischen Bewegung dar. Das Parlament war strikt katholisch, Montaigne einbezogen; in der Stadt hatte sich eine starke reformierte Minorität angesammelt, in der weiteren Umgebung war man noch entschiedener für den neuen Glauben. Das benachbarte Königreich Navarra bildete die Hochburg der Hugenotten. Expeditionen, die von »da oben« aus Frankreich entsandt wurden, um die Ketzer niederzuschlagen, hatten nur wenig Erfolg, obwohl sie mit »Feuer und Schwert« wüteten, wie die alte Formel lautet. Einer der Befehlshaber des Königs, der Marschall Blaise de Monluc, hat als alter Mann die Feder zur Hand genommen und diese Züge geschildert, in der Sprache des alten Soldaten. Nur den rechten Arm konnte er noch gebrauchen, der nicht von Narben zerfetzt war wie der ganze Körper; ein Büchsenschuß hatte ihm das halbe Gesicht entführt, er mußte eine Maske tragen. Aber unter der Maske leuchteten die listigen Augen mit wilder Genugtuung hervor über die Würgereien und Metzeleien, die er zu verzeichnen hat. Ein Menschenleben? Nicht mehr als ein Huhn wert. »Der König hat's befohlen«, und damit ist jede Bluttat gerechtfertigt. Er spürt die Flüche der Opfer – der König hat's befohlen. Verrat, Betrug, das gehört zum Handwerk. Er ist gut katholisch, au service du roi heißt das; wenn der König den Glauben wechseln würde, so hätte er ihm auch da zu folgen. Der Befehl gilt, und die Ehre, dem König zu dienen.

Montaigne war nicht zum Dienen geschaffen. Er war bereit, seinen Rat zu geben, mehr nicht. Er war sogar bereit, sich den üblichen Formen zu fügen und sich vor einem gekrönten Haupt zu neigen, aber er fügt hinzu: »Es sind nur meine Knie, die sich beugen – meinen Kopf behalte ich oben.« Diesen Kopf nun galt es sich zu bewahren. Er war müde des Geschwätzes, der Streitigkeiten, der Menschen um ihn her. Jedes starke Genie hat einen starken

Verbrauch an Menschen. Montaigne war neugierig nach neuen Erlebnissen, neuen Gestalten, neuen Ländern. Zum Reisen war die Zeit kaum angetan. Er wählte die Bücher für seine Entdeckungsfahrten. Mit 38 Jahren, in dem Alter, in dem sonst eine große Laufbahn erst beginnt, zog er sich »von all dem« zurück, dem Parlament, den unklaren Geschäften beim Hof, den Affären der Gascogne oder Frankreichs. Er wollte nicht einmal von den Geschäften seines Erbgutes etwas wissen; die mochten seine Mutter, die nie genannte, oder die eben geheiratete Gattin besorgen. Der Tod seines Vaters hatte ihn freigemacht von ständiger leiser oder fester Lenkung. Er war nun selbständig und reich, reich vor allem darin, daß er über sich und seine Zeit verfügen durfte, wie er wollte. Er beschloß, sich fortan ausschließlich der Erforschung des Michel Montaigne zu widmen.

Die anderen Menschen glaubte er jetzt genügend zu kennen. Mit vielen hatte er gesprochen; er besaß, wie er sagt, ein tiefes und leidenschaftliches Bedürfnis nach Gedankenaustausch. Nur selten war das im Umgang mit seinen Kollegen oder den Verwandten befriedigt worden. Nur einmal hatte er unter den Räten einen Partner gefunden, der seiner würdig, ja ihm sogar überlegen war: seinen geliebten Etienne de La Boétie. Der war ihm durch frühen Tod entrissen, der größte Verlust, den er für sein ganzes Leben beklagt. Auch dieser Tod hat wesentlich zu seinem Entschluß beigetragen.

Der Übergang wurde sorgfältig eingeleitet. Montaigne hat schon die letzten Jahre seiner Amtstätigkeit kaum noch an den langweiligen Sitzungen teilgenommen. Die Herren in der roten Robe nahmen es auch sonst nicht übermäßig genau mit ihren hohen Pflichten. Beim Besuch des Königs in Bordeaux hielt der Kanzler L'Hopital einmal eine donnernde Strafpredigt an die Räte: Faulheit, hieß es da, nur wenige Monate Anwesenheit, sonst eigne Geschäfte ohne Urlaub! Dafür ständige Petitionen wegen Erhöhung der Gehälter, Rangstreitigkeiten, Habsucht beim Eintreiben der zusätzlichen Einnahmen, die man von den Parteien im Gerichtsstreit bezog, recht sinnreich »épices« genannt, die »Würzen«, die den Gehältern erst den rechten Geschmack gaben. Auch solche väterliche Ermahnung mag Montaigne übel geklungen haben.

Am Geld lag ihm nichts. Er hatte genug. Die Erbteilung beim Tode des Vaters ging in guter Ordnung und Freundschaft unter den Brüdern vonstatten. Er war nun Familienoberhaupt, mit der Sorge für die Mutter und die noch unmündigen Schwestern. Und dann war jetzt auch eine Gattin da, Tochter eines der Kammerpräsidenten, mit stattlicher Mitgift. Sie wurde, eine geborene de la Chassaigne, auf Rat des Vaters und der anderen Verwandten geheiratet, Montaigne selber hatte wenig Lust zur Ehe: »Sitte und Brauch«, sagt er, waren ausschlaggebend. Die Familie mußte weitergeführt werden, »Beziehungen und Vermögen sowie die Vernunft haben bei Eheschließung ebensoviel Bedeutung wie Anmut und Schönheit, oder mehr... Ich ziehe diese Art von Arrangement durch Dritte der eignen Wahl vor.« Liebe ist bei einer Ehe nur von Übel, sinnliche Anziehungen oder Praktiken sollten dabei ausgeschlossen sein. Freundschaft wäre vielleicht denkbar, aber auch das ist nicht nötig. Françoise de Montaigne ist keine Freundin geworden. An seinen geistigen Interessen hat er sie nicht teilnehmen lassen; es ist nicht sicher, ob sie überhaupt je eine Zeile von ihm las, und wenn sie einen Blick auf die Hefte und Bücher geworfen hätte, wäre sie wohl entsetzt gewesen, denn sie war streng orthodox. Wir hören nur, daß er ab und zu Karten mit ihr spielte, wenn er von seinem Turmzimmer herunterkam. Sie war eine gute Haushälterin und Gastgeberin. Sie gebar ihm sechs Kinder, alles Töchter, die bis auf eine starben. Sie überlebte den Mann und korrespondierte im hohen Alter mit ihrem geistlichen Ratgeber über Quittenmarmelade, Sendungen von Heu oder Butter und Pläne für die Ausstattung einer Kapelle. Viel mehr wissen wir nicht von ihr. In Montaignes Essais kommt sie nur am Rande vor, und es ist problematisch, seine im alten Stil vorgebrachten Weisheiten über die Weiberplage auf sie zu deuten. Sie wurde ihm »angetragen« durch die Familie, und er hat sie ertragen, wie es einem altfranzösischen Edelmann anstand. In dem einzigen Brief an sie, der erhalten ist, betont er ausdrücklich, er sei nicht der »Galant nach der Mode von heute, mit Hofmacherei und Gefühlen«; er habe die »einfache Weise der alten Zeit« vorgezogen. Keine Neuerungen! »Wir haben gesehen, wie teuer sie unserem armen Staat bisher zu stehen gekommen sind, und ich weiß nicht, wie hoch sich das noch steigern wird! Sie und ich, meine Gattin, wir wollen auf altfranzösische Weise leben.«

Große Neuerer und Revolutionäre lieben häufig im privaten Leben durchaus den Stil der alten Zeitrechnung. Wir haben nicht den Anwalt der Frau von Montaigne zu spielen, nach heutigen Anschauungen oder Gefühlen. Aber zum Bilde Montaignes läßt sich doch sagen, daß er etwas großzügig verfährt und zu sehr den Edelmann hervorkehrt. Sorge um den Besitz? Das überläßt man dem Verwalter. Er meint sogar, er habe nie auch nur die Kontrakte und Besitztitel seines großen Gutsbereiches angeschaut, was nun kaum altfranzösisch war und noch weniger im Geiste der Eyquems und Lopez. »Ich kann keine Getreideart von der anderen unterscheiden ... weiß kaum, ob etwas Kohl oder Salat ist ... kenne nicht einmal die Worte für die wichtigsten Wirtschaftsgeräte, die einfachsten, jedem Kind geläufigen Dinge des Landbaus ... habe keine Ahnung, was der Sauerteig beim Brotbacken soll oder was beim Weinpressen vorgeht.« Stolz nennt er das nicht philosophische Verachtung, sondern einfache Faulheit und Nachlässigkeit. Das ist nicht der alte Ton, sondern eher der neue der künftigen Aristokratie bei Hofe, die kaum noch wußte, welche Güter ihr gehörten. Frau von Montaigne war der Verwalter. Ihr und der Mutter Antoinette hatte er es zu verdanken, wenn er sich ungestört seinen Gedanken hingeben konnte. Sie waren auch dafür verantwortlich, daß große Gastlichkeit geübt wurde, daß selbst für den König mit seinem hundertköpfigen Gefolge behaglich Quartier gemacht wurde zu Montaigne. Das Schloß war nicht selten ein Hotel, außerdem ein Wirtschaftsbetrieb mit Selbstversorgung. Jagd, Fischfang, Weinbau. Die Hausfrau hatte nicht nur die Kontrakte zu lesen, die Montaigne in der Schublade ließ. Sie war eine Bürgermeisterin im Kleinen, nicht einmal so sehr Kleinen. Sie hatte für eine Bevölkerung von einigen hundert Personen zu sorgen. Auch der philosophierende Schloßherr unterhielt sich gerne einmal mit einem Gärtner, einem Landarbeiter oder Weinbauer. Der Gattin blieb es überlassen, die vielen Streitigkeiten zu schlichten, die so hartnäckig ausgefochten wurden wie heute Gewerkschaftsdifferenzen bei der Abgrenzung von Arbeitsgängen. Sie durfte die Armen betreuen, die in Scharen an die Tür kamen; das Haus zu Montaigne war berühmt als reich, wohlverwaltet, gastfreundlich. Ein langer Katalog ließe sich noch anschließen. Montaigne ließ sich eine Denkmünze prägen mit dem Motto: »epecho, je m'abstiens – ich enthalte mich«, und der Waage mit gleichgestellten Schalen – zum Zeichen, daß er davon absieht, sich »zur Rechten oder zur Linken« zu neigen. Was es mit seiner Enthaltung, auch der Gattin gegenüber, noch näher auf sich hatte, werden wir sogleich sehen, wenn wir von der »Liebe« sprechen. An eine Medaille für Françoise de la Chassaigne hat er nicht gedacht. Nur ganz versteckt in seinem Essai über »Weinen und Lachen über die gleiche Sache« spricht er einmal von ihr, nachdem er geschildert hat, wie er seine Diener behandelt: aufbrausend, und dann wieder versöhnt, beides gehört zusammen; ein einzelner Zug bezeichnet nie den ganzen Menschen richtig und umfassend. »Wer sieht, wie ich meine Frau bald mit kalter Miene, bald liebevoll behandele und daraus schließen wollte, eins von beiden müsse doch geheuchelt sein, der irrt sich.« Wir sind beides, kompliziert zusammengesetzte Wesen. Um diese wunderlichen Kombinationen zu ergründen, braucht man Ruhe. Frau Françoise hat sie ihm verschafft. Ob sie glücklich dabei war oder auch nur zufrieden, danach wurde nicht gefragt, weder bei Montaigne noch einer anderen Ehe jener Zeit.

Sorgfältig und keineswegs überstürzt hat Montaigne seinen Rückzug auf den Turm vorbereitet; die Ratsstelle verkauft an einen Freund Florimond de Raemond, mit dem er weiterhin beste Beziehungen unterhält. Heirat; Erbteilung; Übergabe aller Pflichten an Mutter und Gattin. Es verbleibt nur noch die Einrichtung eines Studienraumes im obersten Stockwerk des runden Turmes. Im Erdgeschoß eine kleine Kapelle mit einem Fresko, Georg der Drachentöter. Eine Wendeltreppe zum ersten Stock.

Da hat er sich ein Schlafgemach eingerichtet, getrennt vom Schlafzimmer der Gattin. Ganz oben ein Raum mit runden Wänden und vielen Fenstern, keine Eremitenzelle. Der Blick geht weit über die Wiesen, Felder, Weinberge, den großen Wirtschaftshof. Die Burg steht auf einer Hügelkuppe. An den Wänden die Bücher aufgereiht, vor allem die vom geliebten Etienne hinterlassenen. Ihm ist das Andenken dieser Geistes-Kapelle gewidmet. An den mächtigen Balken der Decke 54 lateinische und griechische Sprüche in schönen großen Buchstaben, zur Mahnung: »Alles hat sein für und gegen. – Ich entscheide nichts. – Ich verstehe nicht, ich enthalte mich; ich prüfe. – Eitelkeit ist alles.« Und in Französisch das Motto: »Was weiß ich?« An der Wand eine feierliche und etwas pompöse Ankündigung, die wie in einem Notariatsakt Datum und Absicht des Rückzuges für alle Zeiten niederlegt. Danach hat Michel de Montaigne Anno 1571, 38 Jahre alt, an seinem Geburtstag beschlossen, sich künftig den Musen zu widmen, »müde schon seit langem der Knechtschaft im Parlament und öffentlichen Diensten, noch aber im Vollbesitz seiner Kräfte«, wie man in einem Testament sagte. Hier will er die Tage verbringen, die ihm noch vergönnt sind, falls das Schicksal ihm diesen Sitz seiner Vorfahren erhält. Er weiht diesen Raum der »Freiheit, der Stille, der Muße« ... *seiner* Freiheit und Muße.

Über die Liebe

Ehe wir zu den Büchern kommen und dem Geschriebenen, ist noch etwas über das Erlebte zu sagen. Wie stand es mit den Frauen, nicht nur mit der geborenen de la Chassaigne die ihm erst in seinem 32. Lebensjahr »durch Dritte« zugeführt wurde? Von der Liebe hat er vielfach gehandelt. Meist versteht er darunter den schlichten Sexus. Von der Liebe im höheren Stil ist eigentlich nur die Rede, wenn er von der Freundschaft zu Männern spricht, und vor allem seinem vergötterten Etienne. Das ist das einzige Erlebnis, wo Eros ihn bis ins Tiefste angerührt, geschlagen, verbrannt hat mit der Flamme, die nur zu bald zur Fackel des Todesgenius wurde. »Griechische Neigungen«, um das vorwegzunehmen, lagen ihm fern, wenn man darunter ausgesprochene Homosexualität versteht. Im feineren, ungreifbaren, mehr geistigen Sinne ist Eros auch da unverkennbar am Werke.

Sonst war Montaigne entschieden normal, auf sehr robuste, unbefangene Weise, »kein Galant«, wie er seiner Frau abwehrend vorhält, kein Süßholzraspler oder Gedichtemacher mit den modischen Sonetten und literarischen, angelesenen Gefühlen. Ein tüchtiger Liebhaber, der auch mit Befriedigung verzeichnet, daß die Frauen in Italien ihm versicherten, er habe sie gut bedient. Früh wird damit angefangen, so früh, daß er sich nicht recht erinnern kann, wann das gewesen sei. Die Nöte der Pubertät waren noch kein Thema. Notwendigkeit ist vielmehr das Wort – oder die Natur, der wir zu folgen haben. Er spricht derb, kavaliersmäßig, fast wie ein alter Hausarzt, der einem jungen Manne rät, nichts zu verdrängen. Das läßt die Säfte stocken. Man glaubte noch an die guten und schlechten Säfte und baute darauf eine ganze Temperamentenlehre und Medizin auf. Die schlechten müssen heraus, durch Aderlaß oder Brechmittel; andere Behandlungen kannte man kaum.

Als eine Art Brechmittel sieht er nun das »faire

l'amour« nicht gerade an, aber als einen gesunden Aderlaß. Seine Zeit kannte noch kein Manipulieren mit dem Vorgang, keine Verhütung oder Unterbrechung. Sie praktizierte nur den raschen Genuß, dessen Folgen auf alle Fälle die Frau zu tragen hatte, auf die überhaupt wenig Rücksicht genommen wurde. Man wußte auch von Krankheiten, und merkwürdigerweise ist bei Montaigne, dem sonst so freimütigen, an keiner Stelle von der Geißel die Rede, die bei den anderen Nationen »die Franzosenkrankheit« genannt wurde und die kaum der Pest nachstehende Verwüstungen anrichtete. Er spricht nur von den zwei leichten Ansteckungen, die er sich bei Huren geholt habe. Sonst gibt er sich gern als erfahrener Kavalier, der in seinen jungen Jahren auch auf diesem Gebiet die »Grand Tour« absolviert hat. Grimmiger, breughelscher Humor mischt sich ein: die absurden Bewegungen! das »wutentflammte« Gesicht beim Liebesakt! die Narretei des Ganzen! Und der Dünkel, die Wichtigtuerei, mit der ernst und ekstatisch ein Vorgang betrieben wird, der sich schließlich da abspielt, wo Schmutz und Schönheit beieinander liegen. Venus und Vase, so sagt er böse alliterierend: Es ist nichts anderes als das »Gefäß entleeren«. Das Vergnügen dabei ist nicht viel größer als bei anderen Erleichterungen des Leibes. Bei Verhaltung könnte der Körper rebellieren.

Das ist zum Teil noch Nachklang mittelalterlicher Verachtung des Menschenleibes, mit der bekannten Formel des »inter faeces et urinam nascimur«, zwischen Kot und Urin kommen wir zur Welt. Aber Sexualhaß spricht nicht aus seinen hanebüchenen Weisheiten. Er will diesen Dingen nur ihren richtigen Platz anweisen im Haushalt der Natur, und der ist weit unten. Enthaltsamkeit wäre ungesund. Eifersucht ist töricht und lästig. Hitziges Übermaß ebenso von Übel. Ganz unbefangen vergleicht er den Liebesakt mit dem Essen: Er ist so nötig wie Brot, mehr nicht. »Wir wollen bei unserer Untersuchung bis zu den Eingeweiden vorgehen«, sagt er zu Beginn seiner Versuche.

Er unterscheidet sich nicht wesentlich von den anderen Männern seiner Zeit. Er kennt die üblichen Widerstände und Abwehrmethoden der Frauen. Sie lassen einen gewissermaßen durch die vielen »Vorhöfe« wie in einem großen Palast wandern, ehe man an das Schlafzimmer herankommt. Er kennt das Spiel der Verteidigung und wie man es durchbricht. Er weiß, was er sich und der Dame schuldig ist. Man hat in barer Münze zu zahlen. Keine seelischen Anweisungen oder womöglich Ausreden gelten. Die Frauen sollen ihr »gut so« sagen.

Dazu muß man jung sein. Die Liebe ist für den Frühling des Lebens bestimmt. Die Jahreszeiten werden noch stark empfunden und streng geschieden. Das Problem Jugend und Alter ist für Montaigne ein ständiges und kardinalwichtiges Thema. Er nimmt es sehr ernst und redlich damit; er wünscht keine Illusionen, kein Verwischen von Unterschieden. »Wird man mir an die Gurgel fahren, wenn ich das ausspreche?« fragt er seine Leser, die er sich als gereifte Männer denkt. Wahrhaft angemessen und natürlich ist die Liebe nur für die Jugend. Er sagt nicht genau, wie weit die sich erstreckt, aber man setzte sie damals knapp und kurz an. Man begann sehr früh und hörte sehr früh auf. Die Frauen war schon durch die unaufhörlichen Schwangerschaften rasch verblüht. Montaigne zitiert die Margarete von Navarra, die »keineswegs zum Vorteil der Frauen« verkündet, alles habe seine Zeit, und mit dreißig müsse man vom »schönen« zum »guten« Fach übergehen.

Er führt den Großsultan an, der bereits die Zwanzigjährigen seines Harems als überaltert abtut. Von den Jünglingen wird rein rechenmäßig viel verlangt wie durchweg in älterer Zeit. Die Königin Johanna von Neapel, so erzählt er, ließ kurzerhand ihren ersten Mann nach der Hochzeitsnacht am Fenster des Ehegemaches aufknüpfen, weil er bei aller Jugend und Schönheit nicht den Größenordnungen entsprochen hatte, die sie von ihm erwartete. Er macht sich lustig über einen Ehekandidaten aus den Erfahrungen seiner Gerichtspraxis, der bei seinen Bekannten im Verdacht stand, impotent zu sein und nach der Hochzeit verzweifelt umherrenommierte, er habe »zwanzig Stationen« in der ersten Nacht absolviert, was ihm zu Recht bei dem bald folgenden Verfahren zur Annullierung der Ehe belastend in Rechnung gestellt wurde.

Montaigne respektiert die Ordnung der Jahreszeiten. Er sieht in der Übung des Sexus auch noch als Alternder einen gewissen hygienischen Nutzen, sowohl körperlich wie seelisch. Die beiden Kategorien gehören zusammen; man soll sie nicht gegeneinander ausspielen. Er will nichts wissen vom Gegensatz zwischen Leib und Seele: Beides ist uns von der Natur gegeben und kann sein Recht beanspruchen. Abstinenz wäre widernatürlich, ein Panzer, man könnte ebensogut sein ganzes Leben einen Küraß tragen wie seine Jungfräulichkeit. Er findet in der Erotik sogar philosophische Vorteile: Was für andere der Geiz, der Ehrgeiz, die Streitsucht ist, das liefert ihm auf die bequemste Weise diese Passion. Sie macht ihn wachsam und »nüchtern« – wir sehen, daß von Leidenschaft schwerlich die Rede ist – und für seine Person besorgt. Sie hilft ein wenig gegen die jammervollen Grimassen des Alters, das ihn schon angrinst. Sie lenkt von tausend melancholischen

Gedanken ab und frischt das Blut noch ein wenig auf. Kurz: Er spricht als Arzt seiner selbst. Er verwendet auch das Gleichnis vom Mediziner.

Freilich, er schämt sich, wenn er sich unter der feurigen Jugend sieht mit dieser Weisheit der Hausapotheke, den Jungen, deren Männlichkeit noch wie ein frischgepflanzter Baum emporragt. Denen gehört die Liebesstunde. Sie haben die Kraft. Machen wir ihnen Platz, wir haben gerade noch unsere Stellung zu behaupten. Mitleid etwa? Oder gar milde Gaben auf diesem Gebiet, die man nicht recht erwidern kann? Lieber den Tod! Und so zieht er es vor, gelassen und sogar mit mehr Genuß das Liebesspiel zweier jugendlich schöner Menschen, als »juste et doux«, rechtmäßig-süß, zu betrachten anstatt in einer unsicheren Umarmung den Zweiten zu spielen.

Ein Kapitel Montaigne und die Frauen gibt es nicht; Namen können nicht genannt werden. Nur flüchtige generelle Hinweise hat er gegeben, mit lateinischen Sekundanten zur Seite beim Klingenwechsel: »Nicht ohne Ruhm hab ich meinen Degen geführt« (Horaz) oder »Sechs Waffengänge, wenn mein Gedächtnis nicht täuscht« (Ovid). Nach dem Tod des Freundes Etienne hat er eine Zeitlang Trost bei den Weibern gesucht und nicht gefunden. Auf Reisen werden die lokalen Courtisanen zur Kenntnis genommen, studienhalber, und zu Rom lassen sie sich ihre Konversation ebenso teuer bezahlen wie ihre anderen Gunstbezeigungen, die keinen großen Eindruck machen. Die Ehe nun: Das ist ganz etwas anderes. Sie wird strengstens geschieden von solchem Spiel, bis ins Physische hinein. Sein Freund und Amtsnachfolger Florimond hat am Rande seines Exemplars der Essais notiert, was Montaigne ihm darüber erzählte: Er habe in voller Rüstigkeit und jugendlichem Feuer eine sehr schöne und der Liebe würdige Frau geheiratet, aber im Bett nur den schuldigen Respekt vor der Würde der Ehe beachtet. »Nie habe er irgendeinen Teil ihres Körpers, außer den Händen und dem Gesicht, unbedeckt erblickt, nicht einmal die Brust – und dies, obwohl er anderen Frauen gegenüber höchst munter und ausschweifend im Liebesspiel« gewesen sei.

Montaigne folgt da der kirchlichen Ansicht, wonach die Ehe ausschließlich der Sicherung der Nachkommenschaft ohne »sündige Fleischeslust« zu dienen hat. Er zitiert auch Pythagoras, dessen Schwiegertochter gesagt habe: Wenn eine Frau mit einem Manne schläft, dann läßt sie mit dem Rock jede Scham fallen; erst mit Anziehen des Unterrocks nimmt sie selbige wieder auf. Moderner empfiehlt er vernünftige Zurückhaltung bei der Hochzeitsnacht: Die Verheirateten, so meint er, sollen sich Zeit nehmen, die sie doch zur Verfügung haben, bis sie »bereit« sind; andernfalls, wenn man überstürzt und im Fieber vorgeht, ergibt sich »eine ständige Misere aus der Enttäuschung und Verzweiflung der ersten Verweigerung«. Das entspricht seiner immer wieder betonten Haltung: Man lasse die Natur wirken, langsam, allmählich, zur rechten Zeit, ohne Hetze und Halsstarrigkeit. Er schließt eine längere Betrachtung an über die ungebärdige und unvernünftige Freiheit jenes Gliedes, um das es sich dabei handelt. Was maßt es sich nicht alles an! Wie herrisch bestreitet es die Autorität unseres Willens! Ein Rebell! Aber es ist nicht allein ungehorsam: Auch unser Puls, unser Auge gehorchen nicht, unser Herz, die Muskeln, Adern, unsere Haut; unsere Zunge tut oft nicht, was sie soll. Er gerät bis zur Frage des freien oder unfreien Willens bei seiner Betrachtung, ohne das uralte Problem recht zu lösen. Die Natur soll helfen. Ihr folge man...

Seine eigne Natur ist mehr für die Einsamkeit gemacht. Er will allein schlafen, im eignen Gemach. Wie Frau von Montaigne sich mit seinen Methoden abgefunden hat, wird nirgends gesagt. Mitleidige Kommentatoren wollen ihr zum Trost zubilligen, sie habe sich durch ein Verhältnis mit Montaignes jüngerem Bruder schadlos gehalten. Von dem sollen sogar einige der frühverstorbenen Kinder stammen. Als Beweis dafür wird nur eine dokumentarisch belegte goldene Kette vorgebracht, die sich nach dem frühen Tode des Jünglings – durch einen Unfall beim Tennisspiel – im Koffer der Gattin gefunden hatte. Merkwürdig ist allerdings, daß Montaigne mit größter Nonchalance das Thema des Hahnreitums behandelt, den Gegenstand so vieler Schwänke und härtester Gerichtsurteile. Er meint, er habe Hunderte der angesehensten und ehrenwertesten Männer gekannt, denen ihre Frauen die Hörner aufgesetzt hatten. »Und wer von uns hat nicht einen anderen guten Freund damit beehrt?« Eifersucht lehnt er überhaupt als eines der schädlichsten Übel ab, die einem freien Geist den Kopf verwirren. Höchstens in leichter, diätetischer Form, als eine Art Stimulans, will er solche Regungen zulassen.

Unablässig empfiehlt er, der Unruhige, der nie stillsitzen kann, die Ruhe, Beherrschung, ohne übermäßigen Zwang, Ausgleich der Kräfte. Alles Übertriebene ist zu vermeiden. Mit Staunen erzählt er von seinem Vater und dessen vielen Tugenden, er sei keusch gewesen bis zu kaum glaublichem Ausmaß. Er habe dem Sohn sogar eidlich versichert, er sei jungfräulich in die Ehe getreten – als Dreißigjähriger und nach Jahren der Feldzüge in Italien –, was allerdings ans Märchenhafte grenzen dürfte. Der Vater erwähnte auch nicht weniger fabelhafte Beispiele der Zurückhaltung im intimsten Zusammensein mit den Damen seiner Zeit. Montaigne wagt nicht an den Worten des göttergleichen Erzeugers zu zweifeln. Auch wir sind geneigt, sie für ehrlich zu halten. Die Sitte der Mut- und Keuschheitsprobe gab es noch im sehr puritanischen Amerika als das »bundling«, auch bei den Schotten und auch auf dem Balkan; sie könnte in dem sonst nicht für Sittenreinheit bekannten Frankreich des Vaters Pierre Eyquem geübt worden sein.

Die große Leidenschaft kennt Montaigne nicht. Die edlere und feinere Erotik liegt ihm fern. Sie wurde zwar zu seiner Zeit kultiviert, besonders im Kreise der Preziösen von Lyon; die schöne Seilerstochter Louise Labé dichtete ihre platonisierenden und petrarkisierenden Sonette. Rilke hat sie in seiner Umdichtung kunstvoll aufgehöht. Solches Spiel mit dem Amor, ohnmächtiges Seufzen und nächtliches Klagen um einen offenbar wenig willigen Partner sagt ihm nichts. Noch weniger das Bekenntnis der Dichterin: Nächst der Liebe ist doch das größte Vergnügen, über sie zu reden!

Montaigne plädiert für die Tat. Den Damen soll man das kunstreiche Spiel mit Koketterie und Eitelkeiten überlassen: »Mögen sie uns damit amüsieren und betrügen.« Die Liebe ist eine Passion mit wenig Substanz, viel Nichtigkeit und fiebriger Hitze. Da heißt es nur resolut zu sein, bis »zur Unverschämtheit genital«, wie er von sich rühmt: »Wir machen zuerst den äußersten Vorstoß, und da zeigt sich immer das gut französische Ungestüm.« Er schlägt etwas allzuoft an den altfranzösischen Degen an seiner Seite. Im Grunde ist er zart und sehr verletzlich, ständig auf Rückzug bedacht. »Sich nicht vergessen!« ruft er sich zu, auch mitten in der Umarmung: »Ein bißchen Gemütswallung, aber keine Traumgespinste!« Die Frauen sind darin anders, aber »je mehr ich mich von ihren Stimmungen distanziere, um so näher komme ich mir selbst.«

Eros ist jedoch ein eifersüchtiger Gott. Er duldet solche Manipulationen nicht. Er schlägt mit seiner Waffe auch durch den Küraß des Egoismus, den Montaigne sich statt des Keuschheitspanzers angelegt hat, hindurch bis mitten ins Herz. Nur einmal im Leben ist das Montaigne passiert; es gab eine furchtbare Verwundung. Die Frauen mag er als Kavalier behandeln, aber in dem Verhältnis zu seinem Freund Etienne erfährt er die ganze Gewalt einer Leidenschaft, die keine besorgte Zurückhaltung mehr kennt. Da muß er, wie die arme Seilerstochter Louise, jammern, stöhnen, jubeln und wie jene an eine geheime Vorbestimmung und Verkündigung glauben. Der Himmel hat ihm diesen einzigen Menschen zugeführt, den er je geliebt hat. Sie suchten sich schon, ehe sie sich kannten. Das Schicksal hat ihm den Freund nach kurzem Beisammensein entführt. Er wird nicht aufhören, darüber zu klagen und sein ganzes übriges Leben nur noch als einen geheimen Dienst an dem Verstorbenen anzusehen. In diesem Kult, dem auch antikisch-literarische Züge nicht ganz fehlen, zeigt sich Montaignes furchtbare Einsamkeit an.

Die einzige Jugendliebe

Es wird viel gestorben in jener Zeit. Die Kinder sterben früh, oft Jahr um Jahr wie die fünf Töchter Montaignes, die Frauen im Kindbett, die Männer an der Pest, den Kriegen oder am übermäßigen Essen und Trinken. Ganze

Städte und Landschaften werden durch die Epidemien verschiedenster Art dezimiert, auch die religiösen. Die Freunde und Bekannten gehen bald dahin, man wird einsam. Es ist nicht nur literarische Pose, wenn Montaigne sich schon als Vierzigjähriger einen »Greis« nennt und nur noch daran denkt, seinem verstorbenen Freund ein Andenken zu stiften.

Dem großen Liebeserlebnis hat er das schönste Kapitel seiner Essais gewidmet. Den Freund denkt er sich überhaupt als Leser seiner Notizen. Das Buch soll ein heimliches Zwiegespräch mit dem Schatten des Toten sein. Wenn er noch lebte, so hätte er Briefe an ihn geschrieben über seine Gedanken, kein Buch. Der sonst so Vorsichtige, der jedes Urteil abwiegt und sich auch von den größten Namen nicht imponieren läßt, erklärt, er habe nie einen wirklich großen Mann in seinem Leben gesehen. Dieser aber, sein Etienne, sei der größte des ganzen Zeitalters gewesen. Die Freundschaft mit ihm war etwas so Einzigartiges und Vollkommenes, daß vielleicht in drei Jahrhunderten nichts Ähnliches zu finden sein wird.

Er geht völlig aus sich heraus, wenn er von dem Wunderjüngling spricht, und formuliert das auch buchstäblich: »Er ist kein anderer, er ist Ich«, das Alter ego der Antike. Antike Beispiele werden in Massen herangezogen, um das Standbild zu bekränzen. Man könnte fast jeden Satz mit einem Zitat aus den Alten belegen, und hat das getan. Aber unter diesem Belag klopft ein lebendiges Herz. Man spürt es sonst bei Montaigne nicht eben häufig. Hier wird er feurig, überschwenglich. Er liebt, er kann diese Liebe nicht vergessen. Sie hat sein ganzes Leben umgeformt und wird es weiterhin bestimmen. Abwehrend sagt er noch: »Was die Alten über dieses Thema der Freundschaft gesagt haben, erscheint mir matt, verglichen mit meinen Empfindungen.« Einen stärkeren Vergleich kennt er nicht. Selbst die Antike, die andere Geliebte, muß vor Etienne, dem Unvergleichlichen, zurücktreten.

Montaigne der Dichter tritt hier hervor, mit einer Hymne oder Ode in Prosa. Der Gegenstand ist sein Kollege beim Parlament, ein junger Gerichtsrat. Wir haben zu unserer Zeit den Dichter Stefan George erlebt, der einen jungen frühverstorbenen Rechtsbeflissenen in München als seinen »Maximin« zum Mittelpunkt seines Dichtens machte und einen ästhetisch-religiösen Kult um den Jüngling stiftete, zu dem freilich nur die Adepten zugelassen werden. Sollten junge Juristen sich besonders für solche Heroisierung eignen? Montaigne will aber seinen Etienne für sich und nicht für andere, nicht einmal einen »geschlossenen Kreis«. Er möchte seinen Dialog mit ihm halten, und dabei sich ergründen und feststellen, wer denn der Michel eigentlich ist, der so von Etienne geliebt wurde. Mag zuhören wer will.

Es ist sehr möglich, daß es La Boéties größte Begabung war, Montaigne zuzuhören, vielleicht auch, dessen noch wild ausschweifende Gedanken etwas zu dirigieren. Montaigne hat nie wieder das Glück gehabt, einen ähnlichen Partner zu finden, und bitter darüber geklagt. Mitteilung im Gespräch war ihm ein tiefes Bedürfnis. Das Schreiben, der Druck, sind nur ein kümmerlicher Ersatz für den lebendigen Kontakt von Mensch zu Mensch, von Mund zu Mund. Es ist wiederum schön, wie er nicht bloße Zustimmung oder womöglich Beifall wünscht: Im Gegenteil, je schärfer man ihm widerspricht, je entschiedener man ihn hernimmt bei der Diskussion, um so besser! Nur dabei lernt man. Nur so wird man aufgefordert, deutlicher zu denken, zu unterscheiden, sich zusammenzunehmen! Ein eigenes Kapitel wird über die Kunst der Konversation, des Gesprächs, geschrieben, sehr lesenswert für alle, die nach Diskussion und Debatte rufen und dabei nur ihre eignen Parolen vorbringen wollen. Denn hier wird Dialektik als hohe Kunst vorgeführt, mit Heiterkeit und Freiheit, ohne jede Voreingenommenheit seine Kräfte zu messen. Fast soll es noch ein Waffengang, ein Turnier alten Stils sein, und in vielem ist schon bei Montaigne die hohe Kultur der Konversation vorgezeichnet, die bei den Franzosen ein so wesentliches Element des gesellschaftlichen Verkehrs, des Umgangs mit Menschen werden sollte. La Boétie ist darin sein Lehrer, und Montaigne der Lehrer der kommenden Generationen. Ob nun La Boétie in der Tat ein so ausgezeichnetes Vorbild war oder ob Montaigne ihn nur dichterisch dazu erhebt, können wir getrost unentschieden lassen. Er war zweifellos ein Glücksfall. Montaigne hat eine ganze Reihe solcher Glücksfälle erfahren, weshalb auch »Fortuna« eines seiner Lieblingsworte ist. Daß ein Leben nicht aus ununterbrochenen Segnungen des Schicksals bestehen kann, mußte er noch erfahren und mit Einsamkeit büßen.

Worin sonst La Boéties Bedeutung oder gar Größe bestanden haben soll, ist für uns nicht recht zu erkennen, wenn wir nicht wie Montaigne schwärmen wollen. Wir wissen, daß La Boétie aus guter Familie stammte, eine Vollwaise war und von einem liebevollen Onkel erzogen wurde; diese Waisenschaft mag auch ein Grund dafür gewesen sein, daß er sich an den jungen »Bruder« so eng anschloß. Er war sorgfältig juristisch gebildet, und seine Schriftsätze für das Parlament werden von den Experten erheblich über die Montaignes gestellt. Sehr jung, wie

Montaigne, wurde er befördert, zu Verhandlungen nach außerhalb herangezogen, und als er mit 32 Jahren starb, wurde der Verlust eines hoffnungsvollen Kollegen bedauert, der auch durch die Wahl seiner Gattin aus dem eng zusammenhängenden Kreise der Herren der roten Robe beliebt war. Er dichtete, schrieb Übersetzungen aus dem Griechischen; eine feurige Schrift »gegen die Tyrannenherrschaft«, schon auf dem Gymnasium begonnen und später erweitert, vielleicht in Zusammenarbeit mit Montaigne, ist erhalten sowie ein umsichtiges Memorandum zu Zeitereignissen. Das ist ungefähr alles. Bei einer Festlichkeit der Stadtverwaltung lernten sich die beiden, die schon voneinander gehört hatten, kennen. Es war für Montaigne der »coup de foudre«, der Blitz wie bei einer Liebesbeziehung oder auch einer »Erweckung«. Wie mit einem Schlage, so berichtet, nein stammelt er, fanden sie sich, als ob sie vom Schicksal füreinander vorbestimmt wären, »umarmten wir uns in unseren Namen«: Etienne! Michel! Montaigne spricht von einer schicksalhaften Fügung, für die es keine Worte gibt. »Und wenn man mich drängt zu sagen, warum ich ihn liebte, so fühle ich, daß sich das nicht ausdrücken läßt. Ich kann nur antworten: weil er es war und weil ich es war.«

Das müßte eigentlich genügen. Montaigne, einer der ersten Erforscher des Ichs, der früheste konsequente Individualist, hat hier das Du entdeckt. Vom Ich und vom Du handelt die Hymne. Beide sind eins geworden in einem mystischen Vorgang, und somit ist im Grunde doch wieder nur vom Individuum Montaigne die Rede. Über den Freund erfahren wir nicht viel, allenfalls, daß er häßlich war, mit derbem Gesicht, obwohl schön an Seele und allen Gaben des Geistes. Das reicht wiederum nicht für einen

Essai. Und so wird die Freundschaft, mit vielen Zitaten und Beispielen aus der Antike, ausführlich abgesetzt gegen andere Beziehungen. Die Frauen vor allem haben sich entschieden mit einer minderen Rolle zu begnügen. Die Beziehung zu einer Frau ist »hitziger und flüchtiger«, sie hält uns – verräterisches Wort – »nur an einem Zipfel«. Die Freundschaft hingegen verbürgt uns eine beständige und sichere Wärme. Liebe zu den Eltern – er sagt bezeichnend nur: zum Vater – ist Respekt. Andere Freundschaften sind gewöhnlicherer Art: Man wird angezogen von einem schönen Gesicht, angenehmen Umgangsformen, großzügiger Haltung, sympathischen Familienumständen; das läßt sich aufteilen. Unteilbar und einzig jedoch ist die »eine Seele in zwei Leibern« wie bei Etienne und Michel.

Montaigne wollte ursprünglich die Jugendschrift seines Freundes seinem Buch als Hauptstück einfügen, aber er hat das aus politischen Gründen unterlassen. Die Hugenotten hatten das Heft in die Hände bekommen und zusammen mit anderem Propagandamaterial publiziert, als das »Contre un«, gegen den Einen, den König. Damit war sie für Montaigne zur Parteisache geworden und seines Etienne nicht mehr würdig. Er treibt ein etwas merkwürdiges Spiel mit dem Heft und bezeichnet es nur als ein jugendliches Exercitium, eine Schülerarbeit, ein recht allgemeines Thema, in tausend Büchern behandelt. Das ist das Werklein auch in vielem, die unverbindliche antikisierende Schulrhetorik gegen einen anonymen Tyrannen, mit der Verehrung für die berühmten Tyrannentöter. Montaigne gibt sich große Mühe, seinen Etienne als guten Staatsbürger herauszustellen, als guten Patrioten und Gegner aller Neuerungen, womit die hugenottischen Rebellen gemeint sind, die das Werk adoptierten. Er behauptet kühn, Etienne habe es als Achtzehnjähriger verfaßt, und setzt das in den späteren Ausgaben seines Buches nochmals herab auf sechzehn. Das sind Spiegelfechtereien. Es läßt sich nachweisen, daß die Schrift vom etwa Fünfundzwanzigjährigen oder etwas Älteren während der Zeit seines nahen Umgangs mit Montaigne geschrieben wurde. Gute Kenner haben sogar diesen selber als Autor vermutet oder mindestens als Mit-Verfasser. [...]

Wir wollen das Werk nicht zu sehr pressen. Auch nicht daraufhin, wie weit es etwa Gedanken Montaignes enthält. Wir können uns durchaus vorstellen, daß es eine Phase dieser Freundschaft bezeichnet, in der die beiden zusammen schwärmten und sich gegen allen Zwang begeisterten, über jede Feigheit und Kleinherzigkeit empörten und »die Freiheit«, ohne nähere Definition oder Beschränkung, verehrten. Das ist oft das Los des Freiheitsgedankens.

Sehr bald scheint dem La Boétie auch solches Deklamieren gegen einen nie genauer bezeichneten Feind fragwürdig geworden zu sein. Er mahnt zur Disziplin in seinen Gedichten an den Freund. Montaigne hatte offenbar eine jugendliche Epoche der fröhlichen Ausschweifungen, des herzhaften Draufgehens nach dem Prinzip des sich »unverschämt genital« den Weibern gegenüber zu zeigen. Das rügt der besonnene La Boétie. Und Montaigne, der sich sonst auch von den Größten der Vergangenheit ungern etwas sagen läßt, nimmt diese Belehrungen ehrfurchtsvoll entgegen. La Boétie stellt ihm das antike Beispiel großer Freundschaften vor Augen und spricht das Wort »Tugend« mit Emphase aus. Nur tugendhafte Jünglinge konnten nach Ansicht der Alten sich in wahrer Freundschaft finden; ihnen war dann die Leitung des Staates vorbehalten. Der Begriff Tugend hatte dabei freilich nichts vom muckerischen und schwächlichen Tugendbold; er sollte männliche, gefaßte Haltung bezeichnen, wie das schon rein sprachlich im Wortstamm des lateinischen virtus vorgeschrieben war.

Ein anderes Gedicht des Heldenjünglings zeigt uns jedoch – wie um uns einen immer wiederkehrenden Typus vorzuführen – die rasche Abkehr und Enttäuschung von allen hochfliegenden Plänen. Der Tyrannentöter und Kämpfer für die Freiheit gibt den Kampf schnell auf und möchte am liebsten flüchten. Er ist schon müde – später nannte man das die »Europamüdigkeit« und schrieb Romane darüber – der Kleinheit und Engherzigkeit um ihn her. Die ersten Wehen des Bürgerkriegs fegen über das Land. Stürmt nun der junge Krieger darauf los? Fordert er eine große Tat? Worin bezeugt sich der »größte Mann der Zeit«, wie sein Freund ihn nennt?

Er desertiert in Gedanken. Er will alles hinwerfen und im Stich lassen, dieses ganze Europa, das die Götter dem Verderben bestimmt haben, sein Frankreich, seine Gascogne. Fort, nur fort: Nach drüben, wo die Götter uns neue Kontinente gezeigt haben! Sie sind kaum entdeckt und werden gerade noch weiter erschlossen. Rastlos fahren die Seehelden, die kühnen Piraten, die Eroberer, gar nicht europamüde, voll grausamer Energie, Gier, Tatkraft aus, um neue Länder zu finden, auszubeuten, zu besetzen, ein neues Spanien, England, Frankreich. La Boétie ist kein Kolonialist. Er wünscht sich nur als »colon obscure«, als unbekannter Kleinsiedler, ein bescheidenes Plätzchen auf noch jungfräulichem Boden, unter einfachen, unverdorbenen Menschen. Dahin, dahin laß uns, o mein Montaigne, ziehn, in Frieden unser Hüttchen bauen und nur noch in Trauer an den Jammer unseres Vaterlandes zurückdenken.

Kein Harmodios also, der mit kurzem Schwert den Gewaltherrscher fällt. Eine lyrische Natur, mit klassischen Erinnerungen und Vorahnungen der späteren Romantiker, die Rousseauschüler und ihre Nachfolger, die außer der Europamüdigkeit schon die Amerikamüdigkeit entdeckt haben. Montaigne hat später im Gespräch mit einigen brasilianischen »Kannibalen«, die er bei der Belagerung von Rouen traf, und einem Gewährsmann, der lange »da drüben war«, diesen Wink seines Etienne weiter verfolgt. Er fordert zwar ganz realistisch etwas, was wir jetzt Anthropologie oder Völkerkunde nennen würden, und wünscht genaue Kenntnis der so hochmütig als »Barbaren« abgetanen fremden Völker. Aber er zieht bedenkenlos seine Folgerungen aus den zufälligen und dürftigen Mitteilungen seiner paar Bekanntschaften, wie das noch oft nach ihm getan worden ist und weiterhin geschieht. Wilde? Sie sind wild wie die Früchte der Natur, nicht nach unserem verdorbenen Geschmack. Mehr noch: »Da ist immer die vollkommene Religion, der vollkommene Gesellschaftszustand, vollkommener Brauch in allen Dingen.« Krankheiten gibt es kaum, laut seinem Gewährsmann, das Alter plagt sie nicht, unbegrenzter Raum ist um sie her, Nahrung im Überfluß. Sehnsucht nach Weite aus der Enge, die uns heute allerdings immer bedrohlicher naherückt, steht immer hinter solchen Utopien, die nichts von den furchtbaren Krankheiten, Ängsten, Hungersnöten »im Urwald« wissen wollen. Montaigne spürt schon, und er ist darin nicht der Einzige, diese Sehnsucht, die im 18. Jahrhundert mit dem guten Wilden und der schönen Wildin ihre literarischen Triumphe feierte. Der Kannibalismus seiner Wilden stört ihn nicht: Er sei religiös begründet, und immer noch besser als der heimische Brauch seiner Landsleute, die Lebenden zu martern. Er findet scharfe Worte über die Barbarei der spanischen Kolonisatoren und ihre Schlächtereien im Namen der Religion; er preist die Ordnung im Reiche Mexiko, ohne etwas vom Eroberervolk der Azteken und dem Schicksal der unterworfenen Mayas zu wissen, die alljährlich ihre Hekatomben an Menschenopfern darzubringen hatten. Der alte Traum vom »goldenen Zeitalter«, ausdrücklich zitiert, steht dahinter; man glaubte es in den so weit entfernten, eben erst aus dem Dunkel auftauchenden Landstrichen wiederentdeckt zu haben.

Montaigne ist eine sehr zusammengesetzte Natur, und sein Etienne war nicht weniger komplex. Nach der Fluchtphantasie hat La Boétie mit völliger Wendung ins Entgegengesetzte noch das Wort zu einem wichtigen Zeitereignis genommen. Da spricht nicht der Romantiker, sondern der Parlamentsrat mit Erfahrung in Verhandlungen. Das Jahr ist 1562. Der große Kanzler L'Hôpital der Katharina de Medici, der Schwankenden, die als Regentin ihres unmündigen Sohnes mit weiblichen Listen zu regieren suchte, hatte noch einmal versucht, den schon lange schwelenden Bürgerkrieg aufzuhalten und einzudämmen. Weitgehende Konzessionen für die immer mächtiger werdenden Hugenotten waren verkündet. Sie wurden alsbald zunichte gemacht durch den Vorstoß der militanten Katholiken unter Führung der Herzöge von Lothringen, des Hauses Guise, das selber auf den Thron Ansprüche erhob. Religiöse Parteiungen und höchst eigensüchtige dynastische Ambitionen gingen durcheinander; außer den Guises stand noch das bourbonische Haus Navarra mit seinem Heinrich bereit, an die Spitze der Nation zu treten. Wenn bei Montaigne das Wort »schwanken«, branler, ein Kardinalbegriff seines Denkens ist, so war das in den Zuständen seiner Zeit vorgezeichnet. Montaigne sieht nicht nur die Politik schwanken, ausschlagen in wildesten Pendelschlägen; er spürt schon den physischen Boden unter seinen Füßen in fortwährender Bewegung. Die Berge stehen nicht fest, die Flüsse verändern ihren Lauf, an Regulierung ist nicht zu denken, das Meer zieht sich zurück oder stößt vor und raubt seinem Bruder einen großen Teil seines Gutes an der Küste. Panta rhei, alles fließt, die alte Weisheit Heraklits sieht er überall bestätigt, nicht zuletzt in den dreißigjährigen Kriegen seiner Heimat. Es geht dabei nicht nur um die religiösen Gegensätze. Die werden oft genug nur vorgeschoben, um Machtkämpfe der Großen zu decken, die auch durchaus bereit sind, ihren Glauben zu wechseln, wie das sein Freund Heinrich IV. tat mit dem bekannten Wort »Paris ist eine Messe wert«, was nicht der erste und einzige seiner Übertritte war. Die Großen, so feurig und stolz in der Betonung ihres Patriotismus – denn jeder von ihnen will nur das Beste Frankreichs – haben keinerlei Skrupel, das Ausland hereinzurufen, die einen den »Erbfeind« Spanien, die andern die Deutschen oder die Engländer, die anderen Erbfeinde. Die Monarchie der Valois in der Mitte ist schwach, im Absterben mit unfähigen, kranken Söhnen und bereits unter der unsicheren Hand der Italienerin Medici. Das alles spiegelt sich wider in dem Memorandum des jungen Gerichtsrates La Boétie am unmittelbaren Vorabend der ernstlichen und hartnäckigen Kriege. La Boétie warnt vor einer Spaltung in zwei Parteien. Zwei Religionen kann es nicht geben im Lande, das bedeutet Anarchie. Er ist durchaus kritisch über die Versäumnisse und die Schuld seiner Kirche; er erwähnt auch Luthers Kampf und den Ablaßstreit. Die Kirche hätte damals eingreifen und die Mißbräuche abstellen sollen. Reformen sind überhaupt notwendig, aber nicht Trennung in eine Partei der Reformierten und eine der Altgläubigen. Die richtige Lösung wäre ein katholisches Frankreich. Die Krone, nicht die Kirche, sollte die dringenden Reformen durchführen. Und dabei, so meint der Parlamentsrat, müßten die Parlamente die entscheidende Rolle übernehmen. Er ist für recht nachdrückliches Eingreifen in die verworrenen Zustände der Kirche, bis zu dem Vorschlag, daß nur genügend gereifte Männer Priester sein dürften. Sobald aber das durchgeführt ist, müssen die jetzigen Protestanten zum Glauben der Väter zurückkehren. Wer das nicht tut, hat das Land zu verlassen. Ordnung und Einheit können nur so wiederhergestellt werden. Als Jurist teilt er übersichtlich in drei Möglichkeiten ein; erstens: Der alte Glaube wird erhalten; zweitens: Der neue wird gewählt; drittens: Beide werden gesetzlich nebeneinander etabliert. Die letzte Lösung würde unweigerlich Intervention ausländischer Mächte bedeuten. Die erste ist die einzige sinnvolle Möglichkeit.

La Boéties Vorschlag ist vernünftig und einfach; er war schon deshalb dazu bestimmt, auf dem Papier zu bleiben. Er griff in Gedanken des 19. Jahrhunderts vor und ließ die Mächte des besinnungslosen Machtkampfes und der fanatischen Glaubensüberzeugung beiseite, die sich erst austoben mußten, ehe eine Wendung kam, die ungefähr einen Ausgleich zwischen seinen Alternativen – und auch das nur für eine gewisse Zeit – herbeiführte. Montaigne hat auch diese Gedanken seines Freundes immer wieder nachgedacht und nach seiner Weise umgeformt.

Vier oder fünf Jahre nur der engen Gemeinschaft, eine kurze Zeit im Leben. Sie ist aber die einzige wirkliche Lehrzeit Montaignes, der sich sonst gegen jeden Unterricht eines Lehrmeisters sperrt. Er hat in diesen Jahren den ganzen Umkreis der Gefühle und Begeisterungen abgeschritten: Liebe, Schwärmerei, das Einswerden mit einem anderen im Gedankenaustausch, Verehrung der Tugend als eines männlichen Ideals, Hoffnungen auf eine bessere Welt mit sinnvolleren Zuständen, auch schon der Wink, man könnte vielleicht die ganze mittelmäßige Gegenwart hinter sich lassen und sich zurückziehen in die Einsamkeit. Der Tod des Freundes bedeutet für ihn den großen Einschnitt. Er wählt die Flucht in seine Burg. Es verbleibt nur noch die Aufgabe, die Lehren des Unvergeßlichen der Nachwelt zu erhalten. Das sieht er als den Sinn des noch verbleibenden Lebens an. Er wird Schriftsteller.

Die erste Arbeit und Übung in diesem neuen Metier, das es als Beruf noch gar nicht gibt, ist der Bericht über den Tod Etiennes. Er faßt ihn in die Form eines Briefes an seinen Vater. Ein Brief ist damals noch kaum je eine rein persönliche Äußerung. Er ist ein Sendschreiben, hier an den weiteren Kreis der Freunde und Verwandten gerichtet und auch in verbesserter, sorgfältig redigierter Form in Druck gegeben. In vieler Beziehung ist es Montaignes am sorgfältigsten aufgebauter Essai. Es fehlt auch da nicht an den unvermeidlichen Zitaten und antiken Reminiszenzen, ohne die ja auch kein Gedicht der Zeit präsentabel war. Aber der ganze Montaigne ist schon in diesem ersten Versuch. Er läßt den Sterbenden lange Reden halten im Stil der Alten und sagt zugleich, die Ansprachen an Etiennes Nichte und seine Stieftochter seien »etwas länglich« gewesen. Ein Abschied nach dem Muster des Sokrates als des unsterblichen Vorbildes für das Ende eines wahrhaft Weisen war zu schildern. Aber Montaigne vergißt nicht die sehr bestimmten und zeitgemäßen Züge. Sein eigner Bruder Thomas, der auch am Sterbebette zugegen ist, Hugenotte, wird ermahnt, doch nicht die enge Bindung der Familie Montaigne zu zerstören. Er verschweigt nicht die Schwächeanfälle des Leidenden, der in der letzten Angst sich an den Freund anklammert und fleht, man möge ihm doch noch ein »Plätzchen« auf dieser Erde vergönnen, und ihn sogar beschuldigt: »Mein Bruder, mein Bruder, verweigerst Du mir denn das?« Tröstend sucht er ihn zu beruhigen: Du atmest doch, sprichst noch, hier ist dein Platz! Und als Etienne abwehrt, das sei nicht der rechte, meint er, Gott werde ihm bald eine bessere Stelle anweisen. »Ich wollte, es wäre so weit«, antwortete Etienne. »Seit drei Tagen quäle ich mich doch mit dem Ende.« Nach der Sitte der Zeit wird der Abschied ohne Rücksicht auf den sich Quälenden feierlich genommen und zu einer großen Szene für die Familie und Freunde, die mit Klagen und Tränen ihre Teilnahme zu bezeugen haben, bis sie schließlich hinausgewiesen werden müssen. Die letzten Riten der Kirche sind sorgfältig zu beachten. Das Testament muß aufgesetzt werden, und Montaigne erhält die Bücher Etiennes als Geschenk, den Grundstock für die Bücherei seines Turmzimmers, und so liebevoll bewahrt und immer wieder zur Hand genommen, daß man annehmen kann, Montaigne hat mit Auswahl die Autoren bevorzugt, die von der Hand seines Etienne geadelt waren. Die letzten Halluzinationen: Etienne kann kaum noch sprechen, aber er möchte dem Freund doch noch sagen, was er in seinen Phantasien erschaut. »Und was ist das, mein Bruder?« fragte Montaigne.

Der Sterbende sucht nach Worten. Er flüstert nur: »Groß, groß!« und auf neues Drängen: »Wundervoll... unendlich... unsagbar...« Und dabei blieb es, er konnte nicht mehr sprechen.

Auch dieses Vermächtnis des Freundes hat Montaigne lebenslänglich hochgehalten. Das Unendliche, Unsagbare rührt er nicht an. Es bleibt in dem Tod seines Etienne beschlossen.

Abschied von der Gattin, die er nicht erschrecken will im Todeskampf. »Ich will schlafen, gute Nacht, meine Gattin, gehen Sie nun«, und die Bitte an den Freund, noch bei ihm zu bleiben bis zum Letzten. Mit dem Namen seines Michel stirbt er »um die dritte Stunde am Morgen, Mittwoch, den 18. August des Jahres 1563, im Alter von 32 Jahren, neun Monaten und 17 Tagen.«

Gespräch mit den Büchern

Montaignes Turmzimmer und der Rückzug in seine »Höhle« im achtunddreißigsten Jahr sind zur Legende geworden. Man glaubt ihn dort lange Jahre tief über seine Bücher und Manuskripte gebeugt, der Welt verloren, sinnierend und korrigierend. Sein Turm ist jedoch kein Elfenbeintürmchen. Er ist fest, rund, hoch aus dem gelblichen Haustein der Gegend gemauert, mit Anbauten von reichlichem Nebengelaß. Der Blick aus den Fenstern schweift weit umher. Der Wind weht. Und der Seigneur de Montaigne, so wenig er sich um seine Gutswirtschaft kümmert und sie der Gattin überläßt, wird immer wieder gebraucht bei Hofe in wichtigen Missionen der hohen und höchsten Politik. Er reitet fort und genießt jede Unterbrechung.

Kein gerührter Abschied vom Eheweib: »Wir haben im Heiratskontrakt nicht ausgemacht, daß wir ständig aneinandergefesselt sein müssen, wie Hunde, die man mit dem Schwanz zusammenbindet. Eine Frau soll nicht ihre Augen immer leckerhaftig auf die vorderen Teile ihres Mannes heften – sie muß auch notfalls seine Kehrseite sehen können.« Auf der Reise erst, im Sattel, fühlt er sich ganz frei. Wir wissen nur recht ungefähr, wie oft er davongeritten ist, und kennen kaum die größeren Expeditionen, mit beträchtlicher Begleitung an Dienerschaft und Genossen. Und was die hochpolitischen Aufträge anbelangt, so hat er sich da wohlweislich nur sehr unbestimmt vernehmen lassen; sie waren streng geheim in äußerst kitzligen Staatsaffären. Als seine Maxime dazu hat er nur verkündet: Er habe sich treiben lassen, wie der Wind wehte; wenn er zu stark bläst, soll man sich ohne falschen Ehrgeiz zurückziehen.

Immerhin: Das Schreiben wird nun sein Geschäft, seine Aufgabe und seine Lust. Es fällt ihm schwer, lange stillzusitzen. Auch in seiner »Höhle« muß er immer wieder auf- und abspazieren, und er teilt uns genau nach Fuß und Klafter mit, wieviel Raum ihm dafür zur Verfügung steht. Das Hocken am Schreibtisch ist nun einmal eine unstandesgemäße Beschäftigung für den Herrn von altem Adel. Die Schriftstellerei ist ein heilloses Gewerbe, wenn wir ihm glauben sollen.

Er kann es nicht niedrig genug stellen: »Zwangsgesetze«, so ruft er, »müßten wir haben gegen die albernen und unnützen Skribenten, wie gegen die Vagabunden und Faulenzer, man befreie das Volk von Leuten, wie ich und hundert andere es sind. Das sage ich nicht im Scherz. Die Buchmacherei scheint immer das Symptom eines verlotterten Zeitalters zu sein. Wann hat man bei uns je soviel geschrieben wie jetzt, wo wir in den größten Unruhen leben?« Auch die Römer müssen herhalten, mit der Zeit ihres Niedergangs, dessen Autoren er so gern liest. Er malt den Verfall noch weiter aus: Rechtlosigkeit, Mangel an Religion, Tyrannei, Habsucht, Grausamkeit, jeder von uns hat nach seinen Kräften mitgewirkt, die »Schwächeren steuern durch ihre Torheit, ihre Eitelkeit und ihren Müßiggang bei, wie ich. Wenn großes Unheil droht, dann ist offenbar die rechte Jahreszeit für Nichtigkeiten; wenn die Schlechtigkeit allgemein regiert, dann erwirbt man sich Lob durch ausschließliche Beschäftigung mit so etwas Wertlosem . . .« Es steckt auch zuweilen ein Stück Bußprediger in Montaigne. Die Hauptsache ist natürlich, sich zu distanzieren von den vielen Verfassern von Pamphleten, Broschüren, giftigen Chansons, theologischen und politischen Streitschriften. Montaigne wendet sich an seine Standesgenossen und an die Nachwelt. Im übrigen folgt er mit solchen Tiraden der humanistischen Tradition. Das Volk, so meinte auch Erasmus, soll bewahrt bleiben vor der Kenntnis der höheren und diffizilen Fragen; die müssen einem erlauchten Kreise von Gelehrten und Kennern vorbehalten sein. Ein Gelehrter will Montaigne nun freilich nicht sein; das ist Pedanterie. Er muß sich nach allen Seiten hin absetzen und freimachen, um zu sich zu kommen. Die gröbsten Mittel sind ihm dabei recht. Er hat nicht über große Taten zu berichten, was allenfalls eine Entschuldigung wäre; historische Memoiren und Darstellungen waren bereits eine anerkannte und hochgeehrte Gattung. »Dafür hat das Schicksal mir meinen Platz zu weit unten angewiesen. Ich muß mich an meine Phantasien halten«, und damit soll etwas Abschätziges gemeint sein.

Er nennt seine Versuche auch Träumereien, wiederum mit dem Nebensinn von Hirngespinsten, Schwätzereien eines müßigen Kopfes oder, noch derber, Exkremente, was den Freunden analer Psychologie willkommen sein muß. Er gibt sogar dafür ein drastisches Beispiel: Er habe einen Edelmann gekannt, der seinen Lebenslauf nach den Erleichterungen seines Bauches regulierte; statt einer Uhr hatte er eine Reihe von sieben oder acht Nachttöpfen, »die waren sein Studium, seine Unterhaltungen«.

Das ist natürlich Ziererei mit wenig zierlichen Mitteln. Sie steht auf dem gleichen Blatt wie die rein formelle Bescheidenheit der antiken Autoren oder die geheuchelte Demut der kirchlichen Tradition. Außerdem vergnügt sich Montaigne als guter Gascogner an solchen Späßen. Wir wissen, daß seine Zeit nicht heikel war; bei Rabelais poltert es noch ganz anders. Die Derbheit gehört sehr wesentlich zu Montaignes Absichten. Er schreibt als Laie in der eignen Sprache, der Sprache des Volkes. Das war ein großes Wagnis, wenn man von großen Dingen reden wollte, für die das Latein noch unbedingt vorgeschrieben war. Selbst die verehrten Alten konnten ihm nicht als Vorbild dienen, die immer den vornehmen Weisen mit strenger Unterscheidung von der niederen plebs kultivieren. Sein Liebling Sokrates allein hilft ihm weiter, der natürlich spricht und dem Mann auf der Straße »aufs Maul sieht«, wie Luther es ausdrückte. Montaigne mit all seinem Neuadelsgetue liebt es, sich mit den Bauern, seinen Dienern, den Handwerkern zu unterhalten; da lernt man mehr, so meint er, als beim leeren Geschwätz der Gesellschaft über Hunde, Turniere oder Hofintrigen. Der Reichtum seiner Sprache stammt daher. Auch Einsichten in das Leben gewinnt man, die nicht in den Büchern stehen.

Die Bücher sind aber da, vor allem die des ewig geliebten Etienne. In fünf Regalen stehen sie an den Wänden des runden Turmzimmers zwischen den Fenstern aufgereiht. Rund tausend will er besessen haben, was eine enorme Bibliothek für seine Zeit wäre. Es ist möglich, daß er etwas flunkerte. Etwa zwanzig davon haben sich erhalten. Über die Glossen der juristischen Handbücher gießt er ätzenden Hohn, und es lassen sich höchstens drei Werke dieser Art unter seinen Zitaten ausfindig machen. Seine eigenen Glossen jedoch sind kostbar, für ihn und die Nachwelt. Man liebte es damals, ungeniert an den Rand zu schreiben im Dialog mit dem Autor. Viele alte Ausgaben haben solche Notizen. Die Antiquare schätzen sie nicht, denn die unverständigen Sammler bevorzugen Bücher in »münzfrischem« Zustand, die niemand gelesen hat. Ich besitze eine alte Ausgabe des Plutarch, das Leben Ciceros in lateinischer Übersetzung, mit einem Impressum des Druckers, das von den Stürmen der Zeit spricht, von Treubruch, Schändung der Kirchen und schwangeren Frauen, Plünderung und Revolution. Am Rande in schlanker Humanistenhandschrift in Marginalien zum Text: »o ingratitudo!«; wo von der Undankbarkeit des Popilius an seinem einstigen Verteidiger die Rede ist, »mala bestia!« heißt es über die Kanaille von untreuer Frau.

So etwa beginnt Montaigne, auch mit dem Plutarch und Cicero. Seine randverzierten Bände sind die größten Kostbarkeiten und Schaustücke der Museen geworden. Man hat sie in den hohen Bücheradel erhoben, wie den »Cäsar von Chantilly«, den ein verständiger Sammler am Quai Voltaire fand, wo man damals noch stöbern konnte, und für einen Franc erstand. Das Stöbern ist neben den Randbemerkungen ein weiterer Teil der »Methode« Montaignes. Ungern, wenn je, liest er ein Buch von A bis Z durch. Er blättert, schlägt auf und wieder zu, so wie man auch seine Essais lesen soll. Irgendeine Stelle, irgendein Gedanke hat ihn angerührt und muß nun weiterverfolgt werden. Er notiert sich einen Satz am Rande, legt einen Zettel ein. Allmählich muß er eine ganze Zettelwirtschaft um sich gehabt haben, fast eine Kartothek nach unseren Begriffen, denn wenn ein bestimmtes Thema zur Sprache kommt, finden sich die klassischen Zitate prompt ein, oft in ganzen Reihen. Zuweilen kleben sie wie die Kletten aneinander und stören uns. Sein Gedächtnis sei ganz miserabel, so versichert er immer wieder; er könne nichts behalten. Das ist wieder die Angst vor der Pedanterie. Er behält sehr wohl, was ihn angeht und kommt darauf beharrlich zurück. Er webt sogar ein kunstvolles Gespinst, insgeheim. Er wünscht nur nicht, daß man das womöglich mit dem Schulaufsatz vergleichen soll, der aus Einleitung, Hauptteil und Schluß bestehen muß. Er hat eine ganz andere, viel offenere Form im Sinn, bewußt oder unbewußt; diese auszudeuten, wird dann Aufgabe der späteren Kommentatoren sein.

Zunächst ist von irgendeiner Form nicht die Rede. Er sammelt nach Belieben und legt sich eine eigne, montaignische Anthologie zu Fragen an, die ihn gerade beschäftigen. Blütenlesen aus bewährten Autoren gab es reichlich; die Colloquia des Erasmus waren das beliebteste Schulbuch und auch Lesebuch für den Gebildeten. Aus solchen Sammelwerken, die nicht immer so vergnüglich und bunt waren wie das Werk des großen Humanisten, bezog man zum größten Teil seine Kenntnisse; auch Montaigne schöpfte daraus sehr viel häufiger, als das viele Nennen großer Namen vermuten läßt. Das Zitieren bedeutet keineswegs, daß er nun stets die Autoren in toto gelesen hat, geschweige was über sie geschrieben war, und selbst wenn er einen Klassiker in der Tat gründlich und oft benutzt, so heißt das noch nicht, daß er seine »Grundgedanken« erfaßt hat. Er zitiert das, was zu seinen, Montaignes Gedanken paßt, und die sind ihm und auch uns wichtiger. Sie ermüden nicht selten, die langen Zitate, und auf den ersten Blick können sie überhaupt den Leser abschrecken, zumal sie auf Lateinisch oder Italienisch gegeben werden. Oft jedoch sind sie ein Lustgarten.

Montaigne ist ein großer Meister des Zitierens, einer verkannten Kunst, die noch ihres Herolds harrt. »Sage mir, mit wem du umgehst, und ich will dir sagen, wer du bist«, kann auch hier gelten. Nicht daß er genau anführte, weit gefehlt. Er variiert unbefangen, so wie schon vor ihm und bereits in der Antike gebessert oder umgestellt wurde. Er zitiert ungenau, wenn wir auf den Text blicken, den er oft nur in Übersetzungen kannte. Er zitiert genial genau, wenn wir sehen, worauf er hinauswill. Er hat die Wünschelrutenhand, die anschlägt: Hier springt eine Quelle – für mich nicht die philologische. Um die kümmerten sich andere; das »zurück zu den Quellen« war eine der großen Parolen des Humanismus und auch der Reformation. Dergleichen liegt ihm fern. Er freut sich zwar, als er auf seiner Italienreise zu Rom einige der ältesten Handschriften gezeigt bekommt, und macht seine Bemerkungen zum Virgil mit philologischer Freude: Dachte ich's nicht immer schon, diese Anfangszeilen sind spätere Zugabe! Aber sonst nimmt er die Texte, wie sie ihm gerade in die Hand kommen. Er greift sich bedenkenlos die Stellen heraus, die für ihn wichtig sind, und läßt große Passagen oder ganze Bücher aus. Staunen über »ungeheure Belesenheit« ist naiv und überflüssig. Wohl aber ist bewundernd zu staunen über das, was er aus seiner vagabundierenden Lektüre gemacht hat.

Die Autoren, die er liest, sind die bekannten Klassiker der Humanistenzeit, der Plutarch vor allem, lebendig ins Französische übersetzt von Amyot, der mit Montaigne am Beginn der neueren französischen Prosa steht, der Seneca, Cicero, Lukrez, Plato, bei dem er alles übergeht, was zur eigentlichen philosophischen Gedankenwelt gehört. Verwundert hat man sich oft über das, was er nicht gelesen hat: den Thukydides nicht, den Polybius nicht, den Lukian nicht, auch nicht einmal den Mark Aurel, der ihm doch so nahe gewesen wäre und den man zwanglos in seine Essais einfügen könnte. Das mag auf den Zufälligkeiten seiner Bibliothek beruhen, aber auch darauf, daß er eben nicht das sucht, was er schon selber weiß, sondern das Neue, Unbekannte; das reizt ihn zu neuen Gedanken. Vollständigkeit wäre für ihn überhaupt kein Ideal, eher ein Abscheu.

Beim Blättern zeigt er sich als Mann des feinsten Geschmacks, der sichersten Wahl. Wenn er liest, so liest er richtig, oft seiner Zeit weit voraus, die noch an geheiligte Rangordnungen und Schemata glaubte. Kein Schulurteil oder Kanon gilt für ihn. Er hat seine eigene Skala und wiegt genau ab. Mit Cicero, dem noch allgemein Vergötterten, geht er resolut ins Gericht. Plutarch ist sein Favorit, weil er ihm Material zur Menschenkenntnis heranschafft. Die Historiker und Chronisten, auch die französischen, schätzt er, die ihm Stoff bieten, seine Weltkenntnis erweitern oder ergänzen. Reisebücher sind willkommen. Die Bibel bleibt so gut wie völlig beiseite, die Kirchenväter erst recht. Sollte der erste Verfasser einer großen autobiographischen Seelenerforschung nicht wenigstens Augustins Konfessionen gelesen haben? Nein, er tat das nicht. Von der theologischen Literatur seiner Zeit, die doch das ganze Jahrhundert bis zum Rande anfüllte und bewegte bis in die Einzelheiten jedes Lebens hinein, hat er nur allerflüchtigst Kenntnis genommen; von Luther und Calvin weiß er lediglich vom Hörensagen. Die Politik nun, der er doch selber in seinen Missionen diente: hat er nicht wenigstens von den Diskussionen über den Staat, die Staatsräson, das Königtum etwas gelesen? Er bekommt einmal eine Schrift seines alten Lehrers Buchanan in die Hände, die vom »Recht des Königs« handelt und schon, recht kühn für die Zeit, den Herrscher nur als Vollstrecker des Volkswillens ansieht, sowie die Gegenschrift eines anderen Schotten Adam Blackwood mit hitziger Verteidigung der göttlichen Königsrechte. »Ich blätterte sie nur an«, sagt er, »der Mann des Volkswillens stellt den König noch unter einen Kutscher, der Monarchist einige Klafter über Gott...«, der eine sagt dies, der andere das; beide mißfallen ihm.

Vor allem mißfällt ihm jede Unbedingtheit, alles Apodiktische in den Urteilen, die vorgefaßte Meinung, der Parteistandpunkt. »Ich hasse jede Tyrannei, in Worten wie in Taten.« Er haßt aber auch die Zwangswirtschaft des konsequenten, systematischen Denkens. Sie widerspricht seinem Grundgefühl des unablässigen Wandels aller Dinge und seinem Wunsch, immer neu zu lernen, sich belehren zu lassen. Dazu sind die Bücher gut, wenn man nicht gerade reisen kann, was noch besser ist als das Lesen. Er reist in den Büchern. Dann schlägt er sie zu oder beginnt zu schreiben.

Er schreibt zunächst an den Rand, auf Zettel, legt die Zettel nach einigen Themen geordnet zusammen und macht daraus Aufsätze, in bunter Folge, »Über die Traurigkeit«, den Müßiggang, die Lüge, die Pedanterie, alles übliche Gegenstände der Betrachtung, dazwischen Zeitgenössisches, mit antiken Beispielen vermischt. Es sind anfangs ganz kurze Zusammenstellungen, noch recht unpersönlich; einige könnten auch in anderen Sammlungen stehen. Er lernt beim Schreiben erst und wird allmählich ein Schriftsteller. Und siehe da, diese vom Edelmann Herrn von Montaigne so geschmähte Beschäftigung beginnt ihn zu faszinieren. Immer wieder muß er sie als verdächtig hinstellen, was wir nun nicht mehr ernst zu nehmen brauchen. Andere suchen nach einem dankbaren Objekt für ein Buch, möglichst einem modischen, das Erfolg verspricht und schon in der Hand von anderen Skribenten sich bewährt hat. Montaigne ist auf ein Thema gekommen, das noch nie – so sagt er stolz, und mit Recht – jemand etwas gründlicher angepackt hat: den Menschen, und zwar zuerst den Menschen Michel Montaigne. Der ist nicht sogleich da. Er schleicht sich geradezu ein, mit kleinen Bemerkungen zu zitierten Anekdoten oder Beispielen. Aber dann tritt er immer selbstbewußter auf. Er wählt sogar – und das war sehr neu, es wurde ihm auch von den Zeitgenossen beträchtlich verübelt – die Ichform. Das Ich wird immer häufiger und schließlich dominierend. Das Ich nun nicht nur als Erzählform, sondern mit rücksichtslosester und unbefangenster Aufdeckung alles dessen, was er von sich weiß. Auch dessen, was er nicht weiß. Auch der intimsten Einzelheiten seines Lebens, die kein Mensch bis dahin einer Betrachtung für würdig gehalten hatte. Er stellt sich nicht als Muster hin, weit entfernt. Er prahlt nicht mit den Tugenden der Weltentsagung oder Weltverachtung. Seine einzige Tugend ist die Redlichkeit. Keine

Illusionen in diesen »Phantasien« und »Träumereien«: Realismus, Unerschrockenheit, ärztliche Genauigkeit beim Betrachten des Körpers wie der Seele. Der Vergleich mit dem Mediziner kommt ihm häufig in die Feder, und es ist ein Mediziner sehr zukünftiger Art, weit ab von den Beinabschneidern und Brechmittelverordnern seiner Tage. Nichts soll amputiert werden. Alles ist richtig und an seinem Platze, so wie es vorgefunden wird vom Untersuchenden, mag es schadhaft sein oder gesund, gut riechen oder schlecht. Er sagt einmal keck: »Sie ist eine Hure, nun ja: Muß sie deshalb stinken?« Das war der genaue Gegensatz zu der kirchlichen Auffassung und ihrem Wortgebrauch, wonach das Laster unweigerlich stinkt, die Tugend hingegen duftet, auch wenn sie sich nie gewaschen hat. Montaigne hat einen sehr ausgeprägten Geruchssinn und wendet ihn an wie später die Chemiker. Er hat einen lebhaften Geschmackssinn und »schmeckt« die Dinge ab auf der Zunge. Er betastet sie, wie er häufig sagt. Er hat scharfe Augen, die so empfindlich sind, daß er die Zeilen seiner Bücher mit einer leicht verdunkelnden Glasplatte bedeckt, um sie zu schonen. Alle Sinne sind wach und befördern die Beobachtungen ins Gehirn. Er benutzt, ohne sie zu kennen, die naturwissenschaftliche Methode des Arbeitens, obwohl er von den Naturwissenschaften sonst kaum etwas weiß und sie nur selten erwähnt. Die Natur ist sein Studium, die Natur des Menschen. Von Naturschönheiten wird nicht gesprochen; das bleibt späteren Jahrhunderten vorbehalten.

Der Mensch wie er ist, nicht wie er sein sollte oder sein könnte in seiner ganzen Vielfalt, auch mit den kleinsten Zügen, ist zu entdecken. Er wird analysiert, auseinandergenommen und wieder zusammengesetzt, aber das ist ein zu mechanisches Bild: Das Ineinander, auch Durcheinander, der Fluß und das Zusammenwirken der Teile ist zu schildern. Montaigne ist ein Physiologe und Psychologe, beides Begriffe und Zweige der Wissenschaft, die es noch nicht gab. Er ist überhaupt nicht in heutige Kategorien einzuordnen, und man hat vergeblich versucht, ihn und seine Arbeitsmethode mit späteren Ausdrücken zu definieren. Er steht am Anfang großer Entwicklungen, ein Anfänger in vielem, auch ein Dilettant, der sich vergnügt mit seinen Funden. Er nennt deshalb seine Untersuchungen auch »Essais«, was zugleich »Kostproben« heißen soll, Lehrlingsstücke, Sondierungen und nicht zuletzt ein »Spiel«, ein Anschlagen von Akkorden, eine Übung. Eine *Vorübung*: Nichts Endgültiges ist zu erwarten, kein System, keine Lehre, am allerwenigsten wird auf Lehren und Systeme der Vergangenheit Rücksicht genommen, weder auf die der Antike noch die der Kirche. All das stört nur und lenkt ab. Man hat ihn deshalb mit dem bequemen Begriff »Skeptiker« festzulegen gesucht, der sich anbot. Aber Montaigne ist auch damit nicht recht einzufangen. Er überläßt die großen Fragen – Gott, Unsterblichkeit der Seele, Mensch und Ewigkeit – getrost den Theologen. Die mögen sich damit plagen. Er kann mit Genugtuung feststellen, wie sie sich quälen müssen; mit Kummer notiert er, wie sie andere Menschen damit bis aufs Blut peinigen, und Blut ist kein bloßes Bild. Er bleibt beim Glauben seines Vaters und ist darin »konservativ«, was aber auch wiederum keine zutreffende Bezeichnung für ihn ist und nur für gewisse Züge seines komplexen Wesens gelten kann. Der Mensch ist »gemischt«, dies eine seiner Hauptthesen, eine Mixtur aus sehr vielfältigen Ingredienzen. Es könnte verlockend sein, seine Anschauung aus der eignen

Mischung Montaignes der Herkunft nach zu deuten, aber das wäre zu simpel. Solche Zusammensetzung kann ebensogut zur Anpassung, zum Konformismus, führen. Montaigne paßt sich in keiner Beziehung an. Er ist ungeheuer neugierig und veränderungssüchtig. Er liebt das Widerspruchsvolle, das erst den ganzen Reichtum der Menschennatur aufzeigt. Er sieht schon die innige Zusammengehörigkeit von Lust und Schmerz. Er hört das Stöhnen in der Wollust, genießt die »morbidezza«; Lachen und Weinen bewegt die gleichen Falten im Gesicht, wie ein Maler ihn belehrt. Gut und böse? die unveränderlichen Kategorien der bisherigen Lehren? Er meint von sich selber: »Auch da, wo ich ganz besonders gut bin, mischt sich etwas Böses ein.« Er bemerkt die Feigheit als Mutter der Grausamkeit. »Einsichtslosigkeit und Dummheit können ganz gut wie Tugend aussehen.« Er hat eine begründete Vorliebe für die vermeintlich banalen und trivialen Züge: Gerade sie, immer so verachtet, können auf Wichtiges hinleiten. Er lernt auch im Gespräch mit Langweilern und Tröpfen.

So liest er auch, und so schreibt er. Am Plutarch zieht ihn besonders an, daß schon da die kleinen Züge beschrieben sind und nicht nur die großen Allgemeinheiten vorgebracht werden, daß Cäsar ein großer Feldherr und Staatsmann war, was wir wissen. Wir wollen auch hören, wie er sich den Kopf kratzte. Von Sokrates, wie er sich die schmerzenden Beine rieb, als ihm die Ketten des Gefängnisses abgenommen wurden. Er seufzt einmal: »Könnten wir doch in die Vergangenheit hineinschauen; wie redeten die Römer eigentlich, was aßen sie, wie gingen sie?«

So verzeichnet er wenigstens von sich selber genauestens, wie er geht, ißt, schläft, verdaut, liebt und denkt. Die banalsten Details sind ihm wichtig. »Am Tage kann ich nicht schlafen, ich esse nicht zwischen den Mahlzeiten, kann mich nicht zu Bett begeben ohne große Pause, etwa von drei Stunden, nach dem Abendessen, kann Kinder machen nur vor dem Einschlafen, nicht im Aufrechtstehen, Schweiß ist mir unerträglich, ich trinke kein reines Wasser oder reinen Wein, kann meinen Kopf nicht lange Zeit unbedeckt behalten noch mich nach dem Essen scheren lassen; ich trenne mich ebenso ungern von meinen Handschuhen wie von meinem Hemd; ich wasche mich vor Beginn der Mahlzeit und beim Aufstehen, ich brauche ein Himmelbett mit Vorhängen, alles mir notwendige Dinge.« Er beklagt es, daß er nicht beim Essen zu jedem Gang eine Serviette gereicht bekommt, wie das bei Hofe üblich ist. Denn er greift noch, wie üblich, mit den Händen in die gemeinsame Schüssel und ißt so gierig, daß er sich dabei gelegentlich auf die Zunge beißt. Getrunken wird nur aus klarem Glas: »Meine Augen wollen auch mitgenießen.« Von den Ärzten hält er nicht viel; er behandelt sich selber und fühlt sich mit seinem Körper durchaus im Einklang, besonders im Punkt der Verdauung, bis im Alter das Steinleiden kommt, mit dem er auch auf seine Weise fertig zu werden hat. Er braucht auch keinen Seelenarzt; von der Beichte wird nicht gesprochen. Er wünscht keine Rezepte: »Was sollen wir mit den Menschen machen, die nur nach gedruckten Vorschriften leben?« Das gilt nicht nur für die leibliche Gesundheit.

»Das ist meine Metaphysik, und meine Physik!« ruft er stolz aus. Denn im Beobachten und Schreiben wird er ständig selbstbewußter und vergißt – nie ganz, was er über die verächtliche Schriftstellerei gesagt hat. Er beobachtet auch seinen Stil genau und macht sich seine Gedanken. Die

Worte schon sind ihm verdächtig in ihren vielfachen und unbestimmten Bedeutungen. Aus Worten entstehen Meinungen und Dogmen; der ganze Weltstreit um ihn her erscheint ihm vornehmlich ein Streit um Worte. In diesem Zusammenhang erwähnt er auch einmal von ferne Martin Luther und den Abendmahlsstreit. »Man tauscht ein Wort gegen das andere aus und oft gegen ein unverständliches. Auf einen Zweifel kommen drei andere. Daraus wird das Haupt der Hydra.« Hydra hat für ihn sehr aktuelle Bedeutung. Überall recken sich die Köpfe empor, triefend von Gift und Geifer.

Sokrates ist sein Meister. Der fragt den Menon: Was ist die Tugend? Menon antwortet: Wir haben die Tugend des Mannes, dann des Weibes, die Tugend des Staates und die des Einzelmenschen, des Kindes und des Greises. Sokrates erwidert unmutig: Wir waren auf der Suche nach einer Tugend, du schleppst nur Prüfungsmaterial herbei! – So, nach sokratischer Weise soll man denken: suchend, vielleicht etwas findend, weiter suchend. Der Weg ist alles. Immer wieder kommt ihm das Gleichnis vom Wege für sein Unternehmen. Vom Ziel spricht er nicht. Am allerwenigsten klopft er an einen vorher eingerammten Pfosten: Damit hätten wir unser Ziel erreicht, das quod erat demonstrandum der mathematischen Beweisführung, die schon die Lösung vorherbestimmt hat.

Er sucht und erhält wenig Antworten, wenn er andere zu Rate ziehen will. »Wir bringen eine Frage vor – man reicht uns einen Bienenkorb zurück«, meint Montaigne. »Kein Ereignis und kein Geschaffenes ist einem anderen völlig gleich, keines unterscheidet sich auch völlig vom andern: sinnvolle Mischung der Natur! Wenn die Gesichter der Menschen sich nicht ähnelten, könnte man uns von den Tieren nicht unterscheiden; alle Dinge hängen durch irgendeine Gleichförmigkeit zusammen. Aber jedes Beispiel hinkt, und die Lehre, die man aus der Erfahrung gewinnen will, ist immer unvollkommen. Man zieht die Vergleiche immer zu irgendeinem Zweck zusammen.« Daraus werden dann Gesetze und deren Anwendung auf all unsere Angelegenheiten, in verbogener, gezwungener, schiefer Auslegung. Unsere Justiz etwa: ein wahres Muster des menschlichen Schwachsinns in ihren Widersprüchen und Irrtümern. Dazu sind Beispiele aus der Antike und seiner Praxis beim Gericht zu geben. Vom Staat, dem Königtum ist zu reden, mit Vorsicht, aber freimütig. Vieles ist behutsam behandelt. Montaigne will auf keinen Fall in die Kontroversen der Zeit hineingezerrt werden. Er spricht zwar, wie man so sagt, »von Gott und der Welt«, aber von Gott nur in den allgemeinsten, unverfänglichsten Wendungen. Das Erlebnis seines Freundes Etienne in der Todesstunde hat ihn nie verlassen, das Suchen nach Worten: »groß... groß... unaussprechlich...« Über das Unaussprechliche, Unfaßbare, Unbegreifliche soll man nicht reden oder schreiben. Das ist Vermessenheit, und die größte Anmaßung ist es, wenn man dafür unsere Vernunft bemühen will, die dafür viel zu beschränkt ist. So lehnt er Religion nicht ab; er spricht aber lieber im Plural von den Religionen, deren es viele gibt, je nach Land und Volk. Wenn er bei der seinen bleibt, so weil er ein Gascogner und der Sohn des Pierre Eyquem-Montaigne ist.

Das genügt ihm, und es genügte übrigens auch seinen Zeitgenossen, die ihn sogar als Weggenossen in der Auseinandersetzung mit den Hugenotten schätzten. Er beachtet die Kirchenbräuche, ohne sonderliche Innigkeit; er sagt einmal: »Ich schlage mein Kreuz auch beim Gähnen«; er betet sein Paternoster, wie es sich gehört. Mehr wird nicht verlangt; mehr wurde damals auch nicht erwartet. Erst das folgende Jahrhundert, das so viel schärfer unterschied, zum Teil durch Montaigne geschult, hat ihn als den gefährlichen Skeptiker und Unentschiedenen entdeckt und sein Werk denn auch auf den Index gebracht, wo es bis heute verblieben ist.

Die Randbemerkungen waren zu Zetteln geworden, die Zettel zu kleinen Sammlungen. Überschriften dazu stellten sich ein, nicht immer genau zum Inhalt passend. Ein Weg zeigte sich an, sollte er nicht auch in die Bude der erbärmlichen Verleger führen? Montaigne hatte sich bereits ein wenig als Buchmacher versucht. Der Nachlaß des unsterblichen Freundes Etienne war herauszugeben; darüber mußten, nach dem Brauch der Zeit, Episteln an einflußreiche Persönlichkeiten geschrieben und publiziert werden, was er auch später nicht verschmäht hat. Er hatte sogar ein erstes eignes Buch in Druck gegeben, nicht ganz eine eigene Arbeit freilich, die Übersetzung des Werkes eines alten spanischen Theologen, Raymond Sebond, »Das Buch der Schöpfung oder Die natürliche Theologie«. Das war eine Fleiß- und Pflichtaufgabe gewesen, vom Vater ihm aufgetragen. Ein Gastfreund hatte den Band bei seinem Besuch im Hause zu Montaigne liegen lassen. Montaigne hatte das Buch von tausend Seiten – »in wenigen Tagen«, wie er kokettierte – in vorzügliches Französisch übertragen aus dem sehr ungelenken, pedantischen Stil des Spaniers. »In jenen Jahren, wo die Neuerungen Luthers anfingen, Einfluß zu gewinnen und unseren alten Glauben zu erschüttern«, sollte das Werk in der Neuausgabe als Kampfmittel dienen; so wird es der Vater gewollt haben. Es war eine Art Laienfibel: Im Buch der Natur hat Gott schon die gesamte christliche Lehre niedergelegt. Da ist sie für den einfachen Menschen besser und leichter zu buchstabieren als in der Bibel, die den Gelehrten der Kirche überlassen bleiben muß, oder in den geheimnisvollen Glaubenssätzen. Man braucht dazu nur seinen Verstand, der die hohen Mysterien nicht erfassen kann. Montaigne hat in seine Übersetzung schon hie und da eigene Gedanken eingeflochten und den Text entsprechend frei übertragen oder abgeändert. Der Hinweis auf die Natur als Lehrmeisterin mag ihn angesprochen haben; die Betonung der Vernunft stieß ihn ab, und er hat in seinen Essais dann in einem eignen Kapitel dagegen polemisiert. Kurioserweise nennt er das eine »Apologie des Sebond«, während es in Wirklichkeit eine Widerlegung ist. Auf alle Fälle wurde er bei dieser aufgetragenen Arbeit bereits ein wenig zum Autor. Er fand Gefallen an den stilistischen Problemen des Übersetzens. Ein Buch war entstanden unter seinen Händen, über »Das Buch der Natur«. Die bezeichnendste seiner Umstilisierungen ist vielleicht die Stelle, wo Sebond ziemlich kahl vom Finger Gottes spricht, der seine Zeichen in die Natur einträgt. Montaigne sieht das Buch bereits leibhaftig vor sich: »Gott hat in unsere Seele, unseren Leib, in jede Kreatur hineingeschrieben und dann die Seiten zusammengeheftet zum ewigen Buch der Natur.« So war es mit seiner Übersetzung geschehen. Die Seiten wurden zusammengeheftet, gebunden; ein erstes Buch lag vor, dem Vater gewidmet. Autorschaft schmeckte süß. Die Druckerschwärze roch scharf und gut. Beifall kam hinzu, obwohl die kirchlichen Instanzen, nie leicht zu befriedigen, ihre Einwände hatten, zensierten und strichen. Sollten nicht auch die müßigen Aufzeichnungen aus dem

Turmzimmer geheftet und zu einem Buch gemacht werden? Sie waren zwar eigentlich kein geschlosssenes Werk. Sie hatten weder einen echten Anfang noch eine Mitte und schon gar kein Ende. Um so unverfänglicher! Man konnte sich darauf berufen, wenn Einwände kommen sollten, daß da doch nur ein Schloßherr seine ganz privaten und unverbindlichen Meinungen in flüchtigster Form vortrug. Es soll niemand belehrt werden, keine Lehre wird angegriffen, und wenn etwas nach Ansicht der strengen Kirchenleute anstößig wäre, so kann man darauf hinweisen, daß von einem Laien und Edelmann keine genauere Kenntnis der ungemein diffizilen dogmatischen Fragen erwartet werden kann, über die sich selbst die orthodoxen Experten nicht immer einig sind. Deshalb wird auch der Titel »Essais« gewählt, ohne weitere Beigabe, der kürzeste Titel, den damals je ein Buch gehabt hat. Zur weiteren Sicherung waren noch einige Auszeichnungen zu erwähnen; man war inzwischen vom Hofe damit bedacht worden; es ist nicht recht bekannt, für welche Dienste. So erschienen sie als »Die Essais des Messire Michel Montaigne, Ritter des Ordens des Königs und ordentlicher Kammerherr« 1580 beim Drucker Millanges zu Bordeaux. Eine zweite Ausgabe folgte sogleich, eine dritte, die schon in Paris erschien; eine vierte, stark vermehrt um den dritten und persönlichsten Teil, nebst vielen Zusätzen und Änderungen. Eine fünfte kam noch unmittelbar nach dem Tode hinzu, nach Montaignes Aufzeichnungen von Freunden redigiert, und so geht es dann weiter durch die Jahrhunderte. Ein kostbares Exemplar mit zahllosen Korrekturen und Streichungen, Rasuren und Zusätzen, zu Bordeaux aufgefunden, ist in unseren Tagen publiziert worden. Der unwillige Autor hat bis zum Tode nicht aufgehört zu schreiben. Der Weg war nie zu Ende. Nur der Tod hat FINIS dazugesetzt, an den Rand der letzten Bemerkungen. [...]

Reise in die Bäder und nach Italien

Neun Jahre über den Büchern und Manuskripten, zuletzt noch den Korrekturen – Montaigne korrigiert sehr fleißig bei aller Lässigkeitspose –, das dürfte genug sein. Er ist zwar häufig dazwischen fortgeritten, aber nur in kurzen Fahrten nach Paris. Dort hat der Hof ihn mit Interesse angehört und seinen Rat in den Wind geschlagen, ihm einen Orden und Titel gegeben und sich weiterhin seinen Feldzügen, Waffenstillständen, den rasch geschlossenen und gebrochenen Bündnissen gewidmet. Das war noch heilloser als das Treiben der Skribenten, die mit ihren Scharteken hinter den Großen und den Parteien herliefen, bald das Gemetzel der Bartholomäusnacht beklagten, bald es bejubelten oder in wertlosen Allgemeinheiten über Rechtlosigkeit, Mangel an Religion, Tyrannei und die Notwendigkeit, scharf durchzugreifen, sich ausließen. »Auch ich habe durch Müßiggang dabei mitgewirkt.« Nun wäre aber einmal ein gründlicherer Müßiggang angebracht. Kein Gang, eine ganze Reise, so weit wie möglich. Man könnte etwa – der Sekretär hat es im Tagebuch notiert – nach Polen gehen, nach Krakau, der hochberühmten, prachtvoll gebauten Stadt; der jetzige König Heinrich III. hatte kurz zuvor dort ein Gastspiel gegeben als polnischer König, ehe er diese Krone ohne viel Federlesens mit der französischen vertauschte nach dem Tode des Bruders. Allerhand attraktive Nachrichten über das malerische Volk im Osten waren nach Paris geflattert, die feurigen

Polinnen, den Reichtum des mächtigen Landes, das über die Ukraine bis zum sagenhaften Schwarzen Meer reichte. Man hörte von großen Gelehrten, Künstlern, dem regen Geistesleben an der Universität, die mit der von Paris wetteiferte. Noch weiter hinaus vielleicht: man könnte auf dem Landweg bis nach Griechenland vorstoßen, ein Abenteuer, das nur ganz wenige unternommen hatten. Auch das schrieb der Sekretär auf. Neue Gesichter, neue Sitten und Bräuche waren auf alle Fälle zu betrachten; sie mochten nicht besser sein als zu Hause, aber sie waren anders. Montaigne war neugierig und unruhig. Zwar konnte er jede Nacht überfallen werden in seinem guten und reichen Schloß, von einem Trupp der Parteigänger oder einfachen Räubern. Aber daran hatte man sich gewöhnt; es war nahezu langweilig geworden. Zwar bissen die Nierensteine seit einiger Zeit immer schärfer in die Eingeweide, aber auch das war schon zur täglichen Übung geworden. Es schmerzte nicht annähernd so, wie er es anfangs, in Erinnerung an die furchtbaren Koliken seines Vaters, der daran jammervoll zugrunde gegangen war, gefürchtet hatte. Er hatte einige Badekuren unternommen; ohne viel Erfolg. Man mußte mit diesem Übel leben, wie mit vielen anderen, und konnte dabei auch einige Maximen gewinnen für das Manuskript. Das Haus war gut bestellt, und Madame de la Chassaigne hielt die große Wirtschaft in Ordnung. Sie behelligte freilich den Schloßherrn zuweilen mit einer notwendigen Unterschrift, einer Frage; auch das war schon zuviel und gab Anlaß zu mißmutigen Aphorismen über die kleinen Nadelstiche und Scherereien des häuslichen Lebens. Sie würde Einwände machen gegen den großen Plan, und sie tat es.

Bei Ihrem Alter, Herr von Montaigne?

Was denn, wir sind noch sehr rüstig! Auf dem Papier wird gern die Haltung des weisen Alten angenommen, des nahen Greisentums, aber das ist für das Turmzimmer, das Madame nie betritt, und das Buch, das sie nicht liest.

Man kann sterben auf einer solchen Reise, unter Fremden, irgendwo, in einem schlechten Gasthof womöglich...!

Was kümmert uns das? Es wird Anlaß geben zu einer schönen Sentenz: »Es kommt nicht darauf an, zurückzukehren von einer Reise oder sie zu vollenden; die Bewegung einzig ist es, was ich suche. Man kann überall sterben. Vielleicht ist der Tod zu Roß besser als im Bett... unter irgendwelchen Fremden besser als zu Hause...«

Und die schlechten Quartiere, man muß mit erbärmlichen Unterkünften vorliebnehmen, ohne Fürsorge!

Das Wort Fürsorge gehört schon zu den »Nadelstichen«, es reizt unerträglich. Auch die Kosten werden natürlich vorgebracht von der sorgenden Hauswirtin. Wir haben jedoch eine wohlgefüllte Kassette mit Goldkronen beiseite gestellt. Wir besitzen genug, dank dem unvergeßlichen Vater und der nicht erwähnten Lopez. Sollen wir die Güter noch vergrößern, einen Weinberg dazukaufen, ein neues Vorwerk, das neue Sorgen macht? Wir haben nur eine Tochter; sie soll heiraten, der Schwiegersohn kann dann die Wirtschaft übernehmen.

Genug; es wird gereist, und zwar lange, ohne Angabe eines Termins für die Rückkehr, vielleicht ein, zwei, drei Jahre, das ist noch offengelassen. In die Bäder, nach Italien und womöglich darüber hinaus. Allerdings sind einige Vorbereitungen zu treffen. Selbst eine Reise nach Italien und schon in die Bäder kann nur in großer Begleitung unternommen werden. Die Wege sind unsicher, in Frankreich wie erst recht in den welschen Gegenden. Die Reisenden wissen davon zu erzählen.

Eine Kavalkade zieht aus. Der »Greis« reitet an der Spitze, hinter ihm sein blutjunger Bruder Bertrand, Herr von Mattecoulon, ein anderer junger Verwandter, zwei weitere Adlige, ein Privatsekretär, der das Tagebuch zu führen hat, Diener in Mengen, Maultiere für das Gepäck; auch ein Exemplar des eben erschienenen Buches ist nicht vergessen. Die Jünglinge sind keiner älter als zwanzig, der Greis ist siebenundvierzig. Er genießt die frische Jugend um sich her und freut sich daran, wie er sie durch seine Ausdauer beschämt. Sieben, acht Stunden im Sattel machen ihm nichts aus. Das ärmlichste Quartier ist ihm recht. Er ißt, was man ihm vorsetzt, trinkt den Wein des Landes. Er macht noch Umwege, reitet zurück, wenn ihn irgend etwas gefesselt hat, stößt rasch und ungeduldig vor, verweilt an einem obskuren Ort in langen Gesprächen mit einem belanglosen Pfarrer oder Wirt. Es gibt viel Ärger mit den jungen Herrlein. Sie wollen nach Venedig, Rom, an die Höfe, mit den Botschaftern speisen, sich mit Standesgenossen unterhalten, Beziehungen anknüpfen, vielleicht mit Anwartschaft auf irgendeinen diplomatischen Posten. Die Umwege des alten Herren sind ihnen lästig. Er erscheint ihnen wunderlich und nahezu ein »Pedant« mit seiner Gründlichkeit, alles zu erforschen; es wäre ihm sehr empfindlich gewesen, wenn er das verhaßte Wort gehört hätte. Der törichte Bruder Bertrand macht ihm die meisten Scherereien; er wird noch in ein Duell verwickelt aus ganz belanglosem Anlaß. Zwei Tote, ein Gegner und ein Sekundant, bleiben auf dem Platze; es setzt Gefängnis, Montaigne muß auf diplomatischem Wege intervenieren, um den Raufbold freizubekommen; alles neue »häusliche Nadelstiche« der überflüssigsten Art. Nichts kann seine Reiselust und Fröhlichkeit erschüttern. Er schaut umher aus scharfen Augen. Er füllt sich an mit »Erfahrungen«, Eindrücken, Gesichtern, Beobachtungen. Die spitzen und schmerzhaften Steine streut er über ganze Landschaften aus, ohne zu klagen; sie werden nur mit genauer Buchführung ins Tagebuch eingetragen. Die Tröpfe von jungen Begleitern blättern allmählich ab; sie halten weder sein Tempo aus noch seine Beharrlichkeit im Haltmachen und Studieren. Um so besser; er ist endlich allein, wie er das von Anfang an war.

Was sieht er nun, und was wird in das Tagebuch eingetragen oder aus der Erinnerung in seinem dritten Buch der Essais erzählt? Wir müssen zunächst alles ausscheiden, was sich in einigen Jahrhunderten der Italienreiserei an Pflichtaufgaben für zu absolvierende Sehenswürdigkeiten angesammelt hat. Die Kunst interessiert ihn nicht. Eine Pilgerfahrt, wie bis dahin noch vorgeschrieben, wird nicht unternommen, obwohl er dem Papst den Pantoffel küßt und in Loreto seine Reverenz macht. Die Menschen sind sein Studium; er ist gierig nach neuen Gesichtern. »Ich suche nicht in Sizilien nach Landsleuten aus der Gascogne; davon habe ich daheim genug.« Die Franzosen in Rom sind ihm schon zu viele und zu arrogant. Jeder Reisende empfindet so, wenn er etwas empfindlicher ist. Montaigne äußert sich schärfer denn je in diesem Punkte; der Sekretär – ein gebildeter, aufmerksamer Mann, den wir leider nicht genauer kennen – bringt es zu Papier. Das Tagebuch ist zum Teil seine Arbeit, nach Diktat oder zusammengefaßten Bemerkungen, teils Montaignes eigner Bericht in angelerntem Italienisch. Es war nicht zur Veröffentlichung bestimmt und wurde erst im 18. Jahrhundert in einem

Koffer des Schlosses Montaigne gefunden und publiziert. Der Stil ist daher ganz anders als in den Essais. Es ist kein Kunstwerk beabsichtigt, in wohlbedachter Nachlässigkeit geschrieben. Die schönen antiken Zitate fehlen. Es wird nicht räsoniert, in beiden Bedeutungen des Wortes, weder über die Frage, ob unser Verstand unvollkommen ist, noch ob es da und dort richtig zugeht oder verkehrt, und nicht einmal über die notwendigen Unbequemlichkeiten der Reise. Das mag andere Tagebücher füllen. Montaigne ist alles recht, wie es ist. Er beklagt keinen Verfall und jubelt nicht über »Renaissance« an Bauten oder im Glauben, der gerade in der Phase der Gegenreformation angelangt war.

Er ist, wie in vielem, der erste – der erste Italienreisende von unbefangener Art. Er braucht keine Anleitung, keinen Führer. Zuweilen wird einer engagiert, der Sprache halber; bald entläßt er die trinkgeldhungrigen Schwätzer, die ihn langweilen mit ihren eingelernten armseligen Sätzen und spaziert allein umher in Rom, was nebenbei nicht ungefährlich war. Er bedauert es zwar, daß er den damaligen Baedeker nicht eingesteckt hat, den »Münster«. Aber dessen »Kosmographie und Beschreibung aller Länder« war ein Folioband von tausend Seiten; er hätte die Packtasche eines der Maultiere ausgefüllt und wäre ihm überhaupt kaum von Nutzen gewesen. Die Bücher sollen einmal ganz beiseite bleiben. Irgend jemand hat ihm angelegentlich den großen Nikolaus Cusanus zum Studium empfohlen, aus dem allerdings viel zu entnehmen war, was ihm vertraut geklungen hätte. Er kauft die drei schweren Bände und gibt sie bald an einen Interessenten ab. Seine Augen, die Zunge, der Tastsinn, das Gehör genügen. Alle Sinne sind scharf und gehorchen wie kaum je zuvor in der neuen Luft. Begierig schnuppert er sie ein. Vom Staub, dem Jammerthema der späteren Italienfahrer, ist noch nicht die Rede. Man reitet.

Die Kavalkade reitet zunächst in das enge Vogesental von Plombières ein, dem altberühmten, aus römischer Zeit stammenden Badeort mit Eisen- und Schwefelquellen. Das ist noch ein vergnügliches Vorspiel. Ein Zeitgenosse beschreibt das Baden: »Die einen singen, andere spielen Instrumente, man ißt, schläft, einige tanzen – die ganze Gesellschaft langweilt sich nie.« Montaigne nimmt die Kur sehr viel ernster. So leicht und betont unverbindlich er die schwersten Dinge behandelt in seinen Essais: In diesem Punkte ist er grimmig genau, methodisch, nach seiner Methode. Er hält die Ärzte für Nichtskönner, die Medizinen für schädlich, er glaubt nur an die »Natur« und ihre Hilfe. Das Baden, das Wasser ist natürlich; es kann jedenfalls nichts schaden. Er notiert genau die Farbe, den Geruch, die Konsistenz der verschiedenen Brunnen, die er trinkt. Im übrigen folgt er seiner Natur; Diät ist noch unbekannt. Er ißt viel und gierig Fleisch, möglichst blutig; er trinkt seinen Wein, gemischt zu Hause, ungemischt auf der Reise. Er trinkt die Brunnen unmäßig – bis zu neun Litern am Tag – und verzeichnet pedantisch den Abgang Tag für Tag. Seine Krankheit ist nach dem Urteil der heutigen Mediziner, die seine Berichte abgeklopft haben, der Harngrieß, als Vorstadium zum Nierenstein, schmerzhaft genug bereits, mit urämischen Vergiftungen und schweren Migräneanfällen, Koliken und auch Depressionen. Die Psychiater wollen Neigung zur Hypochondrie oder Fixierung an seine Leiden festgestellt haben. Man verordnet heute vor allem strikte Diät, möglichste Ruhe, Vermeidung aller Erschütterungen des Körpers durch

Sport und dergleichen. Montaigne hält es für natürlicher, acht Stunden zu reiten und zu essen, was ihm schmeckt. Er ist darin ebenso obstinat sein eigener Arzt wie Martin Luther, der sein ähnliches Leiden mit großen Humpen Rheinwein oder schwerem Merseburger Bier behandelte.

In Plombières wird für Montaigne nicht getanzt und musiziert. Er verzeichnet das große ovale Badebecken, eingeteilt in Gradstufen; Männlein und Weiblein baden gemeinsam, die Frauen in Hemden, die Männer mit einem kleinen Lendenschurz. Die Aufsicht ist streng, kein Unfug wird geduldet. Vor dem Eintauchen ins Wasser muß jeder purgiert haben, die meisten lassen sich noch schröpfen oder einen Aderlaß vornehmen und »hüpfen wie die Frösche« in einer blutgefärbten Lache umher. Die Badepolizei hat noch weitere Bestimmungen: kein ansteckend Kranker darf dem Ort auch nur in die Nähe kommen, bei Todesstrafe! Die Huren am Orte, die wohl geduldet werden müssen, sollen dem Badebecken bis auf 500 Schritte fernbleiben, bei Strafe der Auspeitschung mit Ruten. Ob dieser Paragraph beachtet wurde, ist nicht gesagt. Beim Tanzen dürften sie beteiligt gewesen sein.

Wir wollen seine Kur- und Badeerlebnisse hinter uns bringen; sie nehmen einen reichlich großen Teil seiner Aufzeichnungen ein. Er hat alle der bekanntesten Kurorte frequentiert und die Brunnen abgeschmeckt: in Baden im Aargau notiert er den Schwefel, in Abano kleine Härten im Wasser, in Viterbo winzige graue Teilchen. Die italienischen Einrichtungen sind schon recht fortschrittlich und differenziert: In Lucca werden heiße Duschen verabreicht, in Bataglia Schlammpackungen mit hölzernen Kellen auf die schmerzenden Körperteile aufgetragen, in Abano Schwitzbäder; er probiert alles, lange, gründlich, übergründlich, mit einer Beharrlichkeit, die er sonst kaum je zeigt. Er bleibt ebenso beharrlich bei seinem Essen und Reiten und muß somit lernen, das Leiden philosophisch zu ertragen, was seinem dritten Buch zugute kommt.

Von Plombières geht es in die deutsche und Schweizer Landschaft hinein, eine neue, reiche und merkwürdige Welt. Nur vom Hörensagen hat er davon vernommen, dem unbestimmten Heiligen Römischen Reich – dessen Adler er noch überall angemalt sieht, auch in den Schweizer Orten –, dem Religionsstreit, den Parteien, die sich nach Luther – den er nur schlicht Martin nennt – nach Calvin oder Zwingli bezeichnen; er stellt fest, daß auch die Lutheraner sich bereits untereinander streiten. Er macht sehr aufmerksam seine Studien und unterhält sich überall mit den Geistlichen, auf Lateinisch, wie wir vermuten, und kommt nur zur Bestätigung seiner Überzeugung, daß man am besten beim angestammten Glauben bleibt. Mit Erstaunen und leiser Bewunderung sieht er, wie an vielen Orten doch die vermeintlich so wild zerstrittenen Konfessionen friedlich zusammen leben in einer Stadt. Er kommt in diesem Jahr 1580 seiner Reise in das Deutschland des Augsburger Religionsfriedens, die Epoche der Erschöpfung nach den religiösen Kriegen; sie dauerte immerhin ein halbes Jahrhundert, das in der ungeduldigen Geschichtsbetrachtung nur als Vorfeld zum Dreißigjährigen Kriege angesehen wird. Es ist ein reiches Deutschland, ehe die große Katastrophe es für Generationen arm macht. In den Gasthöfen wird aufgetragen, daß sich die Tische biegen. Getrunken wird aus vollen, großen Bechern, der Wirt schenkt sofort nach, an Zuschütten von Wasser ist nicht zu denken. In Mühlhausen bedient ihn ein Wirt, der soeben vom Rathaus gekommen ist als Ratsherr einer sehr selbstbewußten Stadt mit einem »über und über vergoldeten Rathaus«. Bunt ist alles in den deutschen und Schweizer Städten. Die Häuser sind mit Fresken bemalt, die oft alle drei Jahre erneuert werden. Die Trachten sind bunt, schwer, kostbar. Die Frauen, »groß und weiß«, tragen Hauben, die Jungfern und Kinder Kränzlein. Überall springen die Brunnen auf den Plätzen. Sie faszinieren ihn besonders durch ihre künstliche Mechanik, ebenso die Uhrwerke. In Lindau ißt er so gut wie in der Küche französischer großer Herren, und in nicht weniger prächtigen Räumen: Schnepfen, Fische vom Bodensee, nie hat er so zartes Fleisch bekommen, reichliches Obst, Birnentorte. Der Franzose Montaigne bedauert, daß er sich nicht einen deutschen Koch mit nach Hause nehmen kann, was wohl das Nonplusultra der anerkennenden Völkervergleichung sein dürfte. Augsburg erscheint ihm als eine der schönsten Städte der Welt. Im Gasthof ist sogar die Treppe mit einem Leinenläufer ausgelegt, »auf dem wir gehen mußten«, eine unbekannte Sensation. Die Treppe wird obendrein jeden Sonnabend gewaschen. Protestanten und Katholiken halten ihre Gottesdienste nebeneinander, Heiraten zwischen den Konfessionen sind häufig. Standesunterschiede in der Kleidung, zu Bordeaux noch sorgfältig beachtet, kann er nicht erkennen: jeder trägt das Samtbarett. Auch er paßt sich sogleich an und kauft ein Barett à la Augsburg. Er besucht das Fugger-Palais mit seinen Marmorsälen, antiken Medaillen, venezianischen Gläsern und vernimmt voll Respekt, daß ein Fugger soeben 2 Millionen Goldkronen hinterlassen hat. Der Magistrat schickt den Ehrenwein, sieben Sergeanten in Livree tragen ihn auf und betiteln ihn Baron, was Montaigne ohne Widerspruch behaglich entgegennimmt.

Behagen ist überhaupt der Grundton seines Berichtes. Er genießt und paßt sich allen lokalen Bräuchen an, wie sein Sekretär bemerkt. Er bewundert neidlos und kritisiert kaum je. Die Preise sind hoch, aber er zahlt sie willig, denn man wird gut und überaus reichlich bedient. Es ist noch das reiche, vielgestaltige Deutschland der selbständigen Kommunen, der wohlhabenden Abteien, Fürstentümer, Grafschaften, dessen Kaiser Rudolf zu Prag residiert, menschenscheu, vergraben in seine Kunstsammlungen und Meditationen. »Man hält wenig vom Kaiser in Deutschland«, notiert er; die österreichischen Erblande gelten als ärmlich. Soviel über die Lage und die Politik.

Die Schweiz ist nicht weniger reich und angenehm für den Herrn mit großem Gefolge. In Baden findet er sogar ein Zimmer mit angeschlossener Badezelle vor; die Schweizer Hotellerie war schon in vollem Betrieb. Der Gasthof hat 11 Küchen, die 300 Personen am Tag zu füttern haben. An den Wänden im Vorplatz hängen die Wappenschilder angesehener Vorbesucher, schön gemalt. Eine solche Wappen-Visitenkarte ist teuer, aber Herr von Montaigne scheut die Ausgabe nicht und gliedert die ehemaligen Eyquems voll Stolz einem hohen Adel der verschiedensten Länder ein. Es ist schade, daß sich keines seiner Wappenschilder erhalten hat in den Gasthöfen, die es zum Teil noch gibt; wir sahen immerhin im »Hecht« zu Konstanz, wo er auch abstieg, eine Gedenktafel an den Besucher von 1580.

Über den Brenner, Trient nach Verona, wo er, wie Goethe auf seiner Italienreise, das erste große Monument der Antike, die Arena, begrüßt. Turniere werden dort abgehalten. Venedig ist das erste bedeutende Ziel, vom Jugendfreund Etienne gefeiert als Vorbild eines Staatswesens, in jugendlicher Schwärmerei für das bloße Wort »Republik«. Besuche beim Botschafter sind zu machen; die jungen Begleiter atmen etwas auf. Der alte Herr, ein Achtziger, entwirft ein etwas anderes Bild von der Adelsrepublik. Er sei so gut wie isoliert in der Stadt. Niemand wagt es, auch nur öfter als ein- oder zweimal bei einem ausländischen Gesandten, gleich welcher Nation, zu erscheinen. Jeder etwas nähere Umgang steht unter dem Verdacht der Spionage und des Hochverrates; Casanova hat davon noch zu erzählen, der wegen seines Verkehrs mit dem französischen Botschafter Bernis unter die Bleidächer gesteckt wurde. Wir kennen ähnliche Zustände bei heutigen großen Republiken und haben keine Veranlassung zu lächeln.

»Die Sehenswürdigkeiten sind genügend bekannt«, meinte der alte Herr etwas mißmutig. Montaigne absolviert sie, das Arsenal mit den großen Werften, noch immer das Hauptstück für jeden Besucher, den Markusplatz, das Völkergemisch mit Türken, Balkanstämmen in nationalen Trachten. Er mietet eine Gondel, wie es sich gehört, und besucht eine der bekannten Kurtisanen. Man hatte daheim darüber zu berichten, jeder fragte danach, die Damen nicht zuletzt. Montaigne frequentiert eine der Luxusklasse, von der es »150 gibt«; die genaue Ziffer, nach dem gedruckten Katalog war 215, und diese, eine Veronica Franco, trug dort die No. 204, wie uns ein Spezialist belehrt. Sie war vorher verständigt worden und sandte durch ihren Diener dem Besucher eine ihrer Publikationen zu. Sie dichtete, schrieb Terzinen und einen Band »Lettere Famigliari«, dem Kardinal Este gewidmet. Zu ihren Freunden gehörte Tintoretto; auch König Heinrich III. hatte sie besucht, dessen Neigungen sonst auf ganz anderem Gebiet lagen und seinen »mignons« galten. Der Besuch war eine teure Formsache, und Montaigne behandelte ihn entsprechend. Es gab neben diesem hohen Adel der 215 noch das bürgerliche und proletarische Volk der Liebesdienerinnen, vom offiziellen Historiographen der Republik auf 11 000 geschätzt. Von ihnen hören wir nichts und auch sonst wenig. Wir ziehen daraus keine Schlüsse; es ist möglich, daß Montaigne ganz einfach bei einem so viel behandelten Thema nicht konkurrieren wollte.

In Padua trennt sich der erste der Jünglinge von der Reisegesellschaft; er will dort studieren, und Montaigne überläßt ihm den in Venedig gekauften Cusanus ohne Gewissensbisse. Das Nebeneinander im Reisegepäck vom Folianten des großen Philosophen und dem kleinen Heftlein der Kurtisane hat seinen Reiz. Die »Vertraulichen Briefe an verschiedene Persönlichkeiten« der Franco nahm er mit nach Hause.

In Ferrara werden dem Herzog Empfehlungsbriefe überreicht. Tasso als Irrsinniger sitzt dort gerade gefangen. Im Tagebuch ist er nicht erwähnt, aber in den Essais spricht Montaigne von einem Besuch im Kerker, vielleicht nur nach Berichten von anderen. Man spürt seinen Sätzen den Schauder an, der ihn bei der Vorstellung eines solchen hohen Geistes im Dunkel erfaßt hat. So schmal ist also, reflektiert er, der Grat, auf dem man wandelt zwischen Wahn und den hochfliegenden Erhebungen des freien Geistes. So rasch kann man stürzen, auch wenn man noch so geistreich, umsichtig, begabt ist. Klarheit, die sich in Blindheit verkehrt, Vernunft, die zur Unvernunft wird. Es ist Besorgnis um die eigne Seelenruhe darin. Als zusätzliche Schrecken erwähnt er noch, daß man obendrein die Werke des Eingesperrten unkorrigiert und unvollständig während seiner Gefangenschaft publiziert hat, was ihm nicht weniger ärgerlich erscheint als die unordentliche Zelle. Man kann das Tasso-Erlebnis überschätzen, aber uns will scheinen, als ob dieser Blick in den Spiegel ihn tief erschreckt hat.

Florenz, wo er den Marstall des Herzogs bemerkt, die wenig anziehenden Frauen, die Gärten mit Wasserspielen, im Vorübergehen auch einmal »ausgezeichnete Statuen von der Arbeit des Michelangelo«, im Tiergarten »eine Katze, die sie Tiger nennen«; er steigt auf den Turm des Domes, betastet die Marmorinkrustationen mit den Fingern und hält sie für keinen natürlichen Marmor, sondern eine Imitation.

Es wird Zeit, daß die Kavalkade nach Rom kommt; die jungen Herren sind bereits sehr ungeduldig. Man steigt im »Orso« in der Via Sistina ab und nimmt dann Privatquartier. Er bleibt fast ein halbes Jahr dort, vom November bis April des folgenden Jahres. Der Kult Roms als eines Universalmuseums ist erst sehr viel jüngeren Datums und hat viele Wandlungen durchgemacht. Das »Rom der Renaissance«, auch noch des beginnenden Barock, das Montaigne sah, bot einen ziemlich jammervollen Anblick. Wir haben das Vedutenwerk des Aegidius Sadeler aus dem Kreise um Kaiser Rudolf II. vor uns. Das zeigt deutlich die Menschenleere und die Fülle an Schutt auf dem Areal der ehemaligen Riesenstadt. Montaigne wandert ungerührt und völlig unromantisch umher. Er hat keine archäologischen Interessen wie noch sein Vorgänger Rabelais. Das Bild Roms, das er sich seit seinen Jugendjahren geschaffen hat, ist aufgebaut aus seiner Lektüre der Klassiker. Er will die Menschen erfassen, die damals dort standen und gingen. Die Gebäude sind ihm gleichgültig, noch dazu in Trümmern, die halbversunkenen Mauern, bekränzt mit struppigem Strauchwerk, das Forum, auf dem die Herden von magerem Vieh weiden. »Wer da behauptet, man sähe doch wenigstens die Ruinen, der sagt schon zuviel«, meint er. »Was man vor sich hat, ist nur der Grabstein... Nur der Himmel über Rom ist noch der gleiche...« Die Welt, der langen Herrschaft Roms müde, hatte das gewaltige Gebäude zerschlagen und zerbrochen, »und weil alles Tote und Entstellte schaudern macht, hat sie noch die Trümmer eingesargt«.

An Rekonstruktionen liegt ihm nichts. Die Reisenden pflegten sich gern die Blätter der rührigen Stecherwerkstatt Lafreri mitzunehmen, den »Spiegel der Herrlichkeiten Roms«, mit vielen phantasievollen Ergänzungen der Reste und Details der Obelisken, Portale, mythologischen Szenen als Raritätenkammer. Das ist nach Montaignes Ansicht für die Schulen oder die Pedanten. Er will sehen was ist, nicht was gewesen sein könnte.

Das hoffärtige Vergnügen, ihm anzukreiden, was er nicht sah und was wir für wichtig halten, wollen wir uns nicht machen; jede Zeit hat ihren Kanon. Immerhin ist es zu seinem Bilde interessant, wie er reagiert. Er meint, er höre fast kein Glockengeläut, in Rom weniger als im kleinsten französischen Dorf. Rabelais schildert die unablässig donnernden Glocken Roms, »wie der Lärm in einer Kupferschmiede«. Die Kirchen erscheinen Montaigne wieder im Vergleich zu denen Frankreichs kahl und leer; er denkt an die plastischen Bildwerke, Heiligenstatuen aus Holz oder Stein, mit denen allerdings die französischen Kirchen bis zum Dachfirst angefüllt waren. Fresken oder Mosaiken beachtet er kaum. Im Vatikan bemerkt er allenfalls die großen geographischen gemalten Landkarten Dantis an den Wänden. In der Sixtina sind »verschiedene Malereien«

zu sehen, nicht die Deckenbilder Michelangelos; ihn interessieren die Darstellungen Vasaris mit historischen Szenen in der sala regia, die Flotte gegen die Türken, die Szene aus der Hohenstaufengeschichte: Papst Alexander III. setzt Barbarossa den Fuß auf den Nacken, der Tod Colignys »authentisch dargestellt«, alles Themen mit noch sehr aktueller Bedeutung. Er sieht die Bilder nicht als Kunstwerke, sondern als Propaganda, was sie auch sind; er liest sie wie Broschüren.

Der Gottesdienst erscheint ihm, wie so vielen Fremden, oberflächlich, pomphaft, ohne jede Innigkeit. Der Papst und die Kardinäle sitzen dabei, sogar während der Weihnachtsmesse, und unterhalten sich. Im übrigen lobt er den regierenden Gregor XIII., den Mann der großen Kalenderreform, vieler Bauvorhaben und Gründungen von Studienkollegien für die deutschen, ungarischen, schottischen Kampftruppen der Gegenreformation. Der französische Botschafter hat ihn beim Papst eingeführt: »ein sehr schöner Greis, mit langem weißem Bart«, gesund, ohne jede Gicht oder Kolik, wie er mit etwas Neid vermerkt. Vielleicht hat Montaigne auch einen geheimen diplomatischen Auftrag mitbekommen; dem Papst lag sehr daran, die Anerkennung der Beschlüsse des Konzils zu Trient in Frankreich durchzusetzen, wogegen sich der französische Klerus entschieden und lange gewehrt hat. Verzeichnet ist darüber verständlicherweise nichts. Montaigne wurde jedenfalls als Fremder von Distinktion behandelt.

Ein Wink von oben, daß es sich um einen Besucher von Bedeutung handelt, dürfte auch bei der Zensur mitgewirkt haben. Beim Eintreffen in der Heiligen Stadt an der Porta del Popolo hat man seine Koffer genau durchsucht und seine sämtlichen Bücher beschlagnahmt, die Essais, die

Heftlein der Franco und sogar sein Brevier, weil es nach dem Ritus von Notre-Dame und nicht dem von Rom gedruckt sei. Er erfuhr, daß der Zensor, Professor der Theologie Fabri, Magister des päpstlichen Palastes und Dominikaner, sich seine Essais vornehmen würde. Vier Monate dauerte das Studium, dann wurden ihm die Bücher zurückgestellt, mit den Korrekturen. Der Professor Fabri hatte sie allerdings nicht lesen können, er verstand kein Französisch; einige französische Dominikaner hatten ihn zu beraten. Er lädt Montaigne jedoch vor, der sich recht vorsichtig verteidigt: offenbar hätten die Mönche ihn an manchen Stellen nicht richtig verstanden. Beanstandet wird unter anderem: der Gebrauch von »Fortuna« – es hat Wille Gottes zu heißen. Beanstandet wird: der Passus über Tortur, wonach alles abzulehnen sei, was über die einfache Todesstrafe hinausgeht – die Kirche denkt strenger darin. Beanstandet: der Gedanke Montaignes, daß jemand, der betet, dabei frei sein sollte von bösen Absichten. Beanstandet: die Erwähnung des Julian Apostata und noch anderes mehr. Der Professor ist höflich und deutet sogar an, er sei nicht mit all diesen Zensuren einverstanden. Beim Abschied mahnt er Montaigne, doch Gebrauch zu machen von seinen Gaben im Interesse der Kirche. Montaigne ist stark beeindruckt: »Das sind Personen von großer Autorität und künftige Kardinäle.« Die Zensur des nächsten Jahrhunderts war weniger großzügig und setzte das Buch auf den Index; man hatte es inzwischen etwas gründlicher gelesen.

Montaigne darf die Bibliothek des Vatikans besichtigen, eine noch sehr seltene Gunst. Man holt ihm aus den Koffern eine der ältesten Virgilhandschriften, und er macht dazu seine philologischen Bemerkungen, um zu zeigen, daß er auf dem Collège de Guyenne etwas gelernt hat. Eine große Rarität wird ihm gezeigt: ein chinesisches Blockbuch, von den Jesuiten in Peking übersandt. Mit seinem empfindlichen Tastsinn fühlt er das Reispapier an und bewundert seine Feinheit, Leichtigkeit und samtige Weichheit. Er hat etwas gelesen von dem sagenhaft fernen Kaiserreich, seinen Einrichtungen und seinen Künsten, »die in vielem die unseren übertreffen«, und sich daraus entnommen: »Wieviel weiter die Welt doch ist und vielfältiger, als die Alten oder wir ahnten!« Hier hält er nur ein greifbares Zeugnis in Händen. Man erzählt ihm noch, daß die Jesuiten zu Peking, große Favoriten des Kaisers durch ihre mathematischen und technischen Kenntnisse, soeben dabei seien, das ganze Riesenreich im Osten zum katholischen Glauben zu bekehren; eine neue Aussicht in ungemessene Weiten. Montaigne unterhält sich angelegentlich mit einem Vertreter des Ordens und sieht prophetisch in der Gesellschaft eine künftige Pflanzschule großer Männer: »Das ist das Mitglied unseres Glaubens, das die Häretiker unserer Zeit am stärksten bedroht.« Missionen sind überall im Gange, in den fernsten Ländern wie in der nächsten Nähe.

Er hört die Predigt eines konvertierten Rabbiners vor den zwangsweise zuhörenden Juden an und bewundert die Gelehrsamkeit dieses »Neuchristen«, wie die Familie seiner Mutter genannt wurde. Man spricht zu Rom viel von der Rückgewinnung des ketzerischen England, die man durch Spanien erhofft; eine unüberwindliche Armada ist schon im Bau. Ein Aufstand in Irland ist eingeleitet. Auch ein Anschlag auf die Königin Elisabeth, als feierlich gebannte Ketzerin vogelfrei nach kanonischer Auffassung, wird diskutiert; der Papst ist beteiligt an solchen Plänen.

Wenn Montaigne davon hörte, so konnte ihn das schwerlich mehr verwundern als die zahlreichen Mordanschläge und Mordpläne seiner eigenen Landsleute. Der Tod des »Tyrannen«, schon von seinem Freund La Boétie antikisierend gefeiert, war ein bekanntes Kampfmittel der Zeit; in den religiösen Streitschriften wurde er mit gewichtigen frommen Argumenten in langen Girlanden bekränzt.

Hohe Protektion von oben verschafft Montaigne noch eine Ehrung besonderer Art. Rom besteht zwar, wie er an anderer Stelle in seinem Tagebuch sagt, aus nichts als der Geistlichkeit, dem päpstlichen Hof und seinem Anhang. Nun jedoch tritt eine Instanz in Erscheinung, die ihm aus seinen Klassikern vertraut war. »Senat und Volk von Rom«, so heißt es in der Pergamenturkunde mit der uralten Formel des S.P.Q.R., haben ihn zum Bürger der Republik ernannt »wegen des hohen Rufes seiner Familie und des Glanzes seiner persönlichen Eigenschaften«. Er genießt hinfort alle Rechte eines römischen Bürgers und Patriziers. Das Dokument ist im Archiv auf dem Kapitol zu deponieren und wird datiert vom Jahre der Gründung Roms 2331 und Christi Geburt 1581. – Montaigne hat den guten Geschmack gehabt, es in seinem Kapitel »Über die Eitelkeit« abzudrucken und mit einigen halbspöttischen Bemerkungen zu garnieren.

Vom Senat hat er nichts zu sehen bekommen, vom Volk etwas mehr bei seinen Spaziergängen ohne Führer. Er sieht sich eine Hinrichtung an; noch Dickens versäumte das öffentliche Schauspiel nicht und schrieb ausführlich darüber. Die Strafen waren so schwer, wie die Verbrechen leichthin begangen wurden, im Auftrag eines Großen oder aus Eifersucht, Raub, Familienfehden. Hier wird ein Mann gevierteilt. Anders als daheim aber, so notiert Montaigne, tötet man ihn vor der Schlächterei. Das Volk, dichtgedrängt, bleibt dabei ziemlich teilnahmslos. Erst als das Beil auf den leblosen Körper niedersaust, schreit es laut auf bei jedem Schlag. Andere Völker, andere Sitten, Montaigne nimmt in der Synagoge an einer Beschneidungszeremonie teil, mit vergleichenden religionsgeschichtlichen Bemerkungen über einen der ältesten frommen Bräuche. Der Carneval, stets ein Hauptstück für den Besucher, erhält das Prädikat »nichts Besonderes«, er besteht aus nicht viel mehr als einem Wettlauf von Kindern, nackten Greisen, Pferden, Eseln, auch die Juden müssen mitlaufen zur allgemeinen Belustigung. Sonst ist nicht viel Lustiges zu sehen, die berühmten Masken der späteren Zeit fehlen noch gänzlich. Die Nobilität hält ihren Korso zu Roß; Montaigne läßt sich für drei Goldstücke eine Tribüne bauen. Man salutiert zu den Fenstern hinauf, die Damen grüßen herunter. Die Fensterparade vor den Häusern der Kurtisanen ist ebenfalls nicht zu übergehen. Sie schicken hier nicht wie in Venedig ihre Diener mit Gedrucktem ins Hotel. Sie präsentieren sich am Fenster, jede mit ihrem vorteilhaftesten Teil, dem Gesicht, dem Rücken, dem Busen oder den Armen. Am Fenster, so meint er, ist keine häßlich; wenn man Einlaß erlangt, sieht es häufig anders aus. Im Rückblick in den Essais meditiert er noch ein wenig: sie verkaufen ihren Körper, aber nicht ihren »Willen«, den behalten sie durchaus für sich, darin sind sie frei. Er mokiert sich zwischen den Zeilen über die Naivlinge, die für ihre zwei oder drei Scudi womöglich noch etwas Herz serviert bekommen möchten.

Eine Teufelsbeschwörung ist zu besichtigen, die Besessene wird unbarmherzig malträtiert, ohne daß ein Resultat zum Vorschein kommt. Ein herrliches, buntes Schauspiel:

die große Exkommunikation der Ketzer vor dem Petersdom, ein wahres Volksfest. Die stundenlange Ansprache des Papstes ermüdet ihn; Gregor war überhaupt kein Redner und sprach sonst nur kurz abgebrochen; schon aus Rücksicht auf seinen Bologneser Dialekt, über den man sich zu Rom lustig machte, was auch Montaigne notiert. Aber dann kommen die großen Aufzüge, die über hundert Bruderschaften, weiß, rot, blau, grün, schwarz, am Abend mit Kerzen oder Wachsfackeln. Von acht Uhr bis Mitternacht zieht das vorbei unter Singen. Ihm mißfallen dabei nur die Geißler, die sich die Schultern und das Gesicht blutig schlagen. Auch da bewährt sich sein scharfer Blick; er schaut ihnen auf die Schuhe: es sind arme Teufel, die sonst barfuß laufen und sich das Fußwerk für das Schauspiel haben bezahlen lassen.

Ein russischer Botschafter zieht ein: abermals ein großes Fest, er trägt Scharlachmantel und Pelzmütze »ähnlich einer Nachtkappe«. Natürlich bringt er als Geschenke Pelzwerk, das bestaunt wird in seiner Kostbarkeit; Hermelin darunter wie an der Robe des Parlamentspräsidenten zu Bordeaux. Der Großherr und Zar aller Reußen, Iwan IV., »Grosny«, hat ihn entsandt in seiner Bedrängnis durch die Polen. Zehn Jahre hat er mit dem Nachbarreich gekämpft, das noch dreifach größer ist als das seine, um Livland, um einen Ausgang zum Meer. Nun ist er am Ende seiner Kräfte und muß sich auf Diplomatie verlegen. Geschickt lockt er die Kurie mit der Aussicht auf Konzessionen in religiösen Fragen; das alte Trugbild einer Union der orthodoxen griechischen Kirche mit der römischen wird noch einmal beschworen. Der Papst, den er sich als Herrscher über ganz Italien vorstellt, soll vermitteln, die Polen zurückhalten, Frieden stiften. Und in der Tat wird ein

Jesuit Possevino nach Moskau entsandt, der dem Zaren nur sehr wenig gewachsen ist und ein Kräftefeld ganz unbekannter Spannungen vorfindet. Der Westler stößt auf eine zähe, unbeirrte Verhandlungstaktik, die sich in monatelangen Verhandlungen nie ändert, Fragen stellt und keine Antwort gibt auf Gegenfragen, mit Ausweichen in eine gänzlich unbestimmte Zukunft. Ein Waffenstillstand wird vereinbart, ein Verzichtfrieden für beide Seiten; Verzicht auch für den Papst auf alle Unionspläne ist stillschweigend inbegriffen. Der Zar stirbt bald danach; seine Expansionspolitik war gescheitert. Aber er hatte sein Land zum Staat erhoben, mit allen Grausamkeiten, die ihm seinen Beinamen »der Schreckliche« verschafft haben, aus der wilden Anarchie des Bojarentums; Jean Bodin hätte seine Leistung begrüßt. Das Nachbarreich Polen verfiel dem Streit und der Eigensucht seiner Bojaren, die selbst ihrem siegreichen König nicht folgen wollten, eben weil er siegreich war.

Montaigne sieht die Pelzkappe, nicht viel mehr. Aber er schließt seine römischen Beobachtungen damit ab, daß er seine Eindrücke zusammenfaßt: Rom ist die kosmopolitischste Stadt, eine wahre Metropole aller Nationen. Ob Spanier oder Franzose, jeder ist da wie zu Hause. Er datiert von da ab seine Entwicklung zum Weltbürger. »Nicht etwa weil Sokrates das gesagt hat, sondern weil es in Wahrheit meine Haltung ist: Ich ehre in allen Menschen meine Landsleute, ich umarme einen Polen wie einen Franzosen, die nationale Bindung steht mir unter der universellen und gemeinsamen ... Die Natur hat uns frei und ohne Fesseln in die Welt geschickt: Wir kerkern uns ein, wenn wir uns auf gewisse ›Gerichtsbezirke‹ beschränken.«

Er ist zugleich ein guter Franzose und guter Gascogner

und wird es sehr bald zu beweisen haben. Von Rom aus erreicht ihn auf der weiteren Reise das ehrenvolle Schreiben seiner Landsleute zu Bordeaux: er sei einstimmig zum Bürgermeister gewählt. Wir brauchen die weiteren Stationen nicht zu verfolgen, zumal sie sich hauptsächlich mit den Etappen seiner Nierensteinkur beschäftigen, den Bädern zu Lucca und Umgebung, wo er monatelang weilt. Er gibt dort einmal, wie üblich, ein Fest für Kurgäste und Einheimische, mit Geschenken für die Damen, Schleier und Tanzschuhe; ein Mädchen tanzt auf das anmutigste mit einem weingefüllten Pokal auf dem Kopfe. Eine dichtende Bäuerin, die weder Lesen noch Schreiben kann, aber den Ariost auswendig weiß, trägt improvisierte Gedichte vor und feiert den Gastgeber dabei: »Die Wahrheit zu sagen: es sind nur Reime.« Dann trinkt er wieder nach seiner Methode 16 und 17 Gläser Brunnen und verfällt in tiefe Melancholie: Er muß an den unvergeßlichen Freund Etienne denken, »und das war sehr schmerzlich«.

Unbehaglich ist ihm das Schreiben der Senatoren von Bordeaux. Eine hohe Ehre, zweifellos; eine schwere Bürde. Der Mann der »Träumereien« macht sich keine Illusionen. Es handelt sich um die Stadtverwaltung; der Posten des »maire« ist ein hochdiplomatisches Amt, fast eine Art Statthalterschaft des Königs, wenn nicht die Interessen der Mitbürger an erster Stelle stünden. Er wird zu vermitteln haben, zu balancieren. Loyalitäten nach beiden Seiten sind zu beachten, womöglich noch nach mehr als zwei Seiten. Er wendet das Schreiben hin und her und legt es, wie die Kaufkontrakte seiner Pachtleute, zunächst einmal in die Schublade und widmet sich intensiv den Aufzeichnungen über die Nierensteine. Das hilft so wenig wie die Trinkkur. Er begibt sich mißmutig nach Rom zurück und wird dort von einem zweiten Schreiben aus Bordeaux ereilt. Ein Brief, eher eine Order des Königs aus Paris, kommt noch dazu: »Wir schätzen Eure Treue und Euren Eifer in Unseren Diensten«; es wird noch betont, daß die Wahl so »ohne Intrigen« vonstatten gegangen ist. Somit: strikter Befehl, sich unverzüglich und ohne Ausreden nach Bordeaux zu begeben und das Amt zu übernehmen. »Das würde Uns außerordentlich genehm sein, das Gegenteil würde Uns höchlichst mißfallen.«

Es verbleibt nichts, als die Koffer zu packen und abzureisen. Nach siebzehn Monaten der Freiheit trifft er wieder im Erbsitz der Montaigne ein. Die Ehegattin kann die Vorderseite ihres Mannes betrachten. Die Wirtschaft ist völlig in Ordnung. Die Zustände im Lande sind das sehr viel weniger, und er wird sich nun intensiv mit ihnen befassen müssen. Nur in seinem Kopf herrscht eine neue Klarheit, Weite, Frische. Sie würde am besten angewandt, um die vielen Erfahrungen zu sortieren und in noch lässigerer, heiter-überlegener Form als im ersten Buch zu Papier zu bringen. Er hat viele neue Gesichter gesehen, fremde Bräuche und Sitten, Wein von vielen Sorten getrunken, in merkwürdigen Betten ohne den gewohnten Vorhang geschlafen. Er hat dabei, das wichtigste, sich immer besser kennengelernt, den leidenden Montaigne und den fröhlichen im Sattel, der den Wind genießt. Der einsame Mensch und der gesellige, Zurückgezogenheit und Weltleben: Das wären jetzt Themen, der Betrachtung und Formulierung wert. So gut meint es jedoch Fortuna nicht, die ihm der päpstliche Zensor mahnend angestrichen hat, in seinem Exemplar. Er ergibt sich in den Willen Gottes und reitet nach Bordeaux.

Der gute König Heinrich

Montaigne hat vier Jahre lang in zwei Amtsperioden als Bürgermeister von Bordeaux fungiert. Das Amt, ehemals lebenslänglich, konnte seit dem großen Aufstand zur Zeit seines Vaters und der nachfolgenden Entziehung wichtiger Privilegien nur noch auf zwei Jahre verliehen werden. Montaigne wurde aber wiedergewählt. Mit großem Stolz verzeichnet er diese ungewöhnliche Ehrung; er scheut nicht – da nun einmal die Antike zitiert werden muß – den Vergleich mit Alexander d. Gr., dem die Stadt Korinth die Ehrenbürgerschaft anbot; zunächst lehnte der König ab, dann willigte er gnädig ein, als die Korinther ihn darauf aufmerksam machten, auch Bacchus und Herkules hätten einmal diese Würde bekleidet.

Herkulische Arbeiten, wie das Ausmisten des Augiasstalles, hat Montaigne nicht geleistet. Er war vorsichtig und betonte gleich in seinem ersten Schreiben an die Stadt, man dürfe nicht zu viel von ihm erwarten. Er hat die Wahl vor allem auf das Andenken seines Vaters zurückgeführt, der sich auf dem gleichen Posten sehr bewährt hatte beim Kampf um die Wiedererlangung der verlorenen Privilegien, mitsamt der weisen Maßnahme, zwanzig Tonnen guten Rotweins nach Paris zu führen. Jener große Aufstand von 1548 war Montaigne nachdrücklich in der Erinnerung geblieben. Er hatte damals zuerst die Schrecken des Bürgerkriegs mit eignen Augen kennengelernt, eine rasende Bevölkerung, Mordtaten, unbarmherzige Exekutionen, verbunden mit persönlichen Racheakten unter religiösem Vorwand. Unvergeßlich war ihm auch das Beispiel des königlichen Statthalters, der von der Menge erschlagen wurde, als er sich aus dem sicheren Schloß auf den Platz unter die Tobenden wagte. Mutig, so meint Montaigne dazu, sicherlich, aber dann schwankend, dem Geschrei der Menge nachgebend und deshalb hin- und hergeworfen, bis man ihn zerriß. So darf man nicht handeln, wenn es ums Handeln geht: Festigkeit vielmehr, Würde, keine Illusionen, daß man ein »stürmisches Meer« beruhigen könne mit Schmeicheleien oder entsetzten Worten, geschweige solchen reumütiger Art. Wer sich so verkriechen und gewissermaßen sein Amtskleid vom Leibe reißen will, der schürt nur das Feuer an, das ihn verschlingt. Montaigne hat Gelegenheit gehabt, seine Maximen in der Praxis zu bewähren. Er steht damit ziemlich einsam da unter den Verfassern weiser Aphorismen, wie man sich verhalten soll.

Die erste Amtszeit verlief verhältnismäßig ruhig, die zweite sehr stürmisch. Bordeaux, als wichtigste Stadt im Südwesten, geriet mitten in die Kampflinien hinein; es bildete sogar das Zentrum, den Angelpunkt. Die einzelnen Gefechte, Besetzungen von Schlüsselstellungen, Blockaden und Verhandlungen zwischen den Parteien sind Lokalgeschichte. Montaigne hat sich engagiert, so weit es ihm sinnvoll erschien, und zurückgezogen, wenn er sein Eingreifen für aussichtslos hielt. Die Stadt war den Parteiungen nach in drei Teile geteilt: die Katholiken, eine starke hugenottische Minorität und die Anhänger der Liga, die für den Guise und radikal-katholische Politik fochten. Alle sind bewaffnet und haben ihre Stützpunkte mitten in der Stadt. Die Soldaten der königlichen Besatzung gehorchen verschiedenen Kommandeuren: Der eine, Militärstatthalter für die Provinz, Marschall Matignon, ist für vorsichtigere Maßnahmen und Verhandlungen mit dem Gegner, wobei Montaigne vermittelt; ein anderer will die

Stadt durch Handstreich überrumpeln. Er plant ein gründliches Massaker unter den Stadtvätern. Eine Truppenrevue wird für die verschiedenen Einheiten befohlen. Montaigne als Maire hat zugegen zu sein. Er erinnert sich an die Ereignisse von 1548: »Ein solcher Aufmarsch ist eine ausgezeichnete Gelegenheit für geheime Racheakte, sie können nie so leicht wie unter dem Mantel von Sicherheitsmaßnahmen durchgeführt werden. Verschiedene Möglichkeiten wurden diskutiert (von den Stadtvätern), die Sache war heikel und konnte große Folgen haben. Mein Rat war: Wir müßten auf alle Fälle vermeiden, irgendwelche Furcht zu zeigen. Wir sollten uns unter die Truppen begeben, mitten in die Reihen hinein. Kopf hoch, mit offenem Gesicht. Anstatt alle militärischen Aktionen abzublasen, wie die andern meist vorschlugen, das Gegenteil: Laßt die Kapitäne ihren Leuten befehlen, volle Salven abzugeben, zu Ehren der Zuschauer! Kein Pulver soll gespart werden!« So geschah es. Die Salven gingen in die Luft. Das Mißtrauen der Bürger war verflogen im Pulverrauch; die Truppen hatten ihre Ehre bewahrt; der Bürgermeister war, nun nicht gerade der Held des Tages, aber ein Mann von Mut und Bestimmtheit. Eine kleine Episode, nicht ohne Bedeutung, zum mindesten für das Bild des Philosophen. Wir hören auch von Belagerung, von drohenden Überfällen durch Trupps der Liga von außen her. Montaigne schreibt an den Statthalter Matignon, der ihm zu Hilfe kommen soll: »Wir haben uns um die Tore und Wachtposten zu kümmern, die schärfer beaufsichtigt werden müssen während Ihrer Abwesenheit; ich fürchte für die Sicherheit der Stadt und auch die Ihre ... ich habe jede Nacht die Runde gemacht auf den Wällen der Stadt oder draußen am Hafen ...«

Zu großen Ereignissen kommt es nicht, und Angreifer wie Belagerte werden schließlich durch das Eingreifen einer höheren Macht zur Ruhe gebracht. Die Pest löscht das Feuer mit einem schmutzigen Schwamm aus. Es ist keine der kleinen Epidemien, die in den engen Gassen ohne jede sanitäre Einrichtung häufig waren, sondern eine große Pest. Ein Drittel der Bevölkerung von Bordeaux wird hingerafft. Jeder, der kann, flüchtet. Auch Montaigne begibt sich in die gesündere Höhe seines umwaldeten Schlosses. Spätere Schreibtischstrategen, die weder von Krieg noch Pest aus eigener Erfahrung etwas wußten, haben ihm das übel vermerkt und ihn ermahnt, doch unter den Sterbenden auszuhalten; seine Mitbürger verloren kein Wort darüber. Sie haben ihm für seine Mühen gedankt, und er bedankt sich im Rückblick bei ihnen und meint: »Wenn sich die Gelegenheit ergeben hätte, wäre ich ihnen jederzeit zu Diensten gewesen, ohne mich zu schonen ...«

Im übrigen hat er das Amt mit Vorbehalten angenommen. »Ich engagiere mich nur mit Mühe«, meint er im Essai. »Die meisten Menschen lieben es, sich zu vermieten. Ihre Gaben gehören dann nicht ihnen, sondern ihren Dienstherren.« Das ist nicht seine Art: »Man muß die Freiheit seiner Seele bewahren und sie nur mit Hypotheken belasten, wenn es sich um eine Sache handelt, die das rechtfertigt. Man sehe doch nur, wie die Leute sich für alles und jedes aufregen und anspannen lassen, die kleinsten wie die größten Dinge – solche, die sie gar nicht berühren wie solche, die sie angehen. Sie mischen sich wahllos ein, wo sie nur eine Aufgabe oder Verpflichtung wittern; leben heißt für sie nur Tumult, stürmische Bewegung.« Geht es ihnen aber darum, die Aufgabe durchzuführen? Gehen sie überhaupt vorwärts? »Sie können nur nicht still halten.« Und noch deutlicher auf Amt und Würden gemünzt: Ein Amt bedeutet lediglich, »daß man sich tüchtig und wichtig fühlt. Solche Leute suchen die Ruhe in der Bewegung wie das Kind in der Schaukelwiege«.

Er hat sein Amt ernstgenommen, aber nicht sich dabei wichtig gefühlt. Die andere Aufgabe seiner Versuche mit der Feder wurde über den Pflichten der Bürgermeisterei nicht vernachlässigt. Es wird weiter geschrieben, korrigiert; eine neue Ausgabe der Essais erscheint zu Bordeaux. Sein Aufenthalt im gesünderen Montaigne ist ihm meist wichtiger als in der Stadt in der Niederung; er geniert sich nicht, das in seinen Briefen an die Stadträte anzuführen. Das Schloß gewährt ihm auch wohltätige Distanz von den politischen Niederungen. Trotzdem reitet er immer wieder aus, zu einer Mission beim König zu Paris, beim Navarra, bei dessen Gattin, die an anderem Ort residiert, zum Statthalter oder jenen Zusammenkünften von Cliquen und Parteigruppen, aus denen sich das politische Leben zusammensetzt. Solche Tätigkeit wurde auch vor allem von ihm erwartet. Dazu hatte man ihn, als einen Mann mit guten Beziehungen nach allen Seiten hin, gewählt.

Das Amt des Maire war eine Ehrenstellung. Er erhielt auch kein Gehalt. Nicht einmal die bei den Parlamentsräten so beliebten »épices« waren vorgesehen, die Würzen der Nebeneinnahmen. Zwei Amtsroben in weißem und rotem Samt mit Brokatbesatz bildeten die einzige Entlohnung. Auch sie hat er ganz selten getragen. Nur bei festlichen Anlässen trat einmal der ganze ständische Pomp in Erscheinung in großem Aufzug: voran die Bogenschützen in Scharlachwämsern, dann die Leute des Magistrats für die eigentlichen Aufgaben der Stadtverwaltung: Schatzmeister, Notar, Beisitzer. Die hochwichtigen Kontrolleure für Maße und Gewichte, den Wein- und Fischhandel, in dem die Eyquems reich geworden waren. Die Hafenmeister, die Aufseher für die Tavernen, wo oftmals gestritten wurde. Die Pförtner mit den Schlüsseln für die Stadttore, den wichtigsten Symbolen für die Selbständigkeit der Kommune. Erst dann die neun »Hochmögenden«: der Maire, die sechs Stadträte oder Jurats, der Staatsanwalt und der Syndikus. Das Volk stand in den engen, ungesunden Gassen und jubelte oder murrte, je nach Gelegenheit.

Auch wenn nicht gerade die Pest regierte, war mehr Grund zum Murren. Das unbeschreiblich verworrene Gewebe der Lokal- und Landespolitik ließe sich allenfalls mit Karten, Tabellen, Exkursen darstellen. Montaigne selber fand sich kaum zurecht. Er irrt sich häufig in seinen Aufzeichnungen; zuweilen mag das Absicht sein. Er weiß nicht genau, ob gerade ein Waffenstillstand ist oder Krieg, und übrigens hielt sich kaum jemand daran. Wenn Krieg ist, kann man schwer unterscheiden, wer für wen und gegen wen kämpft. Die üblichen Bezeichnungen der »Hugenottenkriege« vereinfachen das Bild ganz unzulässig. Ein Hugenotte, Heinrich von Navarra, wird als Heinrich IV. König von Frankreich und beendet den Streit nach dem Übertritt zum Katholizismus, den er zuvor schon einmal vollzogen hat. Er ist die einzige Gestalt aus dem Wirrwarr, die seinem Volk in der Erinnerung verblieb, der gute König Heinrich, mit all seinen Fehlern und zahllosen Liebschaften und dem Ende durch Mord. An ihn halten auch wir uns am besten. Er hat Montaigne immer wieder herangezogen zu wichtigsten Aufgaben. Es handelte sich dabei um Geheimbesprechungen. Vieles ist daher im unklaren geblieben und wird durch Vermutungen ersetzt. Heinrich Mann hat in seinem schönen Altersroman über den König das Verhältnis der beiden ins Dichterische erhoben und Montaigne als eine Art guten Genius Frankreichs gefeiert. Mit seinem vorbildlich weisen Rat habe er den König gelenkt und ein Beispiel dafür gegeben, wie auch der Schriftsteller einmal den Mantel einer welthistorischen Rolle um die Schultern schlagen kann.

Wir glauben, daß Montaigne bescheidener dachte und sich lässiger trug, nicht nur weil er solche Haltung immer wieder empfiehlt. Das gehört zu seiner Adelsprätention, die wir ihm gern bewilligen. Er hätte als ein bloßer bürgerlicher Herr Eyquem überhaupt auf jeden Einfluß verzichten müssen; die Zeit für bürgerliche Politiker war noch nicht gekommen. Auch der gute König Heinrich war gewiß kein Demokrat. Seine Umgebung bestand aus den großen Adligen, seine Geliebten – von den unzählbaren kleinen Bettaffären abgesehen – waren hohe Aristokratinnen; sein Ziel war es, König zu werden und zu herrschen. Montaigne stimmte in diesem Punkt mit ihm überein. Er war Monarchist. Eine starke Zentralgewalt schien ihm die einzige Rettung aus der Zerrissenheit; ein Modell des Staates mit absoluter Souveränität, wie Bodin es entwarf, hat er nicht vor Augen gehabt. Es hätte auch auf das schärfste seiner Haltung der Ablehnung aller Systematik widersprochen. Das Wort Politiker nach damaligem Sprachgebrauch bedeutete, daß man für Mitte und Mäßigung eintrat. Auf den beiden Seiten standen die Unmäßigen, die großen Parteien der katholischen Liga und der Hugenotten. Das heutige rechts und links ist ohne Sinn für diese

Gruppierungen; die Führung hatten Großadelskoalitionen im Kampf um die Macht, die Erbfolge. Die regierende Dynastie Valois war hoffnungslos im Aussterben; das zog sich lange hin, denn es waren fünf Söhne vorhanden, die erst abtreten mußten, alle kinderlos, kränklich, mit dem Stigma der ererbten Krankheit im Gesicht. Es handelte sich darum, wer das Erbe antreten würde: das Haus Guise aus Lothringen, mit genealogisch sehr schwachen Ansprüchen und starkem Rückhalt bei der noch überwiegend katholischen Bevölkerung, oder das Haus Bourbon mit dem Hugenotten Heinrich von Navarra. Als einzige Konstante beim Hinwelken ihrer vielen Söhne blieb die Königinmutter Katharina von Medici; konstant nur durch längeres Leben, sonst schwankend zwischen Konzessionen an die Hugenotten und brutalen Gewaltstreichen, die in der Bartholomäusnacht gipfelten. Mit ihr und dem letzten verbleibenden Sohn Heinrich III. hat Montaigne zu verhandeln gehabt, ehe er sich endgültig Heinrich von Navarra anschloß.

Daß Heinrich III. der letzte Valois sein würde, war offenkundig. Er trug seine homosexuellen Neigungen ohne Ängstlichkeit zur Schau; seine »mignons« beherrschten die Szene in Paris, mit ihren Duellen, Banketten, Aufzügen, wilden Streichen und Liebesaffären, die sie paritätisch verteilten; der Königsdienst ging ihnen nicht immer vor. Heinrich selber liebte es, im kleineren Kreise in Frauentracht zu erscheinen. Vor der Öffentlichkeit trat er mit Würde und als brillanter Redner auf. Seine Bildung, seine Kunstinteressen – Erbe der italienischen Mutter – wurden gerühmt. Exzesse auch in Frömmigkeit, mit nächtlichen Bußprozessionen in den Schlössern und Geißelungen, zeigten eine andere Seite des sehr vielseitigen

Herrschers auf, der ein rechtes Modell von der »gemischten« Zusammensetzung des Menschen nach Montaigne darstellt. Auch Züge von Einsicht fehlten nicht. Die schmalen Augen in dem länglichen, schlaffen Gesicht – die Porträtisten der Zeit waren der Porträtkunst Montaignes ebenbürtig – blicken klug, skeptisch, hoffnungslos auf den Betrachter.

Von seinem kurzen Gastspiel als König von Polen hatte er in Frankreich noch unbekannte Vorstellungen von Unterwürfigkeit der Untertanen importiert. Sie wurden von den sehr selbstbewußten Parisern höchst unwillig zur Kenntnis genommen. Der Hof war seit langem kosmopolitisch, mit der Italienerin Katharina, mit Freunden des spanischen Zeremoniells, die Guises hatten eine Zeitlang fast unbeschränkt geherrscht, auch sie, als Lothringer, Ausländer, wenn auch mit entferntem Stammbaum aus Anjou. Die Sittenlosigkeit, wie das beliebte Wort lautet, empörte schwerlich, aber das Regime der »mignons« wurde als unerträglich empfunden. Heinrich von Navarra hat, neben seinen staatsmännischen Eigenschaften, nicht wenig davon profitiert, daß er nun endlich wieder ein König von echt französischem Stil war, mitsamt oder wegen seiner vielen Liebschaften zur hohen und niederen Weiblichkeit.

Auch mit den hohen Damen hatte Montaigne zu tun. Wir haben also folgende Aufgaben für ihn: das Bürgermeisteramt von Bordeaux. Verhandlungen zu Paris und dem Hof dort. Besprechungen mit Heinrich von Navarra, als Haupt der Hugenottenpartei. Fühlungnahme mit dem Guise als Haupt der katholischen Liga. Das sind nur die Hauptpunkte. Navarra steht nicht allein da. Er hat noch eine Ehegattin, ebenfalls eine Valois und Schwester Heinrichs III., von diesem verstoßen wegen ihres skandalösen Lebenswandels zu Paris und vom Gatten nur halb und sehr widerwillig wieder aufgenommen. Diese Margot, später »die dicke Margot« genannt, denn sie wurde bald fett und später unförmig schwer, hat viele Federn in Bewegung gesetzt; Montaigne hat auch mit ihr zu reden, denn sie ist eine wichtige Figur auf dem Schachbrett. Sie ist gebildet, hat sein Buch gelesen, ihm sogar Vorschläge zum Kapitel über die Apologie des Sebond gemacht; in der Hauptsache freilich intrigiert sie unablässig, mit dem Hofe, ihrem Manne, mit auswärtigen Mächten. Sie benutzt dazu ihre jeweiligen Liebhaber, deren Zahl etwa der nie ganz ermittelten Ziffer für die Amouren ihres Ehegatten gleichkommen dürfte. Montaigne muß sein Wappeninstrument, die Waage, mit großem Bedacht handhaben. Denn unter den Herzensdamen seines Navarra ist noch die zur Zeit regierende Favoritin Gräfin Gramont, die »schöne Corisande« der Romanzen, zu berücksichtigen, mit mahnenden Briefen, sie solle doch ihren Herrn zum Guten lenken. Sie ist Katholikin und daher gut zu gebrauchen, Navarra mit der bekannten »Messe« als unbedingt notwendiger Zwischenstation auf den rechten Weg nach Paris zu bringen. [...]

Die stärkste Empfehlung für Montaigne wird gewesen sein, daß er nichts für sich wollte. Damit stand er völlig allein da, fast ein wenig als Narr unter den Hochadligen, die große Belohnung erwarteten, den Kriegsgurgeln mit Wünschen nach Beförderung, den Fanatikern, die zum mindesten den Sieg der guten Sache verlangten. Er gab nicht nur Rat. Er ritt aus und verhandelte mit »den Guelfen ein Ghibelline, den Ghibellinen ein Guelfe«. Auch diese Reisen verliefen nicht ohne Gefahren. Die Ligisten, seit langem mißtrauisch auf ihn, nahmen ihn auf der Reise gefangen; in Paris wurde er von ihnen in die Bastille gesteckt und erst auf Intervention der Königinmutter wieder freigegeben. Sein Name taucht in den Berichten der ausländischen Botschafter auf, als der eines »gewissen Herrn von Montaigne«. Der englische Botschafter hat gehört, er sei in großer Gunst bei der schönen Corisande, die »den König von Navarra regiert, wie sie will, ein sehr gefährliches Weib und höchst abträglich für den Ruf des Königs in aller Welt, denn er ist völlig vernarrt in sie«. Der Spanier beschreibt ihn als »Anhänger des Mannes von Béarn, Katholik, verständig, aber etwas wirrköpfig«. Das dürfte sich darauf beziehen, daß Montaignes Mission den Spaniern sehr gegen ihre Pläne gerichtet schien. Alles ist Konjektur bei diesen Verhandlungen. Selbst die nächsten Vertrauten Navarras durften nichts davon wissen. Wir belassen es dabei, daß Montaigne seinen Rat gab und die Einigung in die Wege leitete.

Fast ein Jahr hat er in Paris zugebracht. Es geschah viel in diesem Jahr 1588: die unüberwindliche spanische Armada fuhr aus gegen England und wurde zerstreut. Die Generalstände Frankreichs versammelten sich in Blois, ein Ereignis, das nur in wichtigsten Staatskrisen stattfand, Jean Bodin war als Abgeordneter zugegen und trat für die Bedeutung des dritten Standes ein. In Paris rührte sich dieser dritte Stand stärker denn je zuvor mit dem »Tag der Barrikaden«, der einen großen Sieg der Liga bedeutete. Wir wissen nicht, ob Montaigne zugegen war, als Heinrich III., in die Enge getrieben, den Guise ermorden und den Kardinal-Bruder köpfen ließ.

Wir wissen aber, daß er in Paris, inmitten aller Unruhen und diplomatischen Verhandlungen, sein Buch nicht vergaß. Die neue, große, entscheidende Ausgabe erschien zu Paris 1588, »vermehrt um das dritte Buch und 600 Zusätze zu den beiden ersten«. Putten mit übergroßen Greisenköpfen und Glatzen spielen mit Fruchtkränzen auf dem gestochenen Titel. Das modische Rollwerk, wie aus Eisenblech ausgeschnitten und mit grinsenden Masken garniert, umrahmt die schmale Tafel mit dem kurzen Titel. Vom Greisenalter ist viel die Rede im dritten Buch. Und gerade jetzt führt Fortuna ihm eine junge Dame Marie de Gournay zu, eine leidenschaftliche Verehrerin aus ältester Adelsfamilie. Marie liebt sein Buch, sie liebt den Menschen hinter dem Buch; sie kennt fast jede Zeile und macht sich dazu eigene Gedanken. Sie hat ein etwas kümmerliches Gesicht mit spitzer Nase, schmalem Mund und winzigem Kinn. Aber sie ist vornehm, nicht nur der Familie nach, beharrlich und vielleicht nicht ohne eine gewisse Munterkeit. Prüde ist sie nicht, was ja überhaupt nicht die Art der Damen ihrer Zeit war, von den ganz strengen Calvinistinnen oder Katholikinnen abgesehen. Auch scheu zeigt sie sich nicht: Sie schreibt Montaigne ein feuriges Billett, als seine »geistige Tochter«, er besucht sie am nächsten Tage. Das töchterliche Verhältnis ist von ihrer Seite her etwas mehr als töchterlich gedacht; der Alte fühlt sich stark bedrängt und wählt die Bezeichnung »fille d'alliance«, Adoptivtochter, von Marie dann im Druck aller Welt verkündet. Sie dichtet und hat sich poetisch über das Verhältnis ausgelassen: Beim ersten Lesen seiner Essais habe sie schon an eine solche Beziehung gedacht. Von Vorbestimmung, wie im Falle seines unvergeßlichen Etienne, wird geredet; es gibt auch eine lyrische Prädestinationslehre. Ihre große Hoffnung ist, an die Stelle dieses Freundes zu treten. Sie weiß, was er über die einzige Liebe seines Lebens gesagt hat. Ganz so weit will Montaigne es nicht kommen lassen, aber er nimmt die Anbetung gern entgegen. Er besucht sie auf dem Landsitz ihrer Familie. Sie spazieren zusammen in langen Gesprächen. Ganz zweifellos hat sie seine Gedanken gut verstanden. Er stellt ihr darüber eine Art Schul-Zeugnis aus, im Druck zu vervielfältigen: »Wenn vielversprechende Jugend etwas bedeutet, dann wird sie einmal der schönsten Dinge fähig sein. Vor allem auf dem Gebiet der heiligen Freundschaft, die ihr Geschlecht bisher nicht kennt, wie die Bücher besagen. Aufrichtigkeit und Festigkeit des Charakters zeigt sie bereits zur Genüge; ihre Anhänglichkeit an mich ist überschwenglich und läßt nichts mehr zu wünschen.« Marie dürfte mehr gewünscht haben, es fehlt nicht an Szenen. Auf einem der Spaziergänge zweifelt er an der Dauerhaftigkeit ihrer Gefühle; sie reißt unverzüglich ihre lange Haarnadel aus der Frisur und versetzt sich ein halbes Dutzend Stiche in den Arm, daß das Blut herunterfließt: So ernst meine ich es mit meinen Vesprechungen! Geschworen hat sie, Montaigne und seinem Buch bis zum Tod und darüber hinaus treu zu sein, und dieser Schwur wird gehalten. Geheiratet hat sie nur die Essais. Als geistige Witwe Montaignes hat sie dafür gesorgt, daß immer weitere und verbesserte Ausgaben erschienen, mit Zusätzen und Ergänzungen, zum Teil in problematischer Redaktion von ihrer Hand. Montaigne hat sie ausdrücklich als Nachlaßverwalterin legitimiert. Die Ehefrau und Tochter haben das ohne Empfindlichkeit anerkannt und die Gournay bei langen Besuchen zur Durchsicht der Papiere freundlich aufgenommen. Sie nahm ihnen nur eine unbequeme Last ab, eine Aufgabe, für die sie sich kaum interessierten.

Die Altersliebe Montaignes zu dem Blaustrumpf zeigt nochmals, wie im Fall des Jugendfreundes, wie einsam er im Grunde war, bei allen Beteuerungen, daß er nichts so sehr liebe wie ein gutes Gespräch, den Gedankenaustausch mit lebenden Menschen anstatt den guten Freunden der Bücher. Dabei hat es ihm in den letzten Jahren nicht an männlichen Verehrern, Schülern, Freunden bei der Arbeit am großen Versöhnungsplan gefehlt. Sie alle betonen vornehmlich die »Offenheit« seines Wesens – einen Zug, der besonders auffiel zu einer Zeit, da man Masken trug, und dies nicht nur bildlich gesprochen. Maskiert ritten die Parteigänger auf ihre Züge. Die Maske war für Damen das obligate Bekleidungsstück auf der Reise; das Abnehmen der Maske eine besondere Grußform und Ehre für den Begrüßten. Selbst der gute König Heinrich machte von vielen Masken Gebrauch.

Als Heinrich Navarra nach der Ermordung des letzten Valois König von Frankreich wurde – was noch nicht hieß, daß er den Thron besteigen konnte; dazu waren weitere Jahre der Kämpfe vorgeschrieben –, wandte er sich sogleich an Montaigne. Eine große Karriere mit Aussicht auf die höchsten Posten im Staat stand zum Greifen nah. Aber es war nun Montaigne, der die Maske vornahm. Er hatte sich genügend engagiert. Die Dinge waren im Fluß, sie würden auch ohne ihn ihren Gang gehen. Was ihm vorschwebte, war ein anderer Posten als der des Ministers. »Ein Amt ohne Namen«, so hat er es in den Essais formuliert. Es ist dabei nicht an die Rolle einer »grauen Eminenz« gedacht. Auch keine »scholastischen Schullektionen«, sondern offener, ungeschminkter Rat. Man müßte den Herrscher Schritt für Schritt beobachten und ihn »ganz einfach und natürlich sehen lassen, was die öffentliche Meinung ist.« Das klingt wie eine Plattitude; es war noch sehr ungewöhnlich als Rat an einen König. Nachdenklich meint er: »Ich hätte dafür genug Pflichtgefühl, Urteilskraft und Freimütigkeit besessen«, in jüngeren Jahren vielleicht. Jetzt ist es zu spät. Das Alter ist da. Die Nierensteine setzen ihm zu; in Paris hat er schon einige Wochen auf den Tod gelegen. Im Grunde ist er zu weise, zu skeptisch geworden. Er sieht genau, daß selbst ein guter König Heinrich nicht allzuoft auf allzu offene Worte wird hören wollen. Die Schmeichler haben bei Hofe stets die Vorhand: »Und wie sollte das anders sein? Hat doch selbst Alexander, so groß er war als König und Philosoph, sich nicht dagegen wehren können.« Und noch nachdenklicher: »Die Wahrheit selber hat nicht das Privileg, jederzeit und auf jede Weise gesagt zu werden; auch sie, so vornehm sie ist, braucht Beschränkungen und Umschreibungen. Wenn man sie einfach auf das Ohr eines Machthabers losläßt, hat das keinen Erfolg, wie die Welt einmal ist; es kann sogar schaden, auch ungerecht sein.« Er entwirft in einer Skizze das Bild eines Ratgebers nach seinem Sinn: Er müßte von mittlerem Vermögen sein, und damit zufrieden. Ein Einzelner, der die Vorteile seiner Unabhängigkeit nicht mit andern teilen muß. Über allem müßte er verschwiegen sein.

Er beschreibt sich selber und die Umgebung Heinrichs. Er weiß recht gut, daß da kein »Einzelner« zu finden ist; jeder und jede – die jeweils regierenden Damen besonders – ist umlagert von einem Clan von habgierigen Verwandten und Anhängern, die nie ganz zu befriedigen sind. Er weiß, daß diese beutelustigen Sippen der größte Hemmschuh für den Aufstieg seines Navarra sind. Wie werden sie erst den großen goldnen Honigtopf zu Paris umschwärmen! Er weiß überhaupt zuviel von dem ganzen Treiben »da oben«. So zieht er die Altersmaske vor das Gesicht.

Sie paßt übrigens vorzüglich. Er ist kahl geworden. Der nackte Schädel glänzt in brauner Politur. Vom ehemals vollen Bart ist ein dünner Streifen auf der Oberlippe verblieben, herabhängend in den Mundwinkeln. Er hat viele Ritte für seinen Herrn getan. Die Nierensteine sind bei dieser »natürlichen Kur« nicht stiller geworden. Wenn man das Seine getan hat, kann man getrost das Wort aussprechen und niederschreiben: »Ich will nicht der Sklave eines andern sein.«

Er lehnt jedes Angebot ab, mit guten und weisen Mahnungen zur Milde und Nachsicht. Er wird sogar empfindlich und stolz und schreibt, als der König mit Geld winkt für seine Ausgaben: »Sire, Eure Majestät möge mir glauben, daß ich nie meine Börse schone... ich habe niemals irgendwelche Geschenke von der Freigebigkeit der Könige erhalten und weder darum angehalten noch sie verdient. Ich habe auch keine Bezahlung für Königsdienste bekommen, wovon Eure Majestät einiges wissen muß. Was ich für Ihre Vorgänger getan habe, will ich noch lieber für Euch tun. Ich bin, Sire, so reich, wie ich es mir wünsche. Sollte ich meine Mittel im Dienst Eurer Majestät in Paris erschöpft haben, so werde ich mir die Freiheit nehmen, es Euch zu sagen. Und dann, falls Sie es für richtig halten sollten, mich weiterhin in Ihrer Umgebung zu behalten, werde ich Sie weniger kosten als der letzte Ihrer Leute.« Mit einer kurzen Bitte um Wohlergehen und Gesundheit unterzeichnet er. Es ist das letzte Zeugnis für die Freundschaft zwischen dem guten König Heinrich und seinem philosophischen Ratgeber. Wir sind nicht ganz sicher, ob selbst der großzügig denkende Heinrich den Ton, der aus diesem Schreiben sprach, richtig verstanden hat. Von weiteren Kontakten ist nichts bekannt. Sie haben sich danach nicht wieder gesehen.

Es verblieb der letzte Rückzug auf das Turmzimmer, die Arbeit am Rande und zwischen den Zeilen seines Buches.

Die Kunst zu leben, und die Kunst zu sterben

Zwei Jahre verblieben Montaigne nach dem Abschied von seinem König. Mit achtunddreißig Jahren hatte er, etwas voreilig, seinen Rückzug angekündigt – »müde schon seit langem der Knechtschaft im Parlament und öffentlichen Diensten, noch aber im Vollbesitz meiner Kräfte«, um sich gänzlich der Freiheit, der Stille, der Muße zu widmen. Nun war er am Ende der fünfziger Jahre angelangt, kein sonderlich hohes Alter nach unseren Begriffen, aber ein Greis nach seiner Anschauung. Wir haben gesehen, daß nicht gerade Muße und Stille die Zeit zwischen den beiden Daten ausfüllten. Erfahrungen wurden gesammelt. Sie bestätigten die Weisheiten, die er zu Papier gebracht hatte, und führten zu neuen, noch schärfer formulierten, gestützt darauf, daß er, wie er es ausdrückt, sein »Gehirn an dem anderer Menschen rieb«. Der Einzelne, das Individuum, unabhängig, frei, selbstgenügsam und nur darauf bedacht, das einzigartige Phänomen, den Michel Montaigne zu studieren, hatte auch andere Individuen studiert, das wunderliche Weltwesen dazu, die Gesellschaft, fremde Länder, den Königsdienst und andere »öffentliche Dienste«. Wir haben versucht zu zeigen, daß seine Maximen nicht leer in der Luft hängen oder auf dem Papier stehen.

Sie hatten sich zu bewähren, im Hier und Heute, im flüchtigen Augenblick, welcher den Schauplatz des politischen Lebens bildet. Im ständigen Schwanken aller Dinge – Berge und Flüsse inbegriffen, dem ewigen Fluß nach seiner heraklitischen Grundanschauung – war etwas Festigkeit und Würde zu zeigen. Jetzt stand noch die größte Probe aufs Exempel bevor, die Auseinandersetzung mit dem Tod.

Vom Vollbesitz der Kräfte konnte nicht gut mehr gesprochen werden. Zu den Nierensteinen kamen noch Gicht, Herzbeschwerden, Migräne, die Wassersucht. Sein Kopf war nie klarer und blieb so bis zum Schluß. Sein Stil wurde noch schärfer, unmittelbar packender. Die antiken Zitate traten zurück. Rücksichten werden nicht mehr genommen, nicht einmal auf eigne Lieblingsthesen, noch weniger auf irgendein Publikum. Fräulein de Gournay bekommt Sätze zu lesen von der Liebe, die ihr einigermaßen schreckhaft sein müssen bei ihrem halbplatonischen Kult des geliebten Vaters. König Heinrich, falls er einen Blick auf die Zeilen seines Freundes geworfen hat, konnte hören: »Auch auf dem erhabensten Thron der Welt sitzen wir nur auf unserem eignen Hintern.« Das eigne liebe Ich wird nicht geschont. Er hat viel von dem Segen des Alters gesprochen, das unabhängig macht; jetzt heißt es: Wir schreiten nicht fort, »wir torkeln wie ein Trunkener«. Die Sätze torkeln nicht. Sie stehen sehr fest auf den Beinen. Unbekümmert verwendet er heimische Wendungen, ganz gleich, ob man sie in Paris richtig versteht. Ein Freund hat ihn beim Aufenthalt in der Hauptstadt ermahnt, doch solche Provinzialismen zu unterlassen, und sich erboten, ihn zu korrigieren. Montaigne korrigiert nur sich selber. Der Freund Pasquier, Historiker und Verfasser sehr inhaltsreicher Briefbände, klagt auch über Montaignes »Abschweifungen« und seine Unsitte, im Titel eines Essais anderes zu versprechen, als dann gehalten wird. Aber er ruft dann den andern Lesern zu, sie sollten sich nicht um die Überschriften kümmern, sondern auf den Inhalt schauen: »Da bringt er Euch genug, um Euch zufriedenzustellen.« Er sagt auch, und das gilt für die Zeitgenossen wie uns: »Er will absichtlich Scherz mit uns treiben, vielleicht auch sich über sich selbst lustig machen – das war die eigentümliche, ihm eingeborene Freiheit.«

Der Scherz, der oft grimmige oder grobe Humor, sind sehr wesentliche Eigenschaften Montaignes, nicht immer berücksichtigt über dem Moralisten, dem Skeptiker, dem Analytiker. Humoristische Zitate trocknen nur leicht aus, wenn man sie aus dem Erdreich herauspflückt, das sie umgibt. Wir verfassen keine Anthologie. Es scheint uns wesentlich, zu zeigen, wie seine Maximen in innigem Zusammenhang mit seinem Leben stehen, aus ihm erwachsen und zu ihm zurückkehren. Dies Auf und Ab ist sein Studium. Den Mutterboden nennt er die Natur, ein noch recht unverbrauchtes Wort zu seiner Zeit.

Vom Naturrecht hatten schon viele gesprochen; die Theologen benutzten den Begriff in sehr vorsichtigen und gezwungenen Definitionen. Montaigne verwendet das Wort ungezwungen und unbefangen, ohne jede Rücksicht auf die kirchlichen Ansichten, die Gott und Natur in sehr schwierigen Denkprozessen auseinanderhalten mußten. »Unsere Mutter Natur«, heißt es bei Montaigne. Er spricht nie von seiner leiblichen Mutter, aber er redet von der Natur wie von einem lebendigen Wesen, das ihn an die Hand nimmt, ihn führt, auch ihm befiehlt. Man darf sich ihren Weisungen nicht entziehen, ihre Geschenke nicht verachten, alles, was sie uns zuteilt, ist gut. Man hat ihr dankbar zu sein; das ist seine Form der Frömmigkeit. Auch für die Gaben, die sie unserem Geist verliehen hat. All das war ausgesprochen ketzerisch und hätte ihm bei der römischen Zensur schwere Weiterungen eintragen müssen, wenn man nicht Rücksicht auf den Vertrauten des Königs genommen hätte. Die Natur ist unendlich vielfältig – wie seine Anwendung des Wortes –, und daher liebt er die Vielfalt der Welt in allen Erscheinungsformen. Er vergöttert sie nicht, er vermenschlicht sie. Das ist seine Form des »Humanismus«. Er spricht nicht davon, wie dann mathematisch-physikalisch bewiesen wurde, daß die Natur »keine Sprünge macht« und alles auf gesetzliche, unweigerliche, sinnvolle Weise vollzieht. Im Gegenteil: Auch die Sprünge werden von ihm anerkannt, sie reizen ihn sogar. Unser Verstand ist nicht so allmächtig, daß er da systematische Ordnung hineinbringen kann, wie immer wieder versucht wird. Das will die Pedanterie der Gelehrten, von denen er nichts hält. Aus dieser Naturfrömmigkeit folgt seine Freude an allen Dingen, seine Lust zu leben, seine Heiterkeit. Aus ihr entnimmt er auch sein Verhältnis zum Tod, zum Sterben.

Sein ganzes Schreiben und Denken kreist um diese beiden Pole. Er ist ungeheuer lebendig, er preist den Genuß und ist deshalb ein »Epikureer« genannt worden; er ist sinnlich mit allen Sinnen, sehr starken und scharfen Sinnen, Auge, Ohr, Geschmack, Geruch, Geschlecht, und die Unbefangenheit, mit der er davon spricht, ist nicht der geringste Reiz seiner Essais. Er hat zugleich, wie alle starken Naturen, die Angst der Kreatur vor dem Tode. Er leugnet sie nicht. Er möchte sie in gelassene Ergebung, besser noch, in heitere Übereinstimmung mit dem Willen der Natur verwandeln. Er führt immer neue Argumente heran. An allen nur erdenklichen Stellen ist das bunte Gewebe seiner Essais von diesem schwarzen Faden durchzogen. Er nimmt ihn immer wieder auf und betrachtet ihn. Es gibt nicht einen Essai über den Tod. Das ganze Werk ist ein »Versuch«, dies Problem zu bewältigen.

Zuweilen braucht er spöttisch grobe Ausdrücke und spricht davon, daß der Tod uns ständig »am Kragen hat«, daß man »aufpacken muß, sein Bündel schnüren«, es handelt sich einfach um eine andere Reise. Wohin? Das wird nicht gesagt. Die theologische Aussicht wird vermieden. Vermieden, oder überwunden, wird auch die stolz-philosophische Haltung der Antike, das »schöne Sterben« in vorbildlicher Form, vor einem ergriffenen Auditorium von Schülern und Anhängern, die das glorreiche Beispiel des Meisters der Nachwelt weiterzugeben haben. Montaigne wünscht keine Zuschauer. Vielleicht hat die Erinnerung an das lästige Familiengewühl beim Tode seines Freundes Etienne da nachgewirkt. Er will seinen eigenen Tod. Er möchte das allein mit sich und dem großen Gegner abmachen.

Allein also, am besten in der Fremde, auf Reisen, so meint er vor dem Aufbruch nach Italien. In irgendeinem Gasthof, von dienstbaren Geistern betreut, die man dafür bezahlt, und damit holla. Nicht im Schoße der Familie, von Trauergesichtern umstellt, deren Mienen ihm verdächtig sind. Er findet mittelalterlich grobe Worte für das übliche Jammergeheul der Witwen: Wenn man durch den langen schwarzen Schleier hindurchschaut, sieht man die prallen roten Backen. Er hört hinter der heuchlerischen Klagestimme das heimliche Gelächter der Erben: »Und da wird gut Französisch gesprochen!« Noch drastischer im

Stil seiner weiberfeindlichen Tiraden: »Im Leben schlagen sie uns die Faust auf die Nase, im Sterben wollen sie uns die kalten Füße reiben!« Wir können auch fragen, woher solche Sätze ihm kommen. Frau von Montaigne, geborene de La Chassaigne, hat ihm, soviel wir wissen, nicht die Faust auf die Nase geschlagen, sondern das große Haus geführt und ihm die Wirtschaft abgenommen, damit er in Ruhe seine Bemerkungen zu Papier bringen konnte. Als liebevollen Vater und Familienoberhaupt können wir ihn nicht präsentieren, auch nicht nach den bekannten Lebensumständen oder Dokumenten. Er will überhaupt von den Seinen nicht viel wissen; auch mit ihrem Tod sollen sie ihn nicht behelligen. Über das Sterben seiner fünf Kinder hat er nur einen, sehr flüchtig gehaltenen Satz verloren.

Sein Tod, sein höchst persönliches Ende, wird ihm genug zu schaffen machen. Es ist keine Zeremonie, die man bald hinter sich gebracht hat, um ins Paradies oder die Hölle einzugehen; beide Vorstellungen sind ihm fremd. Der Tod ist für ihn eine große Aufgabe, das ganze Leben hindurch gestellt. Er hat zu bestätigen, daß man richtig gelebt hat. Und dies gilt nicht nur für die bekannte »letzte Stunde«, sondern ständig, sooft man an ihn denkt, und man hat oft daran zu denken. Dabei kann man keine Statisten brauchen.

Wie und wo, das wäre gleichgültig. Das Wie allerdings nicht ganz: Sauber sollte es jedenfalls dabei zugehen, kein Rauch oder übler Dunst, kein Schmutz wenn möglich. Vergessen wir nicht, daß das Sterben noch eine schmutzige, ekelhafte Angelegenheit war, keine schneeweiße Klinik mit schmerzstillenden Mitteln, mit Tampons, die jedes Fleckchen wegnehmen. Man hatte sich zu winden in Wehen wie bei der Geburt, man *sollte* alle Schmerzen erleiden, nach dem Vorbild des Heilands am Kreuz, das dabei vorgehalten wurde. Durfte der erbärmliche Erdenwurm es besser haben wollen? Bewußt und nachdrücklich wurde das gepredigt, von der Kanzel wie in Bild und Schrift. Der Tod erschien da als Würger, als Totschläger. Er stieß einen in den Rücken, vor die Brust, schlug einem mit der Hacke über den Schädel. Der Totentanz war die beliebteste Darstellung, an Rathäusern gemalt, in Holzschnitten verbreitet; Holbeins berühmte Folge war in Lyon gedruckt, mit französischem Text. Eine Art Totentanz in Worten hat auch Montaigne mit der dichterischen Ader seiner Begabung geschrieben. Wir fühlen uns versucht, ihn in Verszeilen abzusetzen, obwohl die Wucht seiner Prosa eigentlich stärker ist:

> Das kommt und geht,
> Das trottet und tanzt,
> Nichts da vom Tode,
> Schön so, schön.
> Wenn aber er kommt, über sie her,
> ihre Weiber, Kinder, die Freunde,
> Unverhofft, unverhüllt, jäh:
> Wie jammert das dann, schreien sie, toben sie,
> Wie schüttelt sie die Verzweiflung...

Auch in ihm sitzt die Angst. Sie wird abgewehrt mit allen Künsten. Dialektik, die sonst verspottete Sophistik, werden aufgeboten. Er hat seine Therapie der Ablenkung und schreibt darüber einen ganzen Essai von der »diversion«. Schmerz wird am besten verteilt, gewissermaßen in die Irre geführt, auf Seitenwege gebracht und damit unschädlich gemacht. Kleine Schmerzen sollen die großen vergessen machen oder uns an sie gewöhnen. Montaigne benutzt diese Methode auch sonst, um unangenehme Erschütterungen des Gemüts zu neutralisieren. Denn er ist sehr verletzlich und leicht zu verwunden. Seine Körperleiden behandelt er ebenso. Die kleinen Stiche in den Eingeweiden sind ihm fast willkommen: Er hatte sich das viel schlimmer vorgestellt; nun lehrt ihn die Natur allmählich, mit dieser Plage zu leben.

Die Schrecken des Todes lassen sich herabstimmen, wenn er im Reigen auftritt und uns in die große Gemeinschaft einreiht vom König bis zum Bettelmann. Der Totentanz ist in ständisch so scharf getrennter Zeit das kommunistische Prinzip: Eigentum, Amtswürde, alle Unterschiede werden mit einem Schlag aufgehoben. Der Seigneur de Montaigne hat sich in der großen Prozession neben seine Bauern zu stellen. Er führt sich das Sterben der andern in allen Abarten, auch der skurrilsten hoher Beispiele, vor. Aeschylus stirbt, nach der Anekdote der Antike, durch eine Schildkröte, die ein Adler auf den kahlen Schädel des Dichters aus seinen Fängen hinabgeworfen hat, um sie zu zerschmettern; er hielt die Glatze für ein Stück blanken Felsens. Es gibt Tod durch einen Traubenkern. Ein Kaiser ritzt sich an einem Kamm und krepiert daran, ein anderer am Zeh, den er an der Tür angestoßen. Wieder andere trifft der Schlag »zwischen den Schenkeln eines Weibes«, wie den Philosophen Speusippos »oder einen unserer Päpste«. Er sucht Trost in den Naturwissenschaften: Aristoteles erzählt von den kleinen Fischen, die nur einen Tag leben, der Morgen ist ihre Jugend, der Nachmittag ihr Alter. Montaigne beschwört die Erinnerung an seinen schweren Sturz vom Pferde herauf und beschreibt sehr eingehend, wie nahe er da dem Tode war. Wie leicht erschien der Übergang, unmerklich, gar nicht schmerzhaft, fast süß, wohlig. Er analysiert alle Zwischenstadien mit großer Feinheit: Wie er noch versucht, seinem Leben, das schon am Rand der Lippen schwebt, etwas aufzuhelfen und sich dann doch gehen läßt und selig immer schwächer wird. Er zieht daraus die Lehre, daß man sich mit dem Tod vertraut machen muß, ihm nahekommen, nicht die Augen verschließen und vor ihm flüchten. Er meint noch mutiger, er wünsche nicht bewußtlos in die große Auseinandersetzung hinüberzudämmern: Auch dieses Erlebnis möchte er klar und deutlich erleben, so wie er sich auch nicht fürchtet, die Erfahrung zu machen, daß man ihm die Glieder mit dem glühenden Eisen brennt, was die übliche Behandlung bei Schlaganfällen war. Auch da will er »dabei sein«, beobachten, nichts wegretuschieren. Wir wissen, daß eine heutige medizinische Schule sehr nachdrücklich den Müttern den Geburtsvorgang bei Bewußtsein empfiehlt und daß viele Mütter im Vergleich zu vorhergehenden Erfahrungen mit Anästhesie gesagt haben, sie wollten dies große Erlebnis nicht missen. Geburt und Tod sind für Montaigne eine Einheit, in die das Leben dazwischen einbezogen wird.

Es gibt jedoch kein Rezept, keine Lehre. Er erzählt nur, welche Erfahrungen er gemacht hat mit Angst, Mut, Gelassenheit. Das sind seine »Versuche«, das Problem zu bewältigen. An der Frage des Jenseits versucht er sich nicht. Sie gehört zu dem Unsagbaren und Unfaßlichen, das nur Überhebliche mit ihrem ungeschickten Verstand »begreifen«, das heißt mit plumpen Fingern betasten wollen. Natürlich – denn die Natur weiß nichts von weisen Vorsätzen – kommt immer wieder die Furcht zum Vorschein. Ein Zahn fällt ihm aus, ohne daß er es spürt: Vielleicht ist der Tod nicht viel ärger? Ein anderes verlokkendes Bild: Kopfüber hineingestürzt in die Tiefe, wie von einem Gewitter hinweggerafft! Er wickelt sich förmlich wie in einen schützenden Mantel in diesen Gedanken ein, duckt sich, kauert sich nieder, möchte »geblendet hinabgerissen werden« in einen Schlaf ohne Gefühl und Geschmack. Sein Geschmackssinn empfindet den Tod wie einen »schweren Brocken«, den er fortwährend im Munde führt und kaut. Er ist fasziniert von der Bitterkeit. Sie hat für ihn einen eigentümlichen Reiz und Sinn. Ohne Bitterkeit keine Süße, ohne Schmerz keine Lust, ohne das Übel kein Gutes. »Wer das Wissen um das Übel ausmerzen will, der löscht auch das Wissen um die Lust aus, und würde am Ende den Menschen überhaupt zu nichts machen.« Aus polaren Gegensätzen, die zusammengehören, setzt sich das volle Leben zusammen. Er bejaht es mit aller Entschiedenheit. Nichts liegt ihm ferner als die mittelalterliche These vom Jammertal oder auch die antike vom Gefängnis der Seele auf dieser Erde, dem man erst mit dem Ende entfliehen kann. »Ich liebe das Leben und bestelle meinen Garten, wie Gott es gefallen hat, ihn mir zuzuteilen. Ich möchte nicht, daß uns Essen und Trinken fehlen, noch daß man Kinder stumpfsinnig mit dem Daumen oder Hacken machte, daß unser Körper wunschlos und ohne Gefühl für Reize wäre. Die so denken, sind undankbar und ungerecht. Ich nehme mit gutem Herzen und in Dankbarkeit entgegen, was die Natur mir beschieden hat, stimme ihr zu und rühme sie.«

Wo aber bleibt die Moral, die Weisung fürs Verhalten bei dieser Liebeslehre? Er mißtraut auf das äußerste den rigorosen und nie realisierbaren Formeln, den hohen Spekulationen der Theologen. Vorsichtig sagt er, denn er möchte, daß weder sein Buch noch er selber verbrannt werden: »Das ist ein Studium für die dafür Berufenen. Meine Versuche sind rein weltlich, und unter weltlichen Betrachtungen sind die natürlichsten die richtigsten.« Unvorsichtig fügt er jedoch hinzu: »Unter uns gesagt, ich habe bei diesen Dingen immer eine merkwürdige Übereinstimmung beobachtet: Die überhimmlischen Ideen gehen zusammen mit untermenschlichen Sitten.« Und noch schärfer: »Statt die Menschen in Engel zu verwandeln, machen sie uns zu Bestien.« Er hat genügend gesehen von dieser Bestialität auf beiden Seiten. Die Protestanten haben, solange sie unterdrückt und in der Opposition waren, das Recht zum Widerstand, ja auch zum »Tyrannenmord« laut proklamiert; mit dem Augenblick, da ihr Heinrich von Navarra König wurde, haben sie es sofort bestritten. Da riefen nun die Katholiken zum Aufstand und fanden jeden Anschlag auf den König richtig und gottgefällig. »Man sehe nur«, meint Montaigne, »die schauderhafte Unverschämtheit, mit der wir wie beim Ballspiel mit ›Gottes Willen‹ umherschlagen, wie skrupellos wir ihn verworfen oder proklamiert haben, je nachdem das Schicksal uns Stellungswechsel im öffentlichen Streit anbefahl.« Unter Frömmigkeit verstehen wir nur, was unseren Leidenschaften schmeichelt. Da tut unser Eifer an Haß, Grausamkeiten, Verleumdung, Rebellion wahre Wunder. Auf der anderen Seite, wenn es sich um Güte, Milde, Mäßigung handelt: Da wäre es nun ein Wunder, sie in irgendeinem seltenen Fall anzutreffen; im allgemeinen haben solche Eigenschaften »weder Fuß noch Flügel«.

Genug der Mahnungen, die niemand hören will. Rückzug also auf den Turm, auf sich selbst, auf »Michel, der uns mehr angeht als die Menschheit im allgemeinen«. Und da meint er im Rückblick: Wenn er sein Leben noch einmal zu leben hätte, wünschte er nicht, daß es anders gewesen wäre. Er denkt nicht an Weiterleben oder einen neuen Platz auf irgendeinem Stern mit neuen Aufgaben, wie Goethe das wünschte, ja sogar forderte: »Wenn ich bis an mein Ende rastlos wirke, so ist die Natur verpflichtet, mir eine andere Form des Daseins anzuweisen, wenn die jetzige meinen Geist nicht ferner auszuhalten vermag.« Montaigne denkt anders. Wir sagen nicht, daß er bescheidener wäre. Er hat seinen eigenen Stolz, den, ein »ganz gewöhnlicher Mensch« zu sein, ungewöhnlich nur darin, daß er es zum ersten Mal wagt, das zu sagen und genauestens bis in alle Fasern des Leibes und der Seele zu analysieren.

Je näher sein Ende rückt, um so mehr fühlt er sich den gewöhnlichen Menschen verbunden, die er in seinen früheren Jahren eher nach antiken Mustern als »vulgär«, töricht oder belanglos von oben herab betrachtet hat. Zu seinen besten Tröstungen beim Denken an den Tod gehört die Erinnerung an die große Pest in Bordeaux und um sein Schloß herum. Da hat er die einfachen Menschen sterben gesehen, wie man sterben soll. Selbst sein geliebter Freund Etienne war schwach gewesen im Todeskampf und hatte verzweifelt nach einem Platz, einem Plätzchen ausgeschaut, auf dem er noch etwas verweilen könnte; er hatte den Freund angefleht, ihn nicht zu verlassen. Wie anders diese Bauern. Er hat sein Schloß verlassen, ohne nur eine Tür abzuschließen, mit dem ganzen Haushalt, an der Spitze einer ganzen Karawane, um zu flüchten. Die Bauern können nicht flüchten – wohin sollten sie gehen? »Die Trauben hängen schwer und reif, ungepflückt an den Weinstöcken«, so intoniert er dichterisch, und nun seht: Welch Beispiel diese Menschen geben! »Kinder, junge

Menschen, Greise: Sie staunen nicht, sie weinen nicht. Ich sah welche, die fürchteten, zurückzubleiben in gräßlicher Einsamkeit.« Zusammen wollen sie ins Grab, nicht verstreut auf dem Felde, den wilden Tieren zur Beute, die schon in Scharen aus den Wäldern heraneilen. »Hier einer, der noch gesund, sich bereits einen Graben geschaufelt hat. Andere ducken sich hinein, noch lebend.« Die bröcklige Erde bricht über ihnen zusammen. Klaglos gehen sie hinüber. War das nicht großartiger als alle Schulweisheit oder Beispiele des soldatischen Mutes der Römer?

Oder dieser da unten im Garten vor dem Turm: Am Morgen hat er seinen Sohn bestattet. Ruhig schaufelt er an seinen Beeten. So soll man sich einordnen in den Gang der Dinge, ohne Aufheben. »Die Natur wird dich schon an die Hand nehmen, sie wird alles besorgen, was not tut, kümmere du dich nicht darum.« Und so lautet die letzte Weisheit: »Tätig sein, die Aufgaben des Lebens erfüllen, solange man es nur kann; dann mag der Tod mich finden, wie ich meine Pflanzen setze, ohne mich um ihn zu kümmern oder an die noch unbestellten Beete meines Gartens zu denken.«

Unbestellt ist vieles geblieben bei seinem Tode, den wir nur aus Berichten abwesender Freunde kennen. Sein Buch war nicht fertig; es konnte freilich nie abgeschlossen werden. Die Adoptivtocher mochte sehen, was aus den über tausend Randbemerkungen, Zusätzen und eingelegten Zetteln zu seinen beiden Handexemplaren zu gewinnen war. Für die Familie war gesorgt; eigenhändig hatte er noch, aus seiner ständig paratgehaltenen wohlversehenen Privatschatulle, seine Legate an Diener und andere Hausgenossen verteilt, um jede Diskussion unter den Erben auszuschließen; es könnte sein, daß er doch gefürchtet hat, dabei würde etwas allzusehr »gut Französisch« gesprochen. Der Bericht eines der Freunde ist offenbar nach Mitteilungen der Witwe abgefaßt. Es heißt da, er habe einen letzten Schlaganfall erlitten und sei drei Tage ohne Sprache gewesen. Nur schriftlich konnte er sich verständlich machen; er habe eine kurze Notiz an befreundete Nachbarn aufgesetzt, ihn doch aufzusuchen. In ihrer Gegenwart sei die Messe gelesen worden, und beim Hochheben der Hostie sei er verschieden. Wir lassen es dahingestellt sein, ob diese Schilderung nicht etwas allzusehr ins übliche verfällt. Daß Montaigne die Formen seines Glaubens zu beachten wünschte, dürfte sicher sein. Auch dies gehörte für ihn zur natürlichen Ordnung der Dinge, in die er hineingeboren war und in der er zu sterben hatte.

Sein letzter Wille hat sich nicht erhalten; er könnte uns auch gleichgültig sein, was immer darin verfügt wurde. Sein Testament ist das Buch der Versuche, den Menschen Michel Montaigne zu ergründen, den Einzelnen im Widerspruch zu seiner Zeit und im Einklang mit einer höheren Harmonie der Dinge.

1969

Max Horkheimer

Montaigne und die Funktion der Skepsis

In zwei Perioden der europäischen Geschichte hat die philosophische Skepsis glänzende Vertreter gefunden, am Ende der Antike und in der Renaissance. Bei den tiefen Unterschieden zwischen den Wirtschaftsformen der griechischen Polis und der Städte, die in den Entstehungsprozeß der neuzeitlichen Nationalstaaten einbezogen sind, weisen die Erscheinungen des Übergangs doch gewisse Ähnlichkeiten auf. Beide Male finden auf dem Boden einer alten städtischen Kultur soziale Umschichtungen und Kämpfe statt. Die zentralistisch organisierten Gewalten schicken sich an, die führende geschichtliche Rolle zu übernehmen. Aus dem städtischen Bürgertum hervorgegangene, hochentwickelte Individuen sehen die Welt in einer politischen Entwicklung begriffen, welche die Aspekte eines geordneten Lebens: auf lange Zeiträume berechnete Wirksamkeit, persönliche Sicherheit, Zusammenarbeit der Parteien, Entfaltung von Gewerbe, Kunst und Wissenschaft in Frage stellt. Beide Male erstreckt sich der Prozeß über Jahrhunderte. Die Ordnung war auch früher bedroht gewesen, jetzt wird die Unruhe permanent. Ökonomischer Aufstieg und schwere Krisen wechseln ab, reich gewordene Bürger dringen in die alten Patrizierschichten ein, ja, depossedieren sie, alle sozialen Gegensätze differenzieren und verschärfen sich. Die städtische Blüte hat jedoch lange genug gedauert, daß mit der Arbeitsteilung die Verfeinerung der Bedürfnisse und Fertigkeiten einen hohen Grad erreichte; es gab dort Menschen, die wußten, was Glück war, und eine zu gründliche Bildung besaßen, um bei den Umwälzungen, die es fortwährend gefährdeten, in religiöse und metaphysische Illusionen zu flüchten.

Die Geburt Pyrrhos, des Begründers der antiken Skepsis, fällt in die Zeit der Siege und des Todes von Epaminondas. »Nachdem«, so heißt es bei Burckhardt[1], »Epaminondas noch einen Reflex in diese jammervollen Zeiten hineingeworfen hat, wird es in dieser Nation allmählich dunkel; es erfolgt die definitive Zerrüttung der Poleis. Während die Städte der Diadochenlande wenigstens ein ruhiges ökonomisches Dasein führten und nur die größten sich etwas zu momentanen Krawallen erhoben, wankt in einer ganzen Anzahl alter griechischer Poleis der Boden unaufhörlich ... Und jetzt geht neben aller Parteiung zwischen Makedoniern, Achäern und Ätolern die Ausartung des Staates ihren Weg unerbittlich weiter in Tyranneien spätester Bildung mit schrecklicher Söldnerwirtschaft und in gewaltsamen Oligarchien und Demokratien, welche sich durch Gemetzel, Verbannungen und Aufteilungen des Grundeigentums manifestieren. Die unvermeidliche, letzte Konsequenz jeder Demokratie, der Hader um den Besitz, führt zu einem wahren Höllenleben; immer wieder tritt der Kommunismus auf, und beide Parteien nehmen jede Allianz an, die zum Ziele führt, und erlauben sich alle Mittel. Indem allgemach alles, was geschieht, in immer schlechtere Hände fällt, vollendet sich der Bankrott der

1 Jacob Burckhardt, ›Griechische Kulturgeschichte‹, Band IV, in: *Gesamtausgabe*, Band XI, Stuttgart 1931, S. 507f.

griechischen Staatsidee, der im Grunde mit jenem unsinnigen Emporschrauben des Bürgertums begonnen hatte. Echt griechisch ist zwischen dies alles hinein die Wonne, womit etwa eine Konspiration mit allen möglichen Finessen vorbereitet wird, aber man gerät in sonderbare Stimmung, wenn man daneben die gewaltige innere Festigkeit des vordringenden Roms in Betracht zieht, wo die Individuen vom Staat noch nicht innerlich losgelöst sind, einander auch noch nicht verfolgen, sondern zusammenwirken. Angesichts von Polybs Schilderung der letzten zwanzig Jahre des 3. Jahrhunderts sollte man glauben, daß damals der größte Menschenverlust über die Nation gekommen sei, wenn man nicht wüßte, was schon vorher und dann wieder später geschah.«

Als Begründer der modernen Skepsis gilt Montaigne. Sein Leben fällt in die Sturmjahre des sich formierenden Absolutismus. 1533, zur Zeit seiner Geburt, erreicht die einigermaßen friedliche Periode, in die Frankreich seit dem Ende des Hundertjährigen Kriegs eingetreten war, ihren Abschluß. Eine gehobene Bürgerklasse ist entstanden. »Sie setzt sich zusammen aus Leuten, die ihr Glück in gewissen gewinnbringenden Gewerbezweigen gemacht haben, wie der Metzgerei, dem Tuchhandel, der Goldschmiedekunst, aus Reedern und besonders aus Finanzleuten, die Geldgeschäfte betrieben haben oder als Beamte des Königs oder der großen Lehnsstaaten zu Geld und Gut gekommen sind. Diese reich gewordenen Bürger kaufen vielfach ländlichen Grundbesitz und selbst große Herrschaften und dringen so in die Reihen des Adels ein. Die Inhaber königlicher Ämter erhalten ebenfalls häufig Adelsbriefe ... Das stellt den Beginn einer gesellschaftlichen Bewegung dar, die sich im Laufe des sechzehnten

Jahrhunderts in bemerkenswerter Weise verbreitern sollte.«[2] Durch die Ausdehnung des Handels werden die Mittel der Zirkulation vermehrt, die Inflation ruiniert den alten Adel, und die unteren sozialen Schichten verelenden in großem Maßstab. Die Entlohnung der Arbeiter sinkt infolge der Geldentwertung furchtbar. Natürlich wird die ganze Teuerung der Heraufsetzung der Löhne zugeschrieben, die in lächerlichem Tempo der rapiden Steigerung der Preise nachhinkt. Die Behörden springen den Arbeitgebern bei, setzen Höchstlöhne fest, verhindern proletarische Zusammenschlüsse, verbieten den Streik. Durch Elend bedingte Volksaufstände in den Städten folgen einander, Seuchen und Hungersnöte sind an der Tagesordnung.[3]

Die Klassenkämpfe zwischen Bürgertum und Proletariat wurden durch die Streitigkeiten zwischen den herrschenden Schichten kompliziert. Von der finanziellen Zerrüttung des Feudaladels gestärkt, schwankt der Hof unter den letzten Valois zwischen einem Bunde mit den alten Mächten, der Kirche und der nach Spanien schielenden Aristokratie und andererseits den fortschrittlichen Bürgern und der Reformation. Zum großen Teil gehen die religiösen Bürgerkriege unmittelbar auf die ökonomischen Gegensätze der Herrschenden zurück. Das Elend der Massen diente zum Hebel, um sie für die jeweiligen Zwecke der Parteien zu mobilisieren. Vor allem in den Händen des Klerus war der Mob ein ausgezeichnetes Werkzeug. Michelet findet den Ursprung der Bartholomäusnacht in dem 1561 in Paris geäußerten Vorschlag, die

2 Henri Sée, *Französische Wirtschaftsgeschichte,* Band 1, Jena 1930, S. 57.
3 Cf. ibid., S. 120–126.

geistlichen Güter zu verkaufen. »Seit dem Tag, wo die Kirche den König schwankend und nach dieser Beute begierig sah, machte sie eine lebhafte Wendung nach dem Volke zu, gebrauchte alle ihre Mittel der Predigt, des Almosens, des vielfältigen Einflusses, ferner ihre ungeheure Kundschaft, ihre Klöster, ihre Kaufleute, ihre Bettler und organisierte den Mord.«[4] Der Zustand Frankreichs nach den Bürgerkriegen gleicht dem des Deutschen Reiches im Dreißigjährigen Krieg. Die Bauern, denen die militärischen und sonstigen Banden ein Schicksal des Grauens bereiteten[5], drängten nach den Städten, deren Aufgaben unlösbar wurden. »Schon durch die Armen bedrängt, welche die Arbeitslosigkeit und der Geschäftsrückgang unter ihren Bürgern vermehrten, sahen sie mit wachsender Sorge die Leute vom flachen Lande zu ihren Toren strömen. Unnütze Mäuler, Hände ohne Arbeit, Demoralisierung, ansteckende Krankheiten, Verrat, Aufruhr, all das hatten sie von ihnen zu erwarten. Man schloß ihnen die Tore, aber sie hintergingen die Wachsamkeit und schlichen sich einzeln in die Städte oder drangen halb mit Erlaubnis, halb mit Gewalt in Massen ein. Man wies sie aus, indem man Bürger unter dem vielsagenden Namen Gaunerjäger (chassecoquins) damit beauftragte, oder man konzentrierte sie in Lagern für Erd- und Abbruchsarbeiten, wo sie besondere Marken trugen. Pest und Hungersnot kehrten periodisch wieder und dezimierten die durch das Elend geschwächten städtischen Massen.«[6] Der miserable Zustand der Wege, die zahllosen Abgaben und Gebühren

4 J. Michelet, *Histoire de la Révolution française,* Band I, Paris 1879, S. 71.

5 Cf. Montaignes eigene Schilderungen, zum Beispiel *Les Essais,* herausgegeben von P. Villey, Paris 1930, Buch II, Kap. 32, S. 781 f.

6 G. Fagniez, *L'économie sociale de la France sous Henri* IV, Paris 1897, S. 78 f.

an jedem Ort, den man zu Land oder auf den Flüssen passierte, die Horden von Wölfen und Banditen machten die Unsicherheit so groß, daß in manchen Gegenden der Handel völlig stockte.[7] Raub war an der Tagesordnung. »Tausendmal bin ich in meinem Haus ins Bett gegangen«, schreibt Montaigne[8], »und habe mir vorgestellt, daß man mich in dieser Nacht verraten und umbringen wird.«

Ebensowenig wie die Skeptiker der antiken Verfallsperioden flieht Montaigne unter den Schrecknissen des Übergangs zur Neuzeit in einen starken Glauben. Er verschmäht die Illusion der unbedingten Sicherheit. Es gibt allzu viele, die ihre Ansicht, sei es auf theoretischem oder moralischem Gebiet, für die absolute halten und sich gegenseitig widersprechen. Man braucht sich nur in der Literatur und in der Welt umzusehen, um darüber Bescheid zu wissen. Niemand kann zu Gericht sitzen und bestimmen, wer von den Herrschaften, die ihrer Sache alle so sicher sind, im Recht ist. Im Grunde sind sie bloß ungebildet. Schon die Sinne sind unsicher, erst recht die Begriffe. Einer Theorie sich zu verschreiben, ist immer beschränkt. Der Weise sieht die Masse der unbedingt gewissen Urteile an, von denen eines das andere umstößt, und lächelt. Bei jeder neuen Doktrin denkt er, daß ihr eine andere vorherging, die einmal ebenso im Schwange war, und eine dritte kommen wird, welche die gegenwärtige ablöst. Ihre sogenannten Überzeugungen pflegen die Menschen durch die Sitten, Erziehung, materielles Interesse oder sonstige Umstände zu erwerben. Sie werden ihnen zugetragen »ohne Urteil und Wahl, meistens vor dem Alter, in dem man

7 Cf. ibid., S. 167.
8 Montaigne, ibid., Buch III, Kap. 9, S. 373 (eigene Übersetzung).

überhaupt etwas unterscheiden kann... Ist es da nicht ein Vorteil, von dem Zwang frei zu sein, der die anderen gefesselt hält? Ist es nicht besser, sein Urteil in der Schwebe zu lassen, als sich in all diese Einbildungen zu verstricken, nicht besser, unentschieden zu bleiben, als sich unter die turbulenten und streitsüchtigen Sekten zu mischen?... Man ergreife die anerkannteste Partei, niemals wird sie doch so sicher sein, daß man, um sie zu verteidigen, nicht hundert und aber hundert entgegengesetzte Parteien angreifen und bekämpfen müßte. Sollte man da nicht lieber überhaupt draußen bleiben!«[9] Montaignes Reaktion auf die furchtbaren Zustände ist der Rückzug aus jeder Art von Unbedingtheit auf ein gemäßigtes Selbstinteresse. Pyrrho hat ganz recht gehabt. »Er hatte keine Lust, Hammer oder Amboß zu sein; er wollte ein lebendiger Mensch bleiben, der vernünftig nachdenkt, die Vergnügungen und natürlichen Bequemlichkeiten genießt, von seinen körperlichen und geistigen Fähigkeiten schlecht und recht Gebrauch macht. Das phantastische, eingebildete und falsche Privileg, daß der Mensch sich anmaßt, die Wahrheit zu dozieren, vorzuschreiben und ein für allemal aufzurichten, hat er in gutem Glauben endgültig abgelehnt und aufgegeben.«[10]

Auch durch seine Weltkenntnis und staatsmännische Begabung erweist sich Montaigne als Erneuerer der alten Skepsis. Pyrrho war mit dem Heer Alexanders nach Indien gegangen.[11] Karneades, der bedeutendste Vertreter der akademischen Skepsis, hat an der Gesandtschaft griechi-

9 Ibid., Buch II, Kap. 12, S. 341f.
10 Ibid., S. 344f.
11 Cf. Eduard Zeller, *Die Philosophie der Griechen in ihrer geschichtlichen Entwicklung*, Teil 3, Abt. 1, Leipzig 1923, S. 497.

scher Philosophen nach Rom teilgenommen und durch sein geschicktes Verhalten Erfolge erzielt.[13] Montaigne war seinem Charakter nach ein Diplomat. Er gehörte dem neuen, aus dem Bürgertum heraufgekommenen Adel an und fühlte sich darum ganz als Adliger. Wenn er sich als Konservativer auch streng zur katholischen Staatsreligion bekannte und anläßlich der Religionskonflikte erklärte, es sei »weder schön noch anständig, bei den inneren Kämpfen seines Landes neutral zu bleiben«[14], so hat er doch seine Rolle wesentlich in Verhandlungen und nicht etwa im Kampf gesehen. Als Bürgermeister von Bordeaux war er mustergültig objektiv. Seine gemäßigte Haltung in den allgemeinen Fragen entspricht der Partei der »Politiker«, die es gefährlich fanden, die katholische Staatsreligion gegen den Protestantismus des fanatischen Calvin einzutauschen, aber auch kein Bündnis mit dem rückständigen Spanien wollten. Die Formel »Ein Glaube, ein Gesetz, ein König« erschien ihnen keineswegs als selbstverständlich. Sie begannen zu versichern, daß »zwischen der römischen und der Genfer Intoleranz zwei Religionen in einem Staat Platz haben.«[15] Montaigne hat das nicht so deutlich ausgesprochen, doch er hat mit beiden Parteien, dem Hof in Paris und den Hugenotten, Diskussionen geführt. Der Vertreter der Inquisition versicherte ihn in Rom seiner Gnade, und die protestantische Majestät von Navarra war bei ihm zu Gast. Es hat Goethes Bewunderung erweckt, daß »ein der römischen Kirche wie dem Königtum treulich und eifrig zugetaner Ritter ... in Deutschland eifrige,

13 Cf. ibid., S. 516.

14 Montaigne, ibid., Buch III, Kap. I, S. 14f.

15 H. Hauser, *La prépondérance espagnole*, Paris 1933, S. 57 (eigene Übersetzung). Cf. hierzu besonders Albert Elkan, *Die Publizistik der Bartholomäusnacht*, Heidelberg 1905, S. 87ff.

freie Unterhaltungen mit katholischen sowohl als protestantischen Geistlichen und Schullehrern über abweichende Glaubensbekenntnisse und Meinungen« führte.[15] Die philosophische Skepsis setzt bei Montaigne wie bei den Alten einen weiten Horizont voraus. Sie ist das Gegenteil von Engstirnigkeit. Ihr Stil ist die Beschreibung, nicht die Theorie. »Ich lehre nicht, ich erzähle«, sagt Montaigne, und Goethe spricht es begeistert nach.[16]

Daß der skeptische Relativismus das Handeln unmöglich mache, wurde schon seinen griechischen Vertretern vorgeworfen. Sie erwiderten, um zu handeln, brauche man kein Wissen, es genüge die Wahrscheinlichkeit.[17] Die Menschen handeln nicht aus absoluten Einsichten heraus, die es gar nicht gibt, sondern zumeist aus Vorurteilen und Gewohnheit. Da keine Ansicht einen Vorzug vor der anderen hat, so ist es auch niemals ratsam, den gegebenen Sitten und Einrichtungen entgegenzuwirken. Karneades verhielt sich »als echter Skeptiker«, sagt Zeller[18]; »er verzichtet darauf, etwas über die Gottheit zu wissen, aber er ließ sich vom praktischen Standpunkt aus den Götterglauben als eine mehr oder weniger wahrscheinliche und nützliche Meinung gefallen«. In der Praxis bedeutet die Skepsis Verständnis für das Hergebrachte und Mißtrauen gegen jede Utopie. Wenn es keine Wahrheit gibt, ist es nicht klug, sich für sie einzusetzen. Zuweilen freilich ist es selbst gefährlich, Zurückhaltung zu bekunden. Es gibt Zeiten, in

15 Cf. Goethe, ›Besprechung des deutschen Gil Blas‹, in: *Sämtliche Werke*, Cottasche Jubiläumsausgabe, Band XXXVII, S. 206.

16 Goethe, ›Besprechung der »Principes de philosophie zoologique« von G. de St.-Hilaire‹, in: ibid., Band XXXIX, S. 228.

17 Cf. Zeller, ibid., S. 513.

18 Ibid., S. 540.

denen der Staat nicht einmal die Freiheit gewährt, die herrschende Ideologie, wenngleich ihr gehorcht wird, bloß für wahrscheinlich zu halten. In solchen Perioden pflegt die Skepsis nur im stillen zu blühen; denn ihr Element ist nicht der Kampf, sei es auch nur der um ihre eigene Entfaltung als besondere Lehre. Wo Konflikte eintreten und der Skeptiker sich als mutig erweist, wird er weniger durch seine Philosophie getrieben, dazu genügt auch nicht die zuweilen mit ihr verbundene Liberalität und Toleranz. Es tritt dann militante Menschenliebe hervor, die auch hinter einer skeptischen Gesinnung schlummern und das Individuum ergreifen kann. Seiner ganzen Art nach läßt der Skeptiker jedoch Erfahrung walten und den gesunden sensualistischen Menschenverstand. Unsere Sinne sind zwar ein armseliger Leitfaden, zumal selbst die Tiere schärfere und vielleicht zahlreichere haben als wir. Die Wissenschaft, mit der es freilich nicht weit her ist, beginnt und endigt gleichwohl bei den Sinnen; »sie sind unsere Meister«[19].

Im Sensualismus stimmen die Skeptiker überein. Stets haben sie die Schulen bekämpft, die dem Denken, insbesondere der konstruktiven Theorie, eine eigene Rolle zugestehen wollten. Wenngleich es völlig eitel, ja, sinnlos ist, von so etwas wie dem Wesen einer Sache auch nur zu reden, so lassen sich doch Erscheinungen beobachten und verknüpfen, und man kann zu Vermutungen gelangen darüber, ob sie sich wiederholen. Auf Erfahrung beruhen die praktischen Fertigkeiten und Berufe, gegen die nicht das geringste einzuwenden ist. Nur ein Denken, das über die gegebenen Erscheinungen hinausgreift, jede Art des

19 Montaigne, ibid., Buch II, Kap. 12. S. 510f.

Urteils, die dem Plausiblen zuwiderläuft, ist dem Skeptiker als Dogmatismus und Spekulation verhaßt. Unmittelbare Wahrnehmung und Reflexion, natürliches Bedürfnis, Gesetze und Herkommen, eingeschliffene Geschicklichkeit und hergebrachtes Wissen werden als die Normen des Handelns genannt.[20] Die mit relativer Freiheit verbundene, fest gegründete Ordnung, die zu den Voraussetzungen bürgerlichen Verkehrs gehört, ist den Repräsentanten skeptischen Geistes zum maßgebenden persönlichen Bedürfnis geworden. Die Ausbreitung der ökonomischen Beziehungen setzt sich in ihnen als Genuß der allgemeinen praktischen und theoretischen Bildung fort. Das gesellschaftliche Leben erscheint ihnen nur als Reproduktion des Bestehenden. Alles, was zur Reproduktion gehört, die praktischen und geistigen Tätigkeiten, werden ernsthaft nicht von ihnen angegriffen. Der Gedanke oder die Tat jedoch, die das Ganze in Frage stellt und die sie in jenen Perioden des Übergangs vor allem in Gestalt der inneren und äußeren Kriege kennenlernen, ist für sie der Schrekken. Die philosophische Skepsis ist der genaue Gegensatz zur Destruktion, als welche sie zuweilen ihren eigenen Anhängern und Gegnern erscheint. Sie ist ihrem Wesen nach konservativ.

Die konservativen Züge treten bei Montaigne noch stärker hervor als bei den Alten, denen er sich anschließt. Im Reich Alexanders oder unter der Herrschaft der römischen Kaiser kündigten sich keine neuen Lebensformen an, die das gebildete Individuum zum Optimismus leiteten. In der skeptischen Philosophie der Alten zeigen sich

20 Cf. hierzu Zeller, ibid., Teil 3, Abt. 2, S. 71–73. Cf. auch Raoul Richter, *Der Skeptizismus in der Philosophie und seine Überwindung*, Band 1, Leipzig 1904, S. 102 f.

Hoffnungslosigkeit und Leere, sie hat in der Macht der Imperatoren, vor der sie sich beugt, keinen vernünftigen weltlichen Inhalt mehr vor sich. Es besteht keine begründete Aussicht für das Individuum, in der Welt Befriedigung zu finden. Die alte Skepsis bereitet den mystischen Neuplatonismus und die christliche Askese vor. Montaigne dagegen sieht einen Absolutismus heraufziehen, mit dem er sich identifizieren kann, weil er die Konservierung des bürgerlichen Eigentums garantiert. Bei aller Schrecklichkeit der Bürgerkriege weiß er, daß das Leben weitergeht und auch diese Schwierigkeiten überwunden werden. Der Nationalstaat wird das neue Bürgertum beschützen und die Ruhe herstellen. Die Ataraxie Montaignes besteht in der behaglichen Einrichtung des seelischen Inneren, in dem man von jeder Unbill ausruht. Die Enthaltung vom Urteil, die ἐποχή, wird hier zum Rückzug in die private Innerlichkeit, in der man, des Zwanges der beruflichen Lasten ledig, sich angemessen erholen kann. Das Innere spielt im individuellen Leben die Rolle, die den Kirchen, Museen und Vergnügungsstätten, überhaupt der Freizeit im gesellschaftlichen Leben zukommt. In der bürgerlichen Ära sind die kulturellen Sphären, im einzelnen Menschen wie im sozialen Ganzen, von der Wirtschaft getrennt. In Beruf und Wirtschaft gebieten Pflicht und ökonomische Gesetze, die sich im Konkurrenzkampf durchsetzen. Im Reich der Kultur aber waltet ewige Harmonie.

Aus der Philosophie folgt keine besondere Handlungsweise, versichern die Skeptiker. Die Konsequenzen des Denkens erscheinen bei ihnen immer nur darin, daß sie gute und loyale Bürger sind. Montaigne tadelt die Stoiker und Christen, »welche sich selbst bedienen, auf hartem

Lager schlafen, die Augen ausstechen, ihre Reichtümer fortwerfen und den Schmerz aufsuchen (sei es, um durch die Qual in diesem Leben die Seligkeit in einem andern zu erwerben oder um dem Sturz zu entgehen, indem man sich auf eine tiefe Stufe stellt)«[21]. Er selbst praktiziert eine andere Methode. »Es genügt mir, solange ich unter der Gunst des Glücks stehe, mich auf seine Ungunst vorzubereiten und mir, während es mir noch gut geht, das künftige Übel vorzustellen, so stark es in der Einbildung nur gehen will: Auf diese Weise gewöhnen wir uns an die Abstiege und Wendungen des Schicksals und begegnen dem Krieg, wenn wir noch mitten im Frieden sind.«[22] Das ist der Stoizismus der reichen Leute. Montaigne hat »nichts Extravagentes in seinem Verhalten«, sagt Pascal[23], »er handelt wie die anderen, und alles, was jene in dem dummen Gedanken tun, daß sie das wahrhaft Gute verfolgen, tut er nach einem anderen Prinzip. Nachdem die Gründe für die eine oder andere Richtung nämlich gleich wahrscheinlich sind, läßt er sich durch das Beispiel und die Bequemlichkeit bestimmen.« Kurz, er handelt weniger nach dem, was er denkt, als nach dem, was er hat. Seine Unabhängigkeit stellt er in kennzeichnender Weise dar: »Man muß Frau, Kinder und Reichtum haben und vor allem Gesundheit, wenn's möglich ist; aber man soll sich nicht so daran hängen, daß unser Glück davon abhängt. Man soll sich ein Hinterstübchen reservieren, das ganz uns gehört, ganz frei ist und in dem wir unsere wahre Freiheit, Zurückgezogen-

21 Montaigne, ibid., Buch I, Kap. 39, S. 466f.
22 Ibid., S. 467.
23 ›Entretiens de Pascal avec M. de Sacy‹, nach dem Bericht von Fontaine, in: *Pascal, Œuvres complètes*, herausgegeben von F. Strowski, Band III, Paris 1931, S. 401f.

heit und Ruhe haben. Darin sollen wir unsere gewöhnliche Unterhaltung mit uns selber führen, so privat, daß keine Störung, keine Beziehung zur Außenwelt stattfindet. Darin können wir reden und lachen, wie wenn wir keine Frau, keine Kinder und kein Vermögen hätten, kein Gefolge und keine Diener, so daß, falls wir sie gelegentlich verlieren, es nicht neu für uns sei, sie zu entbehren.«[24] Er zieht sich in sein inwendiges Allerheiligstes zurück wie auf sein Schloß Montaigne und dort in seine Bibliothek, ganz so, wie er sich auch auf Reisen begab. Das Leben zerfällt in den Beruf, andererseits in Zerstreuung, Erbauung und so fort. Der Beruf schließt die Sorge um die Familie und staatsbürgerliche Pflichten ein. Jenseits davon beginnt der Zeitvertreib. Das verantwortliche Denken gehört einzig jenen realistischen Sphären an, in ihnen erschöpft sich der Ernst, im übrigen will man sich gehenlassen. »Denen, die mich nach dem Grund meiner Reisen fragen, pflege ich zu antworten, daß ich wohl weiß, was ich fliehe, aber nicht, was ich suche.«[25] Das heißt, ich reise »pour mon plaisir«[26]. Aus der Ataraxie wird in der neueren Skepsis zugleich die Zerstreuung und die beziehungslose und behaglich ausgestattete Innerlichkeit. Das Vergnügen an der Welt und der Rückzug ins eigene Innere sind bei Montaigne identisch. Wer in seiner Bibliothek sitzt oder eine schöne Reise macht, ruht angenehm bei sich selber aus. Die soziale Schicht in Frankreich, der er angehörte, besaß die Mittel, ihr Privatleben erfreulich zu gestalten.

Bei den Massen bildete sich zur gleichen Zeit eine Innerlichkeit heraus, die nichts von Erholsamkeit an sich hatte.

24 Montaigne, ibid., S. 462.
25 Ibid., Buch III, Kap. 9, S. 376.
26 Ibid., S. 402.

Der Zusammenbruch der ständischen Lebensordnung trieb die Armen zur neuartigen und schweren Arbeit in die Manufaktur. Die Arbeitslosigkeit und die steigenden Preise der Lebensmittel zwangen dazu, sich zu verdingen, wo nur immer eine Möglichkeit bestand. Eine neue Arbeitsdisziplin wurde notwendig. Mit der neuzeitlichen Konkurrenz war die gemütliche Arbeitsweise, die noch im Frankreich des 16. Jahrhunderts vorherrscht, immer weniger vereinbar. Die vielen Feiertage, die Freizeit überhaupt, mußte beschnitten, die Arbeit selbst intensiviert werden. Es begann die Entwicklung, die den Arbeiter einerseits zu immer höherer Verantwortlichkeit und größerer Leistung und andererseits zu dauernder Entbehrung zwang. Die Anpassung der Massen an diesen Zustand vollzog sich durch Erneuerung des Christentums, im Protestantismus und im Katholizismus nach Trient. Eine Seite des Protestantismus entspricht genau dem Skeptizismus: wir vermögen keine sinnvolle Ordnung in der Welt zu erkennen. Die unteren Schichten sollen nicht mehr in der Erwartung auf die oberen blicken und die Menschen nicht mehr auf Gott, daß sich die Mächtigen der Ohnmächtigen annehmen und für sie sorgen. Solche Hoffnungen sind töricht und verwerflich. Nicht an die Höheren hat das Individuum Forderungen zu richten, sondern an sich selbst. Es muß sich in Zucht nehmen. Seine materiellen Bedürfnisse kehren sich introvertiert in ebenso viele Anklagen gegen die eigene Erbärmlichkeit um. Ziehen daher die Individuen der Masse sich in ihr Inneres zurück, so finden sie dort keine vergnügliche Ruhe wie die kultivierten Bürger des Übergangs, sondern das eigene strenge Gewissen, das sie der Sündenschuld anklagt, nach ihren Fehlern und Lässigkeiten im Alltag durchforscht und zu weiterer Arbeit antreibt. Die genußfeindliche, die Personen in sich entzweiende Innerlichkeit breitet sich in den folgenden Jahrhunderten immer mehr aus. Der Reichtum und die Bildung, die Montaigne mitbekommt, sind noch die Frucht der untergehenden ständischen Verhältnisse. In der neu aufkommenden bürgerlichen Ordnung existiert Kultur nur auf Grund der kapitalistischen Arbeitsform.

Wie die mystische Religiosität im Altertum skeptische Züge trägt[27], so stimmt der Protestantismus mit Montaignes Kritik am Wissen überein. Der Angriff Luthers auf Vernunft und Wissenschaft unterscheidet sich einzig durch Grobheit des Ausdrucks von der skeptischen Ironie. In der Vernunft sieht er eine Hure, die Gott schändet und beleidigt.[28] Nach Calvin sind alle Gedanken des Weisen eitel. In der Verdammung des theoretischen Denkens können sie sich nicht genugtun. Gottes Wort und der Obrigkeit soll sich der Mensch unterwerfen und nicht glauben, er sei aus sich selbst zur besseren Erkenntnis der Wahrheit und zum Aufstellen der Richtschnur seines Handelns fähig. Montaigne geht noch weiter. Das berühmteste Kapitel der *Essais* gilt der Verteidigung von Raymond Sebonds *Natürlicher Theologie*, die nach thomistischer Tradition auch in geistlichen Dingen das Licht der Vernunft nicht entbehren wollte, ja, sich bemühte, den Glauben auf ihr zu begründen. Sein Verteidiger aber spricht ihr jeden Wert ab, nicht nur in der Theologie, sondern auch auf dem Gebiet der Wissenschaft.[29] »Kann

27 Der neuplatonische Theosoph Philo bestritt die Möglichkeit des Wissens mit den gleichen Gründen, ja, mit denselben Worten wie die Skeptiker. Cf. Zeller, ibid., S. 9f. und 390.

28 Cf. die Zitate in ›Egoismus und Freiheitsbewegung‹, oben S. 50.

29 Cf. die Einführung Villeys zu Buch II, Kap. 12, der *Essais*, ibid., S. 208f.

man sich etwas Lächerlicheres denken«, sagt er in echt reformatorischem Stil[31], »als daß dieses elende und armselige Geschöpf, das nicht einmal Herr über sich selbst und von allen Dingen abhängig ist, sich Herr und Meister des Universums nennt, das es noch nicht einmal im kleinsten Teil zu kennen, geschweige denn zu beherrschen vermag.« Unter den Ansichten der Alten schätzt Montaigne am höchsten »die, welche uns am meisten verachten, schlecht machen und vernichtigen; die Philosophie hat, scheint mir, nie so leichtes Spiel, als wenn sie unseren Dünkel und unsere Anmaßung bekämpft, wenn sie mit Recht unsere Entschlußunfähigkeit, Schwäche und Unwissenheit erkennt«[32]. Nicht Luther, aber der humanistisch geschulte Calvin hat von der Vernunft noch höher gedacht. Zwar muß nach ihm »der Mensch, gerade indem er die Wahrheit sucht, inne werden, wie unzulänglich seine Denkkraft ist, sie zu suchen und zu finden ... Keineswegs bleiben aber die Anstrengungen unseres Geistes in allen Fällen vergeblich und erfolglos, zumal wenn sie sich auf mehr untergeordnete Gegenstände richten«[33]. Montaigne ist entschiedener. »Die Pest des Menschen ist die Meinung, etwas zu wissen.«[34] – »Nur die Dinge, die vom Himmel kommen, haben Recht und Autorität; sie allein tragen den Index der Wahrheit: die Wahrheit sehen wir daher auch nicht mit unseren eigenen Augen, noch empfangen wir sie durch unsere eigenen Mittel: diese heilige und große Idee könnte an einem so ärmlichen Ort gar nicht haften, wenn Gott ihn

31 Montaigne, ibid., S. 235.
32 Ibid., Kap. 17, S. 604f.
33 J. Calvin, *Unterricht in der christlichen Religion (Institutio religionis christianae)*, übertragen von E. F. K. Müller, Neukirchen 1928, S. 126f.
34 Montaigne, ibid., Kap. 12, S. 311.

zu diesem Zweck nicht vorbereitete, wenn Gott ihn durch seine Gnade und besondere und übernatürliche Gunst nicht bildete und stärkte.«[34] Menschliche Vernunft ist nicht bloß schwach, sie ist auch schädlich und gefährlich. »Leute, die richten und ihre Richter kontrollieren, ordnen sich niemals unter, wie es sich gehört. Um wieviel gehorsamer gegen die religiösen und politischen Gesetze und um wieviel lenkbarer sind doch die einfachen Geister ohne vorlaute Wißbegierde als jene, die in göttlichen und menschlichen Dingen Bescheid wissen und darin schulmeistern wollen!«[35]

Nimmt er die skeptische Ansicht an, so sieht sich der Mensch als »nackt und leer, er erkennt seine natürliche Schwäche und ist geeignet, von oben eine ihm fremde Kraft zu empfangen. Der menschlichen Wissenschaft entbehrend, ist er um so fähiger, die göttliche in sich aufzunehmen; um dem Glauben besser Platz zu machen, vernichtet er seine Vernunft. Er ist nicht ungläubig, noch stellt er irgendein Dogma gegen die allgemeinen Sitten und Gebräuche auf; er ist demütig, gehorsam, lenkbar, arbeitsam, ein geschworener Feind der Häresie und daher gegen die eitlen und irreligiösen Lehren immun, die von den falschen Sekten aufgebracht werden. Er ist ein unbeschriebenes Blatt, bereit, die Linien aufzunehmen, die es Gott gefällt, darauf zu schreiben.«[36] Das Wort gegen die Sekten ist gewiß auf die Hugenotten gemünzt, aber nicht auf ihren Glauben, sondern auf ihren Anspruch als französische Partei, die das ruhige Werden der Nationalmacht gefährdet. Mit der Gesinnung des siegreichen Protestan-

34 Montaigne, ibid., Kap. 12, S. 460.
35 Ibid., S. 346.
36 Ibid., S. 346f.

tismus stimmt es überein. Auch Calvin hat politisches Denken und Aktivität gegen die Papisten entschuldigt und gefördert; in der Republik Genf war jedoch Demut beliebter als menschliche Eitelkeit, und der Glaube galt mehr als die Wissenschaft. »Auch den besten Geistern«, heißt es in der *Institutio*[36], »dünkt es Torheit, eine ungerechte und tyrannische Herrschaft zu tragen, wenn man sie mit irgendeinem Scheingrunde abschütteln kann. Nach menschlichem Urteil wird es immer das Kennzeichen eines knechtischen und niedrigen Geistes sein, sie geduldig zu tragen; sie abzuschütteln aber, das Zeichen eines tapferen und großen Herzens. Auch Beleidigungen zu begegnen, hält bloß menschliche Sittenlehre nicht für ein Unrecht. Der Herr aber verwirft solchen gar zu ›hohen‹ Sinn und fordert Geduld, die bei den Menschen verächtlich ist.« Im Hinblick auf die Staatsform ist menschliches Räsonieren der Privatpersonen müßig und eitel.[37] Bei Luther wird den Menschen völlige Passivität auferlegt. Gegen seine These von der Anmaßung der menschlichen Vernunft erscheint Montaignes skeptische ἐποχή als schwächlich und Calvin als krasser Katholik. »Der Mensch muß gleich einem Lahmen mit schlaffen Händen und Füßen die Gnade als Werkmeisterin des Handelns erflehen.«[38] Wir müssen, sagt er[39], »auf den Punkt zurückkehren, nichts zu wissen, nichts zu begehren, nichts zu sein. Das ist ein kurzer Weg, ein Kreuzweg, auf dem wir am schnellsten zum Leben gelangen.« Der Mensch »sündigt, wenngleich er tut, was er kann; denn aus sich kann er

36 Calvin, ibid., S. 135.

37 Cf. J. Bohatec, *Calvins Lehre von Staat und Kirche*, Breslau 1937, S. 117.

38 Bohatec erkennt auch, daß Calvin in diesem Punkt mit Montaigne übereinstimmt. Luther, *Kritische Gesamtausgabe*, Band II, Weimar 1883 ff., S. 240.

39 Luther, *Sermo Die Ephiphaniae*, ibid., Band I, S. 123 f.

weder wollen noch denken«[41]. Die Lehre von der Schwäche der menschlichen Vernunft teilt Montaigne also mit den Protestanten. Beide verwerfen freilich das Denken nur, soweit es zum rechtmäßig Bestehenden, zur gegebenen Ordnung in Gegensatz tritt, nicht die Wissenschaft als solche. Für Montaignes alte Philosophen hat auch Calvin nicht wenig Sinn. »Wollen wir wirklich leugnen, daß die Rechtsgelehrten des Altertums etwas vom Licht der Wahrheit hatten, die mit solcher Billigkeit das Staatswesen geordnet und das Strafrecht entworfen haben? Sollten die Philosophen in ihrer ausgezeichneten Beobachtung und kunstvollen Beschreibung der Natur ganz blind gewesen sein? Hat es denen an Verstand gefehlt, welche ein System richtiger Stoffbehandlung ausgedacht und uns die Kunst der Rede gelehrt haben? ... Ganz im Gegenteil können wir die Schriften der Alten über diese Dinge mit höchster Bewunderung und Anerkennung lesen.«[42] Die Schroffheit Luthers in diesem Punkte ist durch Melanchthon gemildert. Schlecht ist der Geist nur als kritische Theorie und Praxis; sofern er sich ein- und unterordnet, als Gewohnheit, bürgerliche Tüchtigkeit, praktischer Verstand und als Kulturgut ist er im Protestantismus wie in der Skepsis geduldet.

Im Gegensatz zur Reformation erkennt Montaigne als höchste Tugend jedoch nicht die absolute Selbstverachtung, sondern die Mäßigung. Er sieht die kämpfenden Parteien als aufgeklärter Diplomat, Gewissensfreiheit bedeutet ihm Voraussetzung des Friedens. Nach ihm hat

41 Luther, *Quaestio de viribus et voluntate hominis sine gratia disputata* 1516, ibid., S. 148.

42 Calvin, ibid., S. 128.

niemand recht, es gibt kein Recht, sondern Ordnung und Unordnung. Aus den Unterhaltungen mit deutschen Protestanten zieht er den Schluß, daß die religiöse Frage auf einen Wortstreit hinausläuft. Luther legt die Bibel anders aus als die Papisten. Luther hat eine Partei gebildet; schon bilden sich Parteien, wie jetzt Luther auszulegen sei.[43] Nicht religiös, sondern politisch hält Montaigne den Protestantismus in Frankreich für gefährlich; er fürchtet die Erschütterung. »Denn der gemeine Mann hat nicht die Fähigkeit, die Sachen nach ihrem Sinn hin abzuschätzen. Er urteilt nach Zufall und dem Augenschein. Hat man ihm einmal die Freiheit gestattet, Meinungen, die er vorher aufs höchste respektiert hat, wie die, welche sein Seelenheil betreffen, zu verachten und zu bekritteln, hat man einige Religionsartikel erst einmal bezweifelt und auf die Waagschale gelegt, so gelten ihm sogleich auch die anderen Teile des Glaubens als geradeso unsicher; denn sie waren bei ihm weder durch größere Autorität noch durch bessere Begründung gestützt als die, welche man erschüttert hat. Alle Eindrücke, die durch Gesetz und Brauch geheiligt waren, ... schüttelt er nun ab, ›denn begeistert tritt man mit Füßen, was man vorher nur allzusehr gefürchtet hat‹ (Lukrez). Er will von nun an nichts mehr gelten lassen, als was er seinem eigenen Urteil unterworfen und für gut befunden hat.«[44] Die katholischen Orthodoxen sind freilich nicht viel besser. Die Liga von Kirche, Spanien, dem Hause Guise und der ganzen, verkommenen Aristokratie verteidigte die ständisch-mittelalterlichen Lebensformen, in denen die parasitär gewordene Existenz der Partner

43 Cf. Montaigne, ibid., Buch III, Kap. 13, S. 572.
44 Ibid., Buch II, Kap. 12, S. 213f.

noch möglich war. Auch sie verhetzen nach Montaigne das Volk, und zwar nicht nur »aus wahrem Eifer gegen ihre Religion und heiliger Sorge, den Frieden und die überkommene Ordnung in ihrem Land zu erhalten«[45], sondern auch um ihres persönlichen Vorteils willen. Weder der gemeine Mann im Heer noch die Führer meinen es ernst mit der Religion. Den Herzögen von Guise waren schließlich auch die Lutheraner angenehm, wenn es gegen Calvinisten ging.[46] Die gerechte Sache, welche die Katholiken nach Montaignes Ansicht für sich haben, »ist nur Schmuck und Deckmantel; sie berufen sich wohl auf sie, aber sie ist bei ihnen nicht aufbewahrt, beheimatet und wahrhaft ergriffen: sie ist dort wie im Munde des Advokaten, nicht wie im Herzen und der Sorge des Klienten.«[47] Montaignes Stellung entspricht der seines Zeitgenossen Bodin, der dem König gegenüber den Protestanten »die mildesten und heiligsten Wege« empfiehlt[48] und aus dem gleichen Grunde gegen die gewaltsame Unterdrückung des Protestantismus ist wie Montaigne gegen seine Ausbreitung. Es kann sonst geschehen, sagt Bodin[49], »daß diejenigen, die von ihrem religiösen Kult enttäuscht und von den anderen angewidert sind, überhaupt Atheisten werden, wie wir es vor uns sehen, und dann, wenn sie die Gottesfurcht verloren haben, auch die Gesetze und Behörden mit Füßen treten. Sie werden sich in aller Art von

45 Ibid., Kap. 19, S. 673.
46 Cf. E. Lavisse, *Histoire de France*, Band VI, Paris 1904, S. 57–59 über die Begegnung der katholischen Würdenträger mit dem Herzog von Württemberg vierzehn Tage vor dem Massaker in Vassy, über das Guise den Herzog als einen »accident« informierte.
47 Montaigne, ibid., Kap. 12, S. 220f.
48 Cf. Lavisse, ibid., S. 181.
49 Jean Bodin, *Les six livres de la république*, Ausgabe von Gabriel Cartice, 1599, Buch IV, Kap. 7, S. 655.

Gottlosigkeit und Bosheit ergehen, gegen die man mit menschlichen Gesetzen nichts mehr ausrichten kann. Genau so, wie die stärkste Tyrannei nicht so elend ist wie die Anarchie, wo es keinen Fürsten und keine Behörden gibt, ist auch der allerstärkste Aberglaube bei weitem nicht so abscheulich wie der Atheismus.« Die Neigung, in religiösen Fragen persönlich neutral zu sein, die Religion der Staatsräson unterzuordnen, die Hinwendung zum starken Staat als dem Garanten des sicheren Handels und Verkehrs entspricht den Existenzbedingungen der zu Geld gekommenen Bürger und ihrem Bund mit der absoluten Monarchie. Er machte in Frankreich unter Heinrich IV. seine glücklichste Periode durch und ist, widerwillig genug, erst am Ende des 18. Jahrhunderts gekündigt worden.

In Montaigne sind wichtige Züge des bürgerlichen Geistes ausgedrückt. Die Belanglosigkeit des religiösen Inhalts im Vergleich zu den Staatsinteressen haben repräsentative Denker in anderen Ländern, Machiavelli in Italien, Spinoza in Holland, Hobbes in England ausgesprochen. Die Tendenz, die Wahrheit der Macht unterzuordnen, ist nicht erst im Faschismus aufgekommen; in der ökonomischen Situation des Bürgertums ebenso tief verwurzelt wie die freiheitlichen Züge, durchzieht der Irrationalismus die gesamte Geschichte der Neuzeit und beschränkt ihren Begriff der Vernunft. Die religiösen Ideen, die allgemeinen Ziele überhaupt, treten hinter den Erfordernissen der Kapitalverwertung zurück. Aber nicht allein in religiöser, auch in wissenschaftlicher Hinsicht hat Montaigne eine kennzeichnende Entwicklung eingeleitet. Den klassischen Rationalisten Descartes und Leibniz steht seine Denkart näher, als es scheinen möchte. Sie widerspricht nicht der durch sie begründeten Wissenschaft, bloß den Unternehmungen der alchimistischen und sonstigen Scharlatane, die er vor sich sah. Montaignes Einfluß auf den cartesianischen Zweifel und damit auf die kritische Haltung der modernen Naturerkenntnis wird stets hervorgehoben. Manche Stellen der *Essais* scheinen auf Kant zu weisen. »Man hat ganz recht, dem menschlichen Geist möglichst enge Grenzen zu setzen. In der Wissenschaft wie überhaupt muß man seine Schritte berechnen und regulieren, künstlich sein Gebiet ausschneiden.«[50] Montaignes Vorsatz, sich selbst zu schildern, dem sein ganzes Werk gewidmet ist, war für den Ursprung der großen französischen Psychologie bedeutsam. Die unsystematische Form der Darstellung hat auch bei den systematischen Philosophen Schule gemacht. Man hat bemerkt[51], daß Descartes seine Lehren zuerst in essayistischer Weise geäußert hat. Der *Discours de la méthode* enthält eine biographische Darstellung. Wie Montaigne teilt er die Gedanken als persönliche Ansichten mit. In England hat der »Essay« eine glänzende Entwicklung erlebt[52], und Voltaire hat ihn, wahrscheinlich von dorther angeregt, in Frankreich wieder eingeführt.

Als Subjektivismus bildet Skepsis einen wesentlichen Zug der ganzen neueren Philosophie. Solange religiöse und weltliche Erkenntnis noch nicht getrennt waren und die irdische Ordnung auch als die von Gott gesetzte erschien, galt Wissenschaft als objektiv. Die Struktur des Universums, welche die Menschen zu erkennen strebten, war seine wahre Struktur, die zentralen Begriffe spiegelten objektive Verhältnisse, echte Ideen wider, nach denen

50 Montaigne, ibid., Kap. 12, S. 450.

51 Cf. E. Cassirer, *Die platonische Renaissance in England und die Schule von Cambridge*, Berlin 1932, S. 110f.

52 Cf. G. Lanson, *Les ›Essais‹ de Montaigne*, Paris 1930, S. 326f.

Gott Natur, Mensch und Gesellschaft geschaffen hatte. Im Nominalismus wurde diese Auffassung erschüttert. Die aristotelische Lehre, nach der die Dinge ihr Wesen in sich haben und wir sie nach dem erkennen, was sie wirklich sind, verlor ihre Autorität. Mit dem fortschreitenden Zerfall des mittelalterlichen Ordo erschien ihr Mißverhältnis zur Realität der neuen Gesellschaft. Nicht durch die Harmonie von Materie und Form ist die Wirklichkeit gekennzeichnet, sondern durch den Gegensatz zwischen Materie und Form, zwischen der widrigen, zu bewältigenden Außenwelt und dem mit seinen eigenen Zwecken und Ideen gegen sie kämpfenden Individuum. Die Skepsis ist die Quintessenz des Nominalismus. Sie steckt in allen Tendenzen, die der aristotelischen Scholastik zu Beginn der Neuzeit zuwiderliefen; denn die Subjektivierung der Erkenntnis, in der die widersprechendsten Systeme zusammenstimmen, ist eine skeptische Funktion. Auch der Platonist Ficinus bekämpft die Ansicht, daß die objektive Realität auf irgendeine Weise in den Geist gelange. Das Denken begreife in Wahrheit nur sich selbst und was es hervorbringe. Wissen ist keine Reflexion eines Objekts. »Das Urteil folgt der Form und Natur des Urteilenden, nicht des beurteilten Gegenstands.«[53] In dieser Hinsicht gehören Descartes, Hume und Kant zu einer Schule. Zur gleichen Zeit, als die fortschreitende Wissenschaft den Triumph erlebt, die Gültigkeit der Naturgesetze räumlich und zeitlich ins Unendliche auszudehnen und der himmlischen Seligkeit nicht mehr die kleinste Stätte läßt, wo sie

53 Ficinus, *Theologia platonica de immortalitate animorum*, zitiert nach E. Cassirer, *Das Erkenntnisproblem in der Philosophie und Wissenschaft der neueren Zeit*, Band 1, Berlin 1911, S. 92. Cf. die gesamte dort gegebene Darstellung des Ficinus.

sich ereignen kann, sinkt sie selbst zum subjektiven Auskunftsmittel herab. Ihre Begriffe erhalten den Wert von Orientierungsmarken. Solange diese philosophische Tendenz wie bei Pico mit einer exaltierten Auffassung vom Menschen zusammengeht, ist ihr skeptischer Inhalt verschleiert. Aber solcher Glaube schwindet schon während der Renaissance dahin.[54] Die Reduktion der Philosophie auf eine Logik und Erkenntnistheorie, deren Gegenstand die allgemeinen, gleichbleibenden Formen des Denkens bilden, wurde in den nächsten Jahrhunderten vollendet. Die Wissenschaften sind danach die Art und Weise, wie das Individuum mittels dieser Formen sich im Chaos der Gegebenheiten auskennt. Das einsame Ich, ein Kraftpunkt, ist die einzige verständliche Realität; zu dem, was sonst noch sein mag, gibt es keine sinnvolle Verbindung, die Welt wird zum unverständlichen Draußen, dessen Existenz nicht einmal sicher ist, sondern durch komplizierte Schlüsse nachgewiesen werden muß. Das Ich ist allein in einer unsicheren, wechselnden, trügerischen Welt. So steckt Montaignes Denkart im Erkenntnisbegriff der neueren Philosophie.

Der positive Gehalt der Skepsis ist das Individuum. Trotz aller Reden über seine Unbeständigkeit und Kleinheit, seine Unfähigkeit zum wahren Wissen bleibt das Ich mit seinen Kräften das einzige Prinzip, auf das wir uns in Theorie und Praxis verlassen können. Von uns selbst hängt unser Glück ab. In der Analyse, welcher Hegel den Skeptizismus unterzogen hat, ist dies klar erkannt. »Das skeptische Selbstbewußtsein erfährt... in dem Wandel alles des-

54 Cf. dazu die ausgezeichnete Schilderung H. Ritters in seiner *Geschichte der Philosophie*, Band x, Hamburg 1851, S. 288 ff.

sen, was sich für es befestigen will, seine eigene Freiheit als durch es selbst sich gegeben und erhalten; es ist sich diese Ataraxie des sich selbst Denkens, die unwandelbare und wahrhafte Gewißheit seiner selbst.«[55] Sosehr die Ironie der eigentlichen Skeptiker gegen das schwache, wandelbare, empirische Ich, dem wir uns nun einmal anvertrauen müssen, vom Pathos des Rationalismus verschieden ist, mit dem dieser vom Subjekt als dem Prinzip der Erkenntnis spricht, bilden doch bei ihnen Wissen und Handeln des isolierten Einzelnen den Inhalt der richtigen Philosophie. »Wir brauchen wenig Wissenschaft, um ordentlich zu leben«, sagt Montaigne[56], »... Sokrates lehrt uns, daß und wie sie in uns zu finden ist und wie wir uns ihrer bedienen können. Alle unsere Kenntnisse, die über die natürlichen hinausgehen, sind meist bloß eitel und überflüssig. Es ist schon viel, wenn sie uns mit nicht mehr belasten und stören als weiterhelfen.« Die Menschen sind auf ihre eigenen Kräfte angewiesen.

Montaignes Ansicht von dem, was wir dabei erwarten dürfen, ist maßvoll. Die Stellung des Menschen in der Schöpfung ist nicht imponierend, und jedes Individuum ist ein Nichts im allgemeinen Geschehen. Die höchste Weisheit besteht darin, mit gesundem Verstand unsere Gaben zu entwickeln, gelassen dem Glück nachzugehen, das die Natur gewährt, uns ihr anzupassen, wie sie in und außer uns, als Ablauf der Lebensalter, als physisches und psychisches Temperament sowie als Schicksal in der Welt jedem von uns gegeben ist. Natürlich handeln, ist die Maxime. Gewalt gegen sich selbst und andere, gegen

55 Hegel, ›Phänomenologie des Geistes‹, in: *Sämtliche Werke*, Glockner, Band 2, S. 164.

56 Montaigne, ibid., Buch III, Kap. 12, S. 510.

Mensch und Tier ist Torheit. Es gibt keinen logischen Beweis gegen Tyrannei und Grausamkeit. Montaigne wendet sich nur von ihnen ab. Freie Entwicklung, Erziehung ohne Zwang, Entfaltung der naturgegebenen individuellen Kräfte ist sein humanes Programm, das er freilich nicht als Doktrin, sondern als Vorliebe und private Ansicht ausdrückt. Zwischen Stoa und Skepsis macht er keinen großen Unterschied. Der Inbegriff der Philosophie ist *amor fati et naturae*, letztlich die Überwindung der Todesfurcht. Das ist die Quintessenz der Lebensweisheit, die er zu Anfang durch unablässige methodische Vorbereitung und später durch Beobachten des einfachen Mannes, des »natürlichen« Menschen zu praktizieren sucht.[57] Der richtige Tod wie das richtige Leben sind in die Hand des Einzelnen gegeben, er kann sich von den äußeren Wechselfällen unabhängig machen. »Was wir aus dem Leben ziehen, liegt nicht an seiner Ausdehnung, sondern an seinem Gebrauch: mancher hat lang gelebt, der wenig gelebt hat. Bedenkt es, solange ihr da seid. Ob ihr genug gelebt habt, hängt von eurem Willen, nicht von der Zahl der Jahre ab.«[58] Hinsichtlich der Möglichkeit des Selbstmords schreibt er den falschen Satz: »Keinem geht es lange schlecht ohne eigene Schuld«[59]. Aber nicht nur die Natur, sondern mehr noch die Gefängniswärter haben seit je schon Vorkehrungen gegen diesen Weg zur Flucht getroffen. Der leichte Tod in Reichweite eines jeden müßte die Angst vor dem Terror verringern, der noch stets die Gesellschaft am Ende zusammenhielt.

57 Cf. Villeys Einleitung zu Kap. 20 in Buch I (S. 145) und zu Kap. 12 in Buch III (S. 504f.) der *Essais*.
58 Montaigne, ibid., Buch I, Kap. 20, S. 171.
59 Ibid., Kap. 14, S. 121.

Die natürliche, ungehemmte Art, sich zu geben, wie sie aus Montaignes Ansicht folgt, war im ganzen bürgerlichen Zeitalter das Muster des gebildeten Mannes. Die gute Erziehung, in letzter Zeit auch die Psychoanalyse, hat dieses Ziel. Wer es an ihr fehlen läßt, lenkt Verdacht auf sich. Er ist nicht angepaßt, sein Verhältnis zur Realität gestört. Er trägt dieser etwas nach, insgeheim ist er aggressiv. Bei den Spitzen der Gesellschaft und des Geschäfts hat sich ein feiner Instinkt für die Unnatürlichkeit eines Charakters ausgebildet. Wer sich im Umgang mit der Welt nicht frei und ohne Rankune bewegt, wird an unmerklichen Zeichen rasch erkannt und hat keinen Erfolg. Im besseren Fall ist er neurotisch, im schlimmeren oppositionell. Der Anspruch, der Natur ihr Recht zu lassen, der mit der Emanzipation des Bürgertums zusammenhängt, nimmt die Bedeutung an, unmittelbar und unbefangen zu einer Welt zu stehen, in der nichts in Ordnung ist. Zu Beginn der Neuzeit treten humanistische Charaktere von der Art Montaignes hervor und erklären das natürliche Verhalten der gebildeten Persönlichkeit als die Norm des Handelns. An der aufsteigenden Bürgerklasse erfahren sie, daß der Mensch des physischen wie des religiösen Zwangs entraten kann. Bei allen Unterschieden ihrer Theorien und Temperamente verbindet diese weltoffenen Geister der Genuß der intellektuellen und materiellen Güter der Kultur, die große politische Einsicht, die Schärfe des psychologischen Urteils und die Toleranz im Religiösen. Die gelassene Befriedigung der individuellen Bedürfnisse im Bestehenden ist ihre Lebensart, sie gehören selbst zum kultivierten Bürgertum. Bei einigen finden sich Beispiele großen persönlichen Muts und der Solidarität mit den Unterdrückten, vor allem bei Agrippa von Nettesheim, dem tiefsten dieser Skeptiker, aber auch bei Montaigne.[60] Irgendeine Verpflichtung jedoch wird abgelehnt. Montaigne zitiert einen alten Philosophen, »der lehrte, daß der Weise nur für sich selbst etwas tun soll; um so mehr, als er allein würdig ist, daß man etwas für ihn tut«[61]. Es ist Geschmacksache, wenn er sich einmal anders verhält.

Angesichts solcher Verständigkeit erscheinen die Reformatoren inhuman. Durch ihren Fanatismus vermittelt, entsteht der bürgerliche Massenmensch, der durch Umkehrung der materiellen Wünsche, Unterjochung der sinnlichen Regungen unter das unablässig antreibende Ich, Introjektion des ökonomischen und politischen Drucks als Pflicht in die eigene Seele dem Kindheitszustand des mittelalterlichen Menschen entwächst. Auch er fügt sich in die werdende bürgerliche Ordnung ein, aber mit Rankünе und einem starken Glauben, mit Eifersucht und Schuldgefühl, mit Sexualneid und Menschenhaß. Die Idee der mütterlichen Kirche verliert die geschichtliche Basis in dem Maße, wie die Kirche infolge der wirtschaftlichen Umwälzung ihre schützenden Funktionen aufgab und parasitäre Züge gewann; die einigende Führung der Christenheit durch den Papst weicht der Politik der National-

60 Montaige ließ den Satz gegen die barbarische Justiz der Christen im Kapitel über die Grausamkeit (ibid., Buch II, Kap. II, S. 198) stehen, obgleich ihm bei seinem römischen Aufenthalt der Vertreter der Inquisition, wenn auch höflich und lau, die Änderung empfahl. Der Essay über die Kannibalen (ibid., Buch I, Kap. 31), aus dem Shakespeare und Goethe einzelne Stellen wörtlich in ihre Dichtungen aufgenommen haben, gehört zu den schönsten des Werkes. Dort findet sich auch der gegen den Terror der herrschenden Mächte gerichtete Satz: »Ich meine, es ist barbarischer, einen Menschen lebendig aufzufressen, als ihn tot aufzufressen; barbarischer, einen Körper, der noch voll von Empfindung ist, in Martern und Höllenqualen zu zerreißen, ihn langsam zu rösten, ... als ihn zu rösten und aufzufressen, wenn er schon hin ist.« (ibid., S. 404). – Die Mächtigen der Christenheit rangieren also tiefer als die Menschenfresser.

61 Ibid., Buch I, Kap. 50, S. 582.

staaten und die geistliche Fürsorge der ökonomischen Selbstverantwortung des Individuums. Die Gläubigen nehmen einen verschlossenen Charakter an wie der Gott, an den sie glauben, und Gott trägt die Züge der Welt, die er regiert. Sie brauchen den Umweg über den unerforschlichen Gott, um sich anzupassen, weil ihre Existenz den natürlichen Bedürfnissen und jeder Idee von Gerechtigkeit zuwiderläuft. Die Höhe des Einkommens, das sich irrational, auf Grund des ökonomischen Wertgesetzes verteilt, wird zum Siegel der Gnade, auf die der Tüchtige hoffen, aber nicht bauen darf. In ihrer barbarischen Doktrin jedoch, mit der die geistlichen Führer das Volk an den neuen Weltzustand gewöhnen, wird ihm eine Konzession gemacht: mag Gott auch in Entfernung und Undurchsichtigkeit verharren, mag die himmlische Ordnung mit ihrer dunklen Prädestination oder ihrer irrationalen Rechtfertigungsgnade sich als Abbild des irdischen Verhängnisses entpuppen, immerhin existiert ein Prinzip, das mit der Welt nicht schlechthin identisch ist. Die Bestimmung des Menschen erschöpft sich nicht mit seiner Rolle in dieser Ordnung. Gewiß hat Luther die innere Freiheit eigentlich als Bejahung der äußeren Knechtschaft aufgefaßt und christliche Liebe und Gleichheit kurzerhand mit Repression, Ausbeutung und Mord vereinbart, sobald es gegen aufsässige Massen und nicht gegen die Obrigkeit ging. Aber schon die Notwendigkeit, die christlichen Begriffe aufzunehmen und in verständlicher Sprache vom Evangelium zu reden, übt, wenn auch gegen den Willen der Reformatoren, eine kritische Funktion. Gewiß ist der Freiheitsbegriff Calvins fast auf nichts reduziert: der unbegnadete Mensch wählt mit Notwendigkeit, aber ohne Zwang das Böse. Trotz solcher kniffliger Bestimmungen, trotz vorsichtigster Beschränkung des Resistenzrechts, das Calvins Lehre einschließt, vermag auch er die Spannung zwischen Gott als höchstem Souverän und den irdischen Mächten nicht völlig auszugleichen.[62]

Die Reformatoren konnten ihre Funktion, die Menschen zu frei sich unterordnenden Individuen zu erziehen, nicht erfüllen, ohne den Gegensatz zwischen dem Menschen und der Wirklichkeit, in die er sich zu schicken hatte, wenn auch in verzerrter Weise, in ihre Lehren aufzunehmen. Gott und Welt, Freiheit und Knechtschaft, Naturtrieb und Gewissen, göttliches und irdisches Gebot sind darin unaufgelöste Widersprüche, unter denen der reale Widerspruch des Individuums, das sich zu entfalten strebt, zu den Verhältnissen des beginnenden Kapitalismus verborgen ist. Die historische Überwindung des Widerspruchs kann sich erst am Ende des Zeitalters vollziehen, wenn die materiellen Voraussetzungen zur Aufhebung der Klassen entwickelt sind. An seinem Beginn ist kein Ausweg zu erblicken, die soziale Ungleichheit erweist sich als Mittel des Fortschritts, und die Individuen werden dem Weltgeist gleichsam zum Opfer gebracht. Die Form jedoch, in der die Menschheit solches Unrecht wußte und das Bestehende an einem Ideellen maß, war die neue Religiosität. Die Vorstellung des göttlichen Gebots oder der Pflicht, die zu jener Zeit den Protestanten zur Verdrängung oder Sublimierung, jedenfalls zum Aufschub seiner materiellen Triebregungen verhielt, hat keine unmittelbare Beziehung zu einer vernünftigen Gesellschaft. Die Funktion der Reformatoren bestand ja in der

62 Cf. hierzu die Darstellung des Verhältnisses von Luther und Calvin zur Autorität in *Studien über Autorität und Familie*, ibid., S. 136ff.

Introvertierung der Massenwünsche, im Abwenden der Forderungen der Beherrschten von den Herrschenden auf ihr eigenes Innere.[63] Der ökonomische Zwang wurde als göttlich verklärt. Aber die Menschheit war schon zu weit gediehen, um die Fürsten, Behörden und reichen Bürger schlicht als Götter und den Gehorsam gegen sie als das absolut Gute hinzustellen. Sie hat den Zustand eines primitiven Fetischismus überwunden. Auch das erneuerte Christentum ist keine blanke Anbetung von Macht und Erfolg, wenn auch einige seiner Tendenzen diese Gesinnung gefördert haben; es enthält vielmehr im Gottesbegriff die Idee der Indifferenz des Menschen gegen die sozialen Unterschiede und weist über die Verhältnisse der Klassengesellschaft hinaus. Die Erkenntnis, »sie sagen Christus und meinen Kattun«, erhellt das Zeitalter. Aber sie gilt für die Klassen nicht in gleichem Maß. Die Unterdrückten sagen Christus und meinten seit je eine menschenwürdige Existenz. Mag der Aufstand der Bauern, der unmittelbar eine gerechtere Praxis der grundherrlichen Ordnung anstrebte, bloß als reaktionäre oder wegen seiner Ideen von Gleichheit, Brüderlichkeit und Billigkeit zugleich als fortschrittliche Bewegung gelten: die gequälten Bauern und Proletarier, die das wiedererweckte Evangelium mit ihren Forderungen identifizierten, fielen nicht nur einem Irrtum anheim. Daß Luther in seiner Hetze, ein Blutbad unter ihnen anzurichten, keine Grenzen kannte, erinnert an die Wut des Renegaten. Er ahnte, daß seine Lehre Elemente enthielt, an die jene sich nicht ganz mit Unrecht halten konnten.[64] Je deutlicher mit dem Fortgang

63 Cf. über diesen Mechanismus den Aufsatz ›Egoismus und Freiheitsbewegung‹, oben, S. 31 ff.

64 F. v. Bezold, *Geschichte der deutschen Reformation*, Berlin 1890, S. 500 f.

der bürgerlichen Gesellschaft eine überlegene, rationale Organisationsform der Menschheit sichtbar wird und als Kampfziel in den bewußten Willen sozialer Gruppen übergeht, desto unangemessener wird die religiöse Ausdrucksform für die weitertreibenden historischen Tendenzen. In der gesamten Periode des Frühkapitalismus, von der Entstehung der Bettelorden bis in die Anfänge des 19. Jahrhunderts hinein, besaß jedoch das Evangelium nicht allein verklärende, sondern auch revolutionäre Bedeutung. Die Reformatoren haben es jedoch nicht mit der irdischen Ordnung identifiziert; die oppositionellen religiösen Geister von Müntzer bis Tolstoi haben es als »Gesetz, wie es im Herzen geschrieben ist«[65], den bestehenden Verhältnissen entgegengehalten.

Das Evangelium ist so die Negation der Skepsis, nach welcher das Handeln Geschmacksache oder eine Frage individueller Klugheit ist. Beim Skeptiker erscheint Menschlichkeit als eine Art Schmuck seiner Person, als Besonderheit des Temperaments, wie der Sinn fürs Reisen. Sein Begriff vom Menschen erschöpft sich in der Vorstellung des isolierten, empirischen Ichs, das sich aus den vielen Augenblicken des Lebens zusammensetzt. So mild er gegen Mensch und Tier gestimmt sein mag, logisch bleibt sein Denken bloß um innere Ruhe und Sicherheit seines empirischen Ichs zentriert. Da er nicht einmal gedanklich und im Gegensatz zu seiner eigenen Erlebnisfähigkeit und Existenz etwas gelten läßt, wogegen sein Ich an Wichtigkeit verliert oder durch Solidarität über sich hinausreicht, wird dem Skeptiker das psychologische Be-

65 Thomas Müntzer. Cf. Günther Franz, *Der deutsche Bauernkrieg*, München und Berlin 1933, S. 418.

finden der so verarmten und abstrakt gemachten Seele zum höchsten strukturierenden Prinzip und ferner – sosehr er alle objektiven Werte leugnet – zum höchsten, ja, zum einzigen philosophisch relevanten Wert. Ein weiterreichendes Interesse spielt bewußt keine Rolle und ist nach ihm im Menschen nicht notwendig angelegt. Montaigne haßt die Unterdrückung sozial und privat. Aber die Anstrengung auf sich zu nehmen, das Unrecht abzuschaffen, liegt ihm seinem eigenen Zeugnis zufolge ganz fern. »Montaigne«, heißt es in einer modernen Studie[66], »will weder herrschen noch sich beherrschen noch beherrscht werden; er ist bewegt und geblendet von moralischen Phänomenen; er gibt sich der Betrachtung des vielfältigen Spiels des inneren Lebens hin; er wächst, altert und stirbt in diesem Zustand einer angenehmen und schlaffen Passivität... Er schreckt vor dem Handeln zurück; er verleugnet die Anstrengung; er praktiziert sie nicht.«

Das Verhältnis von Skepsis und Religiosität hat in der neueren Zeit eine Entwicklung durchgemacht. Im 17. Jahrhundert wird hauptsächlich der Gegensatz herausgestellt. Pascal erkennt Montaignes Quietismus. Er mache aus dem richtigen Prinzip, daß die menschliche Vernunft sich selbst als unzulänglich erkenne und außerhalb des Glaubens alles unsicher sei, ein sanftes Ruhekissen. Aus Angst, daß er im Verweilen bei einzelnen Problemen zu tief in sie eindringe, gleite er über sie hinweg.[67] Vauvenargues hat das Urteil später wiederholt. Er verachtet Montaignes Unentschlossenheit und Neutralität.[68] Auch die

66 F. Tavera, *L'idée d'humanité dans Montaigne*, Paris 1932, S. 239.
67 Cf. Pascal, ibid.
68 Cf. Vauvenargues, *Œuvres*, herausgegeben von Gilbert, Band 1, Paris 1857, S. 22 und 274–276.

rationalistische Philosophie hat sich von Montaigne abgegrenzt. Dieselben historischen Tendenzen, die in der Religion den Menschen als Gewissen und Trieb in sich selbst entzweien, treiben in der Erkenntnistheorie zur Lehre vom rationalen Ich, das der Affekte Herr zu werden hat. Die Religion entspricht den Massen, deren geschichtlich notwendige Unterordnung nicht durch rationale Gründe motivierbar ist, sondern als Kreuz ertragen werden muß; die Philosophie kennzeichnet das Verhalten des Bürgertums, das den unmittelbaren Genuß aus Berechnung zurückstellt. Die bloße Beschreibung empirischer Zustände des eigenen Ichs, der Gewohnheiten, Sorgen und Vorlieben, der physiologischen und anatomischen Eigenheiten, wie sie in den *Essais* sich findet, hat nach Malebranche mit dem Studium des Geistes nichts zu tun. Montaignes vielgerühmte psychologische Kenntnis gilt ihm als oberflächlich.[69] Von der konformistischen Lebensklugheit, die aus ihr hervorgeht, scheint sich auch Descartes in späteren Jahren abgewandt zu haben.[70] Selbst Locke, der Montaigne in erkenntnistheoretischen und pädagogischen Lehren so weit gefolgt ist, nennt ihn auf gut puritanisch »voll von Stolz und Eitelkeit«[71].

Aber der Gegensatz schleift sich ab: mit dem Übergang von der absolutistischen zur liberalistischen Periode werden die vorwärtstreibenden Züge der Religion überdeckt. Sie gewinnen unter den besonderen Bedingungen des geschichtlich zurückgebliebenen Deutschlands im deutschen Idealismus eine neue Gestalt, deren Entwicklung auch hier vor dem siegreichen Liberalismus in der offiziel-

69 Cf. Malebranche, *De la recherche de la vérité*, Buch II, Teil 3, Kap. 5.

70 Cf. Charles Adam, *Vie et œuvres de Descartes*, Paris 1910, S. 415.

71 P. King, *The Life of John Locke, with extracts from his correspondence, journals, and common-place books*, Band I, London 1830, S. 296.

len Philosophie abbricht und nur in der sozialistischen Opposition weitergeht. Die Religion aber wird in der herrschenden Klasse zur ungebrochenen Bejahung der gesellschaftlichen Formen. Ihre Morallehre fällt mit der Praxis des anständigen Geschäftsmanns und ihre Pädagogik mit der Erziehung zu Sparsamkeit und Profitmachen zusammen. Zwischen dem kapitalistischen Verteilungsmechanismus und den Wegen Gottes wird der Unterschied ausgelöscht. Troeltsch hat die Differenz zwischen altem und neuem Protestantismus ausführlich dargestellt. »Der Glaube wird einfach zum Vertrauen und zur Hingabe an den gnädigen und heiligen Willen Gottes, wie er in der gegenwärtigen Entscheidung des von der Gemeinschaft erzogenen Gewissens sich äußert... Das Dogma tritt weit hinter die Ethik zurück. Zugleich ermäßigt sich die Spannung zwischen christlicher und nichtchristlicher Ethik, zwischen Weltleben und christlichem Leben, geht die Bekehrungsidee in die der Läuterung über. Wie sehr die Sünde auch den Menschen hemmen und hindern mag, ... die Welt der Schöpfung ist von keiner Erbsünde in ihrem Wesen verändert worden... Die große Masse protestantischer Ethik schließt theoretisch ihren unendlich mannigfaltigen Kompromiß mit den neuen ethischen Theorien... und denkt nicht mehr an den altprotestantischen Weltgegensatz und an die altprotestantische Einheitlichkeit eines christlichen Kulturlebens.«[72] Der merkbare Unterschied zwischen dem Handeln aus Gewohnheit und Herkommen bei innerer Reserve, das die Skepsis lehrt, und dem absoluten religiösen Anspruch geht in der

72 Ernst Troeltsch, ›Die Kultur der Gegenwart‹, in: *Geschichte der christlichen Religion*, Teil I, Abt. IV, I, 2. Hälfte, Leipzig und Berlin 1922, S. 616f.

liberalen Theologie verloren. Es gibt nur noch das Fortkommen im Geschäft, von dem »Kultur« nur einen anderen Zweig darstellt.

Das Verhältnis des liberalistischen Menschen zur Religion entspricht der skeptischen Denkart. Es ist nichts weniger als ein kämpferischer Atheismus. Der Glaube an einen verborgenen Sinn kann in einer Ordnung nicht verschwinden, in der den Menschen die Resultate ihrer gesellschaftlichen Arbeit, die Schwankungen des Marktes, die ökonomischen Gegensätze und Krisen als Äußerungen unabhängiger Mächte, als Verhängnis oder Naturgesetz erscheinen. Die Religion spielt im Leben der Klassen eine verschiedene Rolle. Während sie denen, welche die Last der Gesellschaft zu tragen haben, zum Trost wird, der bestimmt ist, sie von der Verzweiflung und freilich auch von der Revolution abzuhalten, übt sie beim Individuum der herrschenden Klasse bloß die Funktion, seine persönlichen Verhältnisse wie die bürgerliche Einrichtung der Gesellschaft überhaupt zu sanktionieren. Als Werkzeug bei der Erziehung ist sie im Liberalismus auch in den oberen Schichten unentbehrlich. Die bürgerlichen Tugenden beruhen auf dem Zurückstellen der materiellen Triebregungen hinter die weitergehenden Interessen des abstrakten Ichs. Wirtschaftlicher Gewinn wird nicht um des Genusses, sondern um weiteren Gewinnes willen erstrebt, und dieses Streben selbst setzt sich bei jedem Gelingen immer aufs neue als sein eigenes Ziel. Der Mensch wird zum Agenten des Kapitals. Solche Gesinnung ist weder mit Gründen noch allein mit physischem Zwang zu erzielen. Im Gottesglauben gibt daher die Pädagogik dem Zögling das Mittel an die Hand, die gesellschaftlich geforderten Eigenschaften in sich auszubilden. Wo in der Erziehung der Name der Vernunft (oder vielmehr der »cooperation«) an die Stelle Gottes tritt, wie weitgehend im amerikanischen System der Gegenwart, ist sie auch ein irrationales Wesen, eine gebieterische, quasi religiöse Macht, die dem Menschen immer nur vorhält, daß er auf sich angewiesen ist, die Gegenwart der Zukunft unterordne, den ökonomischen Nutzen als Gesetz seiner Handlungen anerkenne und in der Konkurrenz bestehe. Im Bewußtsein des Erwachsenen tritt später die religiöse, irrationalistische Begründung seiner rationalistischen Denkart zurück, und sein Verhalten im Beruf und anderen Lebenszweigen gilt ihm als Ausfluß seines eigenen Charakters oder gar des Menschenwesens. Montaigne hat das Verhältnis zur Religion in dieser Periode mit eingeleitet. Es wird über sie kein negatives Urteil gefällt, sei es auch nur »esoterisch«, nur insgeheim.[73] Aber ihre Rolle im Denken und Handeln verändert sich. Die spezifisch religiösen Inhalte und die besonderen Angelegenheiten, Sorgen und Ziele des Einzelnen treten auseinander, die Bereiche des bürgerlichen Lebens, der private und öffentliche, ebenso der geschäftliche, religiöse, politische, grenzen sich gegeneinander ab. Die Freiheit der Erwachsenen von der Religion, der eigentümlich bürgerliche Unglaube besteht darin, daß jeder alles denken kann, ohne mit seinem Glauben in Konflikt zu kommen, ja, ohne überhaupt eine andere Konsequenz aus ihm zu ziehen als die, welche ohnehin sozial gefordert ist. Die Vermittlung zwischen Denken und Existenz, die seit der Emanzipation des Individuums auseinandergetre-

73 Die Darstellung Montaignes als Heiden in Fritz Mauthners sonst exakter Kennzeichnung (*Geschichte des Atheismus*, Band II, Stuttgart und Berlin 1922, S. 188) trifft nicht zu. Cf. neuerdings gegen solche Auffassung M. Dréano, *La pensée religieuse de Montaigne*, Paris 1937.

ten sind, wird unendlich differenziert. Die zuhöchst geachteten Ideen gelten insgeheim als Schein. Die verpönteste Gesinnung, der Menschenhaß, beherrscht, ins Unbewußte verdrängt, diese Welt der Klassen und der Konkurrenz. Daß die Vermittlung unterbrochen ist, stört keinen mehr. Alle wissen, was es mit Zucht- und Irrenhäusern auf sich hat, alle kennen den Zustand von Freiheit, Gleichheit und Gerechtigkeit, jenen vergotteten Ideen, alle ertragen den Zustand und reproduzieren ihn. In dieser Periode wird das Ganze nur von Einzelnen in Gang gehalten, und jeder Einzelne wäscht seine Hände in Unschuld, er beruft sich auf die Übermacht, die sich wieder auf ihn beruft. Die Gesellschaft ist in unzählige Sphären und Subjekte auseinandergefallen und hat sich noch nicht als Subjekt zusammengefaßt.

Hume, dessen Skepsis für die liberalistische Philosophie und Wissenschaft repräsentativ ist, entfernt die Religion noch weiter von der Erkenntnis und vom Handeln als Montaigne. Auch er hat einen scharfen Blick für das Elend und die Ungerechtigkeit, er nimmt Schopenhauer vorweg. »Wenn ein Fremder plötzlich in diese Welt hinein versetzt würde, so würde ich ihm als ein Beispiel ihrer Übel ein Krankenhaus voll von Kranken, ein Gefängnis gefüllt mit Verbrechern und Schuldnern, ein Schlachtfeld besät mit Leichnamen, eine Flotte versinkend im Ozean, ein Volk darniederliegend unter Tyrannei, Hungersnot oder Pestilenz zeigen. Die heitere Seite des Lebens hervorzukehren und ihm einen Begriff von seiner Lust zu geben, wohin sollte ich ihn führen? Auf einen Ball, in eine Oper, an einen Hof?«[74] Diese Erkenntnisse schaden jedoch nach

74 David Hume, *Dialoge über natürliche Religion*, Teil 10, übersetzt von F. Paulsen, Philos. Bibliothek, Leipzig, S. 106f.

Hume, der darin nur ein konsequenter Schüler Montaignes ist, der Staatsreligion nicht im mindesten. Die religiösen Ideen nehmen im Bewußtsein eine so erhabene Stellung ein, daß sie die Einsicht, welche mit der Praxis verknüpft ist, weder beeinflussen können noch von ihr verletzt oder bestätigt werden. Wo der Gegensatz zwischen der Religion und den Zuständen in der Wirklichkeit ernst genommen und entweder bis zur Negation der Religion oder der Wirklichkeit fortgeschritten wird, was bei den wahrhaft religiösen Denkern sowie bei den militanten Atheisten der Fall ist, entsetzt sich der Skeptiker. Die Philosophie erweist der Religion den schuldigen Respekt. »Es ist«, beginnt Hume in echt antikem Geist, »für die Philosophie, deren allbeherrschende Autorität überall anerkannt werden sollte, eine Art von Beleidigung, daß sie bei jeder Gelegenheit gezwungen ist, für ihre Ergebnisse Entschuldigungsgründe zu suchen und sich gegenüber den einzelnen Künsten und Wissenschaften, die sich von ihr gekränkt fühlen mögen, zu rechtfertigen. Dies erinnert an einen König, der des Hochverrats gegen seine Untertanen angeklagt ist. Nur eine Gelegenheit gibt es, bei welcher die Philosophie es für nötig und selbst für ehrenwert halten muß, sich zu rechtfertigen. Diese Gelegenheit tritt dann ein, wenn die Religion, deren Rechte ihr ebenso teuer sind wie ihre eigenen und die auch tatsächlich dieselben Rechte wie sie selbst besitzt, im geringsten angegriffen erscheint... Wenn... meine Philosophie zu den Beweisgründen für die Religion nichts hinzufügt, so habe ich wenigstens die Genugtuung, zu wissen, daß sie nichts von ihnen fortnimmt, also alles genau so bleibt wie zuvor.«

75 Hume, *Traktat über die menschliche Natur*, Teil 1, herausgegeben von Th. Lipps, Hamburg und Leipzig 1895, S. 324f.

Das philosophische Denken des liberalen Bürgers geht den gesellschaftlichen Dingen nicht auf den Grund. Soweit es nicht in einer der Sparten dieser Ordnung berufliche Funktionen ausübt, gilt es zunehmend sich selbst als müßig. Die Philosophie und Literatur beziehen sich zwar auch im 19. Jahrhundert noch auf das Ganze. Aber einerseits dienen auch sie durch Verklärung, Ablenkung und Beruhigung dem Fortgang des ökonomischen Prozesses in seiner gegebenen Form, andererseits werden die Werke der radikalen Schriftsteller, die das Ganze der Wirklichkeit religiös, künstlerisch oder philosophisch in Frage stellen, als bloßer Bildungsstoff assimiliert. Arbeit und wirtschaftliches Fortkommen sind als Inhalt und Ziel der Existenz den Mitgliedern des Bürgertums und weitgehend auch den beherrschten Schichten in Fleisch und Blut übergegangen. Sie sitzen so tief, daß es darüber nicht mehr zur Reflexion kommt. Was nach Balzac »der Skeptizismus anerkennt: des Goldes Allwissenheit und Allmacht«[76], ist zum wahren Gott geworden. Über Arbeit verfügt, wer im Besitz der Mittel zur Produktion des gesellschaftlichen Reichtums ist. Die Freiheit der anderen besteht darin, ihre Fähigkeiten zu verkaufen. Art und Ausmaß der Güter, die der Erhaltung des Lebens und seiner Bereicherung dienen, werden durch den Verwertungsprozeß des Kapitals bestimmt. Das Leben des Einzelnen hat an sich in diesem System nur insofern einen Wert, als es in der ökonomischen Dynamik verwendet wird, und auch hier nicht um seiner selbst willen, weil der Mensch leben soll, sondern als Kostenelement in der Profitwirtschaft. In der herr-

76 Balzac, ›Das Haus Nucingen‹, übersetzt von G. Etzel, in: *Menschliche Komödie*, Band VIII, Leipzig, S. 319.

schenden Wissenschaft wird dieser Sachverhalt nicht dargestellt, es sei denn historistisch als irgendeine Ansicht, der andere entgegenstehen. Die kritische Literatur, die ihn im Roman gestaltet, wird bloß als Kunstwerk aufgenommen. Wie das bürgerliche Individuum seine eigene Philosophie den Stunden der Muße vorbehält und damit zum müßigen Denken macht, wird in der Gesellschaft die Erkenntnis und Kritik zum besonderen Geschäftszweig isoliert. Er soll Kultur besorgen, die bei solchen Produktionsbedingungen in der Unterhaltung aufgeht. Der Unterschied zwischen Wahrheit und bloßem Spaß wird gesellschaftlich ausgelöscht. Nach dem Sieg über den Feudalismus wird der kritische Geist des Bürgertums aus einer allgemeinen zur privaten Angelegenheit, aus einer praktischen zur kontemplativen Reaktion. So verbreitet sich die skeptische Denkart.

Mit dem Verschwinden des Liberalismus in der spätkapitalistischen Periode ändert die Skepsis aufs neue ihre Bedeutung. Wie zu Anfang sieht sie sich einem Absolutismus gegenüber, den sie gelten läßt. Er unterscheidet sich jedoch von dem des 16. und 17. Jahrhunderts. Damals bestand die Rolle des Staates in der freilich antagonistischen Protektion des aufstrebenden Handels und Verkehrs. In der Gegenwart tendiert der Staat auch dort, wo reformistische Regierungen ihn zum Schutz der ökonomisch Schwächeren lenken wollen, schließlich dazu, Organe der stärksten kapitalistischen Gruppen zu werden. Seine kennzeichnendste Form ist der Führerstaat, in dem die industriellen und politischen Bürokratien verschmelzen. Er setzt die ökonomische Enteignung der kleineren Kapitalisten durch die größeren mit politischen Mitteln fort und reguliert Handel und Verkehr im Interesse der industriellen und politischen Gruppen, die aus der Konzentration und Zentralisation der Kapitalien hervorgegangen sind. Unter diesen Verhältnissen zeigt sich die Haltlosigkeit des Skeptizismus. Die skeptische Negation hat bewußt auch das Ich nicht geschont. Hume hat seine Existenz geleugnet, Montaigne nennt bereits in der Widmung an den Leser sich selbst einen »nichtigen und eitlen Gegenstand«. Und doch machen sie das Ich zum fast ausschließlichen Thema der Philosophie, und doch bildet die Unabhängigkeit des Ichs vom äußeren Geschehen, der Versuch, sich nicht zu verlieren, Sinn und Ziel der skeptischen Denkart. Aber der Rückzug aufs Ich ist selbst ein Vorgang in der empirischen Welt. Er setzt innere Kraft und Persönlichkeit voraus. Diese aber fällt nicht vom Himmel. Sie ist gesellschaftlich produziert und vergeht mit ihren Bedingungen. In bürgerlichen Demokratien ist es ohnehin zufällig, welchem Individuum die Möglichkeit gegeben ist, sich zu entfalten; die Schicht, die in Frage kommt, ist schmal genug. Unter der Herrschaft des totalitären Staats verschwindet die Möglichkeit überhaupt. Das Ich hat nicht bloß keine Gelegenheit mehr, sich zur Persönlichkeit zu bilden, auch die Festigkeit der noch vorhandenen Charaktere hängt vom Zufall ab. Gerät das Individuum in die Klauen der Macht, so kann es nicht nur vernichtet, sondern auch verdreht und umgestülpt werden, je nach dem Grad, in dem die chemische und psychologische Technik fortgeschritten ist. Es stellt sich als Wahn der Skepsis heraus, trotz allem das Ich für einen sicheren Ort der Zuflucht zu halten. Durch jede Faser ist es mit der materiellen Realität verbunden. Die Fähigkeiten, die es konstituieren, Sinne, Gedächtnis und Verstand, hängen nicht allein am gut funktionierenden Körper, sondern ebenso am stetig fortlaufenden sozialen Prozeß. Das Verhalten der Umwelt, ihre Sprache, ihre Vorschriften, ihr Glaube bedingen die Existenz und Reaktionsform jedes einzelnen Ichs. Bis in die Nuancen hinein besteht es nur in Wechselwirkung. Die Ansicht, etwas Festes, in sich Ruhendes an ihm zu haben, ist purer Schein. Wie aktiv das individuelle Ich auch sein mag, für sich genommen, ist es eine Abstraktion, und wer es in seiner Isolierung zum Prinzip oder inneren Halt verdinglicht, macht aus ihm nur einen Fetisch. Die Spannung gegen die Umwelt, der Widerstand, den ein unabhängiges Ich ihr gegenüber zu leisten vermag, ist gesteigerte Unabhängigkeit von der aktuellen Situation, nicht gegenüber der Geschichte insgesamt. In der Auseinandersetzung mit der Realität hat es ein relativ festes Gefüge entwickelt. Seine Spannkraft und die Ideen, die es der Wirklichkeit entgegensetzt, sind in ihr selbst geworden. Das skeptische Ich macht nicht sowohl bestimmte Ideen als den Zweifel zu seinem Wesen und glaubt, damit bei sich selbst zu sein. Aber es bleibt ihm, die Erfahrung zu machen, daß es ebensowohl Angst und Schmerz, Bejahung oder Empörung sein kann. Das Selbstbewußtsein und die Unabhängigkeit, in denen das Ich sich durch den Zweifel zu erhalten sucht, gehen sogar als psychologische Fakten mit dem Verfall der liberalistischen Gesellschaft zurück. Die Freiheit des Urteils, die das Lebenselement der Skepsis bildet, ist nur durch die Freiheit des sozialen Ganzen zu erfüllen, wozu im Unterschied zur skeptischen Distanz persönliche Hingabe verlangt wird. Soweit die Skepsis sich als vernünftige Denkweise nicht bewahrt, indem sie sich aufhebt und bewußt zu ihrem eigenen Anderen, zum Glauben an die konkreten Möglichkeiten des Menschen wird, soweit sie, anstatt den herrschenden Zuständen zu widerstehen, die Gegenwart nach skeptischer Art mit innerem Vorbehalt gelten läßt und, scheinbar unverändert, als Skepsis weiterexistiert, hat sie die Eigenschaft, eine Gestalt des Geistes zu sein, schon verloren. Das Ich kann sich nur noch bewahren, indem es die Menschheit auch im Ganzen zu bewahren sucht.

Die ἐποχή, die Zurückhaltung des Urteils, die innere Ruhe sind nach Montaigne nicht »frivol«. Sie waren es auch damals nicht im gleichen Maß wie heute. Von der geschichtlichen Unruhe sich freizuhalten: die skeptische Mäßigkeit bezeichnete im 16. Jahrhundert ein fortgeschrittenes Verhalten. »Auch die Tugend kann man zu sehr lieben, einer gerechten Handlung sich allzu heftig widmen... Ich liebe die gemäßigten und mittleren Charaktere. Soweit selbst die Maßlosigkeit gegen das Gute mich nicht schockiert, wundert sie mich, und ich weiß nicht, was ich zu ihr sagen soll.«[77] Darin lag historische Vernunft, solches Maßhalten war identisch mit dem Bewahren der eigenen Person, dem Beschreiten des objektiv richtigen Wegs der Toleranz im nationalen Staat. Es war die Unabhängigkeit vom Wahn der Religionsparteien. Das Augenmerk auf die Gestaltung der eigenen Person, die gehörige Distanz zu jenen Volksbewegungen mit ihren vernebelten Zielen war eine fortschrittliche, der Lösung historisch gestellter Probleme förderliche Haltung. Trotz des bewußten Quietismus enthielt sie ein dynamisches Moment wie die Religion. Montaignes ἐποχή entbehrt nicht der Solidarität mit der Menschheit. Sie zu praktizieren, enthielt die Tendenz, das Glück, um das es ihm fürs eigene Ich zu tun war, nicht bloß im Besonderen, sondern allgemein

77 Montaigne, ibid., Buch 1, Kap. 30, S. 379.

zu fördern. In der Gegenwart aber zeigt sich bloß die Eitelkeit des Prinzips. Im Frieden, den der liberale Skeptiker heute mit der autoritären Ordnung schließt, äußert sich keine Praxis der Menschlichkeit, sondern der Verzicht auf sie. Der Faschismus protegiert nicht wie die absolute Staatsmacht jener Zeiten die wichtigsten sozialen Kräfte. Der Gehorsam, den Montaigne als guter Skeptiker gepredigt hat, galt einem Königtum, das mit reaktionären Gewalten im Streite lag. Der Gehorsam gegen die modernen Diktaturen, denen heute der Skeptiker sich anbequemt, ist die Gefolgschaft in die Barbarei. Montaignes relative Neutralität in den Kriegen der Hugenotten und Guisen war der Rückzug in die Bibliothek und ins feindliche Ausland. Die Neutralität im Kampf gegen die Führer und Bürokratien, das Sich-Abfinden mit den Verhältnissen des autoritären Staats im 20. Jahrhundert heißt an der totalen Mobilmachung teilnehmen. Das Bündnis zwischen Absolutismus und Bourgeoisie, dem Montaignes Gesinnung zugehört, entspringt dem Emanzipationsprozeß des Bürgertums aus dem bankrotten Feudalismus. Das Bündnis zwischen der Bourgeoisie und den faschistischen Organisationen entspringt der Angst vor dem Proletariat. Aus der skeptischen Toleranz gegen die Freiheit des Gewissens wird der Konformismus mit dem Regime der Geheimpolizei.

Montaigne hat immerhin geschrieben: »Ich bin nach der Freiheit so begierig, daß ich mich um einiges beschränkter fühlte, würde mir auch nur der Zugang eines Landstrichs von Indien untersagt. Und solange ich anderswo Erde und Luft offen finde, werde ich nirgends herumlungern, wo ich mich verstecken muß. Mein Gott, wie würde ich unter den Verhältnissen schmachten, in denen ich so viele Leute sehe: festgehalten in einem Distrikt unseres Königreichs, ausgeschlossen vom Eintritt in die wichtigsten Städte und Höfe, ja vom Gebrauch der öffentlichen Wege, weil sie mit unseren Gesetzen in Konflikt gekommen sind. Wenn die Gesetze, unter denen ich stehe, auch nur die Spitze meines kleinen Fingers bedrohten, sogleich machte ich mich auf, um andere zu finden, wo immer es sei.«[78] In solchen Worten ist nicht nur reaktionäre Gleichgültigkeit, sondern auch ein revolutionärer Humanismus ausgedrückt. Heute gehen die Skeptiker nicht außer Landes, wenn die Bürokratie sie drinnen nur existieren läßt, und schließlich hat es keinen Sinn mehr zu gehen, weil »Erde und Luft« nirgendwo mehr offen sind und jener Landstrich in Indien denselben Gesetzen untersteht, vor denen man fliehen möchte. Die autoritäre Ordnung, die das Kapital in seiner gegenwärtigen Phase einigen Ländern aufgezwungen hat, beginnt schon, die Erde zu umspannen, und die skeptischen Staatsmänner der anderen, die Schüler Montaignes und Montesquieus, sinken vor ihr zusammen. Verhandeln hat in verschiedenen Zeitaltern ein verschiedenes Gewicht. Was jetzt durchaus erreicht wird, ist die Festigung der Herrschaft des hochkonzentrierten Kapitals in ganz Europa. Die nationalen Gegensätze zwischen den industriellen europäischen Großmächten werden gegenüber der Notwendigkeit politischer Neuorganisation zurückgestellt. Schleichend oder in auffälligen administrativen Akten nähert sich die Welt innen- und außenpolitisch der Diktatur als der dem Monopol am besten angepaßten Regierungsform. Die Bourgeoisie muß sich damit vertraut machen, wie vor dem Krieg mit den technisch besseren

78 Ibid., Buch III, Kap. 13, S. 577.

Methoden und dem sogenannten Unternehmungsgeist der expansiven Industrienationen, was den konservativen Industriellen Westeuropas auch nicht leichtgefallen ist.

Kraft der ihr eigenen ökonomischen Gesetze hat die herrschende Gesellschaftsform die Stufe erreicht, wo die Menschen jene zufällige und abstrakte Freiheit vollends verlieren, die sie im Liberalismus besaßen. Falls der Einzelne nicht durch Natur und Gesinnung der Macht genehm ist, findet er keine Zuflucht mehr, weil die Erde sich rapide uniformiert. Wenn die Dinge so liegen, wenn schon das Bekenntnis zu persönlicher Unabhängigkeit, geschweige denn ihre noch so bescheidene Betätigung zu jenem Übermaß an Tugend gehört, von dem Montaigne so befremdet war, wenn die Menschheit trotz ihrer unendlich gesteigerten Kräfte durch den Terror nationaler Cliquen daran gehindert wird, ihre Angelegenheiten vernünftig zu gestalten, dann wird das skeptische Ausweichen, der Relativismus und die liberale Toleranz zur Rationalisierung der Menschenverachtung, eine nicht bloß theoretisch, sondern auch praktisch jede Objektivität verneinende Attitüde. Sie weist nicht einmal unbewußt und im Widerspruch zu sich selbst Solidarität mit den Menschen auf. Die Humanität, die bei den Alten wie bei Montaigne und selbst bei Hume als Weltbürgertum und Diplomatie sich äußerte, hat ihre friedliche Gestalt längst abgestreift; jene Attitüde offenbart nur noch den Wunsch, an der verkommenen Macht ein wenig zu partizipieren. Die Dummheit, daß ein Individuum oder Kollektiv durch Verständigung mit der sich ausbreitenden Gewaltherrschaft sich selbst oder die Welt vor ihr bewahren könne, ist als solche bereits so offenbar geworden, daß sie nur noch als leichte Verhüllung der inneren Sympathie oder der Sorge um das investierte Kapital verstanden werden kann. Die skeptischen Diplomaten der nicht-autoritären Länder in Europa, die aus Kulturliebe der Barbarei Konzessionen machen, haben dogmatische Bankiers hinter sich, die um ihre Guthaben bangen. Und selbst diese werden schwerlich gerettet werden. Machiavelli schreibt, »daß ein Feldherr der Schlacht nicht ausweichen kann, wenn der Gegner durchaus schlagen will«[79]. Er verhöhnte die »Müßiggänger von Fürsten oder solche weibische Republiken«[80], die ihren Feldherrn bloß die Instruktion der Vorsicht geben. Die skeptischen Individuen und Gemeinwesen, die am Ende der bürgerlichen Epoche diese kraftlose Taktik einschlagen, sind solchem Vorwurf entrückt; sie wollen gar nicht siegen. Weder die Bourgeoisie insgesamt noch ihre Mitglieder sehen in der autoritären Ordnung ihren wahren Gegner – solches wird ihnen bloß im Wunschtraum versprengter Mitglieder angedichtet, die aus irgendeinem Grund das Unheil getroffen hat. Der Stil jener Emigranten, die, aus autoritären Staaten entflohen, die demokratische Umwelt zu »beeinflussen« suchen, indem sie jene denunzieren, dieser kluge Stil, in welchem die Gastländer im angeblich eigensten Interesse gewarnt werden, wie weltfremd ist er! Trotz aller inneren und äußeren Gegensätze, die zum Kriege treiben, haben die Vertreter der veralteten Ordnung einen gemeinsamen und größeren Feind: die vernünftige Gemeinschaft der Menschen, deren Möglichkeit im Bewußtsein der Völker bestimmtere Umrisse annimmt und nur mit nacktem Terror für eine

79 Machiavelli, ›Discorsi‹, Buch III, Kap. 10. Zitiert nach: *Gesammelte Schriften*, Band I, München 1925, S. 355.

80 Ibid., S. 356.

weitere Spanne auszubrennen ist. Die Skepsis, einst die Negation der geltenden Illusionen, steht heute gegen gar nichts mehr als gegen das Interesse an einer besseren Zukunft.

Der Wandel der Skepsis aus einer humanistischen Geistesverfassung zum reinen Konformismus ist im ökonomischen Prinzip der Epoche angelegt. Die Unabhängigkeit des Ichs, auf die der Skeptiker sich zurückzieht, gründet in der Freiheit des Individuums, die jedes ökonomische Subjekt in einer Warenwirtschaft genießt. In der Neuzeit ist im Gegensatz zu den antiken Sklavenstaaten diese Freiheit allgemein. Jeder existiert dadurch, daß er ein Produkt von soviel Aufwand im Tausch zurückerhält, wie er durch seine eigene Arbeit zum Leben der Gesellschaft beiträgt. Alle sind frei, »jeder einzelne Mensch trägt die ganze Menschheit in sich«[81]. Daß in der Philosophie das Individuum im Zentrum steht, daß der Autor der *Essais* sich selbst zum Thema macht, läuft der Humanität nicht zuwider. In einer Gesellschaft, die auf solchem Tauschprinzip beruht, mag sich jeder in sich zurückziehen, er ist sein eigener Herr, und in seinem Verhältnis zu den anderen wie der anderen zu ihm geht es mit rechten Dingen zu. Bei so geregelter Existenz hat die skeptische Ablehnung umwälzender Aktivität, die Feindschaft gegen die Kritik am Ganzen nichts Zynisches an sich. Die Menschen sind als Gleiche anerkannt. Aber das Prinzip der bürgerlichen Gesellschaft hat eine andere Seite, deren Entfaltung im Kapitalismus die Geschichte beherrscht und ihn der Auflösung entgegentreibt. Wenn Arbeit und Verfügung über Arbeitsmittel jeweils nicht in einer Hand vereinigt, son-

81 Montaigne, ibid., Kap. 2, S. 40.

dern sozial getrennt, das heißt auf verschiedene Klassen verteilt sind, dann vollzieht sich der freie Tausch als Arbeitsvertrag. Der eine Kontrahent gibt seine produktive Kraft, der andere das Geld, um sie durch Lebensmittel zu ersetzen. Dieser Akt entspricht dem Prinzip. Mit den Produkten, die der Arbeiter für seinen Lohn sich kaufen kann, läßt sich normalerweise die Kraft ersetzen, die er dafür verausgabt hat; er kann sein Leben fristen. Im gesellschaftlichen Resultat jedoch ist die Gleichheit verschwunden. In den Produkten, welche die arbeitende Menschheit auf Grund der Verträge hervorbringt, steckt viel mehr Arbeitszeit, als zur Reproduktion des Lebens der Arbeiter notwendig ist. Über die Differenz verfügt das Kapital. Die Gleichheit der freien Individuen, die sich durch den Tausch erneuert, die Arbeit jedes Menschen als Grund seines Eigentums und seiner Macht, das Prinzip des Bürgertums also, auf dem seine Ideologie beruht, erweist sich daher als bloßer Schein, der die wahren Verhältnisse verschleiert. Je weiter die Gesellschaft sich entwickelt, um so mehr zeigen das Prinzip und mit ihm der bürgerliche Freiheitsbegriff ihren inneren Widerspruch. Das Walten-Lassen des Prinzips, die skeptische Ablehnung umwälzender Aktivität, die Feindschaft gegen die Kritik am Ganzen haben daher etwas Zynisches an sich. Sie bezeugen nicht die Einordnung in vernünftige, sondern die Unterordnung unter unvernünftige Verhältnisse. Die Skepsis ist bereit, die Freiheit jedes Individuums zu respektieren – sofern es sie nicht durch die Wirksamkeit der ökonomischen Gesetze und ihre politischen Konsequenzen verliert. Durch diesen Widerspruch trägt die moderne skeptische Gesinnung mitsamt ihrer Liberalität, ihrem Subjektivismus und Relativismus einen harten, menschenfeindlichen Zug; sie ist nicht so gerecht und aufgeschlossen, wie es zuweilen aussieht. Die essentielle Harmonie mit Lebensformen, die auf sozialer Ungleichheit beruhen und durch den Vernichtungskampf der Konkurrenz vermittelt sind, macht den herrschenden Typus im tiefsten ungerecht und destruktiv, mag er im Rahmen des Möglichen, das heißt ohne die Basis anzutasten, zuweilen hilfsbereit und aufgeschlossen sein. Die Gleichheit und faire Chance für den Tüchtigen, die von den oberen Klassen so erfolgreich verkündet wird, sollte an dem Gefühl gemessen werden, mit dem einer von ihnen sein Vermögen verliert. Da er die Güter, die beim heutigen Stand der gesellschaftlichen Kräfte alle genießen könnten, einmal genossen hat, wird er jetzt dessen inne, daß ein Leben, in dem man nur die eigene Arbeitskraft zu verkaufen hat, für ihn die Hölle ist.

Die Nachfolger Montaignes haben seit Hume ihre Redeweise nur wenig geändert. Im Grunde wird immer dasselbe wiederholt, daß alles begriffliche Wissen subjektiv, ein bloßes Ordnen sei, die Theorie aber relativ und von der Praxis getrennt. Die Skeptiker sind nach wie vor liberal; sie fordern, daß auch der Person, die der herrschenden Partei nicht unbedingt willkommen ist, eine intellektuelle Wirksamkeit gestattet werde. Solche Bekenntnisse haben keine weitreichende Konsequenz. Einerseits sollen in den Universitäten nach der skeptischen Ansicht kritische Tendenzen bloß gegen die Einbildung, gegen sogenannte Ideologien und gar nicht gegen das Bestehende laut werden. Das ist schon darum harmlos, weil der Grund der autoritären Herrschaft wahrlich nicht in dem Wahn liegt, mit dem sie sich rationalisiert, sondern in der Struktur der gesellschaftlichen Produktion, die das Zeitalter beherrscht und den Menschen je nach der Stellung, die sie in ihr einnehmen, den Charakter aufprägt. Ideologien sind nicht primär. Eben weil der bürgerliche Typus kraft seiner Existenzbedingungen so nüchtern ist und heute wie im Liberalismus die Skepsis gegen den Geist zum Wesensmerkmal hat, kann der Faschismus seine Losungen fast wie seine Generale wechseln. Was die Menschen heute ernst nehmen, ist nach wie vor das individuelle Fortkommen, jeder andere Glaube ist oberflächlich. Durch die Etablierung als eigene Sphäre, eben durch seine Emanzipation als Geist, ist dieser zugleich zur Ideologie, das heißt zum Schein geworden. Im Liberalismus erweist sich die Ideologie als relativ konstant und substantiell, das abstrakte Bewußtsein der Freiheit ist ihr wesentlicher Inhalt; unter der Herrschaft des Monopols, in der Periode des bürgerlichen Verfalls, nimmt eine Parole nach der anderen das manifeste Denken ein. Die Skeptiker, die ohne Theorie, rein im Namen des Zweifels gegen Rassen- und andere Irrlehren auftreten, sind Sancho Pansas, die sich als Don Quixotes verkleiden. Im Grunde wissen sie, daß sie gegen Windmühlen kämpfen.[82] Andererseits hat ihr Feldzug sogar das Gute, daß in den Augen des Publikums die Wahrheit leicht als auch so eine Irrlehre mit unterläuft. Der Skeptiker kennt keine Ideen mehr, er kennt nur noch Illusionen, die Unterschiede verwischen sich.[83] Wer ohne Darstellung

82 Gide bedauert (*Essai sur Montaigne,* Paris 1929, S. 109), daß Cervantes' Buch erst nach dem Tod Montaignes erschien. Es sei geradezu für ihn geschrieben. »Auf Kosten Don Quixotes wuchs langsam Sancho Pansa in ihm.« Die Verwandtschaft des heutigen Skeptikers mit Sancho duldet von Anbeginn keinen Zweifel. Neu ist, daß er sorgsam sich als Don Quixote gibt. Sein Rezept besteht darin, philosophisch radikal und sozial konformistisch zu sein. Daß Montaigne so verstanden wird, ist das Geheimnis seiner andauernden Popularität.

83 Cf. hierüber Raymond Aron, ›La sociologie de Pareto‹, in: *Zeitschrift für Sozialforschung,* VI, S. 489ff.

der Basis nur die Ideologie angreift, übt schlecht oder vielmehr gar keine Kritik, wie geistreich sie auch sei. Das nicht mit einer bestimmten Theorie verknüpfte sogenannte Durchschauen und Auflösen von Ideologien, das schon Montaigne als Konfrontieren der zeitlich und räumlich verschiedenen Moral- und Religionsansichten von den Alten übernahm, hat heute leichtes Spiel. Das gesellschaftliche Ganze, nicht so sehr die Ideologie, bildet den Gegenstand der adäquaten Kritik in Theorie und Praxis.

Nicht bloß die Intellektuellen, die sich mit der neuen Herrschaft abzufinden suchen, auch der gemeine Mann ist sich im Prinzip gleichgeblieben. Daß der Massenmensch der modernen Periode, wie er besonders in den autoritären Staaten vorkommt, von der Skepsis frei ist, ist ein Irrtum. Die ökonomischen Bedingungen, aus denen er hervorgeht, haben seit dem Liberalismus ihr Wesen nicht verändert, sondern eine soziale Gestalt erzeugt, in der das Individuum noch weniger gilt. Die Periode übt auf das Denken eine verkrüppelnde Wirkung aus; sie ersetzt die Idee der Allgemeinheit durch den Fetisch des Volkes. Aber »Denken heißt, etwas in die Form der Allgemeinheit bringen; sich denken, heißt, sich in sich als Allgemeines wissen, sich die Bestimmung des Allgemeinen geben, sich auf sich beziehen. Darin ist das Element der praktischen Freiheit enthalten.«[84] Die Emanzipation der bürgerlichen Gesellschaft aus dem Mittelalter war gleichsam eine Reaktion »vom Element der Allgemeinheit aus, gegen die in Parti-

84 Hegel, ›Vorlesungen über die Geschichte der Philosophie‹, in: *Sämtliche Werke*, Glockner, Band 17, S. 129.

kularität gesplitterte Wirklichkeit«.[85] Das Prinzip, das die bürgerliche Gesellschaft beherrscht, hat eine höhere Allgemeinheit als das der feudalen Lebensordnung. Nach ihm soll jeder zu seinem Recht und seinem Glück kommen. Die Zwiespältigkeit des Tauschverhältnisses jedoch, von dem oben die Rede war, erzeugt notwendig und so, daß sich der Grund dem Bewußtsein der Menschen entzieht, stets wieder und auf erweiterter Stufenleiter die Ungleichheit. Indem der Faschismus unter dem Titel der »Nation« und »Volksgemeinschaft« einige formelle Erinnerungen an den Feudalismus, äußere Zeichen von Standesvorrechten, religiöse Erziehung und den Rest von Kindlichkeit und Faulheit abschafft, ja, einige Gruppen der Masse durch materielle Vorteile korrumpiert, um desto brutaler die ökonomische Ungleichheit zu verschärfen; indem er ferner das Ganze für die Zwecke der herrschenden Gruppen militärisch organisiert und damit das Leben der Gemeinschaft »total« unter den Profitwillen der wenigen zwingt, verliert das Denken seinen Charakter. Die Begriffe Volk, Nation und Vaterland haben reale Gültigkeit, doch sind sie keine konkreten und zielsetzenden Ideen. Losgelöst vom Interesse an einer vernünftigen Gesellschaft, der Reichweite jedes kritischen Gedankens entrückt und in seiner gegebenen Gestalt zum Allerhöchsten aufgespreizt, kann der Begriff des Volks zum Götzen herabsinken. Der Tod für das Frankreich der großen Revolution hatte einen anderen Sinn als Kriegsdienst unter Napoleon III. und MacMahon. Im Munde der Führer aber pflegt das Vaterland der Freiheit das gleiche Vaterland zu blei-

85 Hegel, ›Vorlesungen über die Philosophie der Geschichte‹, in: ibid., Band II, S. 475.

ben, auch wenn die Freiheit schon ausgerottet und der letzte Kämpfer verbannt oder erschlagen ist. Der Zwang gegen das Denken, daß es mit solchen verdinglichten Begriffen unbedingt im Einklang bleibe, dieses vorgegebene und seinem Wesen widersprechende Ziel wird ihm zur Fessel, in der es verkommt. Da freilich heute die Individuen zu fortgeschritten sind, um solche vorschriftsmäßige Gesinnung ganz ernst zu nehmen, und andererseits zu unselbständig, um sie bewußt zu verneinen, nehmen sie den völkischen Inhalt oberflächlich an, wie der liberalistische Bürger seit je Geist annahm, und werden im Inneren skeptisch und fanatisch zugleich. Die Substanzlosigkeit aller Motive, die jeder zugunsten der Verhältnisse vorbringt, von der Begnadung des Führers bis zur jüdischen Weltgefahr, wird verschieden deutlich gefühlt. Solches Gefühl macht sich als Zynismus geltend. Das hat auch eine progressive Seite. Daß die Bedürfnisse des modernen Lebens dazu zwingen, unter dem uniformen Handeln und Sprechen das richtige Wissen, wenn auch nur als Instinkt, als Ahnung, eben als tiefe Skepsis gegen alles, was Geltung hat, doch auszubilden, das Sich-Lockern der Beziehung von Ideologie und Überzeugung, die insgeheim sich entwickelnde Rationalität auch bei zurückgebliebenen Schichten, sind Prozesse, die unabhängig vom Willen der Herrschenden stattfinden. Sie setzen alte Tendenzen in beschleunigtem Tempo fort. Die Gesellschaft hat sich nach dem Liberalismus keineswegs als Subjekt zusammengefaßt. Sie hat noch kein Bewußtsein, mit dem sie sich in Freiheit und Gerechtigkeit entfalten könnte. Sie besitzt im Führer jedoch einen Mund, der ihre Ungerechtigkeit und Knechtschaft glorifiziert. Im Zusammenhang mit der strafferen ökonomischen Organisation, die, wenn auch verzerrt, eine geschichtliche Notwendigkeit vorwegnimmt, bedingt die weitgehende Illusionslosigkeit der als »idealistisch« und »rauschhaft« mißverstandenen Mentalität des Faschismus dessen Überlegenheit über die liberalistische Umwelt. Die individuelle Freiheit im Inneren der Staaten und gar die idealistische Verbrämung der imperialistischen Außenpolitik war eine Ideologie, deren Widerspruch zur Realität immer offenbarer wurde. Sofern nun die Religion der Macht und ein brutaler Realismus besser zum Aufrechterhalten der sozialen Hierarchie als das Christentum passen, was schon Machiavelli ahnte, ist die zynische und begeisterte Skepsis des Faschismus der idealistischen Skepsis des letzten Jahrhunderts überlegen.

Der Faschismus ist nicht wider die bürgerliche Gesellschaft, sondern unter bestimmten historischen Bedingungen ihre konsequente Form. Kraft der Gesetzmäßigkeit, die seinem eigenen System einwohnt, vermag das Kapital in der gegenwärtigen Periode immer größer werdende Bevölkerungsteile nicht mehr für die Befriedigung vitaler Bedürfnisse zu beschäftigen. Es nimmt den Charakter oligarchischer Cliquen an, die sich anschicken, die Welt neu aufzuteilen, um sie mit modernen Mitteln auszubeuten. Dahin geht die europäische Entwicklung. In dieser Periode legen die vermittelnden Kategorien ihren humanitären Schein ab. Das allgemeine Äquivalent, das Geld, das die Menschen grundsätzlich einander gleichzustellen schien, verliert den ephemeren Charakter der Selbständigkeit. Stets hat es gesellschaftliche Beziehungen vermittelt und ausgedrückt. Heute tritt dies offen zutage. Die nationale Gruppe, die einen guten Produktions- und Unterdrückungsapparat besitzt und infolgedessen zur straffen militärischen und sozialen Organisation fortschreitet, wird immer unabhängiger vom Geld oder zwingt es vielmehr schließlich in seinen Dienst, wo es anzutreffen ist. Im Inneren werden die Finanzen auch formell vom Kapital und seinem Staat in die Hand genommen. Er bestimmt darüber, wie die beherrschten Gruppen leben. Die Staatsausgaben, um die Massen ans Regime zu binden, voneinander zu trennen und zweckmäßig durchzuorganisieren, öffentliche Arbeiten, offizielle Hilfswerke und so fort, der sogenannte Sozialismus, begegnen nur im Übergang zum Faschismus ernsthaftem Widerstand, solange keine unzweideutig der großen Industrie verschworene Regierung existiert. Die Klagen der kleineren Unternehmer werden eingespannt, bis die wirklich autoritäre Macht formiert ist, vor der das Aufbegehren rasch zum harmlosen Nörgeln herabsinkt. So lange geht die Obstruktion und erweist die Ohnmacht jedes anderen als des faschistischen Rezepts. Mit der scheinbaren Unabhängigkeit des Parlaments verschwindet die scheinbare Unabhängigkeit der Geldmacht. Die Schicht, die über die Mittel der materiellen Produktion verfügt, die industrielle und politische Bürokratie, tritt auch formell als maßgebend hervor. Die Konkurrenz hat stets nur als vermittelndes Moment funktioniert. Sie tritt nun im Inneren der Staaten zurück. In Deutschland war die schwere Industrie, die mit dem autoritären Staat zur offenen Herrschaft kam, in jenem Augenblick insolvent, gegen andere Industrien weit zurückgeblieben. Nach liberalistischen Konkurrenzprinzipien war sie trotz ihrer Macht ganz ungesund. Im Faschismus konkurriert die Macht jedoch wesentlich nur international, im Inneren setzt sie den Kampf gegen widerstrebende Industrien wie gegen die Arbeiterschaft mit staatlichen Mitteln fort. Es zeigt sich ferner, daß der Vertrag nur der Form nach dem Arbeitsverhältnis zugrunde lag; Dekret und Befehl treten jetzt offen an seine Stelle, er gewinnt neue Bedeutung als Abkommen zwischen gleich starken Cliquen innerhalb des Staats, nicht unähnlich manchen Verhältnissen im Mittelalter. Im neuen Recht werden die Allgemeinheit des Gesetzes und die Unabhängigkeit des Richters offen preisgegeben.[86] War die Ungleichheit im Liberalismus durch das gleiche Recht verschleiert, was, da der Schleier selbst nicht substanzlos war, ein Minimum an Freiheit garantierte, so wird jetzt mit den Menschenrechten als mit einer Ideologie reiner Tisch gemacht. Einzelne Gruppen, selbst Individuen werden besonders vom Gesetz betroffen, Rechtsgesetze rückwirkend in Kraft gesetzt. Der Richter wird von dem verspotteten Phonographenamt befreit, in dem er das Recht bloß interpretiert und verlautbart hat; er rückt zum unmittelbaren Vollstrecker der höheren Befehle auf und wird damit dem Henker gleichgestellt. Auch mit anderen sozial kennzeichnenden Wesenheiten vollzieht sich diese Entschleierung.

Angesichts des Grauens, das während der gegenwärtigen Zersetzung einer historischen Lebensform der Menschheit ausbricht, sieht es aus, als sei neben der völkischen Mystik, die letztlich auf einem skeptischen Nihilismus beruht, auch die Zeit der edleren Skepsis wiedergekommen, die in der Antike die letzte Auskunft des verzweifelnden Einzelnen war. Aber die Geschichte ist inzwischen fortgeschritten, und die Menschen haben die Mittel erobert, auf der Erde das Glück einzurichten. Da-

86 Cf. Franz Neumann, ›Der Funktionswandel des Gesetzes im Recht der bürgerlichen Gesellschaft‹, in: *Zeitschrift für Sozialforschung*, VI, 1937, S. 542ff., besonders S. 565ff.

her ist die Skepsis der Gebildeten, die schweigend ihren Frieden mit dem Bestehenden machen, heute nicht edler als die gemeine Skepsis der Mitläufer. Mit den heutigen Skeptikern käme Montaigne in Konflikt. Es ist seine Lust »und vielleicht nicht ohne Übermaß, daß er einen Polen so gut wie einen Franzosen ins Herz schließt und die nationale Verbindung der universellen und allgemeinen unterordnet«[87]. Nur teilweise dürfen solche Bekenntnisse darauf zurückgeführt werden, daß Montaigne dem nationalen Prinzip, das sich später als revolutionär erwies, nicht folgen konnte und dem Mittelalter noch verhaftet war. Menschenliebe ist nie bloß reaktionär. Mit der Neutralität gegen den Faschismus, mit dem heruntergekommenen modernen Skeptizismus hat sie nichts zu tun. Der faschistische Typus Mensch und sein Ideal, die Erniedrigung des Menschen unter Menschen, sind das Widerspiel des Humanismus, erscheine er in religiöser oder in skeptischer Gestalt. »Die Mehrzahl der freien Personen«, sagt Montaigne in dem Zusammenhang, in dem er die Tiere noch über die Menschen stellt[88], »verkaufen um sehr geringe Bequemlichkeit ihr Leben und ihr Wesen an fremde Macht... Hat es den Tyrannen jemals an Menschen gefehlt, die ihnen ergeben waren, einige sogar mit der Verpflichtung, sie wie im Leben so in den Tod zu begleiten? Ganze Armeen haben sich derart ihren Führern verpflichtet. Die Eidesformel der Gladiatoren gelobt das Folgende: Wir schwören, uns fesseln, schlagen und mit dem Schwert töten zu lassen und alles zu erdulden, was die wahren Gladiatoren von ihrem Herrn und Meister erleiden; wir verpfänden feierlich und heilig Körper und Seele zu sei-

87 Montaigne, ibid., Kap. 9, S. 378.
88 Ibid., Buch II, Kap. 12, S. 256f.

nem Dienst. ›Verbrenne mir den Kopf, wenn du willst, renne mir ein Schwert durch den Leib oder zerfleische mir den Rücken mit Peitschenhieben‹ (Tibull). Das war eine wirkliche Verpflichtung[89], und tatsächlich fanden sich in irgendeinem Jahr zehntausend, die sie auf sich nahmen und dabei zugrunde gingen.« Trotz aller Mahnungen zum Gehorsam, die Montaigne in die Nähe der Reformatoren bringen – den als Mannestreue bis zum letzten Hauch maskierten Sado-Masochismus hat er immerhin durchschaut. Die Konformität mit der schlechten Wirklichkeit, die Exzision der Idee der Allgemeinheit aus dem Denken, seine Beschränkung auf Geschäft und Fachwissen, verfälscht in der Gegenwart auch bei den Gebildeten alle essentiellen Begriffe. Auch der Weise bleibt jedoch auf die Dauer theoretisch nicht immun, wenn er sich in der Praxis den Feinden der Menschheit assimiliert.

An der Beurteilung Montaignes im 19. Jahrhundert läßt sich das Werden des neuen Geistes verfolgen. Es wird immer stärkerer Nachdruck auf seine Persönlichkeit, seine Distanz zur Aktualität, vor allem auf seinen Haß gegen die Masse gelegt. Montaigne gilt als großer Mann. Nicht die schlechtesten bürgerlichen Denker haben die armselige Verfassung der Menschen und die Verlogenheit des öffentlichen Geistes in der liberalistischen Periode erkannt, ohne freilich einen anderen Ausweg zu sehen als die romantische Illusion einer neuen Aristokratie, die »Adelsmen-

89 Die Eidesformel entspricht nicht der Wirklichkeit, sie stammt aus der Belletristik. Ein moderner Kommentator (cf. die englische Übersetzung der *Essais* von E. J. Trechmann, Band 1, London 1935, S. 453) meint, sie sei weder von den Gladiatoren der Wirklichkeit noch des Romans ernst genommen worden. Dafür verleiht sie der Gesinnung autoritärer Gefolgschaften in der Gegenwart um so exakteren Ausdruck.

schen«, wie Ibsen sagt. Die harmonische, von der gesellschaftlichen Umwelt unabhängige, isolierte Persönlichkeit, abgehoben gegen den Herdenmenschen, galt ihnen als das geschichtliche Ziel. Sie konnten sich an Montaigne bestätigt sehen. Die Massenkultur war seine Sache nicht. Es gibt Unterschiede zwischen den Menschen. Das Wissen ist sehr hoch zu schätzen; es kommt nur darauf an, wer es besitzt. »Für eine wohlgestaltete Seele ist es ein nützliches Zubehör, für eine andere korrumpierend und schädlich; oder besser, es ist eine Sache von äußerst kostspieliger Anwendung, ihr Besitz erfordert großen Aufwand; in der Hand des einen ist es ein Szepter, in der des andern ein Narrenstab.«[90] Seine Stellung zu den Bürgerkriegen scheint derjenigen Goethes ähnlich zu sein, wenn man davon absieht, daß zwischen den religiösen Kämpfen in Frankreich und der großen Französischen Revolution ein Unterschied besteht. »Das wenige, was ich an Verstand habe«, sagt Montaigne[91], »verwende ich bei den gegenwärtigen Bürgerkriegen darauf, daß sie meine Bewegungsfreiheit nicht beschränken.« Ausdrücklich heißt es: »Ich verabscheue die Neuerung, welches Gesicht sie auch trägt, und ich bin im Recht, denn ich habe sehr üble Wirkungen von ihr gesehen.«[92] Das Mißtrauen gegen die Volksbewegung enthält auch im 19. Jahrhundert nicht nur ein reaktionäres Element, sondern wie im sozialen Pessimismus, zu dem es gehört, eine Erkenntnis. In der Bitterkeit des Pessimismus verbirgt sich die Ahnung, daß es um das allgemeine Glück in der herrschenden Gesellschaft trotz der Versicherungen ihrer Apologeten schlecht bestellt ist.

90 Ibid., Kap. 8, S. 287.
91 Ibid., Kap. 13, S. 577.
92 Ibid., Buch 1, Kap. 23, S. 223.

Der Widerspruch zwischen den Errungenschaften der Technik und dem wachsenden Druck auf die Massen, zwischen den Erfolgen der Naturwissenschaft und der steigenden Unsicherheit, den die Liberalisten durch die Lehre von der gesellschaftlichen Harmonie und von der Möglichkeit unbegrenzten Fortschritts zu verhüllen suchen, wird bei den konservativen Denkern ernst genommen. In den politischen Bewegungen, die das Zeitalter durchziehen, ist ferner die Masse noch nicht fähig, eigene Ziele durchzusetzen. Sie erscheint als Material der bürgerlichen Politik und wird benutzt, das System zu entwickeln und zu erneuern, dessen Last sie selbst zu tragen hat. Sie zieht aus, um sich zu befreien, und befreit die bürgerliche Form des Eigentums. Ihre Aktion ist widerspruchsvoll wie die Ordnung, die sie schließlich befestigt. Die sozialpsychologische Erfahrung, die nicht nur in der grauenvollen Lehre De Maistres und Bonalds, sondern auch von Goethe und Nietzsche verkündigt wird, ist besser begründet als der Mythos von der Kraft des Volks, der unentwegte Glaube an die gesunden Instinkte der Masse. Für den Theoretiker der proletarischen Gruppen, die heute über die bürgerliche Welt hinaustreiben, ist naiver Respekt bloß schädlich. Im Kampf um die Gesellschaft ohne Klassen, der seit Mitte des 19. Jahrhunderts aktuell wird, muß die Masse sich aus einem bloßen Material zum Subjekt erst organisieren, den Charakter der Masse abstreifen. Dem Theoretiker ist dabei eine bewundernde Haltung nicht angemessen. In seiner Solidarität mit der Sache der Unterdrückten ist die Negation der Masse oder des Volks, wie es von der bürgerlichen Politik gelenkt wird, enthalten und aufgehoben. Die Solidarität bezieht sich nicht ausschließlich auf den Menschen, wie er ist, sondern auch darauf, wie er sein kann. Das negative Moment, die Erkenntnis der dunklen Züge des Menschen, fehlt dem dialektischen Denken nicht, die Kritik ist sein Lebenselement.

So tief jedoch die durch Feindschaft geleitete Analyse der Beschaffenheit bestimmter bürgerlicher Massen dringen mag, das aristokratische Ideal, an dem sich das konservative Verdammungsurteil orientiert, ist unhaltbar. Der abgelöste Begriff der Persönlichkeit, deren Wesen es nicht berühren soll, ob sie in einer aufsteigenden oder die Menschen erniedrigenden, in einer grauenvollen oder vernünftigen Gesellschaft existiert, hat in der Renaissance eine progressivere Funktion als in der gegenwärtigen Periode des Verfalls. Nietzsche hat sich erst allmählich von der Geschichte distanziert. »Die Einzelnen können gar nicht schöner leben, als wenn sie sich im Kampfe um Gerechtigkeit und Liebe zum Tod reif machen und opfern ... Man kann nicht glücklich sein, solange um uns herum alles leidet und sich Leiden schafft; man kann nicht sittlich sein, solange der Gang der menschlichen Dinge durch Gewalt, Trug und Ungerechtigkeit bestimmt wird; man kann nicht einmal weise sein, solange nicht die ganze Menschheit im Wetteifer um Weisheit gerungen hat und den Einzelnen auf die weiseste Art ins Leben und Wissen hineinführt.«[93] Solche Urteile, die freilich durch das, was schließlich gefordert wird, nämlich die tragische Gesinnung, schon damals gemildert waren, haben noch nichts mit Aristokratismus und Massenfeindschaft zu tun. Damals hat Nietzsche Montaigne richtig auf die Gegenwart bezogen. »Was der Einzelne Montaigne in der Bewegtheit des Reformations-Geistes bedeutet, ein In-sich-zur-Ruhe-kommen, ein

93 Nietzsche, ›Unzeitgemäße Betrachtungen‹, Viertes Stück, in: *Gesammelte Werke,* Musarionausgabe, Band VII, S. 269f.

friedliches Für-sich-sein und Ausatmen – und so empfand ihn gewiß sein bester Leser, Shakespeare, – das ist jetzt die Historie für den modernen Geist. Wenn die Deutschen seit einem Jahrhundert besonders den historischen Studien obgelegen haben, so zeigt dies, daß sie in der Bewegung der neueren Welt die aufhaltende, verzögernde, beruhigende Macht sind: was vielleicht einige zu einem Lobe für sie wenden dürften. Im ganzen ist es aber ein gefährliches Anzeichen . . .«[94] Nietzsches Lob ist zweischneidig. »Mit ihm würde ich es halten, wenn die Aufgabe gestellt wäre, es sich auf der Erde heimisch zu machen.«[95] Später wächst seine Bewunderung für den skeptischen Franzosen mit dem Ekel vor den Deutschen und freilich auch mit seinem Irrtum über den Sinn der Revolution. Er verhimmelt die Persönlichkeit. Wenn Montaigne erklärt, er sei von allen Seiten schlecht behandelt worden und den Ghibellinen Welfe, den Welfen Ghibelline gewesen; die Anklagen seien jedoch stumm geblieben, weil er sich peinlich ans Gesetz gehalten[96], sieht ihn Nietzsche schon zu Lebzeiten »auf den Index im Vatikan gesetzt, allen Parteien längst verdächtig« und spricht von »seiner gefährlichen Toleranz, seiner verleumdeten Unparteilichkeit«[97]. Er macht ihn zum Heroen, der er gewiß nicht war.[98]

94 Ibid., S. 261.
95 ›Unzeitgemäße Betrachtungen‹, Drittes Stück, in: ibid., S. 49.
96 Cf. Montaigne, ibid., Buch III, Kap. 12, S. 520f..
97 Nietzsche, ibid., Band XVII, S. 347.
98 In Wirklichkeit waren die kritischen Äußerungen über Montaigne zu seinen Lebzeiten nicht sehr bedrohlich (cf. Pierre Villey, *Montaigne devant la postérité*, Paris 1935, S. 56ff.) Die Inquisitoren des Sacro Palazzo haben nach der Lektüre der *Essais* Montaigne versichert, daß sie seine gute Absicht und Liebe gegen die Kirche zu ehren wüßten. Er solle in Rom bleiben und in Harmonie mit ihnen leben (cf. Montaigne, *Journal de voyage*, herausgegeben von Lautrey, 2. Auflage, Paris 1909, S. 274). Er hat es erreicht, den Titel eines Römischen Bürgers zu erlangen. Der Wortlaut der Urkunde war, wie er selbst bemerkt, so

Trotz allem spricht aus Nietzsche mehr noch die Kritik am Bürgertum des Verfalls als die Achtung vor der sich verfestigenden Kapitalmacht. Seine Bewunderung für Montaigne weist auf den humanen Sinn der Utopie vom Übermenschen und läßt die »Führergestalten« der Gegenwart als ihr Zerrbild erscheinen. Sie stellen gleichsam die geschichtliche Antwort auf Nietzsches Irrtum dar, daß in Zukunft noch Persönlichkeiten existieren könnten, wenn die bürgerliche Masse weiterexistiert; daß nicht die Emanzipation, sondern die Versklavung der Masse die Bedingung einer menschlichen Zukunft sei. Nietzsche ist widerspruchsvoll wie Montaigne selbst. Die ungebrochene Tendenz, Montaigne durch Betonen seiner harten Züge mit dem kaiserlichen Deutschland zu versöhnen, tritt dagegen in einer Fehlleistung Diltheys hervor. Montaigne stimme »den Stoikern bei in der Bevorzugung der starken männlichen und freudigen Gefühle vor der Passion des Mitleids, die er Frauen, Kindern und dem eingebildeten Haufen zuweist«[99]. Aber es steht bei Montaigne an der von Dilthey angeführten Stelle[100] gar nicht, daß er den Stoikern beige-

ehrenvoll gehalten wie der Bürgerbrief des Herzogs von Sore, des eigenen Sohns des Papstes (ibid., S. 266f.). »Sokrates aus Frankreich« nannte man ihn im Vatikan (cf. ibid., S. 268 Anm.). Auch an sonstigen Ehrungen war sein Leben nicht arm. Auf den Index wurden die *Essais* erst 1676, fast hundert Jahre nach ihrem Erscheinen, gesetzt (cf. P. Bonnefon, *Montaigne et ses amis*, Band II, Paris 1898, S. 38). Nietzsches Urteil entspricht der Version, die auch Buckle annimmt. »Unter der Maske eines Mannes von Welt, der natürliche Gedanken in gemeinfaßlicher Sprache ausdrückt, verbarg Montaigne einen hohen und kühnen Forschergeist ... er war kühn, denn er ließ sich durch die Vorwürfe nicht irre machen, womit die unwissenden Dogmatiker allemal die überschütten, deren Einsicht den Zweifel herbeiführt.« (G. Th. Buckle, *Geschichte der Zivilisation in England*, deutsch von A. Ruge, Band I, Abt. 2, Leipzig und Heidelberg 1865, S. 14f.).

99 W. Dilthey, ›Weltanschauung und Analyse des Menschen seit Renaissance und Reformation‹, in: *Gesammelte Schriften*, Band II. Leipzig und Berlin 1921, S. 37.

100 Montaigne, *Essais*, ibid., Buch I, Kap. I, S. 7f.

stimmt, sondern nur, daß sie Entsprechendes behauptet hätten. Und nicht bloß Frauen, Kinder und der gemeine Mann[101] waren nach Montaignes Urteil dem Mitleid unterworfen, sondern ebenso er selbst. »Sowohl aus Natur als aus Vernunft«, heißt es in den *Essais*[102], »hasse ich unter allen Lastern als das äußerste grausam die Grausamkeit, und zwar geht das bis zu solcher Weichheit, daß ich nicht ohne Unbehagen sehen kann, wie man einem Huhn den Hals umdreht, und mit Pein einen Hasen unter den Zähnen meiner Hunde stöhnen höre, obgleich doch die Jagd ein großes Vergnügen ist.« Es kommt ihm mehr auf die Zerstreuung dabei an als aufs Töten und Beutemachen. Diltheys kleiner Irrtum ist nur ein Symptom. Die professorale Verachtung der Masse in der Wilhelminischen Ära bestand nicht in der Feindschaft gegen das System, das die Masse erzeugt, sondern im Haß gegen die Kräfte, die es überwinden könnten. Die Weltkriegsbegeisterung meldet sich in ihr an, die, mit den ökonomischen Bedingungen unlösbar verknüpft, verjüngt aus der Niederlage wieder emporsteigt und als völkisches Erwachen endlich die ganze Erde genesen läßt, wie es damals schon versprochen war. Die unparteiische Skepsis der modernen Wissenschaft heftet die deutschen Gelehrten mit oder ohne ihren Willen an diesen Triumphzug.

Noch rascher als die Wissenschaft hat die liberale Theologie an die neue Mentalität herangeführt. Schon David Friedrich Strauß hatte gezeigt, wie von der Theologie zu unverhüllt autoritärer und arbeiterfeindlicher Gesinnung

101 Der »eingebildete Haufe« ist ein Druckfehler oder Mißverständnis.
102 Ibid., Buch II, Kap. II, S. 195.

überzugehen sei.[103] Dieser vulgärmaterialistische Theologe hat den Faschismus geradezu vorweggenommen. Die Schule Ritschls, die ihm »viel verdankte«[104], hat mit ihrem skeptischen Agnostizismus die Aussöhnung von Kapitalismus und Protestantismus auf die Spitze getrieben. »Es ist eine prinzipiell unphilosophische und antiphilosophische Theologie, die nur soviel Philosophie oder Erkenntnistheorie verwendet, als sie nötig hat, um philosophische und metaphysische Konkurrenzen loszuwerden.«[105] Ein Vertreter dieser Schule war der Pfarrer Traub; sein rebellischer Liberalismus trieb ihn vor dem Krieg bis zum Konflikt mit der Kirche. Im Kriege enthüllte sich als Kern der Rebellion die restlose Bejahung der imperialistischen Politik. Für seine eiserne Propaganda erhielt er einen Platz im Oberkirchenrat. Agnostizismus, skeptische Feindschaft gegen jede die Fachwissenschaften transzendierende Theorie, Friedensschluß mit der herrschenden Ordnung kennzeichnen seinen theologischen Standpunkt.

Die Erinnerung an vorwärtstreibende Elemente der Religion, an das Evangelium als eine Instanz, die zum Bestehenden auch in Gegensatz geraten kann, findet sich außer in vereinzelten katholischen Kreisen bei verschiedenen orthodoxen Richtungen des Protestantismus. Wie manche politisch Konservativen und vor allem die kleinen Sekten, »Bibelforscher« und andere, die heute ihre Märtyrer zählen, haben sie wenigstens einen Glauben, der wie jeder Glaube in einer zerspaltenen Gesellschaft stets die Idee der Gerechtigkeit enthält. In den Grenzen der positiven Reli-

103 Cf. insbesondere David Friedrich Stauß, *Der alte und der neue Glaube*, 8. Auflage, Bonn 1875, S. 279–302.

104 Cf. Ernst Troeltsch, ›Rückblick auf ein halbes Jahrhundert der theologischen Wissenschaft‹, in: *Gesammelte Schriften*, Band II, Tübingen 1922, S. 203.

105 Ibid., S. 204.

gion kann der Glaube jedoch nur noch verstümmelt existieren. Gegenüber dem totalen Nihilismus der Liberalen zeigt der Mut der Orthodoxen freilich eine höhere Wahrheit. Gleichsam wider ihren Willen sind sie durch die Totalitären auf die richtige Seite gedrängt. Diese kann jedoch nicht auf sie zählen; denn die Beschränkung auf Bibelwort und Kultus ist schon ein verstockter Glaube, der trotz allem den Konformismus in sich hat. Im Evangelium ist die christliche Freiheit verkündigt, jeder soll sie besitzen und bestätigen. Das ist kein ausschließlich innerer Tatbestand, schon deshalb nicht, weil selbst die Freiheit des Gewissens sich nicht mit jeder Einrichtung von Staat und Gesellschaft verträgt. Luther und Calvin haben das gewußt, und nicht umsonst sind sie selbst sowie ihre unmittelbaren Anhänger in politische Konflikte geraten. Je mehr sich der Kapitalismus aus seiner liberalistischen Phase nach der autoritären hin entwickelt, um so mehr wird praktisch die Illusion widerlegt, als sei die innere Freiheit nur durch eine Klausel in der Verfassung oder das gnädige Nicken eines Führers zu garantieren. Das Christentum ist nicht identisch mit der mittleren und neueren Akademie von Athen. Die Meinung, das Evangelium lehre wie Arkesilaos und Karneades den Rückzug ins eigene Innere und den Gehorsam gegen die jeweilige Obrigkeit, nur mit dem Unterschied, daß der Christ auf die Erlösung hoffe, höbe das Christentum nicht etwa auf, sondern müßte es schlechthin vernichten. Das Prinzip des Gewissens ist nicht von vornherein darauf festgelegt, in allen gesellschaftlichen Fragen zur Unterwerfung zu treiben und höchstens einmal aufzumucken, wenn sich bei der Zusammensetzung der Kirchenbehörde der Staat offiziell einmischt.

Das Gewissen ist aus der Introjektion gesellschaftlicher Forderungen hervorgegangen. Im Gegensatz zur skeptischen Ataraxie treibt es zur Selbstbestätigung des Individuums, zur Aktivität, zur Arbeit. Diese ist jedoch auch in der bürgerlichen Wirtschaft kein so formaler Begriff, wie es scheint. Er bedeutet vielmehr, daß sie ein Beitrag zum Leben der menschlichen Gesellschaft mit allen ihren Individuen sei. Weder das Moment der Freiheit noch das der Allgemeinheit ist aus ihr wegzudenken. Somit hat auch das Gewissen in der Geschichte eine Tendenz; es weist wie der Gottesbegriff über die Verhältnisse der Klassengesellschaft hinaus. »Das Christentum«, sagt Hegel[106], »hat es in seinen Anhängern zu ihrer Wirklichkeit gemacht, z. B. nicht Sklaven zu sein; wenn sie zu Sklaven gemacht, wenn die Entscheidung über ihr Eigentum in das Belieben, nicht in Gesetze und Gerichte gelegt würde, so fänden sie die Substanz ihres Daseins verletzt.« Das gilt nicht nur für das besondere Individuum als ausschließend egoistisches, sondern für die Gesellschaft insgesamt. Es ist nicht so gemeint, daß das Gewissen beruhigt sein könnte, wenn nur das christliche Individuum selbst in der angegebenen Bedeutung kein Sklave ist, sondern andere. »Recht, Eigentum, Sittlichkeit, Regierung, Verfassung usw. müssen nun auf allgemeine Weise bestimmt werden, damit sie dem Begriff des freien Willens gemäß und vernünftig seien. So nur kann der Geist der Wahrheit im subjektiven Willen, in der besonderen Tätigkeit des Willens erscheinen; indem die Intensität des subjektiven freien Geistes sich zur Form der Allgemeinheit entschließt, kann der objektive Geist erscheinen. In diesem Sinne muß man es fassen, daß der Staat

106 Hegel, *Enzyklopädie*, § 482.

auf Religion gegründet sei.«[107] Die religiöse Freiheit hat eine Dialektik in sich, die sie aus der Innerlichkeit heraustreibt.

Was im 16. Jahrhundert Reformation und Skepsis einander entgegensetzte, einerseits die fanatische Spontaneität, andererseits der Humanismus, hat sich aus diesen Lebensformen gelöst und ist in eine Theorie und Praxis übergegangen, die als aktiver Humanismus den Gegensatz überwindet und bewahrt. Es ist die kritische Theorie und die historische Anstrengung, zu der sie gehört. Konkret ist sie bei denen anzutreffen, die in den autoritären Staaten und solchen, die es werden wollen, die Zellen einer neuen Welt bilden. Ihnen ist das Denken auch nach der Niederlage nicht zu einem Inneren geworden, das innen bleibt und sich der widersprechenden Wirklichkeit adaptiert. Sie waschen ihre Hände nicht in Unschuld. Es ist möglich, daß alles zugrunde geht, aber die nüchternste Analyse zeigt, daß eine vernünftige Gesellschaft möglich ist. Humanismus besteht darin, sich für sie einzusetzen. Das auf eine bestimmte geschichtliche Praxis bezogene Wissen, das das Ganze der Menschheit betrifft, die Masse scheinbar atheoretischer Tatsachen, mit denen man schon das Kind, erst recht den Studenten, am Denken hindert, die philosophischen und politischen Doktrinen, die im Antiquitätenladen der relativistischen Geistesgeschichte billig abgegeben werden, dies alles ist ein Chaos. Seine Funktion entwöhnt weit mehr von der Wahrheit, als daß sie sie darstellt. Daß Religion und Skepsis sich auf vergangene Kulturleistungen berufen, führt irre; denn sie haben sich im Kern gewandelt, nicht weil der Wortlaut ihrer Lehre, sondern weil die Welt sich verändert hat. Der Geist, der

107 Hegel, ›Vorlesungen über die Philosophie der Geschichte‹, in: *Sämtliche Werke*, Glockner, Band 11, S. 524.

ihnen einst immanent war, ficht fern von ihnen, zersplittert in theoretische und politische Gruppen und scheinbar schon überwältigt, einen verzweifelten Kampf, dessen Dauer und Ausgang nicht abzusehen ist. Spontaneität ist in dieser neuen Gesinnung, weil sie nicht bei sich ausruht, sondern im Willen besteht, Vernunft und Freiheit in die Welt zu bringen; Humanität, weil sie den Bildungsschatz und die Fähigkeit zum Genuß in eben dieser Spontaneität lebendig erhält.

Die Skepsis ist eine krankhafte Art intellektueller Unabhängigkeit, sie ist gegen Wahrheit und Unwahrheit immun. Wenn Pyrrho nach Diogenes Laertius auf einem Schiff im Sturm den Mitreisenden ein Schwein, das ruhig fortfraß, zeigte und erklärte, solche Ataraxie müsse auch die des Weisen sein[108], so mag die vom Menschen durch Vernunft zu erwerbende natürliche Sorglosigkeit angesichts des Todes am Platze sein. Den Interessen der Menschheit gegenüber, an denen der skeptische Bürger es betätigt, ist das Verhalten des Schweines weder natürlich noch vernünftig, mag es auch noch so verbreitet sein. Wie die tote Religiosität, die Kirchen und die Hierarchie, gehört die tote Skepsis, das Verschließen der Menschen gegeneinander, ihr Zurückziehen auf das eigene und eben deshalb nichtige Individuum zu einer geistigen Verfassung, die zum Stand der menschlichen Kräfte, der im gegenwärtigen Zeitalter erreicht ist, in Widerspruch steht. Der Augenschein der verkommenen Menschheit, überwältigend und entmutigend genug, ist trotz allem Grauen trügerisch. Wie in jenen vergangenen Zeiten des Übergangs, am Ende der städtischen Freiheit in der Antike und

108 Cf. Montaigne, ibid., Kap. 12, S. 315.

in der Renaissance, sind freilich die Verhältnisse dazu angetan, den Einzelnen skeptisch oder religiös oder beides zugleich zu machen. Aber nicht diese Wiederholung, sondern der aktive Humanismus, wie er sich aus der geschichtlichen Entwicklung selbst ergibt, spielt jetzt die Rolle, die einmal den skeptischen Philosophen und den Reformatoren zukam. Nicht irgendwelche, sondern die wahren Ideen in ihrer historisch adäquaten Gestalt unterscheiden »Bildung« vom bloßen Wissen. Der pädagogische Versuch, den pragmatischen Bürger mit Tradition, mit Griechenland, zuweilen auch mit dem Thomismus gegen Barbarei immun zu machen, ist ganz weltfremd. Es gibt keinen Humanismus ohne klare Stellungnahme zu den geschichtlichen Problemen der Epoche; als bloßes Bekenntnis zu sich selbst kann er nicht existieren. Der Humanismus der Vergangenheit bestand in der Kritik der feudalistischen Weltordnung mit ihrer Hierarchie, die zur Fessel der Entfaltung des Menschen geworden war. Der Humanismus der Gegenwart besteht in der Kritik der Lebensformen, unter denen die Menschheit jetzt zugrunde geht, und in der Anstrengung, sie in vernünftigem Sinn zu verändern.

Was nun das Verhältnis der kritischen und dialektischen Theorie zum spezifischen Inhalt des Skeptizismus betrifft, so hat Hegel das abschließende Urteil darüber gesprochen. Die Dialektik enthält die Skepsis in sich, indem sie das Einseitige, Beschränkte, Vergängliche der einzelnen Vorstellungen und Meinungen zeigt. Das dialektische Denken unterscheidet sich vom Skeptizismus dadurch, daß es die Ansichten durch diesen Aufweis nicht für vernichtet hält und sich auf das Ich zurückzieht, welches all dies in Gedanken vollbracht hat, bis dann auch das Ich als Täuschung oder Fiktion erscheint und absurd über sich selbst triumphiert. Wenn Montaigne wie die Alten aus der Unsicherheit der sinnlichen und der Verstandeserkenntnis sowie aus der Vielheit der moralischen, metaphysischen und religiösen Ansichten nur den Schluß zieht, daß man eben gar nichts wissen könne, erkennt die Dialektik in der negativen Betätigung an den Vorstellungen, die sich selbst für fest und absolut halten, die Macht des Denkens als des »Negativen« und sein eigenes Wesen. Theorie besteht nicht im bloßen Verwerfen, sondern gerade in der Analyse der Formen und Inhalte, die im Denken und Leben sich verfestigt haben, in der besonderen Erkenntnis der Gründe, warum sie einseitig und widersprechend sind. Das Resultat ist dann nicht der Standpunkt, daß man jetzt alles vergessen dürfe, weil es doch nichts wert sei, gleichsam die Leere des Bewußtseins als Ideal, sondern der gesamte Gedankenprozeß mit allen Behauptungen, Analysen, Einschränkungen und so fort, in welchem nicht allein die aufgetretenen Meinungen, sondern auch die realen Verhältnisse in ihrer Relativität und Vergänglichkeit erkannt werden; in welchem sie vorkommen, aber nicht als schlechthin wahre oder schlechthin falsche, sondern so, wie sie nach dem Stande gewußt werden, den die Erkenntnis im historischen Moment erreicht hat.[109] Die Wahrheit in solcher kritischen und historischen Gestalt hat Hegel die spekulative Idee genannt; sie hat selbst die Kraft in sich, das Negative an jeder bestimmten Struktur, an jedem ihrer eigenen Momente zu betätigen. Sie fällt nach ihm nicht nur mit dem philosophischen Bewußtsein, sondern auch mit der konkreten Geschichte zusammen, die sich

109 Cf. über das Verhältnis von Skeptizismus und Dialektik auch ›zum Problem Wahrheit‹, Band I, S. 236f., besonders S. 242ff.

darin als das Negative zeigt, daß jedes Vergängliche an seiner Beschränktheit, an seinen inneren Widersprüchen zugrunde und in ein differenzierteres, besser angepaßtes Sein übergeht. »Die Philosophie ist dialektisch«, heißt es bei Hegel[110], »diese Dialektik ist die Veränderung: die Idee als abstrakte Idee ist das Träge, Seiende, aber sie ist nur wahrhaft, insofern sie als lebendige sich faßt; dies ist, daß sie dialektisch in sich ist, um jene Ruhe, jene Trägheit aufzuheben. Die philosophische Idee ist so in sich dialektisch und nicht nach Zufälligkeit; der Skeptizismus dagegen übt seine Dialektik aus nach Zufälligkeit, – wie ihm der Stoff, der Inhalt gerade vorkommt, zeigt er auf, daß er in sich das Negative sei.«

Von der materialistischen Dialektik, wie sie in der kritischen Theorie enthalten ist, wird im Unterschied zu Hegel die Einheit von Denken und Geschichte nicht hingenommen. In der Gegenwart existieren reale geschichtliche Lebensformen, deren Irrationalität sich dem Denken bereits ergeben hat. Die Dialektik ist nicht abgeschlossen. Zwischen Denken und Sein herrscht keine Harmonie, sondern der Widerspruch erweist sich noch heute als treibende Macht; und zwar nicht bloß zwischen Mensch und Natur, sondern namentlich zwischen den Menschen selbst mit ihren Bedürfnissen und Fähigkeiten und der Gesellschaft, die sie hervorbringen. Die Überwindung vollzieht sich daher im realen historischen Kampf zwischen jenen Individuen, welche die Bedürfnisse und Fähigkeiten, das heißt die Allgemeinheit, und jenen anderen, welche die erstarrten Formen, das heißt partikulare Interessen vertreten. So geht das skeptische und kritische Moment des Denkens in

110 Hegel, ›Vorlesungen über die Geschichte der Philosophie‹, in: ibid., Band 18, S. 540.

das der konkret-historischen Aktivität über, anstatt in das ephemere Ich zurück; und infolge dieser Beziehung, zwischen Denken und Geschichte ist es der kritischen Theorie versagt, für sich selbst in ihrer Totalität das rein logische Kriterium der kampflosen Sicherheit zu besitzen, auf dessen Suche als einem je schon Vorhandenen die Skepsis zum Nihilismus kommt. Wenn sich die wahren von den falschen Theorien durch viele Merkmale unterscheiden, so ist doch die theoretische Sicherheit so wenig wie die praktische vorausgesetzt, sondern einem historischen Prozeß anheimgegeben, zu dem sowohl die Schärfe des Verstandes wie unter Umständen der Einsatz des Lebens gehört.

Auf den letzten Seiten der *Essais* findet sich der Satz: »Es ist eine unendliche, fast göttliche Vollkommenheit, in richtiger Weise sein eigenes Wesen zu genießen.«[111] Daß solche Forderung sich nicht im unmittelbaren Bejahen des individuellen Ichs erfüllen läßt, hat der klassische deutsche Idealismus philosophisch dargetan. Nicht die Verwirklichung des empirischen, sondern des transzendentalen Ichs erfüllt nach ihm das Wesen. In der Entwicklung dieser Philosophie hat es sich dann herausgestellt, daß die transzendentale Instanz nicht allein in Vorgängen des einzelnen Bewußtseins, sondern in der Gestaltung der menschlichen Verhältnisse sich auswirkt. Im Grunde der Kantischen ursprünglichen Apperzeption liegt Hegels Begriff des Geistes und die Idee der vernünftigen Gesellschaft als der Sinn des Transzendentalsubjekts.[112] In einer zerspaltenen und abstoßenden Gesellschaft ist auch das Ich zerspalten und abstoßend. Wenn es zufrieden ist, muß es noch nicht glücklich sein; denn Glück ist nicht bloß eine Empfin-

111 Montaigne, ibid., Buch III, Kap. 13, S. 666.
112 Cf. hierzu ›Traditionelle und kritische Theorie‹, oben, S. 151 ff.

dung, sondern eine reale Verfassung des Menschen.[113] Über das Glück kann man sich täuschen. Ein gesellschaftlicher Zustand, in dem die Abhängigkeit des Individuums von der Allgemeinheit wie sein Beitrag zu ihr verschleiert und seinem Willen entzogen sind, hemmt notwendig die Entfaltung seiner Fähigkeiten und damit sein Glück, auch wenn es sich davon nichts träumen läßt. Sie können nicht zum Genuß ihrer Vernunft kommen, weil die Vernunft als partikulare, als Berechnung des individuellen Nutzens und somit in unvernünftiger Form existiert. Außer durch die universelle, mit dem Organisationsprinzip der bisherigen Gesellschaft verknüpfte Schranke sind die Fähigkeiten der meisten Individuen physisch und psychisch durch den Druck der Arbeit, durch Demütigungen und Entbehrungen eingeengt. Die Erniedrigung des Individuums, das Tabu, das auf dem Praktizieren, selbst auf dem Bekunden entscheidender Triebregungen lastet, die Verpönung des Genusses, die fortwährende Angst vor der Niederlage im Konkurrenzkampf und der entsprechende falsche Ehrgeiz, solche »psychologischen« Einflüsse lassen den Menschen nicht weniger verkümmern als die unmittelbar materielle Schädigung der Sinne durch Hunger, Krankheit und harte Arbeit. Erst in einer freieren Gestalt der Menschheit kann sich das Wort Montaignes erfüllen. Der Skeptizismus hebt sich auch in dieser Hinsicht auf. Wo das Glück zum Prinzip gemacht wird, ist auch das umwälzende Handeln gefordert.

Wenngleich dies offenbar ist, bildet die Skepsis in ihrer liberalen und autoritären Form einen Zug des vorherr-

113 Cf. hierzu Herbert Marcuse, ›Zur Kritik des Hedonismus‹, in: *Zeitschrift für Sozialforschung,* VII, 1938, S. 55 ff. (neuerdings auch in: Herbert Marcuse, *Kultur und Gesellschaft,* I, Frankfurt am Main 1965, S. 128 ff.).

schenden bürgerlichen Typus Mensch, und zwar deshalb, weil charakterologische Strukturen nicht durch Erkenntnis oder Aufklärung, sondern durch materielle Verhältnisse befestigt und verändert werden. Die Fortschritte der Waffentechnik, mittels deren ganze Völker von einer gut genährten Truppe in Schach gehalten werden, ist für die Beharrlichkeit der Skepsis als anthropologischen Wesensmerkmals viel entscheidender als die Argumente, mit denen das skeptische Verhalten sich zu rationalisieren pflegt. Man könnte entgegnen, Einsichten wie diese machten gerade das Wesen der Skepsis aus, und in der Tat gehört es zu ihr wie zum herrschenden Charakter überhaupt, vulgäre Motive, nach denen die Herren der Welt einzig zu handeln wissen, nicht ihnen und ihrem Prinzip, sondern der Idee des Menschen zuzuschreiben. Der Unterschied besteht hier darin, daß die kritische Theorie, die wir im Gegensatz zur Skepsis vertreten, aus der Einsicht in die Schlechtigkeit des Bestehenden und in die Vergänglichkeit der Erkenntnis keinen antitheoretischen Absolutismus macht, sondern auch bei pessimistischen Feststellungen von dem unbeirrten Interesse an einer besseren Zukunft sich leiten läßt.

1938

Mathias Greffrath
Eine bescheidene Magna Charta des common sense

Zwischenzeit

Wie ein freundlicher Felsen liegt er da, inmitten des Gerölls der letzten zehn Jahrhunderte. Es ist nicht nur die Mitte eines tausendjährigen Kalenders, in der wir ihn finden; er lebt zwischen dem ersten Auftauchen von Windmühlen in der Normandie (um 1080) und der Mikroelektronik, in einem Jahrtausend, in dessen erstem Jahrhundert die Hörigkeit – beiden Herren gegenüber – noch intakt war und in dessen letztem uns zunehmend das Entsetzen vorm »Gehäuse der Hörigkeit« packt: aber diesmal sind es nicht nur Herren, es ist ungleich Objektiveres, das uns die Ellbogenfreiheit zu nehmen droht.

Auch wenn man den Kreis um ihn etwas enger schlägt, bleibt Montaigne in der Mitte: etwa zwischen dem vierzehnten Jahrhundert, in dem die Ockhamisten die Trennung von Vernunft und Religion in Angriff nehmen, die Feudalität in die große Krise gerät und die Große Pest die Menschen tötet und demütigt – und dem achtzehnten: da drängt die Aufklärung an die Macht, der Absolutismus (wenn auch nicht der Zentralismus) zerfällt, und das Erdbeben in Lissabon erinnert die Europäer daran, daß man die Rechnung noch immer nicht ohne die Wirtin machen kann.

Oder gehen wir noch näher heran: fünfzig Jahre vor

Montaignes Geburt begannen die Nationalstaaten zu entstehen, arbeitete Leonardo da Vinci, und Amerika war noch nicht entdeckt. Die kurze Renaissance kam zum Ende, in der die Maler den Körper entdeckten, die Dichter den Alltag heiligten und die Musik begann, auch irdische Leidenschaften zu begleiten. Der Handel machte die italienischen Fürsten reich, aufgeklärte Dichter schrieben in der Sprache des Volkes, das Volk trug Forderung nach Brot und Demokratie vor: in urchristlichen Formen, unberührt von den Alphabetisierungskampagnen des Humanismus, der versuchte, die Menschen zu lehren, daß der gute Geist in ihnen selber wohne. – Und fünfzig Jahre nach Montaignes Tod: da stirbt Galileo Galilei; auch Shakespeare, der aus Montaignes Aufsatz über die Kannibalen abgeschrieben hat, lebt nicht mehr. Richelieu hinterläßt ein zentralisiertes Frankreich. Der kapitalistische Weltmarkt ist in seinen Grundzügen etabliert. Die Gegenreformation überzieht Europa mit klerikalen Blockwarten; und bei den Protestanten sieht es nicht anders aus. Pascal und Descartes – beide sind bei Montaigne in die Schule der Skepsis gegangen – führen die neue Spaltung vor: die in den Menschen als »maître et possesseur« der übrigen Welt einerseits, als demütiges Seelchen andererseits. Montaigne wird demnächst auf den Index kommen. In Europa werden die Uhren billiger, das Wort vom Fortschritt kommt auf, und die Geschichte der Beschleunigung beginnt.

Ich hätte die Beispiele auch anders wählen können, und für jedes Ereignis und jeden Namen läßt sich eine Gegengeschichte erzählen. Selbst als Strukturgeschichte ist die Geschichte verworfen; erzählbar wird sie nur, wenn man etwas in ihr sucht. Man kann sie dann als eine Kontinuität von Herrschaft darstellen: die gibt es; aber auch die des

Widerstandes: seit dem zwölften Jahrhundert keines ohne Bauernaufstände und keines ohne Klassenkriege, keines ohne Kriege der Staaten und Wachstum der Produktivkräfte. Man kann die Geschichte periodisieren: dann hört irgendwann zwischen dem 14. und dem 16. Jahrundert der Feudalismus auf und der Kapitalismus fängt an; aber man kann die Zäsur mit guten Gründen auch im 12. oder im 18. Jahrhundert setzen. – Wenn man anfängt, aufs Einzelne zu sehen, lösen sich diese Großbegriffe, auf die man schwer verzichten kann, in viele Geschichten auf: In England verliert die Gentry beim Übergang zu Weltmarkt, Kapitalismus und Zivilisation an politischer Macht, in Frankreich gewinnt sie dazu; in Holland akkumulieren die Bürger Macht, in Italien und Deutschland nicht; in Frankreich lockern sich die Feudalbande für die Bauern, in Deutschland straffen sie sich. Und auch das ist alles viel zu grob.

Aber ich will kein Geschichtsbuch schreiben, sondern Michel de Montaigne kommentieren. Und dafür ist es nicht unerheblich, daß er in der Mitte steht – zwischen der Zeit, in der die universelle katholische Kirche jedem Menschen Rang und Stand anwies, zu Beginn des Jahrtausends, und dem universellen Industrialismus, in den die ganze Geschichte jetzt mündet und der jedem seine Position als Funktionsträger zuschreibt. Selbst die Arbeitslosigkeit ist dabei, das neuzeitliche Stigma von Schande und Zufall zu verlieren, gewinnt die Weihen der Objektivität zurück, nun aber nicht als göttliche Fügung, sondern als zwangsläufige Folge der Roboterisierung. Aber es ist kein Kreis, der sich da schließt, es sind nur zwei relativ gut zu beschreibende, weil stabile Zustände. Es brauchte Jahrhunderte zur Auflösung des Mittelalters, und Jahrhunderte bis heute.

Wir sind in der Klemme. Vom Warten wird geredet, von Posthistoire, von Postmoderne, Postindustrialismus und Postkapitalismus. Das Verschwinden der Geschichte, des Individuums, der Öffentlichkeit – so oder ähnlich heißen die Bücher seit ein paar Jahren; oder sind es schon Jahrzehnte? Die Geschichte der Beschleunigung ist an ihr Ende gekommen – jedenfalls breitet sich eine Ahnung davon aus, daß jede weitere Beschleunigung die Menschheit, die nun *eine* geworden ist, aus der Bahn werfen könnte. Aber es ist auch nichts Neues in Sicht. – Wer Soziologe ist, hat die Extreme fürchten gelernt: das eine wäre die Ultrastabilität dessen, was wir haben, das andere seine Auflösung ins Chaos. Der Überwachungsstaat oder die Unregierbarkeit; der Rückfall ins Agrarische – über die Stationen Atomkrieg und Ökodiktatur – oder der Durchmarsch in den Wintergarten einer superindustrialistischen Weltgesellschaft – so reden wir, wenn wir in großen Alternativen denken. »Endzeit«, sagen die Antiquierten und die Bußprediger, »Revolution« die Heilsprediger und die Herren von Atom und Kabel, und zwischen ihnen der Chor der Beschwichtiger, der Weitermacher.

Vielleicht sollte man sagen: »Zwischenzeit«, weil der Optimismus so dumm macht und der Pessimismus so unbeweglich. Und mir fällt auch kein besseres Wort ein für das Jahrhundert, in dem der Landedelmann Michel Eyquem de Montaigne seine 107 Versuche schrieb, nur zwölf Generationen nach den ersten Windmühlen und nur zwölf vor den chips. Nicht, weil er uns viel zu sagen hätte über unser Jahrhundert, lädt er zur Lektüre ein, sondern weil er vielleicht einiges vorschlagen kann zum Verhalten in Zwischenzeiten.

Das Jahrhundert, in dem er lebte, wird von den Historikern das »lange« genannt. Sie datieren es zwischen 1450 und 1640. Europa erholt sich von der Pest und vom Bevölkerungsrückgang. Der Fernhandel weitet sich aus; eine Million Menschen wandern in diesem Jahrhundert in die Neue Welt, und die Edelmetalle, die sie zurückschicken, ruinieren die europäischen Währungen. Die Adeligen verschulden sich, und die Handwerker zieht es in die Manufakturen. All das geschieht allmählich, wird nur bemerkt von denen, die es trifft. Inseln des Neuen entstehen – Handelsgesellschaften, Reedereien, Bergwerke, Banken –, es ist noch nicht soweit, daß die Lebensweise ganzer Gesellschaften umgewälzt wird.

Um die Mitte des Jahrhunderts schließen der französische König Heinrich II. und Philipp II. von Spanien Frieden – beide sind bankrott. Von Ritterspielen haben sich die Kriege zu Materialschlachten entwickelt; in Zukunft werden sie von der Artillerie entschieden, das eingesetzte Kapital beginnt, die Kühnheit zu ersetzen. Es entstehen Nationalstaaten, die die Humanität und die Barbarei zentralisieren werden (in Deutschland dauert es bekanntlich länger), und die Reaktionen gegen sie: Aufstände des Landes gegen die Stadt, der Regionen gegen die entstehenden Zentralgewalten.

Der Buchdruck hat sich ausgebreitet und damit die Umlaufgeschwindigkeit neuer Ideen, Techniken und Ideologien gesteigert; ohne ihn hätte die Reformation keine Chance gehabt, ohne ihn hätten sich die Schulen und die Bibliotheksregale nicht so schnell, kaum war die Scholastik abgeräumt, wieder gefüllt: mit den Beschreibungen neuer Technologien, aber auch mit dogmatischem Humanismus und schlechten Übersetzungen aus dem Griechischen; und ohne den Buchdruck hätte Rabelais' bissige Konsequenz aus der leerlaufenden Gelehrsamkeit nicht so schnell die Runde gemacht: »Tu was du willst« – auch das ein Satz, dem wir heute wieder begegnen.

Die Reformation, die damit begann, bei Hegel jedenfalls, daß der freie Mensch die heruntergekommene Kirche verläßt, steht schnell im Dienst der Prozesse, in denen Macht und Eigentum umverteilt werden. Katholisch ist in Frankreich die Zentralgewalt, protestantisch sind die südlichen Regionen und der niedere Adel, der seine Welt untergehen sieht. Die Religionskriege haben zum wichtigsten Resultat den Sieg der Monarchie über die Feudalen. Der Protestantismus, der vom Dogma befreit hatte, verschärft den Zugriff auf den Alltag und die Seele des Einzelnen. Die Glaubensspaltung setzt den Prozeß der Verkirchlichung in Gang und die häßlich kleinlichen Streitereien um die kleinste Differenz; es lebt sich nicht unbedingt freier unter Calvin und Zwingli als vorher, und die Gegenseite kontert mit der Gründung des Jesuitenordens und verbindet generalstabsmäßig die Alphabetisierung Europas mit verschärftem Gesinnungszwang. Montaignes Gedanken, zwei Jahrhunderte später von Diderot gedacht, konnten mehr als die bürgerliche Existenz kosten: nun wurden sie richtig ernst genommen, die Gedanken. So etwas wie Montaignes gelassene Unterhaltung mit den gelehrten Patres der Inquisition über gewisse Differenzen zur Meinung der Kirche, oder des Königs Henri III. freundliche Zustimmung zu den *Essais* kann man sich schon im Jahrhundert, das auf Montaigne folgte, nicht mehr gut vorstellen.

Es ging noch vieles durcheinander in diesem langen Jahrhundert. Im Zweifel war es eher das letzte des Mittelalters als das erste der Neuzeit. Das ist schon wieder zu schematisch: es ging eben durcheinander. Von Ostpreußen bis Spanien war die Entfernung größer als heute, und an beiden Orten geschah Disparates. Im Osten erdachte Kopernikus ein neues Weltbild, und die Refeudalisierung zwang die Bauern unter ein altes Joch; vom Westen aus entdeckte – und zerstörte – man die Neuen Welten und initiierte die Gegenreformation. – Selbst von »gesellschaftlichen Bewegungen« zu sprechen, ist noch falsch. Gesellschaften, beschreibbare Strukturen, Trends – auch nur vage – kann man erst viel später, durchs umgedrehte Fernglas der Großtheorien sehen und formulieren: als den »Prozeß der Zivilisation«, die »ursprüngliche Akkumulation«, die »Entstehung des wissenschaftlichen Weltbildes« usw.

›Vieles tut sich, und woran soll ich mich halten?‹ – so etwa mag das Lebensgefühl derer gelautet haben, die nur mehr am Rande der Idiotie des Landlebens, der Gewißheiten des alten Glaubens und der Unangefochtenheiten alter Herrschaften lebten. Wer freigesetzt war, wer den Halt verloren hatte und nicht unterging dabei, der konnte etwas tun: wenn er oben war, eine Handelsgesellschaft gründen, wenn er unten war, in die Stadt ziehen.

Krisenzeiten sind Zeiten, in denen Menschen aus alten Bindungen freigesetzt werden. Für ein »langes Jahrhundert«, oder auch für zwei oder drei, lösten sich die Gesellschaften in ihre Aggregate auf: Städte wurden autonom und Reiche zerfielen, feudale Güter verkamen und Bauern flohen in die Stadt oder machten die Wälder unsicher, Mönche gingen aus den Klöstern auf die Landstraßen. Wer sich nach dem Alten zurücksehnte, versuchte, es eine Weile lang aufrechtzuerhalten, solange er es sich leisten konnte. Andere probierten Neues, getrieben von der Notwendigkeit.

In solchen Zeiten kommt es, anders als in geordneten, eher darauf an, was viele Einzelne tun. Wie sie mit den Unregelmäßigkeiten umgehen, mit wem sie sich verbünden, welche Ressourcen sie aus der alten Stabilität mitgebracht haben, oder welche neuen sie sich erschließen. Die Gebäude der Macht und der Ideologie sind aufgelassen, und nach Vermögen kann sich jeder – nein, nicht jeder – bedienen. Krisenzeiten sind notgedrungen Zeiten größerer Freiheit. Die Freisetzung ist auch eine Chance – nicht für alle, eher für die, die nur noch wenig zu verlieren und die Zeichen der Zeit erkannt haben. Aber auch die sind erst eindeutig, wenn man die Rathäuser besetzt hat und besetzt hält: Galilei bestätigte Kopernikus, aber das kam hundert Jahre später; Ludwig des Vierzehnten Zentralisierungserfolge bestätigten Franz I. und Henri IV., aber der Ausgang war, wie wir heute wieder vermuten, nicht »gesetzmäßig«: ein Jahrhundert lang kämpften in Frankreich die Regionen um ihre, um die alte Autonomie. Wie es kam, kam es nicht zwangsläufig. Man muß wohl darauf bestehen. – Selbst die Einzelheiten waren nicht eindeutig: mit alten Theorien wurde das Neue probiert, wie Paracelsus vorführte. Oder: mit neuen Theorien von vorgestern wurde der Aberglaube von gestern im Dienste des Staates von morgen angewendet – ich meine den Hexenwahn und seine Blütezeit um die Wende zum 17. Jahrhundert. Es waren Humanisten, keine finsteren Kirchenleute, die seine Rechtfertigung lieferten. Bodin, der Vater des modernen, rationalen Staatsrechts, schrieb ebenso gelehrte Pamphlete gegen die Hexerei; ein selbstläufiger Aristotelismus verquickte sich mit mittelalterlicher Dämonologie und Volksaberglauben.

Das ganze ging vorzugsweise gegen politische Oppositionelle, Randgruppen, Juden und Nonkonformisten. Die erste Hexenjagd des Jahrtausends war fünfzig Jahre nach der Großen Pest zur Ruhe gekommen; die zweite, schlimmere, kam im Gefolge der Reformation und Gegenreformation. Verbrannt und gefoltert wurde auf beiden Seiten. Der Terror war bürokratisch, die Prozeduren waren rational-rechtlich. Viele hoben den Staat der Neuzeit aus der Taufe, der Inquisitor war ebenso dabei wie die Conquistadoren.

Wer den alten Glauben und die alte Position verloren hatte und wem das Neue zu neu war, der konnte ziemlich verwirrt sein in dieser Zeit. Nicht viel war mehr gewiß und mehr als sonst vom Zufall abhängig. Das Labyrinth, Fortuna und der verlorene Sohn waren beliebte Motive; und auch dies: ein Segelschiff, dessen Besatzung Löcher durch den Rumpf des eigenen Schiffes bohrt. Selbstversenkung. Die Astronomen, die am ptolemäischen Modell verzweifelten, prophezeiten als Astrologen den Weltuntergang: für das Jahr 1500, für das Jahr 1600. Die Metapher vom Welttheater war im Schwange; aber es wurden noch alte Stücke in neuen Kostümen gespielt oder neue im alten Versmaß – und manchmal wurden alle Kulissen gleichzeitig geschlossen.

Irgendwann um diese Zeit fing Gott an, in der Seele der Menschen zu sterben, und bis in unser Jahrhundert hinein dauern die Versuche, die individuellen und die kollektiven, diesen Tod zu verleugnen oder einen Gewißheitsersatz zu bekommen. Wie schwer der Abschied war, ist kaum nachzufühlen; die Erfolge der Gegenreformation und des Rationalismus, die andauernden Bemühungen, die Welt wieder zu verzaubern, geben eine Ahnung.

Zwischenzeit: für ein paar Generationen stand »der Mensch« allein in »der Welt«. Und zwischen beiden, dem einzelnen Menschen in seiner Kreatürlichkeit, und den Sternen in einem von nichts mehr gehaltenen Kosmos war für eine Weile alles offen, schien alles möglich, wurde fast alles geglaubt. War nichts gewiß, war mehr als sonst von Zufällen abhängig. Und von Einzelnen: Forschern, Seefahrern, Händlern, Herrschern.

In dieser Zeit lebte Michel Eyquem de Montaigne [...]

Montaignes Trägheit

Nur zwölf Generationen trennen uns von diesem gesunden Einzelexemplar zwischen den Zeiten. Nur? Wenn es um Liebe und Eifersucht, um Schmerzen und Angst, um Selbsterkenntnis und selbstgelegte Fallen im Alltag geht, ist Michel de Montaigne Zeitgenosse. So wenig hat sich geändert im Leben der Einzelne. Nur die Welt, in der sich die Einzelnen finden, ist bis zur Unvergleichbarkeit anders geworden. Waren das wirklich nur vier mal drei Menschenleben von Kopernikus bis heute? Absolutismus und die Entdeckung der Schwerkraft; Aufklärung und die Erfindung der Dampfmaschine; Kapitalismus und der Verbrennungsmotor. Und in diesem Jahrhundert: Atombombe und Sozialstaat, Gentechnologie und künstliche Intelligenz.

Man kommt kaum nach mit dem Registrieren der Neuerungen. Da bejubelt Herr Ratzke, der Herausgeber des *Handbuchs der Neuen Medien,* die Öffnung der Informationsschleusen: »Nach jahrelanger Stagnation« hätten sich die Politiker endlich des Montaigne-Wortes »Nichts drängt einen Staat, nur die Innovation« erinnert und die Bahn freigegeben für eine Revolution, die – nach des Herausgebers Meinung – nichts und niemanden unberührt lassen wird. Das erste, das von ihr berührt wurde, war das Montaigne-Wort. Denn es heißt »Nichts bedroht einen Staat schlimmer als Neuerungen« – und wer weiß, was in Zukunft noch alles an aufgefrischter Vergangenheit aus den Übersetzungs- und anderen Automaten kommen wird. Bekanntlich ja immer das, was die Menschen hineingesteckt haben; da besteht Grund zur Skepsis und wenig Anlaß zu freudigen Erwartungen.

Der Prozeß der Enteignungen, Dislozierungen und Abstraktionen geht immer weiter; und das eine objektive, desanthropomorphe Ganze wird immer stärker, während der freie Raum, in dem man Leben versuchen könnte, schrumpft. Die Schnitte der Filme, die Phasen an den Ampeln und die Vorwarnzeiten werden immer kürzer; und mit Glasfaserkabel, Videospielen und Industrierobotern deutet sich eine Veränderung des Sozialisations- und Funktionsmodus der Gesellschaft an: es ist abzusehen, daß sich im statistischen Durchschnitt die Kurven der wöchentlichen Arbeits- und Fernsehzeit schneiden werden – und noch immer bezahlen die Kannibalen die Rechnung.

Also, was können wir heute anfangen mit diesem gesunden Einzelexemplar, das da zwischen den Epochen gelebt hat? Können wir mehr tun, als ihm zuwinken aus weiter Ferne? Bald nach seiner Zeit begannen die Teilungen und Zerreißungen; und auch im Denken begann der Sprung ins Differenziertere. Da war Schluß mit diesem ewigen, versuchenden Hin und Her zwischen Subjekt und Objekt, da umkreisten keine Essais mehr die Dinge, sondern die Vernunft zog das Descartes'sche Augenglas zwischen die erkennenden Menschen und die gegenständliche Welt. Bald auch kam die Trennung der Denkenden in Wissenschaftler und Pfaffen – säkulare und ordinierte, die alle zusammen ihr Geld damit verdienten, sich Gedanken zu machen über das, wozu alle anderen immer weniger Zeit und Mut hatten: wie man eigentlich leben will. Und weil die Gedanken delegiert wurden und als Predigt oder Ware zurückkamen, nahmen sie die Form an: wie man leben soll. Das wurde ein Gewerbe wie alle andern, und vorläufig endete es damit, daß die Experten für die Logik denen fürs gute Leben sagten: Man kann aus Seinssätzen keine Sollenssätze ableiten. Das sind wir heute; und jeder kann aufs neue bei sich anfangen. Oder: er muß es.

Man kann Montaigne nicht als Kronzeugen dafür aufnehmen, daß es anders hätte kommen können. Er ist allenfalls ein Hinweis darauf, daß da Stärkeres am Wirken war als der Wille von einzelnen Menschen. Montaigne hat keine Rolle gespielt in der Geschichte des abendländischen Geistes. Alle finden ihn nett, wie einen Onkel, aber keiner nimmt ihn richtig ernst – keiner von den Zünftigen jedenfalls. Die Logiker von Port-Royal und die Pfaffen sorgten im folgenden Jahrhundert dafür, daß er auf den Index kam – wo er blieb, bis der Index vor ein paar Jahren abgeschafft wurde. Von 1669 bis 1724 gab es keine Neuauflage der *Essais* in Frankreich. Dann entdeckten ihn die Aufklärer – und überholten ihn. Die Geschichte der Übersetzungen ist auch ein Kommentar zur Geschichte des common sense in Europa: 1603 in England, 1633 in Italien, 1674 in Holland und 1753 in Deutschland.

Er hatte eine Reihe von Freunden: Diderot und Goethe,

Shakespeare und Herder, Nietzsche und France – die institutionalisierte Weisheit gab ihm die wenig begeisternde Position des Vorläufers und Kredit für seine soziologische und psychologische Präzision; man deutete auf seine Bedeutung für die methodische Skepsis Descartes' und die verzweifelte Skepsis des Glücksspielers Pascal. Es folgten ihm einige Einzelgänger, die wie er wenig Neigung zeigten, glückhafte Manufakturisten des Geistes oder dauerhafte Beamte des großen Fortschrittsprojektes zu werden. Da ist wohl vor allem die heiter-bescheidene Aufklärung Diderots zu nennen – des Diderot, dem man die *Encyclopédie* aus Geschäftsrücksichten verhunzt hatte, der nur noch für seine Freunde schrieb und der Rameaus Neffen als sinnlich-weisen Affen an den Tischen der Geschäftemacher aufklären ließ. Dort sind Montaignes Weisheiten dann gelandet: im Bereich der ästhetischen Wahrheiten, abgespalten vom Prozeß der Moderne und den Kämpfen um dessen Richtung. Die politischen Aufklärer hielten es eher mit Rousseau; sie machten ernst mit der Menschheit: das hat uns weitergebracht und viel gekostet.

Die Sucht nach Heil blieb in der Welt. Sie ist die Reaktion auf die Angst, die einen in unübersichtlichen Lagen beschleicht; und ihre Praxis ist es, Ungewißheit zu Gewißheit, Unbekanntes zu Bekanntem zu verarbeiten. Auf die Essais folgten die Meditationen, die Theodizeen, die Systeme und die manuals. Nicht die gesonderten Individuen wurden die Stifter des neuen gesellschaftlichen, irdischen Zusammenhangs, sondern dieser Zusammenhang selbst wurde zum Subjekt; die philosophischen Vorstellungen über Harmonie begleiteten die Realisierung der gesellschaftlichen Hegemonie über das Einzelne.

Hegel, der es als Fortschritt feierte, daß Kanonen berechenbarer sind als der »romantische Trieb der zufälligen Tapferkeit« von Rittern, schrieb: »Die moderne Welt ist diese wesentliche Macht des Zusammenhangs; sie enthält dieses, daß es für das Individuum schlechthin notwendig ist, in diesen Zusammenhang der äußerlichen Existenz einzutreten. [...] So war früher die Tapferkeit individuell; die moderne Tapferkeit ist, daß jeder nicht nach seiner Weise handelt, sondern daß er sich auf den Zusammenhang mit anderen verläßt.« Luhmann nennt das heute Systemvertrauen, aber Hegel war noch gar nicht ungeheuer dabei. Für ihn kann Montaigne noch »nicht zur eigentlichen Philosophie gerechnet werden, (er) gehört zum gesunden Menschenverstand«, ist eine dieser »gärenden Gestalten«, die sich von »dem Objekt, das bisher die Stütze und Halt des Bewußtseins ausgemacht, dem Glauben, verlassen« sahen. Aber man wollte ja höher hinaus als der gesunde Menschenverstand, und weiter, bis in die Arktis und die »Eiswüsten der Abstraktion«, ins Unendliche. Das war heldenhaft: Pyrrhus-Siege erkennt man erst hinterher. Und auch wenn die Helden es nicht gemütlich auf Erden haben wollten – was Montaigne durchaus legitim gefunden hätte –, sie haben mit dem Aufstieg in die Unendlichkeit zugleich sich selbst abgeschafft, denn mit jedem errungenen Fortschritt der Produktivkräfte und der Organisation sank auch die Zahl derer, die noch aus eigener Verantwortung leben können. Die großen Projekte sind gigantisch geworden, aber ihre Angestellten haben kaum noch Zeit für kleine; und so sind wir der Unendlichkeit nähergeruckt: auf die kurze Zeit des gärenden Entwurzeltseins folgte die Herstellung eines technischen Ganzen, das nun »die Stütze und Halt des Bewußtseins« aller angibt. Es ist von einer Objektivität, die dauerhafter und härter ist als das menschliche Leben; die Chance, daß viele in vielen Mitten stehen, ist vertan: in Gestalt des Sachzwangs (und des Kampfes gegen ihn) tauchte ein höchst massiver »objektiver Geist« auf, kurz nachdem die Götter gestorben waren. Der Gemeinsinn, die soziale Sinnlichkeit, blieb auf der Strecke; das Subjekt ist die Gattung, der »große Mensch«, das System – und nur die Kinder und die zornigen alten Männer können noch andere Wahrheiten praktizieren. Wer aber im Leben steht, der ist vermittelt.

Common sense, der sich im Volk und bei den kleinen Leuten hartnäckig gehalten hat, gilt weitgehend als Zurückgebliebenheit. Er paßt in eine Welt, die sich im Kreislauf bewegt; im Kreislauf der Dynastien, der Jahreszeiten, der Gefühle. In einer solchen Welt kann man sich in der Mitte fühlen. Linear war eigentlich nur der Lebenslauf; und deshalb der Tod das einzige große Problem. Montaigne hat es mit seinem gottlosen, weltfrommen Naturvertrauen bearbeitet. Sicher, am Ende, als er an einer Mandelentzündung starb, hat er die Hände gefaltet – das macht man auch beim Zahnarzt: es ist das demütige Einwilligen in einen unabänderlichen Schmerz. Aber es läßt sich noch leichter sterben, wenn man der Überzeugung sein kann, es kommt nichts ganz Neues nach einem auf die Welt.

Der common sense entstammt einer Welt, die der totalen Verfügbarkeit entzogen ist: man muß sich mit ihr ins Benehmen setzen. Wenn das Ganze als machbar begriffen wird, kommt es darauf an, zu wissen; wenn es als Progreß erfahren wird, muß man sich bewegen. Sonst bleibt man stehen. Es ist eine gerichtete Bewegung, in die die Menschheit verfallen ist, kurz nach dem 16. Jahrhundert. Schon 1619 war es für Comenius' Tutor, Andreae, »schändlich, am Fortschritt zu zweifeln«. Sein Schüler merkte sich das und begründete den systematischen Unterricht: Wissen wurde zur wichtigsten Erfahrung. Die theoretische Entdeckung der Schwerkraft hat dem Fortschritt zu progredierender Beschleunigung verholfen; inzwischen ist die so schnell, daß uns die Auseinandersetzungen darüber, ob sie linear oder in Spiralen erfolge, schon fast rührend vorkommen. Jede Generation seit 300 Jahren macht die Erfahrung dieser Beschleunigung; man folgt ihr, solange man kann, und dann beobachtet man, wie die Kinder noch schneller werden.

Solange man von der Natur abhing, im ewigen Kreislauf von Aussaat und Ernte, konnte man noch glauben, daß »das Meiste auf Erden von selbst geschieht« (III,8) und man sich dem nur anpassen kann. Nun wird alles getan, aber die Naturwüchsigkeit ist geblieben. Das Tempo ist gewachsen und die Vergesellschaftung ist so dicht geworden, daß sie jedem Einzelnen mehr nimmt, als sie ihm gibt. Weil jeder das weiß, erhöht sich das Tempo. Wer schlau ist und es sich leisten kann, entzieht sich dem Ganzen: meldet sich aus der Sozialversicherung ab und seine Kinder in der Privatschule an, flieht aus den Steuern und in die Toscana. Daß es nicht zu viele tun, zeigt an, daß mit dem Riskanterwerden des Prozesses die Risikofreude abgenommen hat.

Da wir alles berechnen können, wissen wir, wann die Rohstoffe alle sein werden; wir können uns ausrechnen, wie es in 100 Jahren aussehen wird, und inzwischen ist die Mauer in Sicht, gegen die der Zug des Fortschritts demnächst fahren wird. Und in den Salonwagen des Zuges herrscht eine Stimmung wie im Manierismus: Shakespearesche Schurken, dekadente Dandys und Feste wie die von Henri III. auf Chenonceaux – etwas ärmlicher wegen der

Kulturhoheit und etwas sittsamer wegen der Öffentlichkeit. Auch die Feuerwerke sind erheblich besser geworden in den letzten Jahren. Es gibt kühne Futurismen und gleich daneben romantische Rückblicke, Wahnsinn wie bei Tasso und Filme wie von Tintoretto, das Sublimste ist gleich neben dem Obszönsten zu kaufen. Und allmählich löst sich alle Geschichte in eine Gegenwart. No-Future-Rufe beschleunigen die Kauflust, die Suchbewegungen und die Desintegration. Aber damals war es die Verzweiflung von Einzelnen, im Wirrwarr ohne Gott zu leben und nicht zu wissen, wie es weitergeht: heute wird sie kollektiv erfahren, weil wir wissen, wie es wahrscheinlich weitergeht: wir sind nicht nur von Gott, sondern von allen guten Geistern verlassen. Es sieht nicht nach Zwischen-, sondern nach Endzeit aus, auf jeden Fall nach dem Endstadium der Beschleunigung.

Wer sich diesem Endzeittaumel nicht überlassen will, muß so tun, als wäre es, noch einmal, eine Zwischenzeit. In denen haben sich manche auf die »Natur des Menschen« besonnen: Diogenes, Montaigne, die französischen Aufklärer, Heidegger – oder, wenn der anrüchig ist, meinetwegen Marcuse oder Erich Fromm. Zeiten sozialer Unsicherheit, erhöhter Freisetzung, gesellschaftlicher Krise, das sind immer auch Zeiten erhöhter Freiheit und Zeiten, in denen Vergessenes erinnert oder Neues erdacht und praktiziert wird – ob mit Erfolg, das kann man nicht vorhersehen, denn es geschieht unter dem offenen Himmel der Geschichte.

Die Indianer haben Konjunktur, zum dritten Mal in der Neuzeit, und wieder ist es die Sinnlichkeit, die gegen die theoretischen Gewißheiten rebelliert, wieder werden wir von unserer Haut belehrt. Die Wahrheiten liegen auf der

Hand, und mit der Muttermilch schon saugen die Kinder dieser Zeit den Charakter dieser Gesellschaft in sich auf. Die Grenzwerte sind überschritten, auch die im Trinkwasser; und längst geht es nicht mehr um so harmlose Dinge wie den Ruß auf der Wäsche im Rheinland. Früher brachen die Kathedralen zusammen, weil die Baumeister nicht genug Erfahrung hatten, heute brechen die Autobahnbrücken zusammen, weil man zu knapp kalkuliert hat. Wenn wir alles erneuern würden, was die Schwefelsäure zerfrißt, kämen wir mit den Rüstungsetats nicht aus. Am Central Park in New York steht der Kleopatra-Obelisk, seit 1890. Die Hieroglyphen auf der Ostseite sind noch gut lesbar, die Westseite ist zerfressen vom giftigen Regen aus dem Landesinnern. Neunzig Jahre haben zerstört, was dreieinhalb Jahrtausende Bestand hatte. Da fragt der common sense: Und wie sieht es in unserm Innern aus?

Wie Montaigne würden wir gern der Zeit einen Pflock vors Rad legen; und wie damals regt sich der Impuls, sich zurückzuziehen, bis wieder Normalität herrscht. Aber das war schon damals ein Irrtum, wegen der Beschleunigung. Die gesunde Skepsis vieler Einzelner ändert nichts; die geschichtserfahrene Skepsis sagt einem eher, daß selbst organisierte Gegenbewegungen zu nichts führen werden. Denn die Zentralen sind heute mächtiger als die, die im 16. und 17. Jahrhundert den Aufstand der Regionen gegen den Fortschritt im Blut erstickten. Wieviel Bataillone hat die Friedensbewegung denn?

Jede Freisetzung ist auch eine Chance: man fällt der Arbeitslosenversicherung anheim und dann der Sozialhilfe – aber man entgeht auch den allmählichen Deformationen, die das Leben in der Grundstoffindustrie oder den

Großraumbüros mit sich bringt. Es setzt sich die Erkenntnis durch, daß die Freisetzung keine Schande mehr ist; und wer aufgehört hat, auf die Wiederkehr des status quo ante zu hoffen, sieht sich vielleicht nach Neuem um und die Welt überhaupt erst einmal an. Es scheint so, als hingen auch alltägliche Entscheidungen immer mehr davon ab, ob wir glauben, die Krankheit der Welt sei noch kurierbar oder nicht.

Hat Montaigne in dieser Situation mehr anzubieten als Wegzehrung für den kleinen Rückzug? »Nichts fällt, wo alles fällt. Die Krankheit der Welt ist die Gesundheit des Einzelnen; daß es überall das Gleiche ist, spricht gegen Auflösung. Ich meinesteils verzweifle noch nicht, und sehe noch Mittel und Wege zu unserer Rettung.« Damals dachte man sich den Zusammenbruch realistischerweise noch als Desintegration, nicht als Fahrt in den Abgrund; ein partieller Rückzug in die ohnehin noch vorhandene Autarkie machte da noch Sinn, zumal man ein Schlößchen und ein paar Weinberge und Bauern sein eigen nennen durfte. Aber wer kann denn heute noch autark sein? »Solange ich noch anderwärts ein Stück freies Land oder offenen Himmel finde, werde ich nicht an einem Ort verkümmern, wo ich mich verstecken müßte.« Die Argumente gegen Australien sind bekannt: vor der Pest und dem Bürgerkrieg kann man fliehen; aber wie soll man dem Säureregen, der Krise, den Raketen, dem Datennetz und der allgemeinen Schulpflicht entkommen?

Es stimmt ja, Verzweiflung nützt nichts und niemandem, aber die Rahmenbedingungen sind weniger dazu angetan, uns gelassen zu halten als damals: »Diese Sonne, dieser Mond, diese Sterne, dieses Weltgebäude, es ist dasselbe, das eure Ahnen genossen und das eure Enkel erfreuen wird.« Das stimmte, als es noch Lücken im Weltenbau gab; aber heute, wo alles mit allem zusammenhängt, und das nicht auf gute Weise? Heute sind wir dessen nicht mehr sicher, und das Mitmachen mit beschwertem Gewissen schlägt um in private Fluchten, und die in Selbstverachtung, die das Spiegelbild der äußeren Zerstörungen ist. Keine Rettung für den Einzelnen; und vom Ganzen, das uns ernährt, droht die Zerstörung.

»Das Ich ist nur noch zu bewahren, indem man die Menschheit als Ganze zu bewahren sucht.« Den Satz schrieb Max Horkheimer, als er noch aufs Weltproletariat setzte, dem Einzelgänger Montaigne ins Stammbuch. In einer zerspaltenen Welt sei auch das Ich abstoßend und zerspalten. Das stimmt, nur wissen wir inzwischen nicht mehr so recht, wie man die Menschheit als Ganze bewahren kann. Daß es mit Parteien nicht klappt, auch nicht mit den richtigen; daß die UNO, der Club of Rome und alle diese global ansetzenden Projekte das Übel nicht wegmachen, das wissen wir inzwischen. Die Menschheit muß sich ein gemeinsames ökumenisches Projekt vornehmen, wenn sie sich nicht durch eine Gesamtregierung zugrunde richten will – so etwa schrieb Nietzsche. Ja wie denn? Die Einzelnen sind ohnmächtig und die Mächtigen handeln in die falsche Richtung. Und daß wir das wissen, das wissen wir schon lange. Es sind Zirkel und diese Erkenntnis lähmt, lähmt bis zur Depression. Aber wahrscheinlich ist sie richtig.

Allerdings, es gibt nicht nur Erkenntnis im Verhältnis zur Welt. Wenn alles mit allem zusammenhängt, dann ist es auch – ein wenig jedenfalls – egal, was man tut, wenn man es in die richtige Richtung tut. Wenn man nicht dem Ganzen von oben eine neue Richtung geben will – das wäre das instrumentalistische Politikverständnis –, sondern sich als Teil der sich bewegenden Welt versteht; wenn man darauf verzichtet, den archimedischen Punkt zu suchen (ein Verzicht, der leichtfallen dürfte, wenn man nicht Systemtheoretiker ist), dann erhält die Bewegung der einzelnen Atome und Moleküle des Ganzen eine neue Bedeutung. Da hat der common sense, vielleicht, noch eine Chance, dann kann man sich von Montaignes Weltliebe anstecken lassen. Die Voraussetzung ist nur, daß man überhaupt noch Lust zum Handeln hat, und dafür ist eine nicht zerstörte Neugier auf die Welt Voraussetzung. Wenn alles sich bewegt, und wenn die organisierten Anstrengungen, die »Menschheit als Ganze« zu bewahren, Teil des kollektiven Wahnsinns zu werden drohen, weil sie seine Organisationsprinzipien teilen, dann nützt vielleicht wirklich nur noch der vom common sense geleitete Kurzschluß zwischen Ich und Welt, Gefühl und Natur; eine Beschwerung des Denkens, das in Organisationen immer zu leicht wird, mit sinnlichen und körperlichen Gewißheiten. Das wird nicht einfach sein, denn die leichte Bewegung hat die Kraft und die Dynamik für sich; hat sogar die schwere Erkenntnis, daß der Tod – ohne die Belohnung eines Jenseits – uns davon befreit hat, falschen Herren zu dienen, immer wieder mitgerissen in die fragwürdigen Aufschwünge diesseitiger Paradiese.

Das Neue nach der Aufklärung, deren Allianz mit dem Kapital uns die Maschinen- und Sozialversicherungssysteme beschert hat, wäre so etwas wie »Abklärung« – ein Wort des Biologen Rupert Riedl. Als die Aufklärung zur Bewegung wurde, war sie die Zusammenfassung von politischen Erhebungen, technischen Erfindungen, ökonomischen Entwicklungen und einigen schönen Denkresultaten, die als einzelne schon hier und dort als Inseln im Meer der Zwischenzeit lagen. Warum sollte es mit der Abklärung anders sein?

Wie sähe sie aus, im Einzelnen? Man sagt sich von den gesellschaftlichen Banden los, in denen man steckt, man schickt die fremden Möbel aus der Seele. So hat Montaigne es beschrieben. Aber er hat den Fußboden nicht herausgerissen, seine Aufklärung war nicht bodenlos, er ist nicht ins Nichts ausgestiegen. [...]

Nicht die Alternative, nicht die Große Weigerung ist die Figur, nach der Montaigne seine Bewegung organisiert hat, sondern die präzise, die alltägliche, die strategische Weigerung.

Das revolutionäre Pamphlet seines Freundes La Boétie war nicht der Aufruf zu einer Bewegung oder Gegenbewegung; aber es war auch nicht das Programm einer vorsichtigen, institutionell sich vor dem Chaos sichernden allmählichen Aufklärung, wie in Kants Aufklärungsschrift. Die Idee, die Herrschaft dadurch abzuschaffen, daß man ihr nicht folgt – diese so kinderschwere Idee des zivilen Ungehorsams –, ist der Aufruf zu einer Unterlassung, nicht zu einer Handlung. Sie ist schwer als »Bewegung« zu organisieren; letztlich beruht sie auf dem Entschluß vieler Einzelner, etwas nicht zu tun – und zwar nicht abstrakt und als Blockadeunternehmen, sondern hier und jetzt gerade das nicht zu tun, das von ihnen erwartet wird und von dem der Bestand des Herrschaftssystems abhängt.

Montaigne wollte nichts »verwirklichen«; seine Sehnsucht war, daß das falsche Kreisen aufhören möge. Daß es falsch war, dazu genügte ihm, was er so sah, und die

Urteile, die er mitbrachte: die Grausamkeit, die Artillerie, das Höflingswesen, die Kriege und die Scheiterhaufen – wenn das alles aufhörte, würde man weitersehen. Das gute Leben, das er preist, hat in seinem gemütlichen Verzicht auf gesellschaftliche Dynamik große Ähnlichkeit mit der Welt, die Čechovs und Gorkis Helden unerträglich finden werden: es ist der geordnete Kreislauf mit möglichst wenig Weltgeschichte; aber meist fällt denen, die das langweilig finden, auch nichts anderes ein als Pädagogik und der verschärfte Ausbau des Energiewesens.

Um der falschen Bewegung zu widerstehen, verließ Montaigne sich auf eine Bewegungsform, die ihm von Kind an die liebste und gemäßeste war: eine Art wacher Trägheit. Die Hegelsche Tapferkeit, darauf zu vertrauen, die Bewegung des Ganzen werde schon ihre Richtigkeit haben, mochte er nicht aufbringen; ebensowenig wie er sich zu Hegels Bildungsprogramm (»die Glättung der Besonderheit, daß sie sich nach der Natur der Sache benimmt«) verstanden hätte. Denn diese Sache ist ja die »alles verzehrende Mitte« der Gesellschaft: die Vermittlung, die alles Feste flüssig macht. »Was ich tue, das pflege ich ganz zu tun [...] und was die allgemeinen Anschauungen angeht, so stehe ich von Kindheit an auf dem Standpunkt, auf dem ich stehen sollte.« Lieber ganz bleiben und beschränkt, als nur der Funktionär eines universellen Zusammenhangs oder einer gesellschaftlichen Institution, deren Resultate ich mir dann von anderen erzählen, interpretieren, aufdrängen lassen muß.

Heute ist die Bewegung der organisierenden Mitte so schnell geworden, daß sie die Seelen und die Oberfläche der Welt zu nichts zu zerreiben droht, während sie die zweite Natur – sich selbst – zum Stahlnetz verfestigt.

Wegen dieser Bewegung ist die Trägheit eine Bewegungsform geworden, mehr und anderes als bloßer Stillstand. Nicht mehr der Kampf innerhalb der Muster des Bestehenden – die sozialdemokratische Kampfweise – ist heute effektiv, sondern der planvolle Rückzug, das hinhaltende Widerstehen, das Aussteigen-und-auf-der-Stelle-Liegenbleiben. Als Investitionshindernis.

Diese Kampfweise, die »Entdeckung der Langsamkeit«, erfordert Anstrengung und Tapferkeit, und einiges Nachdenken. Es ist die Verwandlung eines vermittelten Verhältnisses zur Welt in ein unmittelbares. »Unmittelbar und unbefangen zu einer Welt (zu stehen), in der nichts in Ordnung ist« – gerade das wirft Horkheimer Montaigne vor. Aber es geht um die Unmittelbarkeit, die von der Erkenntnis dieser Welt ihren Ausgang nimmt und nicht mehr auf das Mitstricken an den Vermittlungen setzt.

Es gibt diese Unmittelbarkeit und Unbefangenheit heute in vielen Varianten. Eine ist das Sein-Lassen. Es hat Konjunktur, aber in seiner Suche nach der heilenden Direktheit hat es nicht nur die beschleunigte, sondern die Gesellschaft überhaupt verlassen. Diese reine, harmlose Unmittelbarkeit tut niemandem weh, hat große Ähnlichkeit mit Ferntourismus und unterscheidet sich in der Wirkung nicht von der Unmittelbarkeit, die vor aller Erkenntnis liegt: dem bewußtlosen Mitmachen und Mitgemacht-Werden. Der meditierende Guru und die tanzenden Roboter sind gleichermaßen eine Belebung des Straßenbildes und leicht wegzuräumen – die Lydier von heute, fest im Griff der Kulturindustrie.

In der Politik wirkt die Trägheit als ökologisches Bewußtsein. Sie wird es, wenn alles gutgeht, schaffen, die schlimmsten Bewegungen zur Zerstörung der Welt anzuhalten, umzulenken, zu entschärfen. Es müssen ja nicht – nur – diese Bäume sein. Ökologisches Wachstum, aufgeklärter Industrialismus, Rüstungskontrolle. Bessere Grenzwerte, damit die Menschen in den großen Städten nicht mehr so viel husten müssen und wenigstens die Tiere, die wir gern haben, überleben. Neuerdings ist ja eine der Aufgaben von Zoos die Artenerhaltung – und von dieser Art ist wohl alles, das wir von der Politik erwarten dürfen: die Verwandlung der Welt in einen Zoo unterm Glasdach mit Produktionsstätten auf dem Mond. Und selbst das wird viel Arbeit erfordern, wenn es klappen soll. Man wird solchen Bemühungen »die Hand, aber nicht das Herz leihen«, denn das Resultat ist nicht herzwärmend. Hier geht es um die bürgerliche Pflicht; und der von Verantwortungsethikern hochgepriesene Sisyphos ist der richtige Heilige dafür: dieser Vater des schlauen Odysseus stellte die Liebe in den Dienst des Eigentums, vergewaltigte, beutete den harmlosen Streit der Götter ökonomisch aus, raubte, mordete, gründete Städte, betrog sogar Hades und wollte nicht sterben. Ein wahrhaft bürgerlich-raubbauender Held: den Stein, den er rollen muß, hat er selbst gelockert. Man kann sich der verantwortungsethischen Verhinderungsarbeit kaum verweigern, aber sie geschieht in den festen Bahnen des geordneten Wahnsinns; wenn man parlamentarisch oder in Sendeanstalten Prozesse bremsen oder umlenken will, muß man sehr hoch steigen und sehr flink werden; und, wenn man der Politik mehr als den »halben Menschen« gegeben hat, verwendet man bald mehr Kraft darauf, bei der nächsten Rotation nicht aus der Bewegung geschleudert zu werden, als auf das politische Ziel. Die Menschenfresser von heute: das sind die Organisationen.

Dann gibt es die Trägheit als Warten. Auch es hat Konjunktur, setzt aber ökonomische Privilegiertheit voraus. Vorwiegend findet man es als sensibel zitterndes Zusehen, als Herumsitzen in den Wartesälen an den Rändern der Beschleunigung. Da sieht man manches: Exoten oder die eigenen Fingernägel; die kleinen Ladenmädchen und die sozialen Bewegungen kommen und gehen. Aber die Trägheit ist hier sozusagen nur die physiologische Grundlage für die mehr oder weniger angestrengte Beobachtung des Ganzen, für die Produktion von Sinn, Schnurrigkeit und Schönheit. Die ganze Kraft geht ins Beobachten.

Und es gibt die Trägheit und das Warten – und damit nähern wir uns, denke ich, noch einmal Michel de Montaigne – in einer neuen Form: ganz ohne ein Jenseits, aus dem Godot kommt, ganz unmittelbar und körperlich, mit einem zärtlichen Verhältnis zur Oberfläche der Welt. Es ist die Tapferkeit gegen das Systemvertrauen: die von Hegel verpönte »ritterlich-zufällige Romantik«. Es ist die aktive Trägheit gegen die Bewegung gesetzt; es ist die mit viel Besetzungsenergie ausgestattete Liebe zur Welt und den Dingen; sie rollt keine Steine mehr, sie legt sich selbst in den Weg.

Reisende in die vorindustriellen Zonen wissen, daß die Zeit und auch sonst nichts stehenbleibt, wenn man danebensitzt und wartet; und auch Montaigne, der sich das Leben so gut einrichtete, wie er es verstand, und der damit – nach dem Kodex seiner Gesellschaft – niemandem etwas wegnahm, – auch Montaigne hat seinen Turm, der den Bauern seiner Gegend im Bürgerkrieg ein Zufluchtsort war, oft genug zu wertkonservativen Ausfällen verlassen. »Warten« – das Grimmsche Wörterbuch sagt uns das – hieß einmal soviel wie »aufpassen, verhindern, behüten, das Subtile pflegen und schützen, aufkommende Bedrohungen achten«. Da wird nicht auf etwas gewartet, da wartet man etwas. Das war in der Zeit der Ritter und Bauern, als die Wege unsicher waren und das Leben erforderte, daß man aufmerksam war gegen unerwartete Bedrohungen; im übrigen beschränkte man sich lange Zeiten des Jahres darauf, Störungen abzuhalten und die Natur tun zu lassen. Aufmerksame Seßhaftigkeit und schwer zu belehrender common sense bei den Bauern; die Bereitschaft, den geschulten Körper geistesgegenwärtig einzusetzen, bei den Rittern.

Beides sind Formen von Präsenz, von Präsens auch: das Behüten des Immergleichen und die Abwehr plötzlicher Angriffe gegen die eigene Integrität. Und beides kann man vorgesellschaftlichen Universalien zuordnen: dem einzelnen Leben und der Natur. Dieses unmittelbare Verhältnis zur Welt – unter Ausklammerung von Gesellschaft und Geschichte –, dieser Kurzschluß zwischen Ich und Welt, dieses Mit-Leben: man findet sie heute wieder bei denen, die der Bewegung hinderlich sind, die kurz nach Montaigne begann. Und ich glaube nicht, daß es ein Kurzschluß ist, wenn ich die Ritter im Greenpeace-Boot, manche Hausbesetzer, Bauern in Larzac oder den Mieter, der nicht ans Kabelnetz will, mit ihm in Verbindung bringe. »Es reicht ihnen, wenn sie es fühlen«; sie beanspruchen, in den Dingen des eigenen Lebens die ersten Experten zu sein – und zum eigenen Leben gehören auch dessen Grundlagen. Was sie eint, ist die Haltung einer politisch (mehr oder weniger) aufgeklärten und strategisch plazierten Trägheit, die sich von Innovation nicht viel verspricht, die sich der Veränderung widersetzt oder entzieht, weil *dieses* Individuum sie nicht will, weil dieser »backyard« von ihr verschont bleiben soll; und weil die Versprechen auf noch mehr Zukunft hinlänglich schrecklich sind. »Der größte Feind des Fortschritts ist nicht der Irrtum, sondern die Trägheit«, sagte ein Herr Buckle im letzten Jahrhundert. Er meinte wohl die Unlust zur Bewegung in arbeitsteiligen Zusammenhängen und den Unwillen, sich belehren zu lassen.

Es kommt darauf an, daß die Menschen anders lernen, als ihre Eliten es von ihnen wünschen. Jeder Einzelne, der nach dem Maßstab seiner Gesellschaft unfähig und ohnmächtig ist, weiß mehr, als man ihm weismachen will; und fast alle fühlen, daß es aufs Bremsen ankommt.

Aber bremsen kann man diese schaukelnde Bewegung der gesellschaftlichen Atome und Moleküle nur von den Einzelnen her. Unregierbar, unsteuerbar, unaufhaltsam ist es nur von den Zentralen her geworden, denn dort wirken die zentralisierten Zwänge am stärksten. Wie, wenn die Atome sich anders bewegen würden? Wenn die Einzelnen ihre Nasenspitzen ernst nähmen und im Bereich ihrer Nasen (oder Kirchtürme) der eigenen Bewegung folgten? Wenn viele langsam und träge würden; wenn sie die Fäden zwischen ihrer eigenen und der großen Natur wieder fester spinnen, ihre Gangart und Geschwindigkeit selbst festlegen würden – könnte eine massenhafte »punktuelle Politik« ohne Resultat bleiben? Es wäre weder der Idealismus der Revolutionäre oder der ewigen Reformer, noch der Nihilismus der Verzweifelten, die sich beide immer aufs Ganze beziehen.

Für Montaigne gab es zwei wichtige Quellen der Wahrheit: die sinnliche Natur und die Erkenntnis der eigenen Ohnmacht. Heute belehrt uns die sinnliche Natur durch ihr Verschwinden; und die Sätze und die Rechte der Ohnmächtigen erhalten neues Gewicht: die der Bäume, der Kinder, der Tiere. Aber immer noch gehört ein großer Mut dazu, sich fallenzulassen, um sich zu befreien; immer noch schaffen es nur Einzelne, das große Elend zum Ausgangspunkt von Handeln und Erkennen zu machen. Alle spüren, wie arm das Ganze sie gemacht hat, wie verkrüppelt sie sind; aber es erhebt sich ein großes Gelächter, wenn eine Frau im Bundeshaus sagt: so wie Ihr liebt, so sieht auch Eure Politik aus.

Es nützt nichts, verzweifelt zu sein; aber gerade weil die Verwandlung der Welt in Anorganisches so wahrscheinlich ist, ist es vielleicht ebenso richtig wie risikolos, sich aus den treibenden Zusammenhängen auf die Oberfläche dieser Welt fallen zu lassen und sie dort zu besetzen, wo man sich wiederfindet – mit der Libido und mit dem ganzen Körper.

Zu träge werden, um unfrei zu sein – das ist der Übergang von einer Politik der generalisierten Hoffnungen zu einer der individuellen Verkörperungen. Dieser Übergang setzt auf der Ebene der Individuen an. Sich dem Mitmachen zu widersetzen, erfordert Energie, Selbstdisziplin und ziemlich schnell auch Mut. Aber da die Versprechen der Bewegung – Aufschwung, Altersversorgung, Aufstieg – immer weniger gedeckt sind, gibt das Beharren auf dem Nächsten, Gegenwärtigen, Eigenen – wenn es so stark wird, daß es sich nur noch durch eigene Gründe bewegen läßt – den Einzelnen vielleicht auch etwas zurück von dem, auf das alle gehofft haben, bevor sie ins Schaukeln gerieten: vom Unvorhersehbaren, Kämpferischen, Abenteuerlichen, Unverwechselbaren.

Die Entmachtung der Zentrale durch die vielen Einzelnen, die sich ihre Kompetenzen wieder aneignen – man darf bei diesem Gedanken nicht vergessen, wie armselig, wie gefährlich und wie unbeständig das Leben vorher war. Aber dennoch: »Wir sind gezwungen, neu zu prüfen, wie es mit unserer Bereitschaft steht, die Verantwortung für unsere Gedanken und Taten [...] politischen Parteien, Gewerkschaften, der Kirche oder dem Staat auszuliefern.« Das hat Claude Eatherly geschrieben, der die Bombe auf Hiroshima geworfen hat. Wenn das Ganze nicht mehr sicher ist, werden die Einzelnen wichtiger.

Montaignes Buch ist, in diesem Zusammenhang, eine bescheidene Magna Charta des common sense. Es sagt einiges darüber, wie schwierig, wie schön und wie gesellschaftlich ein Leben sein kann, wenn es nicht zur Teilnahme an menschheitsbeglückenden oder gesellschaftsverbessernden Aktionen gezwungen wird. Das ist weniger ernüchternd, als daß es nüchtern macht. Und zugleich ist es auf spürbare Weise utopisch: beschreibt nicht Karl Marx das Reich der Freiheit als eines, in dem es nur noch »menschliche Probleme« gibt? Daß es dazu nie kommen wird, dafür hat der Verlauf der vier Jahrhunderte nach Montaigne gesorgt. Die Vernunft – oder sagen wir: ihre mächtigen Verwerter, haben uns mehr aufgeladen, als wir jetzt abtragen können. »Es ist möglich, daß alles zugrunde geht, aber die nüchternste Analyse zeigt, daß eine vernünftige Gesellschaft möglich ist. Humanismus ist, sich für sie einzusetzen.« Das war noch einmal Horkheimer aus den späten Dreißigern. Heute möchte man formulieren: es ist wahrscheinlich, daß alles zugrunde geht, aber eine vernünftige Gesellschaft war nicht unmöglich. Heute haben wir mehr Grund als Horkheimer damals, skeptisch zu sein gegenüber den Chancen kollektiven Veränderungswillens, auch wenn wir ohne die Organisationen nicht auskommen. Aber Institutionen – das Leben haltende und formende Zusammenhänge mit einer Verbindlichkeit, die über den nächsten Zweck hinausgeht – sind sie schon lange nicht mehr. Und deshalb kommt nicht der Privatheit, wohl aber der persönlichen Lebensführung, dem Universalismus der Einzelnen eine größere Bedeutung zu – für den Einzelnen, und, wenn es genug sind, für's Ganze.

Ob das reichen wird, weiß niemand, und die Hoffnung, daß diese vielen kleinen Inseln der Widerständigkeit zu La Boéties großer gewaltfreier Entmachtung der »Könige« führen werden, ist auf nichts zu gründen.

Ganz zu bleiben und sich das Recht vorbehalten, selber zu stolpern – gescheiterte Aufklärer sind oft diesen Weg gegangen. Es muß ja nicht der in der Landkommune sein wie bei Candide – oder bei Voltaire selbst, der überhaupt nicht zimperlich war, wenn es darum ging, für seine Dörfler in Ferney bei Genf um Staatsknete zu schnorren.

Montaigne hat die Wahrheiten des common sense bei den gesellschaftlich Ohnmächtigen gefunden: zu seiner Zeit waren das die Bauern und die Handwerker, die »produktiven Arbeiter« seiner Gesellschaft, diejenigen, die wußten, wie man es macht. Sie waren nur begrenzt bewegbar, weil sie beschwert waren von den Erfahrungen und der Arbeit mit der Oberfläche der Wirklichkeit. Abgehoben in den Fortschritt ist die Menschheit erst, als die vielen Einzelnen von dieser Oberfläche, an der sie hafteten, losgerissen worden sind – daß der Kapitalismus diese Abstraktion zur Voraussetzung hatte, ist heute fast gleichgültig geworden, denn die Definition des Fortschritts und des Reichtums hat der Sozialismus übernommen. Es ist ja auch vieles dabei herausgekommen, auf das wir nicht verzichten sollten – ob der Fernseher, das Auto und die

Intensivmedizin noch sein mußten, darüber ließe sich im Einzelfall streiten. Sicher ist auf jeden Fall, daß der Reichtum, der heute da ist, auf ebenso ungedeckten Schuldverschreibungen an die Natur beruht, wie die Bilanz der Weltbank auf solchen der Dritten Welt; und daß der historische Aufschwung jedem Einzelnen allmählich mehr raubt, als ihm die Gesellschaft zurückgibt.

»Jeder einzelne von uns ist reicher als wir glauben, aber man richtet uns zum Betteln und Borgen ab. [...] Ich beschreibe ein niedriges und glanzloses Leben. Aber das ist einerlei. Jeder Mensch trägt in sich die ganze Gestalt alles Menschlichen.« (III,12; III,2) Gibt es noch eine Chance für Montaignes Aufruf zur Nacktheit der Menschen voreinander?

Nein: kein Aufruf zur Bescheidenheit, zum antitechnischen Rückzug. Das geht kaum, und die Langeweile wäre nicht auszuhalten. Aber, wenn das Übel davon kommt, daß wir einige Projekte begonnen haben, die sich zu weit vom Fassungs-, Herstellungs- und Konsumvermögen Einzelner oder von Gruppen entfernt haben, zum Beispiel das Manhattan-Projekt oder den Weltmarkt; wenn es richtig ist, daß der »große Mensch« die anthropomorphen Züge abgelegt hat, daß nur noch die Gesellschaften, aber nicht mehr die einzelnen Menschen das Maß der Produkte setzen – dann muß etwas revidiert werden an der fortschrittlichen Vernunft, die mit Descartes' Entdeckung der Auflösbarkeit von allem und jedem in »Beziehungen und Verhältnisse« begann und mit der Auflösung endete. »Im langen Trend (wird es) jetzt zur Hauptaufgabe der Menschheit, zu finden, auf welchen Gebieten sie definitiv diese Rationalisierung zulassen will, und wo nicht. [...] Der Vorgang wird... langfristig, enttäuschungsreich, in hohem Grade riskant, vielleicht blutig sein.« (Arnold Gehlen) Denn nicht auf allen Gebieten wird es damit getan sein, »Distanzunterschiede zu unserem Herzen« festzuhalten.

Es ginge ein wenig zu weit, Michel de Montaigne zum Schutzheiligen der Dezentralisierung und der suboptimalen Praxis zu machen, denn die Zentralisierung und das Prinzip der maximalen Ausbeutung aller Ressourcen war ja noch gar nicht richtig entwickelt zu seiner Zeit. Die Vermittlungen und die Verkehrswege wurden damals gerade länger. Auf langen Wegen verschwindet manches: Montaignes Herz zum Beispiel. Es sollte zum Orden des Heiligen Michael gebracht werden und dort, separat, begraben werden. Aber es ist nie angekommen. – Nehmen wir ihn also bei dem, was er selbst als sein Ziel verkündete: sich selbst zu gehören. Er hat sich nicht auf den stoischen Rückzug gemacht. Sein Turm ist der Gesellschaft gegenüber offen geblieben. Aber in Gesellschaft ist er auch nicht viel gegangen; bei Hofe stand er fremdelnd herum, und wo er mitgemacht hat, da tat er es mit wohlbegrenzter Loyalität.

Der Umsturz ist mit dem Sieg des staatlichen Gewaltmonopols auf der ganzen Linie undenkbar geworden – jedenfalls dort, wo wir leben. Es mag auch sein, daß die Möglichkeiten für aktive Nischenexistenzen immer weiter schrumpfen werden, ja, daß sie sich nur im Gefolge großer gesellschaftlicher Katastrophen erweitern lassen. Aber was haben wir in dem Falle zu verlieren? Nehmen wir den Fortschritt doch einmal ernst in seinen Resultaten, der uns alle mit einer Lebenserwartung und mit Ressourcen ausgestattet hat, die die des Freiherrn aus dem sechzehnten Jahrhundert übertreffen. Als Einzelner kann man heute den Zwang der Ökonomie negieren, man darf sich der Armee entziehen, und man kann sich sogar der Schule entziehen. Und unsere Bildung ermöglicht es uns, ein persönliches Verhältnis zum Geschichtsprozeß zu haben. Was kann uns denn passieren? Kein Mensch hierzulande muß an dem großen Destruktionswerk mitbauen, als Meister nicht, als Lehrling nicht und nicht als Gesell; jeder kann die Trends sehen: sich auf die kommenden Katastrophen einrichten und darauf, daß sie wahrscheinlich eintreten werden.

Wenn wir in einer Zeit der Wende sind – und es spricht nicht viel dagegen – dann werden sich die alten Strukturen vielleicht erst noch bis zum Ersticken verhärten, aber auflösen werden sie sich. In solchen Zeiten gelockerter Bande wird es dann wichtig sein, wie sich viele Einzelne verhalten, wie und ob sich die Atome neu richten, ob sie sich universalistisch kurzschließen können.

Michel de Montaigne lebte inmitten des langen Freisetzungsprozesses, der nach dem Ende des Mittelalters in Gang kam. Er hat sich freigemacht, indem er die Schwächen entdeckte, die ihn mit den andern verbinden. Seine Freiheit in der Gesellschaft – nicht die von ihr und nicht die für sie – beruhte darauf, daß er diese zwei Begrenzungen akzeptiert hatte: Teil der Natur zu sein, und er selbst zu sein – begrenzt wandelbar in seiner Haut. Montaigne wußte, daß er diese Begrenzungen mit allen anderen teilte, und er hatte sich abgewöhnt, sich und sie dafür zu verachten. Das ließ ihn mit einer Art Vertrauen auf andere zugehen, das selten enttäuscht wurde. Weil er mißtrauisch gegenüber allgemeinen Rezepten war, weil er noch kein Geschichtsgesetz im Kopf hatte, gab es für ihn nur Einzelfälle: das lenkt die Intelligenz auf die Beobachtung von

Entwicklungen statt aufs Erfinden von Lösungen. Er hatte in seine Vergänglichkeit eingewilligt, das machte ihn mehr an sich als an allem andern interessiert – und untauglich zum Großadministrator oder zum selbstvergessenen Diener großer Vorhaben. Weil er sich unfähig gemacht hatte, in Funktionen aufzugehen oder in ihnen von irgendeiner seiner Seiten, Gefühle, Überzeugungen zu abstrahieren, war er langsam und in jedem gesellschaftlichen Verhältnis eine Art Fremdkörper: ein Einzelner, schwerer zu bewegen als eine Masse. Ein freundlicher Felsen. Gehlen, der das Wort vom »posthistoire« geprägt hat, nennt solche Menschen »Institutionen in einem Fall«: sie bringen die Treue zu außerrationalen Werten innerhalb der zweckrationalen Apparate, die Moral innerhalb der Politik, die intakte Menschlichkeit innerhalb der Organisation zur Geltung. Sie stellen immer wieder Kurzschlüsse her zwischen sich und einer Wirklichkeit, die außer und vor der Gesellschaft liegt. Von ihr bewegt, bringen sie andere Rhythmen in sie hinein, haben sie ein anderes Verhältnis zur Welt als nur ein vermitteltes. Sie sind von beschwerter Unmittelbarkeit: merkwürdige, weltfromme Tiere. Montaigne hat nicht vanitas vanitatis gerufen. Er hat Ja gesagt auch zu einer untergehenden Welt. »Lassen wir es doch ein wenig treiben. Die Ordnung, die für die Flöhe und Maulwürfe sorgt, sorgt auch für Menschen. [...] Wir mögen noch so laut Hüh-Hott schreien, das macht uns nur heiser, aber die Ordnung nicht besser.« (II,37) Dieses Ja, diese kindliche Neugier und Animalität sind die Voraussetzung für den Widerstand, nicht sein Gegenteil. Nur wer die Welt liebt, kann ihr helfen; und welche als diese könnte man lieben?

Michel de Montaigne betrachtete einmal in Rom eine

alte Apostelgeschichte. Er staunte: »Die Buchstaben sind massiv und körperlich; sie heben sich vom Papier derart ab, daß die Hand, die übers Papier fährt, etwas Dickes fühlt. Ich glaube, daß wir den Gebrauch dieser Schrift verloren haben.« Das mag sein, und der Buchdruck hat sich seit seinen Zeiten noch weiter entwickelt, es gibt ihn fast nicht mehr. Aber Montaignes kaum zu erklärende Weltfrömmigkeit, diese nie endenden und immer so schwer zur Geltung zu bringenden Kurzschlüsse, das nicht ganz wegzuarbeitende sinnliche Verhältnis zur Welt – die »gute Natur« läßt sie nach wie vor entstehen.

Die Schwerkraft der Kinder dieser Erde: kann sie durch das Schaukeln und Schwanken und Kreisen hindurch das Karussell zum Halten bringen, es etwas langsamer werden lassen? Die politisch aufgeklärte und strategisch informierte Trägheit – gravietas docta –: wo sie wirkt, mag sogar ein Quentchen ungedeckter Zukunftshoffnung gestattet sein. Denn gravitas, dieses weibliche Wort, heißt ja »Beharren« und »schwanger sein«. – Die Ökonomie, die es wissen muß, nennt große Auswirkungen, die von vielen kleinen Entscheidungen ausgehen, neuerdings »economy of micromotives«. Die Auswirkungen könnten, so heißt es, beträchtlich sein.

»Daß ein solcher Mensch geschrieben hat, dadurch ist wahrlich die Lust, auf dieser Erde zu leben, vermehrt worden. [...] Mit ihm würde ich es halten, wenn die Aufgabe gestellt wäre, es sich auf der Erde heimisch zu machen.« Das schrieb Friedrich Nietzsche über Montaigne, bevor die bürgerliche Gesellschaft in ihre letzte Runde ging. »Wenn die Aufgabe gestellt wäre...« Man kann ja einen Versuch wagen. Einen Essai.

1984

Peter Burke
Die Entwicklung der Essais

»Ich füge hinzu, aber ich korrigiere nichts. ... Mein Buch besteht aus einem einzigen Stück« (3.9), behauptete Montaigne in einem seiner letzten Essays. Sicherlich hat er sehr viel hinzugefügt. Die Ausgabe von 1588 enthielt zahlreiche Einschübe in Buch Eins und Zwei der *Essais* wie auch ein neues Buch Drei; Wissenschaftler nennen dies den »B-Text«, um ihn von der Version von 1580 zu unterscheiden. Montaigne benutzte sein eigenes Exemplar dieser Ausgabe von 1588 – das sogenannte »Bordeaux-Exemplar« – und fügte etwa tausend Abschnitte mehr hinzu. Diese bilden die dritte Version, den »C-Text«. Aber hat er wirklich nichts geändert? So genau er sich, wie wir gesehen haben, seiner Veränderungen von Minute zu Minute bewußt war, scheint Montaigne sich seiner intellektuellen Entwicklung von 1572 bis 1592, von der Zeit, als er zu schreiben begann, bis zu seinem Tode, nicht bewußt gewesen zu sein. Dies unterscheidet ihn erheblich von Rousseau, Goethe und den zahlreichen Autobiographen, die ihrem Beispiel folgten; Schriftstellern, deren Hauptthema eben ihre intellektuelle oder seelische Entwicklung war.

Wenn Montaigne sich seiner eigenen intellektuellen Entwicklung nicht bewußt war, was kann dann die Nachwelt darüber zu erfahren hoffen? Dank der sorgfältigen Detektivarbeit Pierre Villeys, eines der größten Montaigne-Forscher, wissen wir in der Tat einiges – obwohl seine Schlußfolgerungen nicht von allen Spezialisten akzeptiert werden. Villey fand heraus, wann Montaigne eine ganze Anzahl seiner Lieblingsbücher las: Cäsar 1578, López de Gómara zwischen 1584 und 1588, Herodot und Platon nach 1588 usw. Villey hat auch die Abfassung von fünfundvierzig Essays aus dem Zeitraum 1572–1574 und neunundvierzig weiteren dem Zeitraum 1575–1580 zugeschrieben. Für die Jahre 1580/81 sind Montaignes Gedanken in dem Tagebuch überliefert, das er während seiner Reise durch Italien und andere Länder verfaßte. Für den Zeitraum von 1580–1588 haben wir das dritte Buch der *Essais* und den B-Text der Bücher Eins und Zwei, und für 1588–1592 die nachträglichen Einschübe des Bordeaux-Exemplars. Auf dieses Beweismaterial sowie einige Briefe stützt Villey seine berühmte, 1908 erschienene Studie über den »Werdegang Montaignes«.

Woraus setzt sich dieser »Werdegang« zusammen? Villey unterteilte Montaignes intellektuelles Leben in drei Phasen. Da war die stoische Periode seiner Jugend; eine skeptische Periode, die einer Krise Mitte der 1570er Jahre folgte; und schließlich eine Reifeperiode, in der Montaigne sein Vertrauen in das grundsätzliche Gut-Sein des Menschen ausdrückte. Diese drei Abschnitte entsprechen mehr oder weniger den drei Büchern der *Essais*.

Es wirkt immer etwas künstlich und irreführend, Menschen in Perioden einzuteilen, so, als ob der junge Marx, um ein vieldiskutiertes Beispiel zu nehmen, nicht die gleiche Person wie der Autor des *Kapitals* gewesen wäre, und als ob wir – wie Montaigne klar sah – uns nicht allezeit veränderten. Was auch immer wir von den drei Perioden halten, man kann kaum anderer Meinung als Villey hinsichtlich der allgemeinen Entwicklungsrichtung Montaignes sein. Sein früher Stoizismus ist beispielsweise in dem Brief evident, den er 1563 anläßlich des Todes seines Freundes La Boétie schrieb, wo er diesen wegen seines Gleichmutes und seiner »unbezwingbaren Furchtlosigkeit« pries, mit der er sich zum Zugriff des Todes stellte. Die erste Gruppe der *Essais* ist von stoischen Werten geprägt. Ganz deutlich zeigt das etwa die Behauptung, Gut und Böse hingen hauptsächlich von unserer Haltung ihnen gegenüber ab (1.41). Die frühen Essays sind ziemlich kurz und schwelgen in der Vorliebe des Autors für moralische Lebensgrundsätze. In diesen Texten spiegelt Montaigne seine Zeit besonders typisch wider.

Dann kam die von Villey so genannte »skeptische Krise« Montaignes, als er in den frühen Vierzigern war. Den Wandel kann man auf 1575/76 datieren, weil Montaigne damals gerade seine »que sais-je«-Medaille prägen ließ, als er dabei war, seine »Apologie des Raimond Sebond« zu schreiben. Ob »Krise« der beste Ausdruck für Montaignes Sinneswandel ist, mag dahingestellt bleiben. Es ist ein starkes Wort, dessen Sinn auch psychologischen Schock und Bruch mit der Vergangenheit einschließt. Wenn man anfängt zu bezweifeln, was man vorher als selbstverständlich angesehen hat, kann man das durchaus als Schock empfinden. Aber von Montaignes Gefühlsreaktionen zu dieser Zeit haben wir keinen konkreten Nachweis; jedenfalls macht der Autor der »Apologie« auf uns nicht den Eindruck eines Mannes, der unter Schock steht. Er behält im Gegenteil sehr wohl die Übersicht über seinen Gedankengang.

Was die Essays im dritten Buch betrifft, sind sie von den übrigen in mancher Hinsicht verschieden, insbesondere verschieden von denen, die er in den frühen 1570ern verfaßte. Sie sind viel länger. Die Essays in Buch Drei sind, wie Villey zeigte, durchschnittlich sechsmal länger als die in Buch Eins. Die späteren Essays stützen sich weniger auf Zitate, um ihren Gedanken Ausdruck zu geben, sondern gehen mehr vom biographischen Ansatz aus, ein Zeichen der Emanzipation von intellektuellen Autoritäten, die in den Bemerkungen über die Kindererziehung empfohlen wird (I.26). Die späten Essays enthalten mehr Kritik an den Stoikern und sind überhaupt viel kühner; Montaigne trägt z. B. seine Angriffe gegen die Folter viel unverblümter vor. Seine Meinungen ähnelten immer weniger denen anderer Männer seiner Generation. Er begann die Essayform zu meistern und entwickelte sie so weit, daß sie ganz seine eigene war. Vom dritten Buch bekommt man, kurz gesagt, viel stärker als von den anderen den Eindruck, daß Montaigne herausgefunden hatte, was er sagen und wie er es sagen wollte.

Mit der Behauptung, Montaigne habe sich schließlich selbst gefunden, soll ausgedrückt werden, daß er sich zwar verändert hatte, aber sich grundsätzlich treu geblieben war. Es handelt sich nicht so sehr um einen Fall von »Werdegang« (nach Villeys ziemlich altmodischem Ausdruck) als vielmehr um Entwicklung im ursprünglichen Sinn von Entfaltung, Auseinanderrollen, mit anderen Worten, um Enthüllung dessen, was latent schon die ganze Zeit vorhanden war. Man muß hinzufügen, daß Montaigne in gewissen Fragen seine Meinung vollständig geändert hat. Hatte er einmal, wie bei der Oberklasse üblich, ziemlich verächtlich auf den gemeinen Mann, »den Pöbel«, herabgeschaut, so wurde daraus allmählich eine positivere Haltung, indem er mit den einfachen Leuten einige der Tugenden verband, die er an den Indianern Brasiliens bewunderte. Er fing an, private Werte über die öffentlichen zu stellen, Alexander den Großen weniger, Sokrates mehr zu bewundern. Mit den Stoikern hatte er einmal geglaubt, die Philosophie lehre uns, wie man zu sterben habe. Am Ende dachte er, sie lehre, wie zu leben sei (3.2). In den späten Vierzigern gelang es Montaigne schließlich, sich selbst wie niemals vorher anzunehmen. Er zog den Schluß, daß es »eine höchste Vollendung und tatsächlich gottgegeben sei, sich an seiner eigenen Natur wahrhaft freuen zu können« *(scavoyr jouyr loiallement de son estre)* (3.13). Er hatte die Gelassenheit erreicht, die er einmal als hervorstechendstes Merkmal der Weisheit definiert hatte.

Wenn wir uns auf Montaignes eigenen Bericht über seine früheren Überzeugungen verlassen können, der sich (vermutlich) auf den Zeitraum vor 1572 bezieht, gerät eine andere wichtige Veränderung ins Blickfeld. Er hatte »einmal«, wie er schreibt, sich »die Freiheit genommen, meine eigene Wahl zu treffen und gewisse Punkte der kirchlichen Praxis, die etwas fehlgeleitet oder abwegig erschienen, zu ignorieren« *(qui semblent avoir un visage ou plus vain ou plus estrange)*. Und er fährt fort: »Wenn ich jemand von Geistern, Prophezeiungen, Magie oder Hexerei reden hörte..., empfand ich Mitleid mit den armen Leuten, die mit diesen Dummheiten hereingelegt wurden«. Jetzt war er nicht mehr so sicher (1.27). Die Skepsis ist eine zweischneidige Waffe. Sich des Urteils zu enthalten, bedeutet genauso wenig, an Hexen nicht zu glauben, wie an sie zu glauben. Mit anderen – heutigen – Worten, er glaubte, er sei über den Rationalismus hinausgelangt.

Montaigne kritisierte gelegentlich die Biographen, die ihre Themen sich zu folgerichtig entwickeln ließen, »indem sie alle Handlungen einer bestimmten Person arrangierten und interpretierten«, nach ihrer eigenen vorgefaßten Idee oder Vorstellung von dieser Person, und so der Wirklichkeit Gewalt antaten (2.1). Es wäre fatal, Montaigne selbst so zu behandeln. Er war kein systematischer Denker, sondern ein Mann voller Einsichten, von denen einige nicht mit anderen übereinstimmen. Seine Einstellungen im späteren Leben sind am leichtesten als Ergebnis eines Entwicklungsprozesses zu verstehen, in dem er einige seiner früheren Ansichten – wie in den oben genannten Beispielen – einer Revision unterzog, ohne sie immer ganz aufzugeben.

Seine Zeitgenossen versäumten entweder, den neuen Montaigne wahrzunehmen, oder hielten es für notwendig, den Wandel zu entschuldigen, den sie bei ihm sahen. Montaigne wurde zu seiner Zeit sehr bewundert und viel gelesen, und die *Essais* erschienen zwischen 1580 und 1588 in fünf Ausgaben. Aber im allgemeinen war der am meisten geschätzte und nachgeahmte Montaigne der frühe, stoische und Sentenzen verbreitende Montaigne, der seinen Zeitgenossen am stärksten glich. Sein Freund Florimond de Raemond erwähnt im Jahre 1594 seine »mutige und beinahe stoische Philosophie«. Claude Expilly, ein anderer Zeitgenosse, nannte ihn einen »hochgesinnten Stoiker«. Etienne Pasquier, ein weiterer Freund Montaignes, betrachtete die *Essais* als »Saatfeld schöner und erinnernswerter Maximen«. Vom dritten Buch hielt er nicht viel. Darüber fällte er das Verdikt, Montaigne sei ein kühner Mann, der sich erlaube, von seinem Einfallsreichtum fortgetragen zu werden und den Leser, vielleicht auch sich selbst, auf den Arm zu nehmen. Mit anderen Worten, ein gut Teil dessen, was wir an Montaigne äußerst interessant finden, entging seinen Zeitgenossen oder wurde als bestenfalls liebenswerte Exzentrität ohne Belang übergangen.

Sogar der Begriff »Essay« wurde auf der anderen Seite des Kanals besser aufgenommen, wo er von Francis Bacon (1597) und Sir William Cornwallis (1600) aufgegriffen wurde. Dennoch war die Form der »Erörterungen« im 16. Jahrhundert in Frankreich beliebt, und diese Beliebtheit verdankt wahrscheinlich einiges dem Beispiel Montaignes. Es gab die *Serées* des Guillaume Bouchet (1584), die wie Montaigne Impotenz und Folter erörtern; die *Matinées* des Nicholas Cholières (1585); und die *Bigarrures* des Etienne Tabourot (1584), der in der Art Montaignes erklärte, er »beachte keine Ordnung, sondern häufe unterschiedslos Beispiele, wie sie in den Sinn kamen, aufeinander«. Er ging in seiner Nachahmung sogar soweit, daß er Abhandlungen zur Kindeserziehung und über falsche Hexen schrieb.

Pierre Charron (1541–1603), ein Priester, der Montaigne gut kannte und regelmäßiger Gast auf seinem Schloß war, war noch mehr sein Schüler. Seine Abhandlung über die Weisheit (1601), mit ihren Einzelkapiteln über menschliche Eitelkeit, Not, Unbeständigkeit, Anmaßung usw., drückte die skeptisch-fideistische Sichtweise der Welt von Montaignes »Apologie« in systematischerer und dogmatischerer Form aus. Der Unterschied zwischen ihnen kommt in den Motti zum Ausdruck. Wo Montaigne *Que sais-je?* wählte, sagte Charron lieber *Je ne sais.*

In den ersten zwei Dritteln des 17. Jahrhunderts wurde Montaigne in Frankreich noch sehr geschätzt. Die *Essais* wurden alle zwei oder drei Jahre nachgedruckt; mindestens fünfmal 1608, sechsmal 1617, fünfmal 1627, neunmal 1636. Jean Pierre Camus, der Bischof von Belley

(1584–1654), war wie Charron ein Geistlicher der Gegenreformation, der den Fideismus attraktiv fand. Seine *Diversités* – ein weiterer Name für Essays – machten starken Gebrauch von Plutarch, Seneca und Montaigne, dessen *Essais* er »das Brevier des Edelmanns« nannte. Der Philosoph Pierre Gassendi (1592–1655), wieder ein Priester, war ein Bewunderer Montaignes und Charrons und erklärter Schüler des Sextus Empiricus. Einige von Gassendis Freunden teilten seinen Enthusiasmus, besonders François La Mothe Le Vayer (1588–1672), der Dialoge über den Skeptizismus schrieb, und Cardinal Richelieus Bibliothekar, Gabriel Naudé (1600–1653). Gassendi, La Mothe und Naudé hatten alle den Ruf von *libertins*, ein modisch pejorativer Begriff des 17. Jahrhunderts mit Nebenbedeutungen von Atheismus, Zynismus, Hedonismus und sexueller Unmoral. Ein anderer Bewunderer Montaignes, Cyrano de Bergerac (1619–1655), vor allem durch seinen Bericht von einer Reise zum Mond bekannt, hatte den gleichen schlechten Ruf. Wie weit diese Gruppe in ihren unorthodoxen Auffassungen ging, ist schwer zu sagen. Vielleicht waren sie Katholiken, trotz ihrer Verspottung volkstümlicher Frömmigkeit. Vielleicht waren sie Deisten, deren Gott fern und unpersönlich war, ohne Interesse an der Menschenwelt. Vielleicht waren sie Materialisten nach der Art Epikurs und Lukrez', die sie sicherlich bewunderten, die die Vorsehung negierten und glaubten, das Universum sei ein Produkt des Zufalls.

Was Montaigne für die Gruppe bedeutete, läßt sich schon leichter entscheiden. Seine Ablehnung intellektueller Autoritäten machte Eindruck auf sie. Cyrano und La Mothe fanden seinen kulturellen Relativismus anziehend, während Naudé ihn wegen seines Stils und seiner »großen

Fülle an Lebensgrundsätzen« lobte; er kritisierte auf die gleiche Art leichtgläubige Hexenjäger, zog aber den methodischeren Charron vor. Naudé war zu sehr Rationalist und Aristoteles verpflichtet, um Montaigne ganz zu akzeptieren. Sein Motto war, »mit Hilfe des Verstandes alles in Einklang zu bringen« *(esquarrer toutes choses au niveau de la raison)*. Die Gruppe verleibte sich wichtige Elemente von Montaignes Denken in ihr eigenes intellektuelles System ein, wobei sie diesen Elementen unweigerlich eine vom Original abweichende Bedeutung gab.

Montaigne war auch außerhalb Frankreichs im 17. Jahrhundert gut bekannt. In England verdanken z. B. Bacons *Essays* einiges dem Beispiel Montaignes, obwohl seine straffen Sätze und forschen Verallgemeinerungen die Antithese zu Montaigne in dem Sinne sind, daß sie eher dazu gedacht scheinen, eine Diskussion zu beenden, als sie zu provozieren. Florios ziemlich freie englische Übersetzung Montaignes geht auf das Jahr 1603 zurück. Wahrscheinlich las Shakespeare ihn in dieser Version. *Der Sturm* verdankt einiges dem Essay über die Kannibalen. Sir Thomas Browne war ebenfalls Bewunderer Montaignes und tatsächlich ein Geistesverwandter – Essayist, Fideist und Erforscher seiner selbst. Ebenso stand es mit Joseph Glanvill, dessen *Vanity of Dogmatising* (1661) sich mit einem Thema nach Montaignes Geschmack befaßte.

Im 17. Jahrhundert jedoch entstand eine Reaktion gegen Montaigne. Damit hatte Descartes etwas zu tun. In gewissem Sinne war Descartes Skeptiker in Montaignes Tradition, denn er begann mit umfassendem Zweifel, endete aber ganz anders mit seinem Bild vom Universum als riesiger Maschine. Waren für Montaigne Tiere in gleicher Weise intelligent wie Menschen, dachte Descartes sie als

Uhrwerke. Montaigne hatte mitgeholfen, die traditionelle Ansicht eines hierarchisch geordneten Universums zu untergraben, aber nichts Systematisches an seine Stelle gesetzt. Diejenigen, die das neue mechanische Weltbild akzeptierten, betrachteten Montaigne unvermeidlich als altmodisch.

Auch die Frommen wandten sich nun gegen ihn. Zu seiner eigenen Zeit war Montaigne manchmal als »Atheist« angegriffen worden, aber bis um 1660, als der führende Kirchenmann Bischof Bossuet gegen ihn predigte, scheint das eine Minderheitsauffassung gewesen zu sein. Blaise Pascal (1623–1662) kritisierte Montaigne in seinen posthum veröffentlichten *Pensées* wegen des »törichten Vorhabens«, sich selbst zu porträtieren, und wegen seiner »ziemlich heidnischen Einstellung zum Tode«. Er studierte Montaigne sorgfältig, übernahm eine Anzahl von Ideen und sogar Ausdrücke, um sie allerdings in eine ganz andersgeartete eigene moralische und theologische Struktur zu integrieren. Der cartesianische Philosoph und katholische Theologe Nicolas Malebranche trat in beiderlei Hinsicht gegen Montaigne auf. 1676 wurden die *Essais* auf den römischen Index gesetzt (mit ihrer schärferen Nase für Ketzerei hatten die Spanier das schon 1640 getan). Mit gewisser Plausibilität ist behauptet worden, die Reaktion gegen Montaigne hätte viel mit der veränderten Position der katholischen Kirche zu tun gehabt. Um 1580 kam die Hauptbedrohung der katholischen Kirche von den Protestanten. Montaigne war sicher kein Protestant; vielmehr konnte man Montaignes Skepsis als Waffe gegen die Protestanten verwenden, um ihr Vertrauen in das persönliche Urteil zu untergraben. Im späten 17. Jahrhundert jedoch erschien der Skeptiker oder »Freigeist« als Hauptbedrohung der Kirche und folglich Montaignes eigene unorthodoxe Haltung fragwürdiger. Man sollte hinzufügen, daß die Bewunderung, die Naudé und sein Kreis für Montaigne fühlten, ihm bei den Frommen nicht gut getan haben kann. Ob aber die Zensoren des 17. Jahrhunderts, die Montaigne auf den Index setzten, eine genauere Wahrnehmung als ihre Kollegen im 16. Jahrhundert hatten oder ob sie ihr Urteil einfach mit den im 17. Jahrhundert üblichen Mißverständnissen über sein Werk verknüpften, läßt sich schwer beurteilen. Sein kultureller Relativismus, der Cyrano de Bergerac so angezogen hatte, war nun vergessen. Bossuets *Diskurs über die Weltgeschichte* (1681) ist einfach eine Geschichte der westlichen (antiken, jüdischen, christlichen) Zivilisation, als hätte es China (und Montaigne) nie gegeben. Vielleicht war diese kollektive Vergeßlichkeit für die intellektuelle Stabilität des Zeitalters Ludwigs XIV. unerläßlich. Nur der protestantische Skeptiker Pierre Bayle (1647–1706) machte in der Tradition Montaignes weiter. Sein *Verschiedene Gedanken über den Kometen* (1683) ist eine Kritik des menschlichen Ethnozentrismus von derselben Art wie die »Apologie des Raimond Sebond«.

Es gab auch ästhetische Gründe für den Niedergang von Montaignes Ansehen im späten 17. Jahrhundert. Im Zeitalter des Klassizismus fand der lockere Aufbau seiner Essays keinen Anklang mehr. Guez de Balzac, ein führender französischer Autor (1597–1654), kritisierte Montaigne, weil seine Argumente von Abschweifungen unterbrochen würden *(son discours... est un corps en pièces)*. Charles Sorel (1602–1674) beklagte, daß die *Essais* »der Ordnung und Verbindung« entbehrten. Pascal verurteilte, was er Montaignes »Konfusion« nannte. Diese religiösen und ästhetischen Kritiken hatten Auswirkungen; zwischen 1669 und 1724 gab es keine französischen Ausgaben Montaignes, obwohl eine neue englische Übersetzung, werkgetreuer als die Florios, 1685 von Charles Cotton erstellt wurde.

Im 18. Jahrhundert wurde Montaigne wiederentdeckt – und auch neu interpretiert. Die Ausgabe von 1724, die erste nach mehr als fünfzig Jahren, wurde von einem Franzosen in London veröffentlicht, der Locke übersetzt hatte und an Montaigne primär als Vorläufer Lockes dachte, besonders bei seinen Ideen über Kindererziehung. Der ungezwungene Stil kam zu jener Zeit wieder in Mode als Teil der Reaktion gegen die Werte, die man mit Ludwig XIV. verband. Denis Diderot (1713–1784) schätzte Montaigne wegen eben jenes Durcheinanders, das Pascal verurteilt hatte, und sah darin Spontaneität. Zugegebenermaßen fing Montaignes Sprache im 18. Jahrhundert an, wunderlich und sogar schwierig zu wirken, aber sie ließ sich immer modernisieren, was in einigen Ausgaben auch getan wurde. Die Gedanken wurden wie die Prosa auf die Höhe der Zeit gebracht. Die Leser von David Humes *Essay über Wunder* (1748) interpretierten Montaignes Bemerkungen über Wunder beinahe zwangsläufig in ähnlicher Weise. Geschah das, um seine Bedeutung zu »entfalten« oder zu verdunkeln? Voltaire, der seine eigenen Kämpfe mit dem westlichen Ethnozentrismus ausfocht und Montaigne als Bundesgenossen schätzte, verglich ihn einmal mit Montesquieu, einem viel systematischeren Denker. Diderot verglich ihn mit dem Philosophen Helvetius aus dem 18. Jahrhundert. Kurz gesagt, Montaigne wurde als *philosophe* angesehen. Nach 1789 finden wir ihn sogar als Revolutionär. Ein gewisser Rabaut de Saint Etienne erklärte,

Montaignes Zweifel »bereiteten die französische Revolution vor«.

Seit der Aufklärung gibt es noch einige Montaignes mehr. Für Johann Gottfried Herder (1744–1803) stand er für die Würdigung des Volkslieds und die Rückkehr zur Natur. Für den Essayisten William Hazlitt war er »der erste Mensch, der den Mut hatte, als Autor zu sagen, was er als Mensch fühlte«. Nietzsche bewunderte ihn wegen seines kulturellen Relativismus und seiner »mutigen und fröhlichen Skepsis« und versuchte, in der gleichen Richtung über ihn hinauszugelangen. Pierre Villey sah ihn als jemanden an, der »einen ersten Schritt« in der Richtung Bacons und einer Wissenschaft tat, die auf empirischen Fakten basierte (mit anderen Worten, des Positivismus Auguste Comtes). E. M. Forster andererseits, der einmal erklärte: »Meine Gesetzgeber sind Erasmus und Montaigne, nicht Moses und Paulus«, hielt ihn für einen Vertreter der Werte der Toleranz und Loyalität gegenüber seinen Freunden, mehr als gegenüber seinem Land.

Als Angehörige des 20. Jahrhundert haben wir keine Ursache, uns über diese Montaigne-Bilder der Vergangenheit lustig zu machen. Denn auch wir haben uns unser eigenes oder sogar schon verschiedene gemacht. Claude Lévi-Strauss erwies dem Ethnologen Montaigne seine Ehrerbietung, indem er eins seiner Bücher *Das wilde Denken* nannte, mit Bezug auf den Essay über Kannibalen. Für R. A. Sayce, einen der scharfsinnigsten Montaigne-Forscher aus jüngerer Zeit, ist er »der erste der großen modernen bürgerlichen Schriftsteller«, der in seiner Analyse von Gefühlen »Proust sehr nahe komme«. Montaignes Enttäuschung darüber, daß er bei seiner Ankunft Venedig weniger wunderbar fand, als er erwartet hatte, ist der »Marcels«

in Balbec nicht unähnlich. Andere haben Montaigne als Vorläufer Freuds hervorgehoben, und seine Einstellung gegenüber dem Schulwesen hat einen Kommentator an Ivan Illich erinnert. Sein stoisches Schlagwort: »Folgt der Natur!« wird mit Sicherheit in den nächsten Jahren neue Resonanz erhalten, und es kann bloß eine Frage der Zeit sein, wann er als Taoist interpretiert werden wird. Nun, er ähnelt den Taoisten in seinem Relativismus, seinem Vertrauen in die Natur, seiner Hinnahme des Todes, so wie das einfache Leben des griechischen Philosophen Diogenes, den Montaigne oft zustimmend zitiert, dem des Taoisten Hsü Yü ähnelt, bis zum Detail, den unnötigen Trinkbecher wegzuwerfen.

Eine solche Variationsbreite von Einschätzungen hätte Montaigne sicherlich amüsiert und sollte uns zu denken geben. Wie kann ein Buch in jeder folgenden Generation seine Bedeutung ändern? Sehen wir tatsächlich nicht mehr als unser eigenes Abbild im Spiegel, wenn wir uns Montaignes Selbstporträt anschauen? Das ist natürlich ein Problem von allgemeiner Bedeutung. Alle Klassiker werden von Generation zu Generation neu interpretiert; wenn das nicht geschieht, sind sie keine Klassiker mehr.

Es ist jedoch die Aufgabe von Historikern, die sich mit Geistesgeschichte befassen, ihre eigene Generation vor den Verzerrungen zu warnen, die bei dieser Neuinterpretation der Vergangenheit auftreten, wenn wir Montaigne (wie Shakespeare oder Dante) als unseren Zeitgenossen betrachten. Wir müssen uns in Erinnerung rufen, daß er keiner von uns ist, sondern daß sein Fideismus etwa oder seine Verwendung des klassischen Altertums als Bezugspunkt ihn von uns trennen. Es ist etwas ethnozentrisch, um nicht zu sagen von oben herab, Montaigne als Ehrenbürger des 20. Jahrhunderts zu behandeln. Wir täten besser daran, uns zu fragen, wie er die Gesellschaft kritisieren würde, wenn er heute lebte.

Nichtsdestoweniger enthalten die meisten Interpretationen Montaignes, die ich erwähnt habe – vielleicht sogar alle – ein Körnchen Wahrheit. Ihn als Philosophen, Psychologen oder Ethnologen anzusehen, bedeutet, Gedanken Beachtung zu verschaffen, die er vorgebracht hat und die einige Leser vernachlässigt haben, selbst wenn man dadurch diesen Ideen eine überproportionale Bedeutung verschafft und sie in einen fremden Kontext einbettet. In gewisser Hinsicht können wir mit Recht von einer posthumen Entwicklung der *Essais* sprechen, von latenten Bedeutungen, die sich allmählich herauskristallisiert haben, von Wahrheiten, die erst die Zeit hervorbrachte. Einige Schriftsteller, Denker und Künstler erscheinen besonders vielschichtig, facettenreich und »polyvalent«, und so sind sie für sehr verschiedene Nachwelten von bleibendem Reiz. Nach vierhundert Jahren besteht jedenfalls wenig Zweifel, daß Montaigne wie Thomas Morus, Shakespeare, Sokrates, Michelangelo »ein Mann für jede Jahreszeit« ist. Trotz Hunderten von Nachahmern, die durch die *Essais* inspiriert worden sind, bleiben diese, wie ihr Autor einmal bemerkte, »das einzige Buch seiner Art auf der Welt«.

1981

Zeugnisse

»Wenn Sie Montaigne gelesen haben, haben Sie Plutarch und Seneca gelesen, aber wenn Sie Plutarch und Seneca gelesen haben, haben Sie Montaigne nicht gelesen.«

Anonym, 17. Jahrhundert

»Montagne hatte sehr viel gelesen, und machte sich sonderlich durch seine Essais bekannt, welche der Cardinal Perron, le breviaire de honnêtes gens, und Lipsius den Montagne deswegen den frantzösischen Thales, Mezerai den christlichen Senecam und Socratem genennet, Jos. Scaliger hingegen, Mr. de Silhon, Malebranche, Mr. Arnauld, Huetius und Vigneul-Marvielle dieses Buch aufs ärgste herunter gemacht.«

Jöchers Allgemeines Gelehrten-Lexicon, 1751

»Seine Essais gehören zu den bedeutendsten moralistischen Werken und stellen eine wahre Philosophie für ›Weltleute‹ dar. M. wird zu den besten Schriftstellern Frankreichs gezählt; doch ist sein Stil weder korrekt noch eigentlich edel, wohl aber einfach, lebhaft und kraftvoll.

Meyers Konversations-Lexikon, 1888

Guez de Balzac

(1595–1654)

Wir wurden darin einig, daß der Verfasser, der den Seneca nachahmen will, allenthalben anfängt, und allenthalben aufhört. Seine Betrachtungen sind nicht ein zusammenhängender Körper. Es sind zerschnittene Teile, und wenn die Stücke auch dicht beieinander liegen, so sind sie doch voneinander abgesondert. [...]

Er bringt seine Gedanken, ohne sie vorher auf die Waage zu legen, so wie sie sich erzeugen, an den Mann. Er setzt gar kein Mißtrauen in seine Einsicht, und, ohne sich an Wegweiser zu kehren, ist er sich immer selbst genug. An anderen Stellen seines Buches gefällt mir seine Freiheit. Was er von seinen Neigungen und seiner Lebensart sagt, liest man mit Vergnügen. Ich finde Wohlgefallen daran, diejenigen, die ich verehre, zu kennen, und ihr gutes Naturell einzusehen. Ich suche sie nach ihren geheimsten, besondern und verborgensten Handlungen zu betrachten. Montagne hat mir also einen großen Gefallen erwiesen, da er mir seine häusliche Geschichte erzählt hat. [...]

Man kannte noch nicht die Regeln des Vaugelas oder der Akademie. Diese Gesellschaft, die die französischen Wortfügungen so weitläufig beurteilt, lag noch in der Möglichkeit der Dinge begraben. Deswegen hatte man auch nichts gewisses, oder festgesetztes in unserer Sprache. Und aus diesem Grund läßt sich Montagne entschuldigen, wenn er nicht allezeit so geschrieben, wie es unsere zarten Ohren verlangen. Zu seiner Zeit war es noch nicht verboten zu fehlen, und es sind unschuldige Fehler, welche älter als die Gesetze sind.

Blaise Pascal

(1623–1662)

Was bei Montaigne gut ist, läßt sich nur schwer erwerben. Was bei ihm schlecht ist – abgesehen von seinem sittlichen Verhalten, meine ich –, hätte in einem Augenblick ausgemerzt werden können, wenn man ihn darauf aufmerksam gemacht hätte, daß er zu viele Geschichten erzählt und zuviel von sich selbst spricht.

Nicht in Montaigne, sondern in mir selber finde ich alles, was ich bei ihm sehe.

Die Fehler Montaignes sind groß: geile Worte: Sie taugen nichts, trotz Mlle. de Gournay. Leichtgläubigkeit: »Menschen ohne Augen.« Unwissenheit: »Quadratur des Zirkels, eine größere Welt.« Seine Empfindungen über den freiwilligen Selbstmord, über den Tod. Er verleitet zur Gleichgültigkeit dem Heil gegenüber: »Ohne Furcht und ohne Reue.« Da sein Buch nicht mit der Absicht geschrieben wurde, für die Frömmigkeit zu werben, war er nicht dazu verpflichtet: aber man ist stets verpflichtet, nicht davon abzulenken. Man kann seine ein wenig freien und sinnlichen Empfindungen bei gewissen Gelegenheiten des Lebens entschuldigen; aber man kann seine durchaus heidnischen Empfindungen über den Tod nicht entschuldigen; denn man muß auf alle Gottesfurcht verzichten, wenn man nicht wenigstens christlich sterben will; nun denkt er aber in seinem ganzen Buche nur daran, weichlich und bequem zu sterben.

Nicolas de Malebranche
(1638–1715)

Es ist nicht nur gefährlich, Montaigne zur Unterhaltung zu lesen, weil das dabei geschöpfte Vergnügen uns unvermerkt an seine Meinungen gewöhnt, sondern auch weil eben dieses Vergnügen verwerflicher ist, als man gemeinhin denkt. Ohne Zweifel nämlich entsteht dieses Vergnügen aus einer Art Wollust, welche die Leidenschaften stärkt und unterhält. Die Schreibart dieses Mannes ist angenehm, weil sie uns anrührt und unsere Neigungen unmerklich weckt.

Jean de La Bruyère
(1645–1696)

Zwei Schriftsteller haben in ihren Werken Montaigne getadelt, den ich, so wenig wie sie, von allem Tadel freispreche; sie beide aber haben ihn, wie es scheinen will, in keinerlei Hinsicht zu schätzen gewußt. Guy de Balzac dachte selbst nicht genug, um einen Autor zu schätzen, der sehr viel denkt; und Malebranche denkt gar zu fein, um sich an Gedanken zu gewöhnen, die natürlich sind.

Abbé de Villiers
(1648–1728)

Warum ist Montaigne ein so gutes Buch?

Alles ist in seinen Gedanken auserlesen, alles ist Einfalt in seinen Ausdrücken; wenn man ihn liest, so glaubt man, ihn in seinem Zimmer vor sich zu hören. Wo findet man aber tiefsinnigere Überlegungen und geschicktere Wendungen, seine Gedanken an den Tag zu geben? Man ist erfreut, man wird gerührt, wenn man ihn liest. Man ist, wenn man ihn gelesen hat, verständiger, sein Buch wird jederzeit gefallen, denn man findet die Natur und das Wahre darin.

Charles de Montesquieu

(1689–1755)

In den meisten Autoren sehe ich den schreibenden Menschen, in Montaigne den denkenden Menschen.

Voltaire

(1694–1778)

Den reizvollen Plan, den Montaigne hatte, als er sich selbst ganz unverhüllt selbst zu schildern unternahm, wie großartig hat er ihn ausgeführt! Denn er hat die menschliche Natur schlechthin geschildert. Wenn Nicole und Malebranche stets von sich gesprochen hätten, sie wären nicht erfolgreich gewesen. Aber ein Landedelmann aus der Zeit Heinrichs III., der wissend war in einem Jahrhundert der Unwissenheit, Philosoph unter Fanatikern und der unter seinem Namen unsere Schwächen und Torheiten geschildert hat, er ist ein Mensch, der immer geliebt werden wird.

Marie-Anne Du Deffand

(1697–1780)

»Ich bin sicher, daß Sie sich an Montaigne gewöhnen werden. Man findet in seinen Schriften alles, was man jemals gedacht hat, und auf die entschiedenste Art ausgedrückt. Er ist nicht lehrhaft, weil er sich selbst niemals vordrängt; er ist das Gegenteil eines Dogmatikers. Eitel? Mein Gott, wer ist es nicht! Diejenigen, die sich bescheiden geben, sind sie nicht doppelt eitel? Das ›ich‹ und das ›mir‹ begegnet einem in jeder Zeile. Aber woher soll man etwas wissen, wenn nicht das ›ich‹ die Erkenntnis ›mir‹ vermittelt? Glauben Sie, lieber Vormund, er ist der einzige wahre Philosoph und der einzige Vermittler der übersinnlichen Welt, den es je gegeben hat.«

Jean-Jacques Rousseau

(1712–1778)

Niemand kann das Leben eines Menschen beschreiben als er selbst. Sein Inneres, sein wahres Leben ist nur ihm bekannt. Aber indem er es beschreibt, verbirgt er es. Unter dem Titel seines Lebens schreibt er seine Apologie. Er zeigt sich, wie er erscheinen möchte, nicht wie er ist. Auch die Aufrichtigsten sind nur in dem wahr, was sie sagen, aber sie lügen, indem sie bewußt verschweigen. Und das, was sie verschweigen, ändert was sie sagen so sehr, daß sie, indem sie einen Teil der Wahrheit sagen, fast nichts Wahres sagen. Ich nenne Montaigne als ersten unter diesen falschen Aufrichtigen, die lügen wollen, indem sie die Wahrheit sagen. Er zeigt sich mit seinen Fehlern. Aber er zeigt nur die liebenswürdigen. Es gibt keinen Menschen, der nicht auch unliebenswürdige hätte. Montaigne zeichnet sich ähnlich, aber er zeichnet sich nur im Profil. Wer weiß, ob nicht irgendeine Narbe auf der Wange oder ein schielendes Auge, das er uns verbirgt, seine Physiognomie vollkommen verändert hätten?

Laurence Sterne

(1713–1768)

Zeno, Cleanthis, Diogenes, Babylonios, Dionysios, Heracleotes, Antipater, Panaetius und Poseidonios bei den Griechen; – Cato, Varro und Seneca bei den Römern; Panthenus, Clemens Alexandrinus und *Montaigne* bei den Christen, sowie vielleicht fünfundzwanzig weitere brave, ehrliche, nichtsahnende Leute von Shandys Art, deren Namen mir entfallen sind – sie alle hätte man äußerlich drücken und knittern, knicken und falzen, reiben und rubbeln können, bis sie auseinanderfielen; – kurzum, man hätte sie noch so höllisch mißhandeln können, und doch hätte keiner von ihnen im Inneren auch nur den geringsten Schaden gelitten, ganz gleich, was man ihnen auch angetan hätte.

Denis Diderot
(1713–1784)

»Michel de Montaigne, Autor jener *Essais*, die man lesen wird, solange es Menschen geben wird, die die Wahrheit lieben, die Kraft, die Schlichtheit.«

Gotthold Ephraim Lessing
(1729–1781)

Die Versuche des Montagne sind eines von den ältsten und schönsten Werken der Franzosen. Noch bis jetzt hat sich keiner von unsern Uebersetzern daran machen wollen, vielleicht weil man eine zweyte französische Sprache lernen muß, sie zu verstehen. Daß es lauter moralische Abhandlungen sind, die zu den Zeiten des Montagne sehr viele neue und besondere Gedanken enthielten, und daß die nachfolgenden Sittenlehrer ihm das Schönste mit eben der Freyheit abgeborgt haben, mit welcher er die Alten plünderte, ist bekannt. Er mischt sich überall in seine Sittenlehren mit ein, und vergleicht sich selbst in diesem Stücke mit dem Socrates, welcher seine Schüler von nichts öfterer unterhielt, als von seiner eignen Person. Er hat sich selbst darinne schildern wollen, und man muß gestehen, daß er es ziemlich aufrichtig gethan hat; welche Aufrichtigkeit ihn auch wohl noch ferner als den einzigen Schriftsteller in seiner Art erhalten wird. Er ist von zu vielen gelobt worden, als daß auch wir uns noch diese unnöthige Mühe machen dürften. Wir wollen vielmehr die Uebersetzung anpreisen, durch welche auch denjenigen, die ihn zur Noth in seiner Sprache lesen könnten, kein geringer Gefalle geschehen ist. Die guten französischen Ausgaben sind zu kostbar, und die schlechten allzu eckel und mühsam zu lesen. Die Lebensbeschreibung des Verfassers, welche man anfangs diesem ersten Theile beyfügen wollen, soll dem dritten und letzten Theile vorgesetzt werden. Dieser erste kostet 1 Rthlr. 8 Gr.

Man hat sich zu freuen, daß diese schöne Uebersetzung eines der vornehmsten französischen Schriftsteller, welchen weder der veränderliche Geschmack seiner Landsleute, noch das veralterte Ansehen, das ihm seine mehr gallische als französische Mundart giebt, von seinem wahren Werthe herab gesetzt hat, so glücklich fortgehet. Dieser zweyte Theil fängt mit dem 12ten Hauptstücke des zweyten Buchs an, und geht bis auf das sechste Hauptstück des dritten Buchs. Nur denen, welche den Montagne gar nicht kennen, hat man es nöthig zu sagen, wie viel kühnes und lesenswürdiges sie darinne finden können. Allein werden sie sich wohl durch die Aufschriften reizen lassen, wenn sie der Ruhm des Verfassers nicht reitzen kan? Man kan nach dem strengsten Wortverstande behaupten, daß man nichts schönes von einem Franzosen gelesen hat, ohne den Montagne gelesen zu haben; und es würde eine Schande für unsre Landsleute seyn, wann sie den und jenen neuen Moralisten, der doch vielleicht nichts als ein Copiste, oder wohl gar ein unverschämter Ausschreiber dieses ursprünglichen Schriftstellers war, mit Vergnügen gelesen und wohl gar bewundert haben sollten, und gegen den Vater derselben unempfindlich blieben. Kostet in den Voßischen Buchläden hier und in Potsdam 1 Rthlr. 8 Gr.

William Hazlitt

(1778–1830)

Montaignes großes Verdienst war es, daß man ihn als den ersten bezeichnen kann, der den Mut aufbrachte, als Autor das auszusprechen, was er als Mensch empfand. Und da Mut im allgemeinen das Ergebnis einer bewußten Stärke ist, wurde er wahrscheinlich durch die Reichhaltigkeit, die Wahrhaftigkeit und die Intensität seiner eigenen Beobachtungen an Büchern und Menschen dazu angeregt.

Er war im wahrsten Sinne des Wortes ein unabhängiger Geist, das heißt, er besaß die Fähigkeit, die Welt mit eigenen Augen oder jedenfalls so zu sehen, wie sie wirklich war, anstatt blind auf das zu vertrauen, was andere ihm über sie erzählten, und es getreulich zu wiederholen. Er entledigte sich der Krücke aus Vorurteilen und gekünstelter Pose und warf auch gleich den damit einhergehenden Ballast der Gelehrsamkeit ab, weil er ohne dies alles auskommen konnte. Wenn er zur Feder griff, gebärdete er sich nicht als Philosoph, als kluger Kopf, als Redner oder Moralist, sondern er wurde dies alles einfach dadurch, daß er wagte, uns zu erzählen, was immer ihm in aller Schlichtheit und Eindringlichkeit durch den Sinn ging, und was er in irgendeiner Form für mitteilenswert hielt.

Wenn er die Menschen und ihr Verhalten behandelte, sprach er so von ihnen, wie er sie vorfand, ohne sich an vorgefaßte Meinungen und abstrakte Dogmen zu halten. Und als erstes lehrte er uns, was er selbst war.

Charles Nodier
(1780–1844)

Die häufige Lektüre von Amyot und Montaigne ist zum Beispiel eine außerordentlich gute Einübung in die Kunst des Schreibens, weil die Wendungen und gewisse zeitgenössische Ausdrücke eine Frische und Kraft besitzen, die wir mit unserer heutigen Sprache nur noch selten erreichen.

Stendhal
(1783–1842)

Ich lese mit großem Vergnügen ein Stück von Montaigne, das ich zwei Jahre lang nicht vor Augen hatte. In seinem Stil spiegelt sich sein Charakter vorzüglich wider. Es ist wohl der lebendigste französische Stil überhaupt.

Richard Church
(1784–1873)

In einer Epoche der starren Form, in der niemand zu publizieren wagte, ohne sich in der üblichen, affektierten Pose als Meister seines Faches darzustellen, faßte er den Entschluß, die Summe seiner Lebenserfahrungen niederzuschreiben, ohne sich thematisch oder stilistisch irgendwelche Beschränkungen aufzuerlegen, probierte er aus, ob bei den Lesern von Büchern das Interesse am Thema nicht schwerer wöge als die Wirkung einer unüblichen, schmucklosen Form, als der schockierende Verzicht auf alle Regeln der Kunst und auf das ganze Gepränge eines Systems.

Seine Art, etwas durchaus ernst zu meinen und sich gleichzeitig über seine eigene Ernsthaftigkeit lustig zu machen, kam dem Temperament seiner Landsleute entgegen; eine solche Haltung war ihnen im persönlichen Gespräch vertraut, in Büchern jedoch neu.

Johann Wolfgang Goethe

(1789–1830)

Erinnern wir uns hierbei noch eines jüngern Zeitgenossen, des Michael Montaigne, der mit einer unschätzbar heitern Wendung seine persönlichen Eigenheiten sowie die Wunderlichkeiten der Menschen überhaupt zum besten gibt [...]

Montaigne unternimmt 1580 eine Reise zu Pferde; mit einem anständigen Gefolge zieht er aus, und wenn ihm schon Unglaube, ja Haß gegen die Ärzte und Medizin eingefleischt ist, so glaubt er doch an die Wirksamkeit der Gesundbrunnen, besucht und kostet sie; auch läßt er uns, da seine Steinschmerzen dadurch und durch Bewegung gelindert werden, jederzeit wissen, wie er von Sand und Gries und sonstigen Übeln befreit worden. Aus Frankreich durch Lothringen und Elsaß zieht er bis Baden in der Schweiz, von da auf deutscher Seite bis Augsburg und München, durch Tirol und Italien, und sieht endlich Rom.

Wie unter diesen Umständen ein stracker, feiner, zartgesinnter, sich selbst beobachtender, neugieriger, mit einer gewissen anmutigen Eitelkeit behafteter französischer Edelmann in fremden Ländern hervortritt, ist wohl auf keine andere Weise zu schauen und zu erfahren...

Alphonse de Lamartine
(1790–1869

Ich lese *den Freund* Montaigne, den ich jeden Tag besser kennen und daher noch mehr lieben lerne. Wir trennen uns nie. Soll ich Dir sagen, was mich am meisten für ihn einnimmt? Daß ich eine gewisse Ähnlichkeit zwischen seinem Charakter und dem Deinen erkenne: die gleiche Trägheit, die gleiche Unbekümmertheit, die gleiche Hingabe, das gleiche Urteil in vielen Dingen, den gleichen Sinn für Freundschaft. Am liebsten lese ich das Kapitel, in dem er mit soviel Wärme und Lebendigkeit über diesen glücklichen Etienne de la Boëtie spricht. Ich nenne ihn glücklich, weil er wenigstens einen wahren Freund hat, einen Freund über den Tod hinaus, einen Freund, der keine Gelegenheit ungenutzt läßt, ihn herauszustellen. Wie findest Du diese Zeile: »Weil er es war, weil ich es war?« – Ein solcher Satz ist mir mehr wert als die langen Traktate von Cicero und Seneca.

Thomas Carlyle
(1795–1881)

Als neugieriger Forscher des neunzehnten Jahrhunderts kann man nicht umhin, über die Gewohnheiten und Stimmungen, über die für einen Gascogner Edelmann typische Art zu handeln und zu denken amüsiert zu sein.

Doch selbst wenn man bei Details, die man sonst als anstößig empfinden würde, wegen ihres altertümlichen Charmes Nachsicht übt, für die groben Geschmacklosigkeiten, die diese *Essais* häufig verunstalten, läßt sich keine zufriedenstellende Erklärung oder gar Entschuldigung finden. Und wenn Montaigne sich dank einer Fülle von kühnen Ideen und tiefen Einblicken in die Grundlagen unseres Wesens einen hohen

Rang unter den Großen seiner eigenen Epoche verdient hat, so gebührt ihm dank seiner Vorliebe für Derbheiten und Obszönitäten diese hervorragende Stellung auch im schlechten Sinne.

Leopold von Ranke
(1795–1886)

Wenn nicht den Menschen überhaupt, aber den französischen Menschen hat Montaigne dargestellt, mit allen Zweifeln und Irrungen, die ihn bedrängen, den Genüssen, die ihm Freude machen, den Wünschen und Hoffnungen, die er hegt, seinem ganzen geistig und sinnlich angeregten Wesen. Der eigentümliche Genius der Nation findet sich in ihm wieder: wie viele bemerkt man, die von seiner Manier ergriffen sind, wenn sie nur von ihm reden! Nächst den Erzählungen der Königin Margareta sind die Essays von Montaigne das erste Buch, das sich in der fortwährenden Gunst der Nation erhalten hat.

Jules Michelet
(1798–1874)

Bei all meiner tiefen literarischen Bewunderung für diesen Autor muß ich doch sagen, daß ich bei ihm immerzu eine gewisse Vorliebe für das Ekelhafte erkenne, so wie etwa für ein schlecht gelüftetes Krankenzimmer, das ganz von widerwärtigem Arzneigeruch durchdrungen ist. Gewiß, das ist alles *natürlich*; dieser Kranke ist der Mensch in seiner natürlichen Gestalt, aber doch in seiner Gebrechlichkeit. Wenn man mich in diese abgeschottete *Bibliothek* einsperrt, geht mir die Luft aus. Ach, wo ist mein Freund, wo ist der gute Pantagruel... Ich würde gar zu gern den Bruder Jean des Entommeures herbeirufen, um diesen Herrn mit Gargantuas Faust durchzubeuteln.

Prosper Mérimée
(1803–1870)

Nehmt Rabelais, um gutes Französisch zu lernen, lest einige Kapitel, die Vorworte, studiert, wie er seine Sätze bildet; danach Montaigne und einige andere Autoren aus jener Epoche; schließlich Bossuet; und danach lest gar nichts mehr, sondern schreibt nach diesen Vorbildern.

George Sand
(1804–1876)

Man kann, man muß die Gegensätze lieben, wenn die Gegensätze groß sind. Man kann der fromme Schüler von Jean-Jacques sein, und muß der ehrfürchtige Freund Montaignes werden. Rousseau ist rehabilitiert; Montaigne ist lauter und in jeder Hinsicht ein Mann von aufrichtiger Gesinnung. Sein Gewissen ist so rein, sein Verstand so klar, seine Erforschungen sind so aufrichtig, daß er ohne die großen Aufwallungen Jean-Jacques' auskommt. Dieser hatte eine ungestüme Seele. Montaigne litt keine Qualen, die ihn zur Klage berechtigt hätten. Er hat an das Schlechte in den andern nicht gedacht, weil das Bild des Guten in ihm so stark war, daß er das Gegenteil nicht scharf erkennen konnte. Er meinte, daß der Mensch alle Elemente der Weisheit und des Glücks in sich trage. Da täuschte er sich nicht; und indem er über sich selber sprach, sich selber beobachtete und beschrieb und sein Innerstes preisgab, lehrte er ebensoviel wie die begeisterten Philosophen oder die tief bewegten Moralisten.

Ich bin Jean-Jacques als Schülerin nicht bis hin zum *Contrat social* gefolgt; vielleicht dank Montaigne; andererseits kann ich Montaigne nicht bis hin zu seiner Gleichgültigkeit folgen: und dies ganz sicher dank Jean-Jacques.

William M. Thackeray
(1811–1863)

Montaigne und Howels *Letters* sind meine Bettlektüre. Wenn ich des Nachts aufwache, lasse ich mich vom einen oder vom anderen wieder einlullen. Sie reden stets nur über sich selbst, und sie ermüden mich nicht. Ich höre gern zu, wenn sie ihre alten Geschichten immer und immer wieder erzählen. Ich lese sie, wenn ich schläfrig bin, und kann mich deshalb nur an die Hälfte erinnern.

Mir ist bekannt, daß sie alle beide recht derbe Geschichten erzählen. Das stört mich nicht. So war es eben in ihrer Zeit der Brauch, nicht anders, als es heute bei den schottischen Highlanders oder bei den Hottentotten der Brauch ist, auf gewisse Kleidungsstücke zu verzichten, die wir Städter alle tragen.

Gustave Flaubert
(1821–1880)

Ich lese immer noch Rabelais und habe Montaigne hinzugefügt. Ich habe mir sogar vorgenommen, über diese beiden Männer eine besondere philosophische und literarische Studie zu schreiben. Das sind meiner Ansicht nach Ausgangspunkte für die französische Literatur und den französischen Geist gewesen.

Meine Lieblingsbücher sind Montaigne, Rabelais, Régnier, La Bruyère und Le Sage.

Als meine Schwester gestorben war, habe ich in der Nacht Totenwache bei ihr gehalten. Ich saß neben ihrem Bett, ich betrachtete sie, wie sie in ihrem Hochzeitskleid mit dem weißen Blumenstrauß auf dem Rücken dalag. Ich las Montaigne, und meine Augen wanderten von dem Buch zu dem Leichnam. Ihr Mann schlief und stöhnte; der Priester schnarchte, und ich sagte mir, als ich all das betrachtete, daß die Formen vergehen, daß allein die Idee bleibt, und ich empfand ein Zittern der Begeisterung bei manchen Stellen der Sätze des Schriftstellers.

Es gibt einen Mann, mit dessen Gedanken Sie sich nähren sollten und der Sie beruhigen würde, es ist Montaigne. Studieren Sie ihn *gründlich*, ich verschreibe es Ihnen als Medizin.

Studieren Sie das, wovon Sie noch nichts wissen: die Erde. Doch ich empfehle Ihnen zuerst Montaigne. Lesen Sie ihn von Anfang bis Ende, und wenn Sie fertig sind, beginnen Sie wieder von neuem.

Bayle Saint John
(1822–1859)

Kein französischer Schriftsteller – vielleicht mit Ausnahme von Rabelais – hat so viel Einfluß auf die englische Literatur ausgeübt wie Montaigne. Die *Essais* sind in ihren Hauptzügen weit über jenen Kreis von Lesern hinaus bekannt, die in der Lage sind, sein idiomatisches, mit gascognischen Wendungen durchsetztes Französisch zu entschlüsseln oder die trotz Modernisierung kurios altertümlichen Übersetzungen von Florio und Cotton zu genießen.

Von Shakespeare und Bacon bis hinunter zum bescheidensten Essayisten, der den Ehrgeiz besitzt, den Menschen zum Thema seiner Überlegungen zu machen, überall finden wir Spuren einer Verbindung zu Montaigne. Manchmal wird die

Bekanntschaft mit ihm offen zugegeben, häufiger jedoch läßt sie sich nur erschließen. Butler und Pope zitieren ihn, aber Swift und Sterne zeigen, daß sie mit ihm wohlvertraut waren.

Vom Umgang mit ihm geht eine eigentümliche Faszination aus, die seinen Einfluß weit besser erklärt als jeder Hinweis auf die Gedankenarmut unserer großen Schriftsteller. Kein Mensch kann auch nur eine Stunde mit ihm verbringen, ohne sich hinterher klüger zu fühlen und die Welt mit kritischeren Augen zu betrachten. Der Rahmen für seine Betrachtungen war so weit gesteckt, daß jede Anleihe bei den *Essais* gleichbedeutend mit einer Anleihe bei den kollektiven Erfahrungen der Menschheit zu sein scheint.

Montaigne wäre der letzte gewesen, der sich über eine solche Behandlung beklagt hätte; denn wenn alle seine Nachfahren, besonders auf unserer Insel, sich bei ihm bedient haben, so hat er es mit seinen Vorgängern nicht anders gehalten. Wenn wir die *Essais* aufschlagen und wie geblendet sind von einer Formulierung, die funkelt wie ein Diamant, können wir niemals sicher sein, ob wir nicht vielmehr Plutarch oder Seneca bewundern sollten anstatt Montaigne. Der Hinweis, daß englische Schriftsteller tief in der Schuld dieses großartigen Denkers stehen, bedeutet daher keine Abwertung, sondern soll nur zeigen, daß wir aus Dankbarkeit dazu verpflichtet sind, seinen Werdegang zu studieren.

William E. H. Lecky
(1838–1903)

Montaigne, der erste unter den französischen Skeptikern, war in Frankreich wahrscheinlich der früheste berühmte Gegner der Folter. Wenig später wurde dieses Anliegen von Charron und Bayle aufgegriffen; danach setzten sich auch Voltaire,

Montesquieu und die Enzyklopädisten dafür ein, und als die Kirche von der Revolution zerschlagen wurde, triumphierte schließlich die gute Sache.

Friedrich Nietzsche

(1844–1900)

Dass Ehrlichkeit etwas ist und sogar eine Tugend, gehört freilich im Zeitalter der öffentlichen Meinungen zu den privaten Meinungen, welche verboten sind; und deshalb werde ich Schopenhauer nicht gelobt, sondern nur charakterisiert haben, wenn ich wiederhole: er ist ehrlich, auch als Schriftsteller; und so wenige Schriftsteller sind es, dass man eigentlich gegen alle Menschen, welche schreiben, misstrauisch sein sollte. Ich weiss nur noch einen Schriftsteller, den ich in betreff der Ehrlichkeit Schopenhauer gleich, ja noch höher stelle: das ist Montaigne. Dass ein solcher Mensch geschrieben hat, dadurch ist wahrlich die Lust auf dieser Erde zu leben vermehrt worden. Mir wenigstens geht es seit dem Bekanntwerden mit dieser freiesten und kräftigsten Seele so, dass ich sagen muß, was er von Plutarch sagt: »kaum habe ich einen Blick auf ihn geworfen, so ist mir ein Bein oder ein Flügel gewachsen.« Mit ihm würde ich es halten, wenn die Aufgabe gestellt wäre, es sich auf der Erde heimisch zu machen. –

Schopenhauer hat mit Montaigne noch eine zweite Eigenschaft, ausser der Ehrlichkeit, gemein: eine wirkliche erheiternde Heiterkeit.

Robert Louis Stevenson

(1850–1894)

Die Bücher, die wir am häufigsten noch einmal lesen, sind nicht immer jene, die wir am meisten bewundern; wir wählen sie aus vielen und aus den verschiedensten Gründen und kehren zu ihnen zurück, so wie wir uns menschliche Freunde wählen und sie immer wieder aufsuchen. Einer oder zwei von Scotts Romanen, Shakespeare, Molière, Montaigne, *L'Egoïste* und der *Vicomte de Bragellonne* bilden den engeren Kreis meiner innigen Freunde.

Ein Buch, das sehr großen Einfluß auf mich ausübte, fiel mir schon früh in die Hände und mag deshalb an erster Stelle stehen, obwohl ich glaube, daß dieser Einfluß erst später spürbar wurde und sich vielleicht immer noch verstärkt, denn es ist ein Buch, das sich nicht so leicht überlebt: die *Essais* von Montaigne. Dieses maßvolle, freundliche Bild des Lebens ist ein großes Geschenk, das man auch den Menschen von heute in die Hand geben sollte; sie werden auf diesen lächelnden Seiten ein ganzes Arsenal von Heldentum und Weisheit finden, alles in altertümlichem Stil; ihre ›steifleinenen Anstandsbegriffe‹ und ihr aufgeregter Dogmatismus werden erschüttert werden, doch (falls sie auch nur über ein klein wenig Begabung zum Lesen verfügen) so werden sie feststellen, daß dies nicht ganz ungerechtfertigt und ohne vernünftige Begründung geschieht; und sie werden (wiederum vorausgesetzt, daß sie auch nur über ein klein wenig Begabung zum Lesen verfügen) schließlich einsehen, daß dieser alte Herr ein zehnmal besserer Mensch war und eine zehnmal vornehmere Weltanschauung vertrat als sie selbst oder ihre Zeitgenossen.

Heinrich Mann

(1871–1950)

Der Vater des Zweifels, Montaigne, ist bald vierhundert Jahre alt. Sein »Que sais-je« bezeichnet in Wahrheit die Höhe des europäischen Wissens.

Sein berühmtes »Que sais-je« schließt ein: Duldsamkeit

und guten Willen. Bedauern der robusten Unwissenheit, die nicht fragt, nicht zweifelt. Hilfsbereitschaft für die Demütigen, denen alles entgegen wäre, die Macht der Mächtigen, ihre überlegene Leiblichkeit, ihre Kriege, Siege, ihr Gesetz, mit eingeschlossen eine Religion, zurechtgemacht für den Nutzen der vornehmen Starken. Herr Michel de Montaigne war vornehm, aber nicht stark.

Sohn eines Edelmannes aus dem Périgord und einer portugiesischen Jüdin, wurde er geboren, lebte und starb in demselben Haus, einem bescheidenen Schloß: der Turm ist die Stätte, wo alle seine Essays entstanden. Sein gedrungener Wuchs war etwas unter dem mittleren Maß, seine Hände waren ungeschickt. Er taugte weder für den Gerichts- noch für den Kriegsdienst; aber er war sowohl besonders wie allgemein genug, um Könige zu beraten. Henri III., in der Furcht vor seinen Feinden, fuhr eilends zu ihm. Henri Quatre war sein Freund.

Als nun das Land dieser beiden, des großen Königs und seines weisen Gefährten, geschlagen und erniedrigt war, 1940 im Juni, wurde es den Franzosen schwer, sich innerlich wiederzufinden. Sie hatten immer viel gelesen: Jetzt sagte man ihnen, daß ihre Lektüre sie verweichlicht habe. Nach dem Muster des Siegers wurde der jüdische Einfluß denunziert. Da taten sie etwas Unvorhergesehenes. Sie griffen zurück auf einen ihrer frühesten Bildner, den Edelmann halbfremder Herkunft. Montaigne hat damals seine neueste Welle von Volkstümlichkeit erlebt.

Sie lasen bei ihm Sätze wie diesen: »Nur der ist ein wahrhafter Sieg, der den Feind zwingt, sich besiegt zu geben.« Oder: »Manche Vorteile, die wir über unsere Feinde gewinnen, sind entliehene Vorteile, nicht unsere ... Das Verdienst und der Wert eines Mannes werden bestimmt von seinem Herzen und seiner Gesinnung (consiste au cœur et en la volonté): da liegt seine echte Ehre.«

Weiter: »Wer unterliegt bei hartnäckigem Mut, si succiderit, de genu pugnat.« (Seneca: »Wenn er hinfällt, kämpft er auf den Knien.«) Was auf de Gaulle und auf die Partisanen zutrifft – wenn Worte nötig gewesen wären, damit sie erschienen. »Wer, so nah der Tod ihm sei, von seiner Zuversicht nichts aufgibt; wer noch bei entschwindender Seele seinen Feind anblickt fest und mit Verachtung, der ist geschlagen, nicht von uns, sondern vom Glück; er ist getötet, nicht besiegt. Wirklich gibt es verlorene Schlachten, die zu triumphieren mehr Anlaß geben als Siege.«

Das dürfen eine Reihe von Nationen dem französischen Edelmann nachsprechen. Er hat es vor der Zeit gewußt. Sein Que sais-je gilt für Welt und Überwelt: nicht für unser sittliches Bewußtsein. Er verwirft die gewaltsame Überanstrengung der Natur, eingeschlossen eine Tapferkeit, die bloßer Trotz und nachher unbegreiflich ist; das Opfer, das über die besonnene Kraft geht; jeden Fanatismus, auch das Martyrium. »Alle Handlungen außerhalb der gesetzten Grenzen unterliegen unheimlichen Deutungen.«

Sehr zuwider ist ihm der Mißbrauch des Wissens, das vielmehr in ein bösartiges Nichtwissenwollen übergeht. »Callicles, bei Plato, nennt das Äußerste von Philosophie schädlich und rät, sich nicht in sie zu versenken bis unter die Linie des Nutzens. Mäßig genossen, sei sie wohltuend und brauchbar, ihr Ende aber mache einen Menschen wild und lasterhaft, dann mißachte er die Religionen, die gemeinen Gesetze, er werde ein Feind der gesitteten Verständigung, ein Feind der menschlichen Freuden, unfähig jeder öffentlichen Verwaltung, des Beistandes für andere und der Selbsthilfe – der richtige Mann, ihn ungestraft zu ohrfeigen.«

Es ist nirgends besser gekennzeichnet, dieses Ausschweifen von aller erlaubten Lebensweisheit, das zur Abwechslung einmal »Irrationalismus« heißt: Da ist seine Menschenverachtung, Ruchlosigkeit und sein Verenden in Schande. Sein Urteil war ihm 360 Jahre vor diesem gesprochen worden, nicht von einem Doktrinär: von einem Zweifler, der nichts mit Sicherheit weiß und gerade dies für die Lage des Menschen hält.

Was bleibt, angesichts der Lage des Menschen, übrig außer: seine Schwäche zu achten und gegen ihn nicht immer recht haben zu müssen. Da dies eine Definition der Höflichkeit ist: der Skeptizismus ist vom geistigen – und politischen – Verkehr mit Menschen die kultivierteste Form. Richtig verstanden, gelangt er zur Güte und zu einer Tatkraft, die Güte will. Das Land des Herrn Michel de Montaigne ist es, von dem, hundert Jahre nach seiner Revolution, gesagt werden konnte: »La France est, en somme, le pays où il y a le plus de bonté, et où tout arrive cent ans plus tôt qu'ailleurs.« (Ich zitiere auch Lemaître auswendig. Wo sind meine Bücher?)

Ernst Cassirer

(1872–1941)

Der eigentliche objektive Gehalt und die doktrinale Begründung der allgemeinen Zweifellehre ist bei Montaigne derselbe wie bei Sextus Empiricus; selbst die Fassung und Anordnung der einzelnen Argumente hat sich unverändert erhalten. Aber was sich uns im Altertum als das Endergebnis einer inneren dialektischen Auflösung darstellt, das trägt hier deutlich das Gepräge eines neuen Ansatzes. Die skeptischen Sätze, so sehr sie inhaltlich auf frühere Formen und Formeln zurückgehen, haben gleichsam ein entgegengesetztes Vorzeichen erhalten. Von neuem und in einem veränderten Sinne ist die griechische Philosophie zur Lehrmeisterin geworden: nicht zu ihren reifsten und höchsten Leistungen, sondern zu den letzten Problemen und Zweifeln, mit denen sie abschloß, wendet sich die neuere Zeit zurück, um sie sich innerlich anzueignen und damit die Grundbedingung ihrer künftigen Lösung zu schaffen.

Hermann Hesse

(1877–1962)

»In Frankreich blühte damals, einsam und verwildert, ein außerordentlicher Dichter auf, Villon, dessen wilde, unheimliche Gedichte ohnegleichen sind. Gehen wir weiter durch die französische Literatur, so finden wir manches für uns Unentbehrliche: Mindestens einen Band Essays von Montaigne müssen wir haben, und dann den Gargantua und den Pantagruel von François Rabelais, dem lachenden Meister des Humors und der Philisterverachtung, dann die *Gedanken* und vielleicht auch noch die *Jesuitenbriefe* Pascals, des einsamen Frommen und asketischen Denkers.«

Egon Friedell

(1878–1938)

Bei den zünftigen Historikern der Philosophie, soweit sie sich überhaupt dazu herablassen, sich mit einem so unphilosophisch klaren und weltkundigen Denker zu befassen, figuriert Montaigne als der Typus des Skeptikers. Allein bei Montaigne fließt die Skepsis nicht aus einseitiger Verneinung, sondern aus allseitiger Bejahung: er ist der Mensch, der zu viel weiß, um noch etwas Positives behaupten zu können, der keinen bestimmten Standpunkt einzunehmen vermag, weil er alle Standpunkte einzunehmen vermag, dessen Denkapparat zu weiträumig ist, um an Platzmangel zu leiden: nämlich an einem »System«.

Der Skeptiker im Sinne Montaignes ist ein leidenschaftlicher Freund der goldenen Mitte, er ist das »Zünglein der Waage«, wie Emerson sagt. Er will weder die Welt beherrschen noch sich ihr willenlos hingeben, er will sie betrachten. Sein Wahlspruch ist Dantes wunderbares Wort: *Non ci badar, guarda e passa!* Blick hin und geh vorüber: das ist die beste Stellung, die man zum Weltlauf einnehmen kann. Oder wie Byron gesagt hat: »Ich betrachte mich als ein Wesen, das von der Hand Gottes in die Mitte eines großen Theaters gesetzt wurde.« Der Skeptiker weiß alles, versteht alles und belächelt alles. Der Idealist nimmt die Wirklichkeit nicht ernst. Demgegenüber sagt der Realist zum Idealisten: ich nehme deine Welt der Ideen nicht ernst. Und der Skeptiker nimmt alle beide nicht ernst. Für ihn ist die Welt nichts als eine ewige Schaukel. »Alle Dinge schaukeln ohne Unterlaß«, heißt es in den »Essays«, »die Erde, die Felsen des Kaukasus, die ägyptischen Pyramiden. Die Beständigkeit selbst ist nichts als eine schwächer geschwungene Schaukel.« Montaignes Gemütsart war eine wohltätige Mischung aus behaglicher Lebensfreude und einem beunruhigenden Hang zur Introspektion. »Ich bin von Haus aus nicht melancholisch, sondern nur grüblerisch«, sagt er von sich selbst. Das Leben an sich ist in seinen Augen weder ein Gut noch ein Übel, »es ist der Raum des Guten und des Übels, je nach dem, was du hineinlegst«: Er war zweifellos ein Stoiker, aber der liebenswürdigste und menschlichste, der je gelebt hat. Den letzten Zweck des Daseins erblickt er im Vergnügen: »Selbst bei der Tugend ist das Endziel, auf das wir es abgesehen haben, die Wollust. Dieser Wollust sollten wir den Namen des angenehmsten, süßesten und natürlichsten Genusses geben.« Er war also zweifellos ein Epikureer, aber einer der spirituellsten und veredeltsten, die je gelebt haben. Der Zentralzweck seiner ganzen Philosophie aber war die Selbstbeobachtung und Selbstschilderung: »Ich studiere mich selbst; das ist meine Metaphysik und Physik.« Und der Mensch, an der Hand Montaignes auf sich selbst gelenkt, auf die liebevolle und rücksichtslose Erforschung seiner Besonderheiten und Idiotismen, Irrationalismen und Paradoxien, Zweideutigkeiten und Hintergründe, muß notwendig zum Skeptiker werden, indem er erkennt, daß er sich nicht auskennt.

André Maurois
(1885–1967)

Montaigne leugnet Gott nicht etwa, weit gefehlt, aber er hebt ihn auf einen Thron in »prächtiger Isolation« und lebt so, als gäbe es Gott nicht... Ein Mann wie Montaigne zählt weder Augustinus noch Thomas von Aquin zu seinen geistigen Lehrmeistern; seine Quellen sind alle vorchristlich, lateinisch und griechisch. Vom Namen her und durch die Taufe ist er Christ; er besucht die Messe, weil es Sitte war; aber das Christentum spielt in seinem Innenleben überhaupt keine Rolle; es hat nur in seinen sprachlichen und praktischen Gewohnheiten Spuren hinterlassen. Montaigne ist nicht christlicher als Voltaire; und er ist es weit weniger als André Gide...

Erich Auerbach
(1892–1957)

Zwar ist von all den bedeutenden und zuweilen gleichsam überlebensgroßen Menschen dieses Jahrhunderts Montaigne der ruhigste; er hat in sich selbst Schwere und Elastizität genug, er besitzt natürliches Maß, er bedarf der Sicherheit wenig, da sie in ihm sich spontan immer wieder herstellt; zudem hilft ihm seine resignierte Abkehr von der Naturerkenntnis, sein unbeirrbares Streben nach nichts anderem als sich selbst. Allein auch in seinem Buch zittert die Erregung, die von der plötzlichen und gewaltigen Bereicherung des Weltbildes und von dem Bewußtsein der darin liegenden noch unausgeschöpften Möglichkeiten herrührt; und, was noch mehr bedeutet, er hat von allen Zeitgenossen am reinsten das Problem der Selbstorientierung des Menschen gesehen; die Aufgabe, sich ohne feste Stützpunkte in der Existenz Wohnlichkeit zu schaffen.

Arnold Hauser
(1892–1978)

Montaigne nimmt mit seiner Skepsis den Zweifel der Descartesschen und die Voraussetzungslosigkeit der Kantischen Erkenntnistheorie vorweg, und wird zum Begründer des modernen psychologischen Relativismus, indem er die große, uferlose Welt zum engen, aber greifbaren *hic et nunc* des Individuums sich verdichten läßt.

Ludwig Marcuse
(1894–1971)

Die Welten Buddhas, Augustinus' und Montaignes sind dunkle Welten. Sie strahlen nicht vor Glück, sie sind von Unglück tief verhängt. Die Menschen, die in sie eintreten, wollen die traurige Wahrheit – nicht den lustigen Schein. Sie wollen wissen, wie man das Irdische ertragen kann – und erfahren dann viel mehr. Die Religion der radikalen Desillusionierung, die Religion des Kreuzes, die Metaphysiken des Unbehagens in der Kultur sind auch verkappte Glücks-Lehren. Glück ist (das machen sie sichtbar) die Summe von hundert Negationen des Unglücks – plus Glück. Dies positive Glück hat Schopenhauer nicht eingestanden, aber genossen. Und die Freunde des Epikur sollten die freudige Botschaft der Pessimisten verstehn – statt eine Kluft aufzureißen, die nur in Geschichten der Philosophie existiert.

Diese unglücklichen Glücks-Sucher haben sich in ihren Empfehlungen drängen lassen bis zur Verneinung allen Lebens (Schopenhauer) oder doch bis zur Verneinung des menschlichen Lebens (die Verherrlicher des Glücklichen Tiers) oder doch wenigstens bis zur Verneinung des Lebens der Kultur-Menschheit (Montaigne, Rousseau). Wenn aber diese Verneiner lebensfeindlich gewesen sind: gegen das Glück, das vom Essen und Trinken und Zusammenschlafen kommt – im Extrem sogar gegen das Glück der Liebe zwischen Mutter und Kind ... dann war der Grund nie Glücks-Feindschaft, sondern im Gegenteil: die überschwengliche Sehnsucht nach einem reinen, ungetrübten Glück und das leidenschaftliche Ergriffensein vom irdischen Unglück.

Georges Simenon
(1903–1989)

Von meinen Freunden war ich als einziger gegen Anatole France und gegen all jene gelbeingebundenen Romane, die heute einen weißen Einband haben. Descartes, Pascal und vor allem Montaigne, der mindestens zehn Jahre lang auf meinem Nachttisch lag, hatten mir mehr zu sagen.

Hugo Friedrich
(1904–1978)

Die *Essais* sind ein Weltbuch geworden. Sie strahlen einen eigentümlichen Reiz aus, für den sich die verschiedenartigsten Leser empfänglich gezeigt haben, auch solche, die man sonst nicht unter dem Publikum eines Philosophen zu finden pflegt. Es ist ein Reiz, der nicht so sehr am Gedachten haftet als an der Beweglichkeit eines Denkens, das weiter schwingt als die einzelnen, aus dem Moment erzeugten, dann wieder fallengelassenen Gedanken. Auch die Art, wie Montaigne spricht, gehört zu jenem Reiz: ein Sprechen voller Anschaulichkeit, mit sehr viel Ironie, nie pathetisch, bar jeder Phrase, meist vertraulich und entspannt, dabei stellenweise mit beträchtlichen Tiefen, ohne doch irgendwelchen Aufwand mit ihnen zu treiben. Er hat eine verblüffende Bereitschaft für die

Widersprüchlichkeit seiner selbst und der Dinge, und es ist, als ob er sich erst im Genuß der Allwidersprüchlichkeit so recht wohl fühlte. Auch fehlt jedes Aufnötigenwollen eigener Meinung und jedes Rechthabenwollen. Hier wird nicht doziert. In ihrem Kerne sind die *Essais* ein Selbstgespräch. Von niemandem erwarten sie mehr als die Geneigtheit, zuzuhören, was sie sagen. Ja sie setzen sogar diese Geneigtheit nur zweifelnd voraus. Sie wollen schließlich nichts anderes, als mit sich selber ins klare zu kommen und nebenbei andere einzuladen, es auf ihre Weise ebenfalls zu tun. Sie geben jedem das gleiche Recht auf Freiheit des Selbstseins, das ihr Autor für sich in Anspruch genommen hat [...]

Wie reich er ist und welcher Themen, Haltungen und Töne fähig, das zeigt sich zum Beispiel daran, daß man in Gegenwart seines Werkes Namen nennen kann wie Sokrates, Horaz, Seneca, Plutarch, Marc Aurel, wie Erasmus, Rabelais, Ariost, Cervantes, La Fontaine, Sterne, Lichtenberg, Diderot, Sainte-Beuve, sogar Goethe, auch Jacob Burckhardt und Fontane – und jedesmal antwortet eine Schwingung aus seinem Werk. Was freilich jenseits seiner Welt liegt, das sind die Idealisten und die Tragiker, die Seher, Träumer und Gläubigen und die Lehrer des strengen Denkens.

Nun ist alles, wofür sich Montaigne interessiert, bezogen auf die eine Grundfrage: Was ist der Mensch? – oder noch genauer: Was sind die Menschen? Mit einem modernen Begriff ausgedrückt, darf man sagen, daß die *Essais* ein Glied in der philosophischen Anthropologie des nachantiken Europa sind, und zwar das gehaltvollste, das der Geist der französischen Spätrenaissance anzufügen hatte. Fast die ganze Wesenskunde vom Menschen, die in Frankreich seither gepflegt wurde, hat in den *Essais* ihren Ursprung.

Elias Canetti
(geb. 1905)

An *Montaigne* ist am schönsten, daß er sich nicht beeilt. Auch Affekte und Gedanken, die voller Ungeduld sind, behandelt er langsam. Sein Interesse für sich selbst ist unerschütterlich, er schämt sich nie wirklich seiner Person, er ist kein Christ. Was immer er beobachtet, ist ihm wichtig, aber eigentlich unerschöpflich ist er sich selbst. Es gibt ihm eine Art von Freiheit, bei sich zu bleiben. Er ist ein Gegenstand, der sich nie verlieren läßt, er hat sich immer. Dieses eine Leben, das er nie aus dem Auge verliert, verläuft so langsam wie seine Betrachtung.

Montaignes Kapitel über Kannibalen, das ich heute las, hat mich wieder sehr für ihn eingenommen. Er hat jene Offenheit für jede Art von Menschheit, die heute allgemein ist und sogar zum Rang einer Wissenschaft erhoben, aber er hat sie *damals*, in einer fanatisch selbstgerechten Zeit. Montaigne preist in diesem Kapitel die Tugend kriegerischen Mutes, an der ihm für seine eigene Umgebung nicht viel gelegen sein kann. Indem er die Brasilianer für ihren Mut bewundert, scheint er die Frage zu stellen: »Sind *wir* es wirklich? Was ist schon unser Mut?« Das indianische Opfer in den Händen seiner Feinde trägt für ihn die Züge Catos. Niemand verehrt er mehr: nicht als Vorbild, sondern als das Unerreichbare, das ihm selber immer versagt bleiben wird. Denn unter den Sternen sind solche, die wir uns herunterholen, andere sind so hoch, daß wir uns nie an ihnen vergreifen.

Doch Montaigne stellt hier auch das Bild des guten Wilden auf, das in Rousseau, fast zweihundert Jahre später, wiederkehrt. Nur ist es bei diesem zu einer Art von Zwangsbild geworden, wie im Sparta des Lykurg.

Klaus Mann
(1906–1949)

Montaigne hält es für heilsam, gerade jene Dinge auszusprechen, die meist aus Scham verschwiegen werden. Es ist das Verborgene, Anstößige, Gewagte, was die freien und bekennerischen Geister am nachhaltigsten fasziniert und wovon sie am liebsten handeln.

Hans Mayer
(geb. 1907)

Wie stark Shakespeare als Leser und Dramatiker durch die im Jahre 1603 in Florios Übersetzung erschienenen Essais von Montaigne beeindruckt wurde, hat die moderne Forschung etablieren können. Montaignes Versuche, deren wichtige erste Bände (I und II) im Jahre 1580 erschienen, acht Jahre vor dem »Doctor Faustus« von Marlowe, ignorieren alle Menschheit mitsamt Utopien, Sonnenstaaten und neuatlantischen Visionen. Sie kennen bloß den realen Einzelmenschen, den sie durchaus nicht bemitleiden, doch verstehen möchten. Man hat von Montaignes Skeptizismus viel Wesens gemacht und die scheinbare Standpunktlosigkeit mißbilligt. In seinem berühmten Gegenessay vom Jahre 1938 über »Montaigne und die Funktion der Skepsis« vertrat Max Horkheimer die These: »In Montaigne sind wichtige Züge des bürgerlichen Geistes ausgedrückt.« Denn: »Der positive Gehalt der Skepsis ist das Individuum.« Im Kontrast hierzu müssen dann in der Tat die Reformatoren inhuman wirken, die Utopisten unkonkret. Das reflektiert *auch*, wie nicht zu leugnen ist, den bürgerlichen Quietismus, sollte jedoch, entgegen den Gedanken Horkheimers von 1938, nicht einfach und ungeschichtlich mit ihm, erst recht nicht mit einer Philosophie des liberalen Egoismus gleichgesetzt werden. Die Motivationen Montaignes lassen sich ahnen: im Streit der katholischen Liga und der hugenottischen Puristen die Wahrheit des Selbsterfahrenen verteidigen zu wollen. Der Religionskrieg gestattete bloß die ideologische Abstraktion: Freund oder Feind. Montaigne wählte die Konkretion des Besonderen. Auch wenn es sich als Fall eines Monstrums darstellte.

Im II. Buch der »Essais« trägt das 30. Kapitel die Überschrift »D'un enfant monstrueux«. Montaigne wählt nach seiner stilistischen Gewohnheit das Alltagserlebnis. Was er berichtet, trug sich »vorgestern« zu. Bauernleben in der Gascogne. Eine Familie mit einem Kind von 14 Monaten, das keine Nahrung annimmt, außer der Ammenmilch. Es trägt einen kopflosen Zwilling mit sich herum. Nach genauer Beschreibung des Zustands kommt der Essayist auf einen ähnlichen Fall zu sprechen: einen etwa dreißigjährigen Hirten zu Medoc, der keinerlei Geschlechtswerkorgane besitze. »Er hat einen Bart, ist sinnlich, sucht die Berührung der Frauen.«

Montaigne unternimmt eine Deutung: seiner unentschiedenen, zwischen Religion und Philosophie unablässig oszillierenden Denkweise gemäß vorerst im Rekurs auf einen göttlichen Schaffensplan. »Was wir Monstren nennen, ist nicht monströs für Gott, der in seinem ungeheuren Werk die Unendlichkeit von Formen einbegreift, die er darin selbst entwarf.« Wir jedoch kennen diesen Daseinsplan nicht und sind verwundert. Dann folgt der nicht minder obligate Rekurs auf die antike Weisheit, Cicero wird zitiert, der das Wunderbare einfach als das Ungewohnte interpretiert hatte. Montaigne scheint ihm zuzustimmen, dann erst wagt er die eigene Konklusion: »Wir nennen naturwidrig, was regelwidrig ist; nichts ist regellos. Möge diese universelle und natürliche Vernunft uns das Irren und das Erstaunen über die Neuartigkeit vertreiben.« (Que cette raison universelle et naturelle chasse de nous l'erreur et l'estonnement que la nouvelleté nous apporte.)

Das ist mehr und anders als *Toleranz*. Die Gleichheitsforderung mit der pathetischen Berufung auf alles, was Menschenantlitz trage, bleibt so lange widerspruchsvoll, wenn nicht unaufgeklärt, wie sie von einer scheinbaren Regelmäßigkeit des Menschlichen auszugehen sucht. Dann bedeutet Egalität die Norm, feudale und hierarchische Ungleichheit die Normwidrigkeit. Woraus zu folgern wäre, daß man die Schranken der »Mode« (Schiller) niederreißen muß, um Aufklärung freizusetzen.

Maurice Jean Jacques Merleau-Ponty
(1908–1961)

Man glaubt, alles über ihn gesagt zu haben, indem man ihn einen Skeptiker nennt, der sich also nur Fragen stellt, aber keine Antworten gibt, sich sogar das Geständnis verweigert, nichts zu wissen, und sich an das berühmte »was weiß ich?« hält. So kommt man aber nicht weit. Der Skeptizismus hat ja zwei Seiten. Er bedeutet, daß nichts wahr ist, umgekehrt aber auch, daß nichts falsch ist. Er verwirft *alle* Meinungen und *alle* Verhaltensweisen als absurd, nimmt uns damit aber auch das Mittel aus der Hand, auch nur eine einzige als falsch zu verwerfen. Indem er die dogmatische, partielle oder abstrakte Wahrheit zerstört, unterstellt er die Vorstellung von einer vollständigen Wahrheit mit allen notwendigen Facetten und Zwischenstufen. Gegensätze und Widersprüche reiht er nur aneinander, weil die Wahrheit dies verlangt. Montaigne lehrt zunächst, daß jede Wahrheit sich selber widerspricht, vielleicht erkennt er am Ende, daß Wahrheit Widerspruch ist. »Ich widerspreche mir ganz aufs Geratewohl, aber der Wahrheit widerspreche ich, wie Demades sagte, keineswegs.« Der erste, grundlegende dieser Widersprüche ist der, daß durch die Ablehnung jeder Wahrheit eine neue Art von Wahrheit entdeckt wird. So finden wir also alles bei Montaigne, den wohlbegründeten ständigen Zweifel, die Religion, den Stoizismus. Es wäre zwecklos, zu behaupten, daß er eine dieser »Positionen« ausschließt oder annimmt. Aber vielleicht findet er in diesem widersprüchlichen, für alles aufgeschlossenen Selbst, das zu erforschen er nicht müde wird, am Ende doch das Zentrum aller Ungewißheiten, das Geheimnis aller Geheimnisse und so etwas wie eine letzte Wahrheit.

Gustav René Hocke

(1908–1985)

So sehr der erste große französische Essayist und Moralist, Michel de Montaigne, Seneca zum Vorbild nimmt, so sehr prägte er in dem großen Kranz seiner »Essays« eine persönliche Form. Montaigne *erzählt* seine Essays. Er ist Betrachter, Beobachter, »Raisonneur«, Nachdenkender, Erklärender – aber alles in einer ganz persönlichen, etwas nachlässigen, aber immer einfallsreichen Form des Erzählens. Die erste intellektuelle Selbstbiographie, der erste geistige Abenteuerroman entsteht. Das »Abenteuerliche«, Zufällige und Unberechnete seiner Betrachtungen hat Montaigne selbst beschrieben. Er hat nicht über alles geschrieben, wie manche Journalisten das tun. Er hat sich nur über das geäußert, was in sein Leben trat. Er ist so etwas wie ein um sich selbst kreisendes Gewissen der französischen Renaissance geworden. Er hat den Grund zu jener von Nietzsche in Frankreich gepriesenen Reinlichkeit »in psychologicis« gelegt. Er hat gerade durch sein ihm von der Antike geliefertes Wissen die physiologischen Untergründe der verschiedenen menschlichen Verhaltungsweisen aufgedeckt, die für die französische Menschenkunde bis zu Balzac und Proust charakteristisch geblieben sind. Man behauptet, Shakespeare habe die »Essays« als eine Art von geistvollem psychologischem Lehrbrief benutzt. Sicher ist, daß Montaigne die englische Essayistik und die deutsche

Philosophie, vor allem mit Nietzsche und Dilthey, stark beeinflußte. Für den Franzosen sind die »Essays« zum Brevier des honnête homme geworden, zum großen Handbuch der weltweisen Skepsis, zum kunstvollen Spiegel des menschlich Allzumenschlichen.

Wolfgang Hildesheimer
(1916–1991)

Als Trost, den ich unbedingt brauche, lese ich Montaigne. – Diese Lektüre ist für mich ein ganz besonderes Erlebnis: Das ist Eintauchen in eine humanere Vergangenheit, in der dem Menschen noch Bedeutung beigemessen war.

Heinz-Otto Sieburg
(geb. 1917)

Darüber hinaus haben die französischen Renaissancekönige der Literatur, und zwar sowohl der Dichtung als auch dem historisch-politischen Schrifttum, eine Förderung angedeihen lassen, die entscheidend dazu beitrug, der universalen Bewegung des Humanismus, die in Italien entstanden war, auch in Frankreich zum Sieg zu verhelfen. Die klassische Literatur, vor allem die mit ihr verknüpfte Vergilbegeisterung, regte damals jene Hofgenealogien an, in denen der Ursprung mancher Dynastie bis auf die Helden von Troja zurückverlängert wurde; die Mehrzahl der europäischen Nationen setzte ihren Stolz darein, ihre Herkunft aus dem römischen Imperium und seiner großen Tradition abzuleiten, eine Mode, von der Frankreich natürlich keine Ausnahme machte. Die von den antiken Autoren gepriesenen Bürgertugenden gewannen eine neue Aktualität. Es erwachte ein literarischer Patriotismus, der sich mit dem nationalen Interesse, mit der

Idee der Staatseinheit identifizierte. Diese Tendenzen gelangten besonders in den romanischen Ländern und dort vor allem in Frankreich zu großer Bedeutung, weil sich hier »das nationale Bewußtsein in engem Anschluß an den starken Staat selbst mit seiner gefestigten Einheit und seiner zentralen Verwaltung weiter entwickeln konnte.«

Höhepunkt und vorläufige Vollendung dieser Entwicklung innerhalb der Literatur stellt die klassische Prosa der ›Essais‹ von Montaigne dar. In ihnen offenbart sich die kaum zu überschätzende Bedeutung dieser Aneignung der Antike durch den französischen Geist; sie bildete zum einen die formale Grundlage, auf der übrigens auch die französische bildende Kunst aufbaute, und zum anderen bestimmte sie entscheidend den Gehalt einer philosophierenden Betrachtung, in deren Mittelpunkt immer der Mensch steht. Weder Montaigne noch auch Amyot oder Calvin ergehen sich in Reflexionen über das Metaphysische – ein Umstand, der Calvins Bedeutung für den theoretischen und spekulativen Bereich der Theologie gering erscheinen läßt –, vielmehr sind sie alle Moralisten, die dem Menschen dienen wollen, indem sie ihn zunächst beobachten und dann feste Regeln für seine Lebensführung aufstellen. Diese Tradition der französischen Literatur ist später von den großen Moralisten des 17. und 18. Jahrhunderts fruchtbar weitergepflegt worden.

Jean Starobinski
(geb. 1920)

Montaigne ist im Abendland ohne jeden Zweifel eine der Persönlichkeiten, die dem Bild der individuellen Existenz Gestalt verliehen haben. Montaigne aber lädt uns auch zur Wachsamkeit ein: das Individuum ergreift von sich selber nur in der reflektierten Form seiner Beziehung zu den anderen, zu *allen* anderen Besitz: es muß Freund, muß Bürger (und um dem Beispiel des Vaters treu zu bleiben: Bürgermeister von Bordeaux) *gewesen* sein, um sich endlich selbst zu gehören, in seiner Bewegung und in seiner freien Rede, die auf der in Muße aufgeschlagenen Seite der »Rolle«, des »Verzeichnisses« beglaubigte Gestalt annimmt.

Rolf Michaelis

(geb. 1933)

Ein bezauberndes Buch sind die »Essais« dieses Republikaners mit monarchistischen Neigungen, dieses Christen mit heidnischer Gesinnung, dieses Renaissance-Menschen und Humanisten mit dem mittelalterlichen Gottvertrauen, der schon die Aufklärung ankündigt. Ein großes Lese- und Lehrbuch vom richtigen Leben, das man nicht auf einmal und nie zu Ende lesen kann, sondern so aufnehmen muß, wie es geschrieben wurde, schweifend, abbrechend und wieder neu anfangend. Montaigne bekennt: »Die Überschriften über meinen Kapiteln decken nicht immer ihren Inhalt.« Es gilt aber auch das andere Wort: »Ich rede mit dem Papier wie mit dem nächsten besten, den ich am Rockknopf fasse – Wenn's nur wahr ist, darauf kommt's an ... Ich heute und Ich morgen – das ist sehr zweierlei; wann besser, wer will's sagen? ... Mich will ich malen ... So bin ich denn selbst der Stoff meines Buches.«

Schönstes Zeugnis für Montaignes skeptische Wahrheit und Wahrnehmungslust ist der Wahlspruch, den er auf eine Medaille drucken ließ. Die Behauptung, welche die Agnostiker dem Dialektiker Sokrates nachsprechen: *scio nescire*, ich weiß, daß ich nichts weiß, ist dem undogmatischen Montaigne viel zu apodiktisch. Der wahre Skeptiker kleidet noch seine Lebensmaxime in die Form einer Frage: Was weiß ich? *Que sçay-je?*

Mario Erdheim
(geb. 1940)

Montaignes relativierende Skepsis richtete sich auch auf die Wissenschaften: sie machten den Menschen nicht glücklicher, sondern entweder anmaßend oder verunsichert. »Doch wenn die Wissenschaften wirklich leisteten, was sie behaupten, wenn sie die Bitterkeit der Leiden, die uns verfolgen, dämpften und hinderten: was täten sie da, was nicht die Unwissenheit viel schlichter und viel offenkundiger tut?« Aber Montaignes Wissenschafts- und Vernunftbegriff setzte sich nicht durch, sondern derjenige von Descartes. Die besonders von den Naturwissenschaften genährte Illusion, die Wissenschaften als objektives System des Wissens von der beherrschbaren Natur würden das allgemeine Glück herbeiführen, erwies sich als ein mächtigerer Antrieb, die Welt zu erforschen, als Montaignes Rückbezug auf die Subjektivität des Ichs. Für ihn wurden die eigenen Gewohnheiten, Sorgen und Freuden, die körperlichen und psychischen Eigenarten zum wichtigsten Leitfaden, um mittels Reflexion in die Welt einzudringen: »Wir müssen uns ein Hinterstübchen aussparen, ganz für uns selber, ganz ungestört, in dem wir unsere wahre Freistatt und unsere hauptsächliche Zuflucht und Abgeschiedenheit errichten. Hier müssen wir unser tägliches Gespräch von uns zu uns führen, so abgesondert, daß keine andere Geselligkeit oder fremde Beziehung darin Zutritt finde; hier nachsinnen und hier lachen, ohne Frau, ohne Kinder und ohne Besitztümer, damit, wenn das Ereignis ihres Verlustes eintritt, es uns nichts Neues sei, ihrer zu entbehren«.

Anhang

Zeittafel

1533	28. Februar: Geburt von Michel Eyquem auf Schloß Montaigne bei Bordeaux.
1535	Bei dem deutschen Erzieher Horstanus, der des Französischen nicht mächtig ist, erlernt Michel de Montaigne als Muttersprache Latein.
1539–1546	Besuch des humanistischen Collège de Guyenne in Bordeaux.
1546–1554	Studium der Rechte in Bordeaux und Toulouse.
1557	Michel de Montaigne wird Parlamentsrat in Bordeaux.
1558	Freundschaftsbund mit Etienne de la Boétie.
1559–1563	In seiner Eigenschaft als Parlamentsrat besucht Michel de Montaigne mehrfach den königlichen Hof in Paris. Er folgt dem König nach Rouen, begegnet dort brasilianischen Eingeborenen.
1563	Tod des Freundes Etienne de la Boétie.
1565	Vermählung mit Françoise de la Chassaigne, Tochter eines Ratskollegen im Parlament von Bordeaux.

1568 Tod des Vaters. Der Sohn wird Eigentümer von Schloß und Lehen und nennt sich seitdem Seigneur de Montaigne.

1569 Veröffentlichung der *Theologia naturalis* des Raimundus Sebundus in der Übersetzung Montaignes.

1570 Montaigne verkauft sein Amt als Parlamentsrat und reist nach Paris, um Schriften aus dem Nachlaß von Etienne de la Boétie zu veröffentlichen.

1571 Rückzug auf Schloß Montaigne zur Niederschrift der Etienne de la Boétie gewidmeten *Essais*. Karl IX. ernennt Montaigne zum »Chevalier de l'ordre de Saint-Michel«. Geburt der Tochter Léonore.

1572–1573 Niederschrift des ersten Buchs der *Essais* und politische Vermittlertätigkeit zwischen den Parteien des religiösen Bürgerkriegs. Bartholomäusnacht.

1577 Beginn des Nierensteinleidens. Ernennung zum »Gentilhomme ordinaire de la Chambre du Roi« durch Heinrich III.

1577–1580 Niederschrift des zweiten Buchs der *Essais*.

1580 Veröffentlichung der Erstausgabe der *Essais* in Bordeaux, Überreichung der *Essais* an Heinrich III. in Paris und Reise über Lothringen, die Schweiz, Süddeutschland nach Rom – Audienz beim Papst am 29. Dezember.

1581 Reise über Loreto, Florenz und Pisa zu den Bädern von Lucca, um das Steinleiden zu behandeln. Dort erreicht Montaigne am 7. September die Nachricht seiner Wahl zum Bürgermeister von Bordeaux.

1582–1584 Bürgermeister von Bordeaux. Am 19. Dezember 1584 besucht König Heinrich von Navarra mit großem Gefolge Montaigne auf dessen Schloß.

1585 Pest in Bordeaux. Montaigne übergibt das Amt des Bürgermeisters an den königlichen Gouverneur Marschall von Matignon.

1586–1587 Niederschrift des dritten Buchs der *Essais.*

1587 Montaigne empfängt Heinrich von Navarra abermals in seinem Schloß.

1588 Montaigne reist zur Veröffentlichung der ersten vollständigen Ausgabe der *Essais* (Band 3 erstmals enthalten, zahlreiche Zusätze zu den ersten beiden Bänden) nach Paris. Dieses Handexemplar Montaignes bildet als »édition de Bordeaux« die Basis der kritischen Ausgaben der *Essais.* Dort Bekanntschaft mit Marie de Gournay, seiner »Adoptivtochter« und späteren Herausgeberin der *Essais.* Volksaufstand in Paris. Montaigne ist anwesend, als die Generalstände in Blois tagen.

1592 Am 13. September stirbt Montaigne in seinem Schloß.

1676 Die *Essais* werden auf den *Index librorum prohibitorum* gesetzt.

1724 Veröffentlichung der *Essais* in 3 Bänden durch de Coste.

1753 Erste Übertragung der *Essais* ins Deutsche von Johann Daniel Tietz.

1774 Veröffentlichung des *Tagebuch einer Reise durch Italien, die Schweiz und Deutschland in den Jahren 1580 und 1581,* das der Abbé de Prunis auf Schloß Montaigne entdeckt hat.

1797 Zweite deutsche Übertragung durch Johann Joachim Bode.

1812 Der Académie Française werden für ihren *concours d'éloquence* zehn *Eloges de Montaigne* vorgelegt.

Bibliographie

»Zu Hause besuche ich meine Bibliothek etwas öfter, und kann daraus mein ganzes Haus übersehen. In derselben blättere ich bald in diesem, bald in einem andern Buche, ohne Ordnung und Endzweck, hie ein wenig, da ein wenig. Bald denke ich nach, bald zeichne ich etwas auf, bald sage ich Jemanden meine hier stehenden Träume zum Nachschreiben vor.«

Michel de Montaigne

Französische Texte

Les Essais Cinquième édition augmentée d'un Troisième livre et de six cents additions aux deux premiers. Paris: Abel l'Angelier 1588. Das sogenannte *Exemplaire de Bordeaux*

Les Essais. Publiés d'après l'exemplaire de Bordeaux par Fortunat Strowski (et Gebelin). Trois volumes de texte, un volume de notes par Pierre Villey et un volume de lexique de Grace Norton. Bordeaux: Imprimerie de F. Pech 1906–1933. Nachdruck: *Les Essais.* Hildesheim: Georg Olms Verlag 1981. Die sogenannte *Edition Municipale*

Essais de Michel, seigneur de Montaigne. Avec des notes par Pierre Coste. Nouvelle édition, augmentée de la vie de Montaigne. London: J. Tonson und J. Watts 1724. Erweiterte Auflage.

Œuvres complètes. Textes établis par Albert Thibaudet et Maurice Rat. Bibliothèque de la Pléiade. Paris: Gallimard 1962

Essais. Trois volumes. Edition présentée, établie et annotée par Pierre Michel. Collection Folio Paris: Gallimard 1965

Deutsche Übersetzungen

Michaels Herrn von Montagne Versuche, nebst des Verfassers Leben, nach der neuesten Ausgabe des Herrn Peter Coste ins Deutsche übersetzt von Johann Daniel Tietz. Neuauflage der 1754 erstmals erschienenen, seither als verschollen geltenden Übersetzung. Neuausgabe unter dem Titel *Essais*. Zürich: Diogenes Verlag 1992, 2736 S.

Michel de Montaignes Gedanken und Meinungen über allerley Gegenstände. Deutsch von Johann Joachim Bode. 1797, vergriffen

Michel de Montaignes gesammelte Schriften, mit Einleitungen und Anmerkungen von Otto O. Flake und W. Weigand unter Zugrundelegung der Übersetzung von Johann Joachim Bode. München/Leipzig 1908, vergriffen

Essais. Unter Zugrundelegung der Übersetzung von Johann Joachim Bode ausgewählt, herausgegeben und mit einem Nachw. von Ralph-Rainer Wuthenow. Frankfurt: Insel Verlag 1976, 308 S.

Essais. Ausgewählt, eingeleitet und übersetzt von Herbert Lüthy. Zürich: Manesse Verlag 1953, 904 S.

Die Essais. Ausgewählt, eingeleitet und übertragen von Arthur Franz. Stuttgart: Reclam Verlag 1976, 400 S.

Tagebuch einer Reise durch Italien. Deutsch von Otto Flake. Frankfurt: Insel Verlag 1988, 300 S.

Ausgewählte Literatur

Boase, Alan M.: *The Fortunes of Montaigne. A History of the Essays in France, 1580–1669.* London: Methuen 1935, erw. Aufl. New York: Octagon Books 1970

Bonnet, Pierre: *Bibliographie analytique des travaux consacrés à Montaigne.* Genf: Slatkine 1983

Bouillier, Victor: *La renommée de Montaigne en Allemagne.* Paris: Champion 1921

ders.: *La fortune de Montaigne en Italie et en Espagne.* Paris: Champion 1922

Brody, Jules: *Lectures de Montaigne.* Lexington 1982

Burke, Peter: *Montaigne.* Oxford 1981. Deutsch von Thomas Schickling: *Montaigne zur Einführung.* Hamburg: Junius Verlag 1985

Butor, Michel: *Essais sur les Essais.* Paris: Gallimard 1968

Dedeyan, Charles: *Montaigne dans le romantisme anglo-saxon.* Paris: Boivin 1944

Demonet, Marie Luce: *Michel de Montaigne. Les Essais.* Paris: PUF 1985

Dreano, Mathurin: *La renommée de Montaigne en France, 1677–1802.* Angers: Editions de l'Ouest 1952

Emerson, Ralph Waldo: *Montaigne oder der Skeptiker.* In: *Repräsentanten der Menschheit.* Zürich: Diogenes Verlag 1989

Frame, Donald Murdoch: *Montaigne: A Biography.* New York: North Point Press 1984

ders.: *Montaigne in France, 1812–1852.* New York: Columbia University Press 1940

Friedenthal, Richard: *Entdecker des Ich. Montaigne, Pascal, Diderot.* München: Piper 1969

Friedrich, Hugo: *Montaigne.* Bern: Francke 1949. 2. neubearb. Aufl. 1967.

Gauna, Max: *The dissident Montaigne.* Bern: Peter Lang: 1989

Gide, André: *Essai sur Montaigne* und *Suivant Montaigne.* In: *Œuvres complètes,* Bd. 15. Paris: Gallimard 1939

Gougenheim, Georges und Schuhl, Pierre-Maxime: *Trois essais de Montaigne.* Explication de textes. Paris: Librairie philosophique J. Vein 1967

Greffrath, Mathias: *Vom Schaukeln der Dinge.* Berlin: Wagenbach 1984. Neuausgabe: *Montaigne. Ein Vademecum.* Frankfurt: Eichborn 1992

Horkheimer, Max: *Montaigne und die Funktion der Skepsis.* In: *Gesammelte Schriften* Bd. 4: Schriften 1936–1941. Frankfurt: S. Fischer Verlag 1988

JEANSON, Francis: *Montaige par lui-même.* Ecrivains de toujours. Paris: Seuil 1951

KLEINBAUER, Michael: *Montaigne.* Materialien und Kommentare zu einer Poetik. Wien: VWGÖ 1982

KUNERT, Günther: *Montaigne oder: Wie kurz sind vierhundert Jahre?* In: *Diesseits des Erinnerns.* München: Hanser 1982

LANSON, Gustave: *Les Essais de Montaigne.* Paris: Mellotée 1929

LEAKE, Roy E.: *Concordance des Essais de Montaigne.* Genf: Droz 1981

MARCU, Eva: *Répertoire des idées de Montaigne.* Genf: Droz 1965

NAKAM, Géralde: *Montaigne et son temps: les événements et les Essais.* Paris: Nizet 1982

ders.: *Les Essais de Montaigne, miroir et procès de leur temps.* Paris: Nizet 1984

NORTON, Glyn P.: *Montaigne and the Introspective Mind.* New York: Mouton de Gruyter 1975, Neuaufl. in Vorb.

PATTERSON HEIN, Rebecca: *Montaigne in America.* Diss. of Michigan 1966

POUILLOUX, Jean-Yves: *Montaigne. Que sais-je?* Découvertes Gallimard. Paris: 1987

SAINTE-BEUVE, Charles-Augustin: *Profils et jugements littéraires.* Paris: Larousse 1927

SAYCE, Richard Anthony: *The Essays of Montaigne. A Critical Exploration.* London: Northwestern University Press 1972

SCHMARJE, Susanne: *Das sprichwörtliche Material in den Essais von Montaigne.* Bd. 1: Abhandlung, Bd. 2: Lexikon. Berlin: de Gruyter 1973

SCHULTZ, Uwe: *Michel de Montaigne.* Rowohlt Monographien. Hamburg 1989

SCREECH, M. A.: *Montaigne & Melancholy.* London: Duckworth 1983

SOLLERS, Philippe: *Les trois M bordelais.* Montaigne, Montesquieu, Mauriac. In: *Magazine littéraire 270* (Oktober 1989) s. 58–60.

STACKELBERG, Jürgen von: *Französische Moralistik im europäischen Kontext.* Darmstadt: Wissenschaftliche Buchgesellschaft 1982

STAROBINSKI, Jean: *Montaigne en mouvement.* Paris: Gallimard 1982. Deutsch von Hans-Horst Henschen: *Montaigne. Denken und Existenz.* München: Hanser 1986

STEPHANE, Roger: *Autour de Montaigne.* Préface de Georges Duby. Paris: Stock 1986

TANNENBAUM, S. S.: *Montaigne, A Concise Bibliography.* New York: 1942

THIBAUDET, Albert: *Montaigne.* Paris: Gallimard 1963

TRAEGER, Wolfgang: *Aufbau und Gedankenführung in Montaignes Essais.* Heidelberg: C. Winter Verlag 1961

TRINQUET, Roger: *La jeunesse de Montaigne.* Paris: Nizet 1972

VILLEY, Pierre: *Les sources et l'évolution des Essais de Montaigne.* Paris: Hachette 1908 Reprint Osnabrück: O. Zeller 1976

ders.: *Montaigne devant la postérité.* Paris 1935

WEIGAND, Wilhelm: *Michel de Montaigne.* Zürich: Diogenes 1985

ZWEIG, Stefan: *Europäisches Erbe.* Frankfurt: S. Fischer Verlag 1990

Nachweis

Stefan Zweig: *Mein Beruf, meine Kunst ist zu leben* (Titel vom Hg.). Aus: ders., *Europäisches Erbe.* (Originaltitel dort: *Montaigne*). © 1960 by S. Fischer Verlag GmbH, Frankfurt am Main. Aufgenommen in: ders., *Gesammelte Werke in Einzelbänden,* hg. von Knut Beck, Titel des Bandes: *Zeiten und Schicksale.* © 1990 by S. Fischer Verlag GmbH, Frankfurt am Main. Abdruck mit freundlicher Genehmigung des S. Fischer Verlags.

Charles-Augustin Sainte-Beuve: *Montaigne, das ist die reine Natur* (Titel vom Hg.). Aus: ders., *Profils et Jugements littéraires.* 5 Bde. Bibliothèque Larousse, Paris 1927. Aus dem Französischen von Linde Birk.

Ralph Waldo Emerson: *Montaigne oder der Skeptiker.* Aus: ders., *Repräsentanten der Menschheit.* Plato, Swedenborg, Montaigne, Shakespeare, Napoleon, Goethe. Mit einem Nachwort von Egon Friedell. © 1989 by Diogenes Verlag AG Zürich.

André Gide: *Montaigne lehrt uns vor allem Liberalismus* (Titel vom Hg.). Vorwort aus: *Les pages immortelles de Montaigne choisies et expliquées par André Gide.* (Originaltitel dort: *Montaigne*). © Editions Correa, Paris, et Longmans, Green et Compagnie, New York. Aus dem Französischen von Erich Maria Landau: *Montaigne. Dargeboten von André Gide.* Sammlung Classen, hg. von Alfred O. Mendel. © 1949 by Werner Classen Verlag, Zürich. Abdruck der Übersetzung mit freundlicher Genehmigung des Werner Classen Verlags.

Herbert Lüthy: *Daß man bei Montaigne nicht suchen soll, was er nicht hat.* Einleitung aus: Michel de Montaigne: *Essais.* Auswahl und Übersetzung von Herbert Lüthy. © 1953 by Manesse Verlag, Zürich. Abdruck mit freundlicher Genehmigung des Manesse Verlags.

Richard Friedenthal: *Ein Autor des 16. Jahrhunderts, den man noch heute lesen kann, und zwar mit Vergnügen* (Titel vom Hg.). Aus: ders., *Entdecker des Ich.* (Originaltitel dort: *Montaigne*). © 1969 by R. Piper & Co. Verlag, München. Abdruck mit freundlicher Genehmigung des Piper Verlags.

Max Horkheimer: *Montaigne und die Funktion der Skepsis.* Aus: ders., *Gesammelte Schriften.* Bd. 4: Schriften 1936–1941. © 1988 by S. Fischer Verlag GmbH, Frankfurt am Main. Abdruck mit freundlicher Genehmigung des S. Fischer Verlags.

Mathias Greffrath: *Eine bescheidene Magna Charta des common sense* (Titel vom Hg.). Aus: ders., *Montaigne. Ein Vademecum.* © 1992 by Eichborn Verlag, Frankfurt am Main. Abdruck mit freundlicher Genehmigung des Eichborn Verlags.

Peter Burke: *Die Entwicklung der Essais.* Aus: ders., *Montaigne zur Einführung.* © 1985 by Junius Verlag, Hamburg. Abdruck mit freundlicher Genehmigung des Junius Verlags.

Guez de Balzac: *Dissertations de critique*, 19 und 20, édition de Louis Billain, 2 Bde., 1665. Dieser, sowie die Zeugnisse von Villiers und Malebranche, zitiert nach Tietz, in dessen

Übersetzung der *Essais* sich weitere Zeugnisse finden.

Blaise Pascal: *Pensées,* 1669, in Œuvres, hg. v. L. Brunschvig u.a., 14 Bde., 1904–1914. Deutsch von J.F. Kleuker: *Gedanken.* Bremen, 1777.

Nicolas de Malebranche: *De la recherche de la vérité,* 2 Bde., 1674–1675.

Jean de La Bruyère: *Les caractères,* 1688, in: *Œuvres complètes,* hg. v. J. Benda, Neuausg. 1984.

Pierre de Villiers: *Réflexions sur les défauts d'autrui,* 1690.

Charles de Montesquieu: *Œuvres complètes,* hg. v. E. Laboulaye, 7 Bde., 1875–1897, Nachdr. 1972.

Voltaire: *Remarques sur les pensées de Pascal,* 1728 in: *Œuvres complètes,* hg. v. M. Beuchot, 72 Bde., 1829–1834.

Marie-Anne Du Deffand: *Correspondance complète de la marquise du Deffand avec ses amis,* hg. v. F.-A. M. de Lescure, 2 Bde., 1865, Nachdr. 1971. Brief an ihren Vormund.

Jean-Jacques Rousseau: *Confessions,* 1. Entwurf, abgedruckt in *Revue Suisse,* Oktober 1850.

Laurence Sterne: *Collected works,* hg. v. W.L. Cross, 12 Bde., 1904.

Denis Diderot: *Phyrronisme in: Encyclopédie,* 35 Bde., 1751–1780.

Gotthold Ephraim Lessing: *Berlinische privilegierte Zeitung,* 19.5. 1753 u. 27.11. 1753. *Sämtliche Schriften,* hg. v. K. Lachmann, 23 Bde., 3. Aufl. 1886–1924, Nachdr. 1968.

William Hazlitt: *Complete works,* hg. v. P.P. Howe, 21 Bde., 1930–1934, Nachdr. 1967.

Charles Nodier: *Questions de littérature légale* in: *Œuvres,* 12 Bde., 1832–1837, Nachdr. 1968.

Stendhal: *Œuvres complètes,* hg. v. H. Martineau, 79 Bde., 1927–1938, Nachdr. 1966.

Richard Church: *The Essays of Montaigne,* J. W. Parker and son, 1857.

Johann Wolfgang Goethe: *Schriften zur Farbenlehre,* mit T.J. Seebach, 2 Bde., 1808–1810 und *Der deutsche Gil Blas* von J.C. Sachse, eingeführt von Goethe, 1822.

Alphonse de Lamartine: *Correspondance générale,* hg. v. M. Levaillant, 2. Bde., 1943–1948. Brief an Aymon de Virieu, 26.7. 1810.

Thomas Carlyle: *Critical and miscellaneous Essays,* in: *The works,* centenary edition, 30 Bde., 1896–1899.

Leopold von Ranke: *Französische Geschichte vornehmlich im 16. und 17. Jahrhundert,* 5 Bde., 1852–1861. Neue Ausgabe in 2 Bden., mit einer Einl. von Otto Vossler, Stuttgart: Koehler Verlag, 1954.

Jules Michelet: *Histoire de France,* 17 Bde., 1833–1867.

Prosper Mérimée: *Œuvres complètes,* hg. v. P. Trahard u.a., 12 Bde., 1927–1933.

George Sand: *Correspondance,* Calman Lévy 1882–1884. Brief an Guillaume Guizot, 12.7. 1868.

William M. Thackeray: *The Works,* Smith Elder and Co, 1902

Gustave Flaubert: *Briefe,* hg. u. übers. v. Helmut Scheffel, Diogenes Verlag 1977. Brief an Ernest Chevalier 13.9. 1838, an Louise de Cormenin 7.6. 1844, an Louise Colet nicht datierbar, an Mlle Leroyer de Chantepie 18.5. bzw. Juni 1857, an George Sand 27.11. 1866.

Bayle Saint John: *Montaigne the essayist, a biography,* Chapman and Hall, 1858.

William E.H. Lecky: *History of the rise and influence of the spirit of rationalism in Europe,* 1865. Longmans Green, 1900.

Friedrich Nietzsche: *Schopenhauer als Erzieher,* 1874, in: *Sämtliche Werke,* hg. v. G. Colli, in: Unzeitgemäße Betrachtungen, III, 2. München/Berlin: dtv/de Gruyter, 1980.

Robert Louis STEVENSON: *The Works,* Vailima edition, hg. v. Ll. Osbourne, 26 Bde., 1922–1923.

Heinrich MANN: *Ein Zeitalter wird besichtigt;* in: *Gesammelte Werke* Bd. 24. Berlin/Weimar: Aufbau Verlag, 1973.

Ernst CASSIRER: *Das Erkenntnisproblem in der Philosophie und Wissenschaft der neueren Zeit,* Berlin: Verlag Bruno Cassirer, 1911.

Hermann HESSE: *Eine Bibliothek der Weltliteratur,* 1929, in: *Gesammelte Werke,* Werkausgabe in 12 Bden., Bd. 11, S. 349. © Suhrkamp Verlag, Frankfurt am Main 1970.

Egon FRIEDELL: *Kulturgeschichte der Neuzeit,* Teil 1. München: Verlag C.H.Beck, 1927.

André MAUROIS: *Histoire de la France.* Paris: Dominique Wapler 1947.

Erich AUERBACH: *Mimesis. Dargestellte Wirklichkeit in der abendländischen Literatur.* Bern: Francke Verlag, 1946.

Arnold HAUSER: *Der Ursprung der modernen Kunst und Literatur.* München: C. H. Beck Verlag, 1973.

Ludwig MARCUSE: *Philosophie des Glücks.* Zürich: Diogenes, 1972.

Georges SIMENON: *Als ich alt war.* Zürich: Diogenes Verlag, 1977.

Hugo FRIEDRICH: *Montaigne,* 1949. Bern: Francke Verlag, 1967.

Elias CANETTI: *Die Provinz des Menschen.* Aufzeichnungen 1942–1972. München: Hanser Verlag, 1973.

Klaus MANN: *André Gide und die Krise des modernen Denkens,* 1943. Hamburg: Rowohlt Verlag, 1984.

Hans MAYER: *Außenseiter.* S. 11–13. © Suhrkamp Verlag, Frankfurt am Main, 1975.

Maurice Jean Jacques MERLEAU-PONTY: *Lecture de Montaigne; in: Signes,* Paris: Gallimard 1960.

Gustav René HOCKE: *Der französische Geist.* Zürich: Diogenes Verlag, 1988.

Wolfgang HILDESHEIMER: *Stern* Nr. 16, Hamburg 12.4. 1984.

Heinz-Otto SIEBURG: *Geschichte Frankreichs.* Stuttgart: Kohlhammer Verlag, 1975.

Jean STAROBINSKI: *Montaigne. Denken und Existenz.* München: Hanser Verlag, 1986.

Rolf MICHAELIS: *Michel de Montaigne. Essais;* in: *Die Zeit-Bibliothek der 100 Bücher*, hg. v. Fritz J. Raddatz, S. 77, Frankfurt: Suhrkamp Verlag, 1980.

Mario ERDHEIM: *Anthropologische Modelle des 16. Jahrhunderts: Oviedo, Las Casas, Sahagún, Montaigne;* in: *Klassiker der Kulturanthropologie von Montaigne bis Margaret Mead,* hg. v. Wolfgang Marschall. München: Verlag C.H. Beck, 1990.

Bitte beachten Sie auch die folgenden Seiten

Michel de Montaigne
Essais
nebst des Verfassers Leben, nach der Ausgabe von Pierre Coste ins Deutsche übersetzt von Johann Daniel Tietz

3 Bände im Schuber, Leinen
Diese Ausgabe bringt alle Essais, eine Biographie Montaignes, Briefe Montaignes, Stephans von Boetie »Von der freiwilligen Knechtschaft«, Kritiken zu den Essais sowie ein ausführliches Personen- und Stichwortregister. Neuausgabe der 1753/54 erschienenen deutschen Erstausgabe

Die seit Generationen als verschollen geltende, selbst in Bibliographien fast nie erwähnte, erste vollständige deutsche Übersetzung der Essais von Montaigne.

»Die erste, angesichts der schon zeitfernen Sprache Montaignes und der mangelhaften philologischen Hilfsmittel der Epoche erstaunlich sichere und glückliche, noch heute durchaus lesbare Übersetzung des damals fünfundzwanzigjährigen Physikers, Ökonomen und Polygraphen Johann Daniel Tietz oder Titius (1729–1797) aus Konitz (Ostpreußen) wurde nie wieder aufgelegt und ist völlig verschollen. Die zweite, berühmte Übertragung von Johann Jakob Christoph Bode (1730–1793) hat der direkten, knappen und bündigen Verdeutschung von Tietz wenig sachliche Verbesserungen, einige übersetzerische Goldfunde, manche ganze Abschnitte und Gedankengänge unkenntlich machende Mißverständnisse und vor allem so viele hausbackene teutsche Späßchen und Schnörkel hinzugefügt, sie geht so aufs Ungefähr neben dem halbverstandenen Text her und macht ihn so duzbrüderlich zum biederen deutschen Aufklärer mit närrisch archaisierendem Zöpfchen, daß von Geist und Stil Montaignes wenig übriggeblieben ist.« *Herbert Lüthy*

»Montaignes Essais, das große Weisheitsbuch, die reifste Frucht des europäischen Renaissancehumanismus, ein Lieblingsbuch so vieler großer Franzosen und einiger großer Deutscher (darunter Goethe und Nietzsche), ein Buch, das durch die Jahrhunderte hindurch, von der Ablehnung Pascals über die Bewunderung Voltaires bis hin zur Mimikry Gides ein Stück besten europäischen Geistes mitprägen geholfen hat und das auch heute noch demjenigen, der es einmal kennen und lieben gelernt hat, ein unentbehrlicher Lebensbegleiter sein kann – dieses so heitere, friedenstiftende, zutiefst schicksalsversöhnende Buch ist auf deutsch in toto nicht zu haben! Es ist ein Skandal, nicht anders zu nennen. Und die Gründe, die Lüthy oder Franz für ihre Kürzungen angeben, überzeugen uns schlechterdings nicht – vor allem deswegen nicht, weil es ja einer Bevormundung des Lesers gleichkommt, für ihn vorwegzuentscheiden, was er für lesenswert halten soll, was nicht. Man kann Montaigne aufschlagen wo man will, hier ein Stückchen, dort ein Stückchen lesen – dagegen ist nichts zu sagen. Alle großen Montaigne-Leser haben es so gemacht. Selbst wenn man jedoch die Essais auch wohl schwerlich je von Anfang bis Ende durchliest, ist das kein Grund, sie nicht ganz zu besitzen. (Wer läse denn schon seinen Goethe ganz – und doch füllen seine gesammelten Werke die Regale unserer besseren Bildungsbürgerhäuser.)«
Jürgen von Stackelberg

»Montaigne ist, um es ganz schlicht zu sagen, ein Autor des 16. Jahrhunderts, den man noch heute lesen kann, und zwar mit Vergnügen. Es ist eine Lust, in den tausend Seiten zu blättern, hier und da aufzuschlagen, immer wieder.« *Richard Friedenthal*

»Ein bezauberndes Buch sind die Essais dieses Republikaners mit monarchistischen Neigungen, dieses Christen mit heidnischer Gesinnung, dieses Renaissance-Menschen und Humanisten mit dem mittelalterlichen Gottvertrauen, der schon die Aufklärung ankündigt. Ein großes Lese- und Lehrbuch vom richtigen Leben, das man nicht einmal und nie zu Ende lesen kann, sondern so aufnehmen muß, wie es geschrieben wurde, schweifend, abbrechend und wieder neu anfangend.« *Rolf Michaelis/Die Zeit, Hamburg*

»Nur zwölf Generationen trennen uns von diesem gesunden Einzelexemplar zwischen den Zeiten. Nur? Wenn es um Liebe und Eifersucht, um Schmerzen und Angst, um Selbsterkenntnis und selbst gelegte Fallen im Alltag geht, ist Michel de Montaigne Zeitgenosse.«
Mathias Greffrath

Wilhelm Weigand
Michel de Montaigne
Eine Biographie
detebe 21283

»An deutschsprachiger Literatur zu Michel de Montaigne sei verwiesen auf den Montaigne von Wilhelm Weigand, der vor allem als Biographie wertvoll ist.«
Herbert Lüthy

»Es gibt auf der ganzen Welt kaum ein zweites Buch, das so sehr zum Abenteuer der Selbsterkenntnis ermuntert und das Denken über Zeit und Ewigkeit so sehr anregt wie die *Essais* des Michel de Montaigne. Es ist uns hier ein geistiges und moralisches Tonikum ohnegleichen geschenkt worden. Der amerikanische Philosoph Ralph Waldo Emerson nannte diesen großen Sucher und Denker den freimütigsten und ehrlichsten Schriftsteller der Welt. Dieses Urteil aus dem 19. Jahrhundert über einen Mann im Übergang vom 16. zum 17. Jahrhundert hat noch heute ungebrochene Gültigkeit. Dabei hat Montaigne mehr für sich als für andere geschrieben, aber was ihm guttat, tut es uns erst recht. Die Existenz Michel de Montaignes zu durchleuchten ist von vielen versucht worden. In deutscher Sprache kommt kein anderer Versuch der Biographie von Wilhelm Weigand gleich.«
Oberösterreichische Zeitung, Linz

Der französische Geist

Die Meister des Essays
von Montaigne bis Giraudoux
Herausgegeben und mit einer Einführung
von Gustav René Hocke
Zweisprachige Ausgabe
Aus dem Französischen von Peter M. Schon
detebe 21634

Gustav R. Hocke gibt in einem ersten Teil dieses lebendigen und amüsanten Werkes eine Gesamtdarstellung der Kunst des Essays als einer hervorragenden Dokumentierung des französischen Geistes. – Im Hauptteil kennzeichnet der französische Mensch durch die Stimme seiner großen Sprachgestalter von Montaigne bis Valéry und Giraudoux mit geistiger Schärfe und literarischer Ausgeglichenheit sich selbst in einer Folge von meisterlichen Essays, die Bestandteil der Weltliteratur sind. Das Nebeneinander der französischen Originaltexte und der deutschen Übersetzung ermöglicht ein lebendiges Eindringen in Geist und Ausdrucksform der Sprache.

Mit Essays von Montaigne, Malebranche, La Bruyère, Fénelon, Fontenelle, Montesquieu, Voltaire, Diderot, Rousseau, Vauvenargues, Chamfort, Rivarol, Stendhal, Hugo, Michelet, Sainte-Beuve, Taine, Renan, Valéry, Giraudoux, Du Bos, Larbaud, Thibaudet

François de La Rochefoucauld
Spiegel des Herzens
Seine sämtlichen Maximen
Herausgegeben und mit einem Vorwort von Wolfgang Kraus
Aus dem Französischen von Fritz Habeck
detebe 21647

La Rochefoucaulds Leben könnte einem Roman von Balzac entnommen sein; seine Wirkung als erster Aphoristiker unserer Kultur war nachhaltig: Lichtenberg wäre ohne ihn nicht zu denken, und Goethe schrieb seine Aphorismen unter dem Titel dieser Sentenzen-Sammlung.

»Ich lese die *Maximes* wieder, mit lebhaftester Bewunderung. Trotz allem sind die Maximen, die von der Eigenliebe handeln, von geringerer Bedeutung als die, welche an keinerlei Theorie, an keinerlei These gebunden sind und von denen einige über die Maßen scharfsinnig sind und deren Formulierungskunst wohl nachgeahmt werden kann, aber nur ihm eigentümlich ist; zumindest bringt er sie – sollte sie auch sonst in den Salons seiner Zeit anzutreffen gewesen sein – zur Vollendung. *André Gide*

»François de La Rochefoucaulds Sätze sind komprimierte moralische und psychologische Abhandlungen. Seine Aperçus sind nicht bloß geistreich, sondern auch angenehm, anmutig, elegant wie wohlriechende Tropfen eines erlesenen Parfüms; sie sind der starke Extrakt aus dem Duft, den viele tausend kleine Lebenserfahrungen hinterlassen haben.« *Egon Friedell*

Blaise Pascal
Größe und Nichtigkeit des Menschen

Aus dem Französischen von Theodor Tagger. detebe 21876

»Da war einmal ein Mensch, der als Zwölfjähriger mit Hilfe von Stäben und Ringen die mathematische Wissenschaft begründete; der mit 19 Jahren eine Wissenschaft, die nur dem Verstande zugänglich war, maschinell erfaßbar gemacht hat; der mit 23 die Phänomene des Luftgewichts aufzeigte und damit einen der großen Irrtümer der älteren Naturwissenschaft zerstörte; der in einem Alter, in dem die anderen Menschen kaum damit begonnen haben zu erwachen, bereits den ganzen Umkreis des menschlichen Wissens umschritten hatte, als er auch schon dessen Nichtigkeit erkannte und sich der Religion zuwandte; der von diesem Zeitpunkt an bis zu seinem 39. Lebensjahr trotz ständiger Schwächeanfälle und Schmerzen die Sprache Bossuets und Racines vollendete und für den vollkommensten Witz wie für die schärfste Kritik bleibende Muster aufstellte; der schließlich zu seiner Zerstreuung eines der schwierigsten Probleme der Geometrie löste und Gedanken aufs Papier brachte, welche über Gott und die Menschen gleich viel aussagten. Dieses erschreckende Genie hieß Blaise Pascal.« *Chateaubriand*

»Pascal ist einer der größten Geister.« *Paul Valéry*

»In der Vereinigung von Glut, Geist und Redlichkeit der erste aller Christen.« *Friedrich Nietzsche*

»Der stärkste Geist seit Montaigne.« *Hermann Bahr*

Montesquieu
Vom glücklichen und weisen Leben

Aus dem Französischen
von Erwein Freiherr von Aretin
detebe 21930

»Es gibt zwei Arten glücklicher Menschen. Die einen werden lebhaft durch Dinge erregt, die ihrer Seele zugänglich und von ihnen leicht zu erwerben sind. Sie empfinden lebhafte Wünsche; sie hoffen, sie genießen und fangen bald aufs neue an zu wünschen.
Die anderen sind so veranlagt, daß sie ständig in einer leisen Schwingung sind, die nicht aufgepeitscht, sondern unterhalten wird; ein Buch, ein Gespräch genügt ihnen.« *Montesquieu*

Ob sich Montesquieu über den Staat, die Schöpfungen des Geistes, die Religion oder die Geschichte äußert und an ihnen Kritik übt – immer geht es um den Menschen und die Gestaltung seines Lebens in dieser Welt. Der scharfe Geist, der vollendete Stil, das universale Wissen machen das Lesen dieser Aufzeichnungen zum geistigen Genuß, ihre Weisheit aber macht sie unvergänglich.

Voltaire
Gedanken regieren die Welt

Eine Auswahl. Herausgegeben
und mit einem Vorwort von Karl Kraus
detebe 21553

»Ach, die Barbarei besteht noch, mag also die Philosophie protestieren! Die Waffe lechzt nach Blut, so muß die Zivilisation sich entrüsten! Fragen wir die mächtigen Denker um Rat, Voltaire, Diderot, Montesquieu. Geben wir diesen großen Stimmen das Wort!«
Victor Hugo

»Ich halte Sie für das größte Genie, das die Welt hervorgebracht hat.«
Friedrich der Große in einem Brief an Voltaire

»Tiefe, Genie, Anschauung, Erhabenheit, Naturell, Talent, Verdienst, Adel, Geist, schöner Geist, guter Geist, Gefühl, Sensibilität, Geschmack, guter Geschmack, Verstand, Richtigkeit, Schickliches, Ton, guter Ton, Hofton, Mannigfaltigkeit, Fülle, Reichtum, Fruchtbarkeit, Wärme, Magie, Anmut, Grazie, Gefälligkeit, Leichtigkeit, Lebhaftigkeit, Feinheit, Brillantes, Saillantes, Petillantes, Pikantes, Delikates, Ingenioses, Stil, Versifikation, Harmonie, Reinheit, Korrektion, Eleganz, Vollendung. Von allen diesen Eigenschaften und Geistesäußerungen kann man vielleicht Voltairen nur die erste und letzte, die Tiefe in der Anlage und die Vollendung in der Ausführung, streitig machen... Der größte Name der Literatur der neueren Zeit und vielleicht aller Jahrhunderte.«
Johann Wolfgang von Goethe

»Goethe hat zur Menschheit die hohe, ferne Liebe eines Gottes zu seiner Schöpfung; Voltaire kämpft für sie im Staub.« *Heinrich Mann*

Marquis de Vauvenargues

Große Gedanken entspringen im Herzen

Herausgegeben von Wolfgang Kraus
Aus dem Französischen von Candida Kraus
Mit einem Nachwort
detebe 22511

»Man darf den Leser nicht voraussehen lassen, was man ihm sagen will, sondern muß ihn dazu bringen, den Gedanken selbst zu finden. Dann achtet er uns, weil wir denken wie er, aber langsamer, als er es tut.«
Vauvenargues

»Mit Vauvenargues (1715–1747) begann jener Aufbruch des Gefühls, der noch deutlicher bei Jean-Jacques Rousseau, bei Novalis und in der Romantik sichtbar wurde und später im Werk Friedrich Nietzsches eine leuchtende Apotheose erlebte.
Die Sätze Nietzsches über die Leidenschaften, die zu Tugenden werden, wirken vielfach wie Abwandlungen von Gedanken des Vauvenargues.« *Wolfgang Kraus*

»Voltaire war einer der wenigen, die seinen hohen Geist sofort erkannten, und schrieb an den um zwanzig Jahre jüngeren Kollegen: ›Wären Sie um einige Jahre früher auf die Welt gekommen, so wären meine Werke besser geworden...‹
Er ist der früheste Prophet des Herzens; aber noch in einer männlichen unsentimentalen Form, die einem stärkeren und zugleich weniger komplizierten Geschlecht angehört.« *Egon Friedell*